AF137372

Así dicho 1

Édition : BoD • Books on Demand, 31 avenue Saint-Rémy,
57600 Forbach, bod@bod.fr

Impression : Libri Plureos GmbH, Friedensallee 273,
22763 Hamburg (Allemagne)

Direction du festival : Gonzalo Vázquez
Direction artistique : Yolanda Castaño
Transcription : María del Rosario Bakun
Correction des textes : Sergio Gómez
Maquette et couverture : Gonzalo Vázquez

ISBN : 978-2-3225-6052-3
Dépôt légal : janvier 2025

Gonzalo Vázquez (dir.)

Así dicho 1

Actas del I Festival de literaturas hispanoamericanas
Paris ne finit jamais

París, del 15 al 29 de junio de 2020

ÍNDICE

La idea de literatura, las luces de la imaginación

JEAN-LUC NANCY

Conducido por **Lucía Caminada Rossetti**
(Universidad Nacional del Nordeste, Argentina)

Esta sesión inaugural será a cargo de uno de los auténticos referentes de la filosofía contemporánea. Desde la eterna Ciudad de las Luces, los destellos de la imaginación y la misma idea de literatura, son analizadas por la mirada de Jean-Luc Nancy. Su intervención será guiada por la brillante doctora en Estudios Culturales y profesora de la Universidad Nacional del Nordeste en Argentina, Lucía Caminada.

LUCÍA CAMINADA: ¡Hola a todos! Bienvenidos a la primera edición del festival «París no se acaba nunca». Estoy muy orgullosa de poder participar, desde la ciudad de Resistencia, Argentina, en este festival. Hoy estamos muy contentos de poder contar entre nosotros con la participación del filósofo Jean-Luc Nancy, quien nos hablará sobre la idea de literatura en el pensamiento contemporáneo. Muy bien. El título de la conferencia de apertura es: «La idea de literatura, las luces de la imaginación». Entonces, me gustaría saber, o más bien, tengo curiosidad por saber, cuáles son tus pensamientos, cuáles son tus reflexiones, a partir de esta declaración.

JEAN-LUC NANCY: Primero, por supuesto, yo creo que es necesario ver que hay una conexión entre la literatura y las luces, en el sentido de que la literatura asume la ausencia de libros sagrados. Si existe la Biblia, no hay necesidad de literatura. Y podemos decir que esa literatura, incluso, es algo que siempre sucedió, es la que produjo, cuando menos, los mitos, sin la función ritual (Homero, Hesíodo). Podemos decir que esto ya es literatura, precisamente porque Homero y Hesíodo, como textos escritos, incluso como textos recitados por los rapsodas, ya no son el mito en su función ritual, o de culto. Así, hay literatura desde el momento en que hay textos orales o escritos, pero que no son rituales. El texto ritual no es un texto literario, es otra cosa. Entonces, por supuesto, en la Biblia o en el Corán, o en el Bhagavadgītā, hay partes que no son rituales realmente. Eso significa que ya existe la literatura en los libros sagrados, pero en tanto que son sagrados.

Por ejemplo, cuando Trump muestra la Biblia delante de la iglesia, y se dé el hecho de que ni siquiera abra la Biblia —como lo ha remarcado Joe Biden—, hubiera sido mejor abrir la Biblia y ver lo que hay dentro. Trump hace un gesto prácticamente sagrado. Porque el libro, el libro sagrado, podemos mostrarlo, podemos presentarlo, podemos leer lo que hay dentro, pero es en sí mismo el lugar de la palabra sagrada. Es decir, que la literatura cualquiera puede narrarla, cualquiera puede escribirla, cualquiera puede leerla. Yo diría que eso es muy muy importante, porque cuando hay literatura no existe el mundo verdadero. No hay una verdad última, ni primera. Al mismo tiempo, por supuesto, podríamos decir mucho sobre el hecho de que la literatura también tiene que ver con la interpretación. Porque la interpretación comenzó siendo interpretación de textos sagrados. También podríamos decir que la literatura tiene algo de la interpretación de textos sagrados.

LUCÍA: En el texto «L'oscillation distincte», escribiste observando la imagen. Yo lo contextualizo y siempre, de cualquier manera, al leer el texto me imagino que sus actualizaciones son innombrables. Ningún texto tiene su imagen propia, ninguna imagen su propio texto. Entonces, ¿cómo pensás la relación con lo invisible? Para relacionarlo también con la literatura y la imagen.

JEAN-LUC: ¿La compenetración de lo invisible, dices?

LUCÍA: Sí.

JEAN-LUC: Me parece que cuando leemos, cuando leemos un texto literario (me refiero a lo que todos pensamos inmediatamente, que es más bien en una novela), encontramos una historia. Si leemos un relato, no podemos no tener imágenes; sin embargo, ninguna imagen está presente en realidad. La imagen se da, e inmediatamente se funde con otras imágenes. Si yo observo una imagen, yo no puedo cambiar esa imagen. Por ejemplo, yo veo tu imagen ahora: veo tu rostro, y veo que estás delante de una biblioteca y que tienes libros detrás, y los libros están en pequeños cubículos. Eso no lo puedo cambiar. Tampoco puedo cambiar tu rostro. Si leo una novela que me pide la profesora Lucía —y no recuerdo tu nombre porque no está escrito allí—, la profesora Lucía, de Argentina, quien estaba sentada frente a su biblioteca, yo me imagino, me lo represento. Es extremadamente difícil; realmente no sé bien cómo llamarlo, porque si digo que me hago la imagen, ya es demasiado. Asimismo, si por ejemplo, allí está escrito «profesora Lucía», entonces no está escrito «profesor Gonzalo». Obviamente tendré la imagen de una mujer y no la imagen de un hombre. Si me dicen que ella está delante de su biblioteca, serán imágenes de la biblioteca, y no serán imágenes de una cocina. Por ejemplo, «ella estaba en su cocina». Lo que sucede yo diría que es un movimiento que comienza y no se detiene jamás mientras leo el relato, la novela. En fin, podría tener o podría intentar tener cierta representación. Podría decir: «Sí, creo que tal cosa», pero sobre todo que en la novela debería haber elementos de descripción. Podemos decir que la profesora es rubia o morena, pero hay, precisamente, algo irrepresentable y de hecho ese es el verdadero motor que lo moviliza todo. Entonces, por ejemplo, si tomamos los más grandes héroes de la literatura española, don Quijote, ¿a qué se parece? Ha habido muchas películas de don Quijote, también óperas u obras de teatro, y yo no tengo muchos recuerdos específicos, y sin embargo los recuerdos que tengo son bastante decepcionantes. Obviamente sigue siendo alguien alto, flaco; y eso se corresponde con lo que escribió Cervantes. Pero ¿cómo es el rostro de don Quijote? ¿Qué aire tiene? ¿Cómo habla? Y, luego, don Quijote está en realidad bastante reemplazado por sus atributos: el peto, el plato de barba que le sirve como casco, y de alguna manera verdaderamente creo que hace falta decir que don Quijote no es representable, en absoluto. Y es por eso que yo entiendo muy bien que hacemos películas con lo que queremos, pero jamás llegará a representarlo, y eso significa que hay algo en la escritura y en la literatura que yo diría que consiste en sugerir imágenes y al mismo tiempo abstraerlas para ofrecerlas a otros, o tal vez no a «otros». No sé, creo que debería inventar una palabra para designar este elemento casi visual que siempre acompaña la lectura, y que casi siempre es completamente visual.

LUCÍA: Sí, en realidad en el corpus se propone —según mi interpretación— que escribir es un gesto, pero también es como tocar, para los ojos, para los sentidos. Como resultado, la escritura entonces toca hasta llegar a una compenetración con el hecho de ver, pero no como el hecho de mirar una imagen, sino más bien la escritura como tocar con las imágenes, con las palabras. Y, entonces, ¿cómo comprendes el diálogo entre el tacto y literatura como pensamiento, y también como escritura?

JEAN-LUC: La característica del tacto también significa sensibilidad, en general. A menudo el tacto es el sentido de todos los sentidos, e incluso la visión es una forma de toque, o al menos hay tacto en la vista. Sin embargo, aquello que caracteriza al tacto es que el tacto tiene sus límites. Cuando tocamos, estamos muy cerca, pero es precisamente en la proximidad donde está el contacto. No se trata de la fusión, tampoco de la penetración. Si toco, yo estoy lo más cerca posible y a distancia. Se está muy cerca, pero hay siempre un hueco. Si tocamos a alguien, estamos lo más cerca posible. Por ejemplo, si tocamos la mano de alguien para decir «hola», lo tomamos de la mano y luego la soltamos. Si tenemos guantes puestos, nos quitamos los guantes, porque si saludamos con guantes es como si estuviéramos poniendo una barrera entre nuestra piel y la del otro. Pero al mismo tiempo si al estrechar la mano de alguien rasgo a la persona, entonces ya no es que toco, sino que lo lastimo. Asimismo, doy una señal completamente diferente: si te paso la mano y la rasgo, o incluso si la agarro muy fuerte —demasiado fuerte—, esto es signo de otra cosa. O bien es un asalto o es una señal secreta para señalarte, no sé, que hay algún peligro o para significar que no quiero en absoluto darte un apretón de manos. Hay un verso de Racine que se me viene a la mente, que es: «Abrazo a mi rival, pero es para sofocarlo». Entonces, dice «abrazo», pero *asfixiar* ya no es lo mismo que *abrazar*. *Sofocar* es 'matar'. La gran lección de lo táctil, la gran lección acerca de tocar, implica un estar lo más cerca posible, pero es algo que se desvía. Quizá sea eso lo que caracteriza a la escritura. Eso hace la escritura. Se acerca a la cosa, pero no se detiene ante la cosa, inmediatamente se hace a un costado. Entonces la escritura nos permite tomar cierta distancia, que es la distancia de la proximidad. Por ejemplo —de nuevo *Don Quijote*; tomo *Don Quijote* porque estamos en el dominio español, obviamente—, el comienzo extraordinario de *Don Quijote*, como sabes bien, se da «en un pueblo de La Mancha del cual no recuerdo el nombre». Está muy cerca de donde «ya no quiero recordar». No sé si es que «ya no me quiero acordar» o si es un «ya no me acuerdo más». Bueno, ¿qué significa esto? Inmediatamente, hay un montón de cosas que allí se presentan a la vez. Es decir, que, al mismo tiempo, me llevan a una cierta región de España. *La Mancha* me dice que es un pueblo. Puedo, de inmediato, hacerme una leve representación, pero al mismo tiempo no logro ubicar este pueblo. Es decir, no estamos buscando hacer geografía, no tenemos la intención de visitar La Mancha. Incluso, *La Mancha* es un nombre que dice —más o menos, dependiendo de si soy o no español— que conozco bien esta región. Yo no la conozco, pero si se tratara de un alemán que nunca ha estado en España, ¿qué es lo que va a significar *La Mancha* para él? Al mismo tiempo, hay cierta sonoridad, el pueblo de La Mancha, y también hay alguien hablando conmigo, quien dice que no recuerdo dónde, que no quiero recordar el nombre. Te digo enseguida que no es una cuestión lo real, de lo inmediato de lo real observable, pero tiene un efecto de realidad. Toda la cuestión es que yo creo la literatura, el toque de realidad, como algo real que no es la cosa real inmediata. Yo me quedé muy impresionado cuando descubrí que el *Genji Monogatari* cuenta la gran historia japonesa. Fue escrito por una mujer, creo que aproximadamente en el siglo XIII. La recitación de Genji comienza de la misma manera que *Don Quijote*. Habla acerca de una época que no recuerdo, de una época durante el reinado del emperador o de un sogún —no recuerdo en este momento, así que realmente no vamos a precisarlo—. No es exactamente el «había una vez», porque el «había una vez» indica que esa vez está en ninguna parte, y está en todas partes. Decimos que es durante el reinado, que es durante un reinado, pero no hay que preocuparse de qué reinado. Y al mismo tiempo, es un reinado, y en efecto será una historia con el emperador, príncipes, princesas, etc. Es precisamente eso, la realidad de lo real; es precisamente lo que la literatura nos permite tocar.

LUCÍA: Y también nosotros estamos afectados por la literatura. La imagen existe porque hay algo. Yo creo que es un problema con *ver* o *mirar*, porque la literatura necesita interpretación. Sin interpretación no existe la palabra. Nos toca a través de la imaginación, pero también de la interpretación, de lo que pensamos.

JEAN-LUC: Sí, pero van de la mano. Es decir, existe la primera interpretación, y está lo ya leído. La interpretación no comienza solamente en las universidades, donde vamos a estudiar a eruditos acerca del trabajo de Cervantes. La interpretación ya se da; yo diría que cuando leo una novela, si no me detengo después de unas pocas páginas, porque eso no está bien, no funciona. Si continúo explorando ahí dentro, ya lo he tocado y ya estoy empezando a interpretar. Es decir, que interpreto solo en el sentido de que me lo imagino, de que puedo sentir una atmósfera, un clima. Tomemos un ejemplo de un autor español y sudamericano: Cortázar. Hace poco tiempo leí un cuento de Cortázar llamado *Silvia*. Es un relato breve, muy interesante, porque entiendo que se trata de una narración precisamente sobre literatura. Porque hay un personaje hablando en primera persona —admitamos que tal vez sea el mismo Julio Cortázar—. Cuenta que va a casa de unos amigos en el campo con sus amigos. Allí hay otros amigos, amigos de amigos, y hay alguien llamado Borel, quien yo creo que es alguien que existe. Me digo que tengo que buscar, pero que seguro que es alguien que existe, que tal vez sea incluso una figura histórica. Con Borel y los demás habla solamente de literatura, pero ese no es el tema del relato. El tema es que están los adultos y luego, los niños, niños bastante jóvenes, y de repente entendemos que con los niños hay una chica llamada Silvia y ante todo el narrador. Pero ella es una niña bastante mayor que los niños. Es una adolescente de dieciséis años, muy linda, muy atractiva, que obviamente seduce al narrador. Además él la busca, cuando ya no la ve; pregunta a los niños dónde está, y los niños se ríen un poco de él. Los niños le hacen comprender que no depende de él averiguar dónde está

Silvia. Silvia aparece cuando ella quiere y se va cuando ella quiere, y eso es todo. Finalmente no sabemos ni sabremos nada. Silvia simplemente se habrá desvanecido por completo. La gente se va a casa, y Silvia no aparece, pero tampoco se va. Ella nunca llegó, pero estuvo allí todo el tiempo, tal como la presencia misma de la vida, de la juventud, de la seducción femenina, que contrasta con las conversaciones serias que el narrador tiene todo el tiempo durante el relato con Borel y los otros, sin detenerse, retorna. No juzga estas conversaciones, no son conversaciones aburridas o tontas, no. Son interesantes. Pero yo lo interpreto así: hay un aspecto del relato que está hablando de la literatura. Hay otro aspecto que es, sin embargo, la literatura verdadera. Es esta chica, muy hermosa, pero que está ahí y que no está ahí, que aparece, que desaparece. Tal vez es una interpretación completamente equivocada, pero no creo que sea tal cosa. El relato realmente está escrito para poder hacer este personaje, porque claramente tampoco es para nada un relato fantástico. No hablamos del todo de un fantasma allí no, no, no.

LUCÍA: Sí, hice la relación. Pienso en el texto, en el libro, en el fondo de las imágenes, donde se hace la diferenciación entre *ver* y *mirar.* En español decimos *ver* y *mirar* para hacer una diferenciación. Vos sugerís —creo, voy a citar—: «Incluso se fusiona con el campo del objeto; la mirada lleva al sujeto hacia adelante», y creo que en la literatura existe una relación con esa mirada que lleva al sujeto hacia adelante. ¿Qué pensás de eso? Porque preferís hablar del arte, del arte plástica y todo eso, pero también pienso que mirar y hacer una interpretación de textos literarios lleva al sujeto hacia adelante, como vos decís.

JEAN-LUC: Sí, diría que el sujeto al frente está al frente de sí mismo. Así que este es el sujeto que ya no es precisamente el sujeto de cuando yo leo y estoy verdaderamente tomado por la lectura. De cierta manera, ya no estoy allí. Es por eso que he mencionado anteriormente que si no detengo el relato después de cinco páginas, más bien, si continúo, es que estoy dentro, pasé hacia adentro, me metí en eso, y en ese entonces ya se trata de un otro, quien lee es un otro distinto de mí.

LUCÍA: ¿Se puede decir que uno también está siendo tocado?

JEAN-LUC: Es precisamente el yo donde está el yo, más bien el yo donde yo toco, es el lector de la novela, él está dentro de la lectura, y tal vez ni siquiera lector, tal vez es más bien la lectura, el gesto de leer, de continuar la lectura. Entonces, el texto leído y el supuesto sujeto lector son una sola cosa, un solo movimiento que se desarrolla, que avanza.

LUCÍA: Sí, creo que con Federico Ferrari, publicaste un libro que me encanta, pero que lamentablemente aún no se traduce al español, llamado *Iconographie de l'auteur* ['Iconografía del autor' (N. del E.)]. Ahí estudias la relación entre los retratos y los sujetos, por ejemplo. Entonces, ¿cómo pensás acerca de la vida, la experiencia y las artes en la mirada de la estética filosófica?

JEAN-LUC: *Experiencia* es una palabra que significa 'salir, cruzar, ir al final de, expirado'; es 'ir hasta el final'. Cuando tenemos una experiencia, la diferencia entre experiencia y experimentación científica es que el científico hace un experimento, entonces toma un cuerpo, un objeto, y lo examina, lo somete a distintos cálculos. Pero nosotros, en la vida, no creamos la experiencia, casi podríamos decir más bien que nosotros la sufrimos, nos encontramos con ella, sucede, se da. Y precisamente la literatura está hecha de eso. La literatura tiene siempre la profunda intención de contar el hecho de que eso sucede. Así que obviamente hay una dirección en la que eso resulta en puro drama. Ese es todavía el derrotero de las novelas policiales, pero no quiero menospreciar la novela policial. La novela policial, en su forma más simple, es que debe pasar alguna cosa, debe haber un asesinato y luego, además, el detective debe atravesar por algunos problemas, algunas preocupaciones, pero por supuesto siempre sucede algo, en todos los libros, algo pasa. Pero ¿qué es lo que sucede en *Don Quijote*? De alguna manera, no sucede gran cosa, no sucede mucho más que la locura del mismo don Quijote, y es exactamente eso lo que sucede, lo que está llegando y llegando, y que aumenta. Entonces, sí: la literatura se ocupa de eso, de aquello que nos sucede, de eso que nos viene desde la vida, es justamente eso. Escapa a nuestra previsión, a nuestro cálculo. Así que resulta claro que podemos transformar la banalidad cotidiana en materia literaria. Sí, puedo contarlo. Hay un libro de Raymond Queneau donde él escribe la misma historia de cincuenta maneras diferentes. Olvidé el título [*Ejercicios de estilo* (N. del E.)], pero es un juego, aunque, en lo que realmente estoy pensando es en algo que me había dicho Bourdieu. Me dijo que Flaubert es el mejor de los sociólogos, que es el primordial, que es un grande entre los sociólogos. Bueno, sí. De acuerdo. Pero ya no es más un sociólogo, ahora es un escritor, porque ha escrito, si no, *Madame Bovary* no sería *Madame Bovary*. Al final, Bourdieu estuvo algo de acuerdo, y yo me quedé más bien impactado de que podamos decir, en principio, que Flaubert sea un sociólogo, porque todo material de observación es sociológico. Flaubert es una cosa, pero podemos poner eso en libros, descripciones, análisis de sociedad de clase media en medio del siglo XIX, pero ahora ya no vive, entonces, ¿qué es? ¿Qué hace que siga vivo? Es la frase, lo que dice, son las palabras, las palabras y el estilo. Flaubert había prestado una atención extraordinaria a sus oraciones. Tuvo que repetirlas, las tenía que pronunciar, solo, en su jardín. Pero lo que el escritor busca son las palabras, es el lenguaje, es el lenguaje que va a ser sensible y no la realidad, porque eso no existe en esta forma de realidad ya dada, si se mantiene una base cuyo efecto produce una realidad sensible. Por el contrario, tendríamos una realidad observable, calculable, razonable, todo lo que quieras, pero no sensible. O al menos eso es lo que pienso. Eso supone que el mundo no está totalmente ordenado por una gran verdad religiosa. Si el mundo es obra de Dios, puedo alabar a Dios por crear los árboles, las rocas, los hombres, las mujeres, pero con eso yo no… Sí digo: «Ok, hago una iconografía de Flaubert». También él ha construido un retrato de *madame* Bovary y pensó la literatura relacionada con teorías del arte o la imagen. Además, Flaubert soñaba con un libro que tuviera un montón de imágenes para Dios, la tentación de San Antonio es eso.

LUCÍA: Sí, yo hice, por ejemplo, la iconografía de Cortázar después de leerte en la *Iconographie de l'auteur*. Pensé: «Bien, es posible también pensar esta teoría iconográfica en la literatura». La literatura también hace retratos de sujetos imaginarios, eso pensé.

JEAN-LUC: Sí, sin duda. Todos los personajes literarios son imaginarios por definición. Incluso el más real, por ejemplo, el personaje de una biografía, tiene que hacer sentir a la persona su presencia.

LUCÍA: De acuerdo, voy a hacer otra pregunta que no está tan relacionada con la literatura, pero en Argentina todavía estamos confinados en nuestras casas a causa de la pandemia y, a lo largo de tu recorrido intelectual, la comunidad ha estado en el centro de tus reflexiones. ¿Piensas que hoy la comunidad, tal vez, sofisticadamente, pasa de la literatura a otra realidad?

JEAN-LUC: Sí y no, porque no hay comunidad sin literatura. Cada comunidad tiene sus historias, sus relatos, pero no lo pienso de manera diferente. Te refieres al confinamiento, claro, pero el confinamiento definitivamente se acabará también en Argentina como está a punto de acabarse en Francia, y esperamos que no tenga que imponerse de nuevo. Me sorprendió ver que el confinamiento ha traído muchas quejas como: «Ah, estamos separados», «ya no podemos tocarnos» o «ya no podemos visitarnos más». Sí, pero justamente todo eso lo convierte en algo mucho más sensible. La importancia de la sensibilidad, por lo tanto, creo que es una oportunidad para reinventar y repensar, para sentir. En francés podemos decir *ressentir*, que es un verbo. *Ressentir* es 'sentir intensamente, sentir con intensidad, sentir de nuevo la importancia, la importancia de tocar de verdad', pero solamente en la vida cotidiana, común, no confinada. Nadie deja de pensar en el tacto, entonces nadie está realmente feliz. Desconfiamos del tacto, no queremos estar comprimidos dentro de un bus o en un tranvía, o incluso cuando hay demasiadas personas en el *hall* de la estación, en un aeropuerto, en un supermercado. Hay demasiada gente, no estamos contentos, y de repente el confinamiento hace que todos estemos completamente distanciados, y así todo el mundo se pone a llorar, pero es algo curioso, porque todos tienden a seguir llorando como si habitualmente todo el mundo estuviera besándose en la calle. Porque, por el contrario, los vínculos comunes, como aquellos de la calle, están sujetos a muchas reglas y tabúes. Es algo tabú tocar a otros: si yo toco la mano de alguien a mi lado que está sosteniéndose de la barrera, si mi mano toca la suya, eso no es bueno, esa persona quitará su mano. Esto nos sucede todo el tiempo, nos alejamos, tal vez debemos haber instaurado algún tipo de boceto para todo el público en general, que diga que generalmente uno se aleja y ahora quieres acercarte. Entonces, ¿qué es lo que a partir de ahora diríamos? Es exactamente la fábula de los erizos lo que veo. Cuando los erizos en un momento dado se sienten fríos, entonces se dicen que para entibiarse necesitan apretarse unos contra otros, pero en ese abrazo se lastiman y, como no quedan contentos, entonces se separan. La humanidad es algo así. Llama a la insociable sociabilidad del hombre, pero de hecho ha habido siempre un movimiento de aproximación y separación, porque, de nuevo, la cercanía extrema puede convertirse en asfixia: «Abrazo a mi rival, pero es para sofocarlo». Así, lo interesante es que aprendamos algo sobre el hecho de que hay algo entre nosotros, y ¿qué es eso entre nosotros? Creo que es muy importante, porque todas las sociedades que tenemos saben que hay palabras, pensamientos y sentimientos para llenar ese *entre.* Por ejemplo, en una sociedad cristiana, entre nosotros existe la comunidad de hermanos y hermanas de Dios, como hijos de Dios. Si hay más de aquello que existe entre nosotros, entonces el comunismo, esa gran idea, o esa gran palabra, no es siquiera una idea, ya que nadie sabe qué es eso que está ahí. Fue una palabra para hablar acerca del *entre nosotros*, solo que el *entre* se ha transformado en un todo, en una comunidad. Y por supuesto también existe la cuestión de la comunidad: existe la sociedad, la comunidad, todas esas formas de ensamblaje, pero todavía no es el *entre*. Es muy complejo, pero tal vez es eso lo que más extrañamos hoy, aquello que está entre lo que hay y la nada. Creo que la reacción de quejas, de críticas en torno a la distancia social y el confinamiento, es un poco eso. Es la reacción de personas que sienten que se hacen falta, que tienen un vínculo. Bien, pero ¿cuál es ese vínculo? Es muy notable que nuestra época tiene esta manera que no se detiene a pensar en un vínculo sin relato, ya sea al estilo Blanchot, o a la manera de Lacan. No hay vínculo sexual, que es una suerte de broma, pero desafortunadamente una broma que ya ha sido demasiado. Observar la cuestión de la sexualidad precisamente hoy no es solo una cuestión de vínculo hombre-mujer. Las violencias también son de los vínculos de homofobia, etc. Está bien, pero hay otra cosa que hace que esto sea como si la imagen general del vínculo fuera a devenir en una imagen inevitablemente peligrosa. Entonces no podemos tener ninguna relación. Todos los vínculos son falsos. Creo que es nuestra civilización la que distorsionó el vínculo, porque lo ha convertido en un vínculo de equivalencia comercial absoluta, del intercambio del que habla Marx; es decir, un vínculo que, en el mejor de los casos, es social. Por supuesto, los vínculos sociales existen. Pero, para regresar a la literatura, cuando leemos y cuando hay grandes libros de literatura, es a través de un vínculo social por el que nosotros nos relacionamos con la literatura. Y precisamente la literatura está entre nosotros porque leemos los mismos libros. Fíjate cuánto nos gusta recomendar libros a nuestros amigos. ¿Por qué es eso bueno? No lo es, porque que a mí me haya tocado presupone, en efecto, que también debería tocarte a ti. Todavía es táctil, ¿verdad? Me conmovió, entonces tal vez a ti también te conmueva. Lo compartimos y ese es el vínculo. Porque lo que me toca debería poder tocar al otro, al menos a ciertos otros. Se trata de la pretensión de reclamar la universalidad del juicio del gusto. El juicio del gusto no dice que algo deba ser hermoso para todos, pero despierta un deseo de universalidad.

LUCÍA: Así es. Para finalizar, me gustaría formularte una última cuestión. Quería saber cuál es tu posición en relación a los cambios filosóficos de los sujetos, así como también la sociedad, dentro del escenario político. Pienso que están en ese camino, y yo estoy en Resistencia, que es la provincia más vulnerable de Argentina, y es triste porque el escenario político muestra también la vulnerabilidad de la comunidad, ¿no? Entonces, ¿cómo ves estos cambios en la filosofía y en la estética pura y simple?

JEAN-LUC: Yo pienso que, sobre todo, el cambio es realmente un cambio enorme, muy muy profundo, que aún está por comenzar. A menudo digo que no es una crisis, es una mutación, y la pandemia en el interior es un fenómeno que se aparta de la mundanalidad, pero todo lo que pasa, todo lo que sucede, es mucho más importante que la pandemia. Sucede que todas las situaciones políticas en el mundo son desastrosas. Claro, hay algunas sociedades democráticas ricas, como los países de la Europa del norte, de la Europa escandinava. Sí, Suecia, Noruega, Finlandia o los Países Bajos; están las pequeñas islas, muy pequeñas, pero que son algunas personas sobre la totalidad de la humanidad. Y todo el resto es o bien la anarquía, el desorden, o son las mafias que, de hecho, toman el lugar del Gobierno, o son los gobernadores mismos quienes son estas mafias. O bien los gobernadores son quienes pierden completamente el mando, que no saben hacia dónde ir, que son devorados. Todo eso es la continuación del fin del comunismo del que hablaba. Resumiendo, nunca comenzó, mas, la palabra, la palabra tiene valor, y creo que esta palabra aporta algo desde hace mucho tiempo, pero hoy en día no contiene nada de comunismo, de socialismo y, al mismo tiempo, está el vacío del que podemos hablar justamente, entre nosotros. Donde yo creo que es posible producir una transformación profunda que haría que se quiebre completamente. A lo mejor será terrible, pueden suceder cosas terribles, muy duras, pero o bien es el completo fin de la civilización, o bien hay un aura de verdadera transformación del interior. Hay algo que es evidente, y es que uno no podrá hacer nada dentro de cincuenta años, para mantenerse del todo modesto. No digo dentro de cinco siglos, sino dentro de cincuenta años, si no hay un cambio verdadero en el vínculo entre las grandes riquezas y la enorme pobreza, entonces no llegará seguramente a ese momento en que haya un aura de inquietud, de desórdenes muy grandes en América Latina, en Europa. Sabes que Francia está muy agitada, muy tensa. Francia es un país muy muy nervioso, pero no quiero decir que eso esté bien. Existe un costado francés que es quejoso, protestón. Nunca se está feliz, y ahí está la diferencia ahora que estamos en pandemia. La diferencia entre Francia e Italia o España, que también sufren mucho, incluso más que Francia, y también las cosas llegan más cómodamente, pero no tan bien, aunque toda la democracia europea se encuentra en un estado de decadencia total, y la imagen más sensible de todo esto se llama Europa. *Europa* es una palabra vacía, realmente vacía, así es que, por ejemplo, hoy en día, tanto en este como en todos los países, la cuestión de hacer pagar un poco más de impuestos a los más ricos los coloca en un lugar del que no podrán desligarse. No se puede así con los problemas ecológicos, y entonces hay un halo de derrumbe, de decadencia, como el de las guerras civiles, o los desastres, o en todo caso como cuando hay una dictadura que se adueña del poder, pero eso no perdura tanto. Seguramente puede durar veinticinco o treinta años, pero nunca más que eso. Sin embargo, sucede, aunque entonces es eso lo que la humanidad o al menos una parte de la humanidad, que es la nuestra, yo diría, el chiste de la civilización occidental y que las sociedades dicen desarrollar, eso es lo que sucede, producto de otra cosa. Puede ser, *grosso modo,* como entre el siglo XIII y el XV, que se inventa todo el humanismo, todo el capitalismo. Y sin duda la literatura también. Todo ese gran cambio que se da en aquel momento, hoy hace ya mucho tiempo. Aquella civilización nos resulta antigua, está desgastada, cansada. Bien, producto de eso existe un autor sudamericano al que quiero mucho, que es Bolaño. Yo diría que en gran parte de la obra de Bolaño se habla un poco de eso, se habla de una suerte de imposibilidad de abandonar nuestra sociedad. Cuando él incorpora todos esos asesinatos de mujeres en México, en el fondo, lo que dice se trata de eso. O también cuando habla de la proliferación de los estudios poéticos en México, en *Los detectives salvajes*, con sus nuevas visceralidades. Pero precisamente entiendo que este nombre de *neovisceralismo* es muy astuto, porque busca expresar lo visceral, que es donde residen verdaderamente las emociones. Aunque al mismo tiempo en la novela es irónico, pero eso traduce algo.

LUCÍA: Michel Houellebecq también es brutal. Houellebecq se sale de la literatura, la convierte a propósito en una burla.

JEAN-LUC: Yo no he llegado a leer a Houellebecq. Intenté leer sus poemas, porque creí que tal vez sus poemas serían mejores, pero mucho mejores no porque Houellebecq siempre se burle o ironice. No está bien. Es como el hombre que se alimenta de otro hombre duro, y es más fuerte.

LUCÍA: Yo leí *Serotonina*, pero después de leerlo queda un dejo de melancolía. No sé cómo decirlo, se termina y la vida se termina.

JEAN-LUC: Hablando de Houellebecq, él dijo un día, no recuerdo en qué año: «Esta sociedad no se merece la poesía». Así que eso lo que realmente dice es que la poesía indica siempre algo de la literatura en general. Toda literatura tiene una suerte de horizonte poético; es decir, que en la poesía opera una retribución de lo sensible.

LUCÍA: Sí, porque la poesía es la empatía, y la empatía es una conexión amorosa. Yo no sé cómo decirlo, pero no es algo simplemente intelectual, sino que siempre es algo puro. Rimbaud. Pienso en él, pero también está Blake. Aunque la literatura es infinita, la poesía es una alternativa. Para mí existe una conexión entre las sensaciones, es una parte muy sensible de la literatura. No es la literatura de Houellebecq, no. La empatía no es una característica de Houellebecq. Quiero dar las gracias al profesor Nancy en nombre de todos por haber aceptado estar con nosotros. Te lo agradezco mucho.

JEAN-LUC: Gracias a vos. Gracias a vos.

Fuentes de agua fresca: nuevas voces en la literatura hispánica

LAIA JUFRESA • CARLOS M. ÁLVAREZ

Conducido por **Javier García Rodríguez**
(Universidad de Oviedo, España)

Un elemento bien presente en el paisaje urbano de París son las fuentes, refrescando nuestro camino a veces cansado. También estas dos emergentes y pujantes voces de la narrativa latinoamericana renuevan la escritura regándola con nuevos bríos. La mexicana Laia Jufresa y el cubano Carlos Manuel Álvarez quedarán en las manos sensibles y expertas del doctor y profesor titular de Literatura Comparada y Teoría de la Literatura en la Universidad de Oviedo, además de narrador, poeta, ensayista, articulista, crítico literario y gestor cultural, Javier García Rodríguez. Para saciar vuestra curiosidad intelectual y vuestra sed de letras, aquí van estas «Fuentes de agua fresca: nuevas voces en la literatura hispánica».

JAVIER GARCÍA RODRÍGUEZ: «París no se acaba nunca», «Paris ne finit jamais» o «París no tiene fin» es el *leitmotiv* que sustenta este Festival de Literatura Hispanoamericana que entre el 15 y el 30 de junio de 2020 congrega a veinticinco artistas de doce nacionalidades en un encuentro literario virtual y multiplataforma que podrá seguirse a través de YouTube, de Facebook y de Twitter. Todo esto en un intento —más necesario que nunca— de encontrar una transversalidad entre la literatura y otras disciplinas, y que está siendo dirigido por el profesor Gonzalo Vázquez y por Yolanda Castaño. Contamos hoy en este encuentro específicamente titulado «Fuentes de agua fresca: nuevas voces en la literatura hispánica» con la presencia de Laia Jufresa, desde Edimburgo, y con Carlos Manuel Álvarez, autor cubano que está ahora mismo en el D. F. Muy buenas tardes a ambos, Laia y Carlos. Muy buenas tardes desde Oviedo, desde España, con este punto de encuentro que es París.

CARLOS M. ÁLVAREZ: Muy buenas tardes.

LAIA JUFRESA: Buenas tardes, Javier.

JAVIER: ¿Cómo estáis? Una mexicana en Edimburgo y un cubano en el D. F., y todos en nuestras cuatro paredes. ¿Qué tal, Laia? ¿Cómo llevas esta situación?

LAIA: Bien, la verdad es que en comparación con otras cuarentenas, por aquí las restricciones han sido menores, siempre hemos podido salir al parque. Entonces, bueno, con paciencia y ya bastante acostumbrados.

JAVIER: Muy bien. Carlos, ¿cómo está México en este momento?

CARLOS: Parece el pico de la pandemia acá, aunque todas las semanas dicen que ya se aplana el pico, pero no parece suceder. La ciudad está un poco enrarecida. Menos populosa que de costumbre, menos atascada. Un poco más silenciosa. Sé que son características que no abundan mucho en esta ciudad, como se sabe. Entonces, le ha cambiado un tanto la fisonomía.

JAVIER: Muy bien. Pues, si os parece, me limitaré a dar unos pocos datos vuestros para aquellos que tengan un menor conocimiento de vuestra obra. Laia Jufresa nació en Ciudad de México en 1983. Creció entre Veracruz y París, y regresó a México a los dieciocho años. Desde entonces, escribe narrativa. *Umami*, publicada por Literatura Random House en 2015, ha sido traducida al francés y también a otra docena de lenguas. Es una de las obras que la ha convertido en un referente de eso que llamaremos —luego podremos afinar un poco este concepto— «la joven literatura». Carlos Manuel Álvarez es un escritor y periodista cubano. Ha publicado en el *New York Times,* en la BBC y es también considerado como uno de los autores más prometedores de Latinoamérica. Entre sus obras destacan *La tarde de los sucesos definitivos* o *Los caídos*, que, si no me equivoco, tiene también una versión en inglés. De todas estas cosas podremos ir hablando si os parece. ¿Cómo se escribe en (o desde) el confinamiento, Laia y Carlos? ¿Habéis notado un cambio de vuestra propia dinámica de trabajo, de vuestra actitud? ¿Habéis conseguido mantener una buena fórmula para seguir escribiendo?

LAIA: La verdad es que yo estoy muy sorprendida, y es porque estoy escribiendo mucho más. Casi no lo quiero decir porque siento que lo voy a salar, pero simplemente por mis circunstancias vitales, tengo una hija muy pequeña y vivo en un país donde no hay acceso a la escuela pública, tengo en general muy pocas horas para escribir. Sin embargo, ahora el confinamiento reconfiguró toda la vida familiar y de repente tengo muchísimo más tiempo. Estoy con una novela en la que llevo trabajando cuatro años y por fin estoy en lo que se siente como la recta final. Es muy agradable, como ese momento de la escritura que no para, y aunque ya no estás escribiendo, ya los puentes están ahí. Entonces, dentro de lo deprimente que es la situación mundial, en mi pequeñísima burbuja de lo que es mi relación con mi libro, me ha ido muy bien.

JAVIER: Muy bien. Carlos, ¿en tu caso?

CARLOS: La verdad es que el arte de la escritura está muy relacionado con el confinamiento como normalidad. En ese sentido, quizá el trabajo propiamente dicho no cambie mucho su naturaleza. Yo, en realidad, no estoy escribiendo porque justo antes de que comenzara la cuarentena terminé un libro, una novela, y la entregué a la editorial. Entonces creo que, independientemente de que hubiera cuarentena o no, es un momento en el que no hubiera escrito ya que acabo justo de salir de un proyecto y la cabeza está en otro lugar. Estoy leyendo algunas cosas, y cualquier tema que esté pensando o que esté rondando no es más que un esbozo, no son más que tanteo. Estoy disfrutando de ese momento agradabilísimo que es no escribir, sino haber escrito, y estoy tratando de posponerlo o de alargarlo tanto como sea posible, antes de que vuelva la angustia de sentir que tengo que volver a escribir algo que está ahí, punzando. Esa ha sido un poco mi relación. Más de lectura o de escritura en términos mucho más vagos, sin muchas exigencias.

JAVIER: ¿Puedo preguntaros por este libro que en el caso de Laia está ahora montándose en su cabeza y en el tuyo ya se ha entregado? ¿Nos podéis adelantar algo? No tanto su contenido, sino su género: si es ficción, si es no ficción… ¿Dónde habéis estado estos últimos meses o estos últimos años? Laia, en tu caso, ¿es una novela?

LAIA: Es una novela, es mi segunda novela. La empecé cuando estaba embarazada. Ha sido un proceso muy lento que empezó realmente a cuajar hace como un año o un año y medio, cuando me cambié de idioma. Así que la estoy escribiendo en inglés, y lo que antes eran cientos y cientos de páginas de notas finalmente empezó a ser una historia, y ahora ya son cientos y cientos de páginas, pero de algo más concreto. Se llama *Wishbone*, que es ese huesito que une las clavículas de los pájaros, que en español se llama *fúrcula*. No sé cómo se va a llamar el libro en español porque *fúrcula* suena un poco terrible. El proceso de ir pasando cosas en español es algo que me está empezando —ahora que tengo más tiempo— a suceder, en paralelo, mientras que todo este tiempo había estado pensando: «No, me la voy a terminar en inglés, y luego la traducen a español». Ahora empecé a reconectar, un poco gracias a que dentro del confinamiento empecé a tener un proyecto de correspondencia con un amigo. Nos escribirnos cada lunes y, simplemente al irnos contando uno al otro el encierro, reconecté con el español. Así, a través de esa especie de puerta trasera, pude empezar a acercarme a la novela en español. Es un desastre, es un archivo muy sucio, pero para mí empieza a tener ya un cuerpo claro.

CARLOS: Pero despierta mucha curiosidad. ¿Cómo harías? ¿Te saldría primero en español o la traducirías? ¿El primer manuscrito que entregas sería en inglés? ¿Cómo lo haces?

LAIA: Sí. No lo sé. En general, siempre he escrito en inglés solo como parte del proceso. *Umami*, que es mi primera novela, está narrada en cinco voces. Tres de ellas las escribí en inglés y luego las pasé al español, y las otras dos surgieron en español. El libro se publicó en español y la versión que existe en inglés no es mía. Además, la traductora dijo que no quería ver mi versión en inglés. Con razón, además, porque era una cosa muy de proceso, de principio. El inglés siempre ha sido para mí un espacio creativo, sin la presión de la limpieza del manuscrito final. Entonces, la verdad es que no tengo la respuesta a eso, pero primero quiero generarlo.

CARLOS: Es un proceso que se te da muy bien.

JAVIER: Muy complejo. ¿Y en tu caso, Carlos?

CARLOS: En mi caso también es una novela. Me tomó un par de años. Es mi segunda novela también. La primera es *Los caídos*. Su título tentativo es *Falsa guerra*, que tiene un ensolvido de Lezama, que es de donde se extrae este sintagma. Es una novela de múltiples voces, un poco deslocalizada. No ocurre en un territorio específico, que, en ese sentido, es bastante contrario a lo que pasa en *Los caídos*, que es un espacio cerrado, municipal. Esta es una novela más atomizada donde participan bastantes más personajes. *Los caídos* es una obra cerrada en todo término, y también en sus voces, que son acotadas dentro de una familia. En esta no hay tal cosa, son más bien miembros disgregados de algún sitio, y algunos de ellos son familia, pero no aparece nada como un núcleo íntimo alrededor del cual ellos orbiten.

LAIA: ¿Y son voces en primera persona?

CARLOS: No, en primera y en tercera. Hay solo una voz en segunda. Yo tengo mis reservas con las voces en segunda persona. Creo que muchas veces se utilizan como parte de la técnica, pero no hay una relación que lo justifique más allá de eso, del uso de determinada técnica y de determinado experimento, por lo que siempre me chirría cuando lo noto así. Por este motivo soy bastante reticente al uso de la segunda persona. Pero acá encontré un recurso, en una situación en la que hay un personaje que está en una especie de coma o de inconsciencia, enfermo, y les pide a quienes lo acompañan en el hospital —y esto se hace— que le hablen, aunque parezca que no esté oyendo, para despertar ahí quizá algún recurso de la memoria, de la consciencia. Y así le cuentan su vida: «Tú hiciste tal cosa», «tú, esto», ahí, quienes lo acompañan. Y por ahí encontré que tenía un tipo de razón para usarla. Hay una sola historia que está en segunda persona. Las voces que sí son todas en primera son las voces de *Los caídos*. Es una familia y los personajes van contando, cada cual desde su punto de vista, ese mismo suceso. Es algo bastante común, no es que no se haya hecho nunca —se hace siempre—, pero esta tiene diferentes narradores.

JAVIER: Es siempre muy interesante todo lo relativo a los procesos de creación. No sé si sois autores de procesos de creación con un proyecto muy cerrado, muy establecido, muy organizado, o si, por el contrario, sois autores menos pendientes de cómo calza todo, y que dejan más libertad a ese proyecto. ¿Lo tenéis todo decidido antes de empezar? Me refiero a la ficción, claro, a una novela.

LAIA: Para mí, hasta este proyecto, la respuesta era: «Absolutamente no». Y además, con una sensación de que no veo para qué habrías de escribir algo que ya sabes cómo va a terminar. Pero con esta novela sí sé cómo va a terminar. Y además creo que mi cerebro se vio absolutamente afectado, porque pasé dos años trabajando en un guion de cine, y el ejercicio de pensar como guionista con estas presiones inmensas de: «Todo tiene que aportar» y «tienes que saber a dónde va», aspectos que eran muy poco naturales para mí, dejaron una especie de huella no del todo negativa —espero— en poder disfrutar, también tener ciertos lugares, ciertos puntos, a los que quiero llegar. Yo trabajo sobre todo con obsesiones estructurales. Por ejemplo, la estructura de esta novela, se llama *Wishbone* porque es así, así va la novela. El tipo de meta o de reto que yo me voy poniendo no necesariamente se ve al final cuando alguien lee el libro, pero eso es lo que me ayuda a mantenerme en el proceso, más que qué va a pasar con los personajes, o qué va a pasar a nivel de cómo se van a solucionar las cosas. Eso para mí es un espacio de sorpresa, de presencia con la escritura, y para mí eso es lo divertido. Es sentarte a ver qué van a hacer estos tíos.

CARLOS: Sí. Yo creo que mi respuesta sería bastante parecida. A mí me preocupa particularmente, al menos de antemano, el tema de la lectura. Es algo que necesito tener más o menos claro. Luego siempre hay variaciones, y está también esa división entre la estructura y las voces, o el contenido propiamente dicho. Tú te das cuenta de que es casi un artificio y hay un punto en el que pueden ser exactamente lo mismo, en el que uno, algo, incide sobre lo otro, y lo que uno está entendiendo como estructura o como arquitectura del texto empieza a variar también en función de lo que esas voces van imponiendo. Esa es justamente la zona desconocida de la escritura, pero también la zona donde la escritura adquiere algún sentido. Además, no tendría sentido reproducir algo que ya está escrito tal cual en un proyecto arquetípico. De todas maneras, creo que me pasa lo mismo. No lo he hecho hasta ahora; no hay como un rigor, más fijo, que anteceda al proceso de escritura, pero creo que lo voy necesitando cada vez más. Es decir, cada vez más, mi relación con los libros que he escrito es menos intuitiva, por llamarlo de alguna manera. Uno trata de que ese componente de intuición, de improvisación —si lo queremos llamar así también—, no desaparezca, porque sabe que hay ahí una reserva vital a la hora de escribir, y de lo que uno puede generar. Eso es lo que ha sucedido. Uno se da cuenta de que con cada nuevo libro, no sirve de nada. No hay algo como una experiencia acumulativa muy marcada que uno pueda usar. Uno se sigue enfrentando al mismo grado de incertidumbre a la hora de empezar un nuevo proyecto, sobre todo si uno quiere que su escritura se mueva un poco de sitio. No es tanto repetir lo que ha hecho anteriormente. De todos modos, algo se aprende. La técnica ya forma parte de ti. De alguna manera, hay que tratar de que esa técnica o saber no mate esa categoría intuitiva de la que hablo, sino de llegar ahí a una especie de maridaje. Uno no tiene que preocuparse mucho por eso, ni pensarlo demasiado. La idea de escribir dando tumbos, que es exactamente como escribí mi primer libro, esos relatos que mencionabas al principio, *La tarde de los sucesos definitivos*, es una idea de la que me alejo y que tiene muy poco que ver conmigo ahora. Trato de controlar mis herramientas, hasta donde eso sea posible.

JAVIER: Es una cuestión de oficio. Es decir, se gana oficio en este trabajo y es imprescindible que no se pierda intuición. Me interesa mucho lo que habláis de la estructura. No sé hasta qué punto esa preocupación por la estructura de una obra, o por su antiestructura, va en contra de la larga tradición de contar por contar o de la idea de argumento como elemento central, ese «argumentismo». O en la novela como género, donde se espera una serie de etapas —como decías tú en el cine, Laia—, mientras que ahora es mucho más libre, esta estructura en la que os podéis mover vosotros. Dicho de otra manera, han pasado muchas cosas en la narrativa como para que casi nada sea sorprendente a estas alturas.

LAIA: Para mí no es una cuestión de experimentación, es casi al revés: es una cuestión de construcción de un pequeño mundo. Se da el juego de establecer una estructura. Yo las cosas que escribo son bastante tradicionales, en el sentido en que creo que estoy trabajando con estructuras muy primarias de lo que se considera resolución de una escena. Son aspectos que aprendemos cuando nos cuentan cuentos de niños. Por eso a mí no me interesa. Hay gente a la que sí, pero a mí no me interesa necesariamente renovar ese tipo de estructura. Lo que me interesa es un poco lo que decía Carlos, cómo mantener la intuición. Desde mi punto de vista es una noción más de juego, de cómo seguir jugando. Cuando uno ya es un escritor profesional, y tiene una larga historia de ineficiencia y de proyectos que se quedaron en el cajón, mejor que no te pase eso. Yo empecé a escribir muy chiquita, en un taller en París, donde todo era muy *oulipiano*, y nos daban un par de reglas, como: «Ahora vete dos horas a escribir y regresa», y yo creo que sigo escribiendo así. Creo que de lo que yo me enamoré fue del ejercicio de tener un *conjoint*, una serie de pequeñas reglas y, dentro de eso, jugar. Por eso cuando yo digo *estructura,* no es tanto como innovar estructuralmente —en comparación a lo que he leído—, sino ponerme un reto que me parezca difícil. Por otro lado, el reto para mí siempre ha sido cambiar de género. Es la primera vez en mi vida que estoy escribiendo algo que ya escribí, que es una novela, pero la estoy escribiendo en otro idioma. Yo necesito siempre algo nuevo, algo que me dé mucho miedo, que diga: «No, no, no. Creo que no podría hacer eso». Eso y la noción de juego, porque cuando te pasas cuatro años solo en una silla, haciendo algo que nadie está leyendo, necesitas ponerte tus propios juegos.

CARLOS: Yo creo que la novela no es argumento, es lenguaje, en cualquier caso. Incluye todas estas cosas de las que estamos hablando. Es un concepto bastante más amplio. La idea de entender la novela como un artefacto que gira alrededor del argumento, que se debe a eso, que esa es su categoría principal, es una idea muy reducida, tanto a la hora de leerla como de concebirla. Está muy marcado que las novelas que giran solo alrededor del argumento, o que se sostienen o que ponen la carga tremenda que significa que algo se lea sobre uno solo de los recursos que tiene a mano, o una sola de las poleas que la echan adelante, y uno es el argumento, son novelas deficientes, novelas que, por alguna razón, terminan aburriendo. Yo, al menos hasta ahora, creo que no podría escribir algo lineal, en el sentido aristotélico del que estamos hablando, que son los textos que más se sostienen sobre el argumento, básicamente porque esa idea del tiempo es una idea falsa del tiempo. La idea de crear una estructura alrededor de un relato, alrededor de un argumento, donde la cronología parezca fragmentada, paralela, contradictoria, es exactamente la manera en que se mueven los hechos en lo real, en esa dimensión. Por eso me parece mucho más fiel a lo que pueden ser los acontecimientos, a lo que pueden ser los conflictos, contarlo de esa manera. Por otra parte, es mucho más interesante para mí a la hora de pensarlo. La idea de innovar es una idea bastante desacertada. Sobre todo porque la cantidad de obras leídas es inversamente proporcional a la idea de que tú estás innovando. Te das cuenta de que todo, más o menos, ya está hecho. De lo que se trata, como ha dicho tanta gente, es de robar, en cualquier caso, y de tratar de que ese robo ocurra en múltiples sitios, porque es la mejor manera de disimularlo. Si uno roba en un solo lugar, o a través del mismo *modus operandi*, lo terminan descubriendo, exactamente como pasa en la vida real. Uno tiene que tratar de volverse un ladrón bastante polifacético. Y, en cualquier caso, eso es lo que podría conocerse como *innovación*: la manera más disimulada en que uno roba.

JAVIER: Luego hablaremos también de esta idea, porque la tenía prevista. Pero han salido dos cosas que me parecen de mucho interés: una es que hemos derivado de la idea de historia a la de estructura y otra, la de lenguaje que Carlos incluye ahí, la idea de que es un lenguaje. Es posiblemente el elemento central de todo esto. Hay un poeta español al que le interesa mucho la sintaxis, Antonio Méndez Rubio, y él dice: «Quien le teme a la sintaxis le teme a la vida». Entonces, en algunos casos, quien le teme al lenguaje le teme a la vida. Por otro lado, Laia, introduces algo: dices que has estado trabajando en un guion de cine y que la mirada del cine, del modelo institucional, ha tendido a configurar espectadores y lectores que esperan determinadas fórmulas narrativas. ¿Cómo conjugamos esos aspectos? ¿El cine ha ayudado a generar estructuras narrativas modernas o, por el contrario, ha servido para anquilosar estas estructuras?

LAIA: No lo sé. Es una gran pregunta. Pero lo que sí te puedo decir es que para mí intentar escribir un guion arruinó cualquier posibilidad de disfrute de cualquier película un poco tradicional, porque una vez que entiendes cómo funciona un guion… Pero quisiera regresar un poco a lo del lenguaje porque yo siento que en este momento estoy perdiendo, no mi convicción sobre la importancia del lenguaje, por supuesto, pero una de las maneras en que me he logrado entretener a mí misma con este proyecto es que mi relación con el español es mucho más plástica y mucho más musical. Hay como un bailar con el lenguaje a la hora de estar escribiendo que me es muy importante. No puedo separar forma de contenido. Y no me pasa eso con el inglés; con el inglés me siento torpe y me siento como si habitase un espacio que, si no me dejo de preocupar por el lenguaje, no avanzo. Entonces eso me lleva a un lugar, por un lado, incómodo, y el resultado me va a tomar mucho más tiempo, pero para mí es como volver a una mente de principiante: «¿Cómo voy a contar esto con un inglés muy sencillo o sin preocuparme de las preposiciones?». Es algo semejante a una neurosis de limpieza permanente que siempre ha acompañado mi escritura en español y que, de pronto, se ve desplazada a: «Bueno, pues algún día limpiaré este desastre, pero por ahora voy a contar esta historia». Esto me llevó a un lugar con una fuerza narrativa que me sorprende y que es nueva para mí, en la que me estoy concentrando. Es una novela que abarca veinte años, así que: ¿qué pasa con los personajes? ¿Cómo rebota esto? ¿Cómo rebota esto para acá, para allá? Y ha sido más placentero de lo que me imaginaba; de pronto es como relajar el músculo del lenguaje. Ahora bien, si eso va a ser un desastre tal que lo voy a tener que pasar al español y pasarme dos años limpiándolo, pues a lo mejor es muy ineficiente, pero ha sido un descubrimiento, un juego placentero para mí.

JAVIER: Carlos, tu relación con el lenguaje, en ese sentido, ¿cómo la has establecido? ¿Cómo la estableces?

CARLOS: Yo escribo solo en español, pero uno sabe que dentro de un mismo idioma hay muchas capas. Muchas capas retóricas, capas de sentido, capas históricas también, capas culturales, desde luego. Y hay un cambio, quizá el cambio más significativo que yo pueda notar, que es mi relación con el idioma cuando viví en Cuba hasta los veinticinco años sin salir, y luego mi relación con el idioma cuando salí y vine a México. Pero también he recorrido parte de Latinoamérica, de España. No se trata tanto de lo que uno ha recorrido, sino también de la relación con los otros y con las otras. Así uno se da cuenta de cómo ese idioma empieza a adquirir otros tonos, otros matices, que lo vuelven sin duda mucho más rico. Es una relación mucho más viva, con una experiencia directa del lenguaje, del lenguaje como cultura, del lenguaje como tradición, y todo lo que uno puede activar o no desde ahí, y de lo que uno puede tomar. No es la relación que uno tiene con cierto tipo de lengua codificada y también anquilosada que puedes leer en determinadas editoriales. Se habla mucho, por ejemplo, de la influencia que eso ha tenido en Latinoamérica. Yo recuerdo haberme enfrentado a eso también, al español que uno podía leer a partir de traducciones, por ejemplo, en Anagrama, que son libros muy importantes en la educación sentimental e intelectual de uno. También de otras editoriales, pero es un idioma que no se habla en ninguna parte, y del que uno no puede tomar demasiado. Pues bien, a mí me interesa muchísimo lo que pasa a partir de ahí, lo que es mi relación con el idioma viviendo en esta ciudad, una ciudad, por otra parte, multicultural, con gente de todas partes.

LAIA: ¿Te puedo preguntar algo?

CARLOS: Sí, claro.

LAIA: Sobre esa relación, porque una dificultad de cuando a uno se le empiezan a mezclar todos los españoles ,al vivir fuera del país propio, es que si quieres volver a escribir un personaje que tiene que sonar muy mexicano, ya no estás muy seguro de qué es eso. Como que con un narrador todavía puedes decir: «Vale», pero ya con un personaje… Y entonces me pregunto si esto que te ha pasado en tantos años fuera de Cuba tiene que ver con que esta nueva novela no suceda en un lugar.

CARLOS: Sin duda. Sin duda tiene que ver con eso. Tiene mucho que ver. Luego me doy cuenta, con mi experiencia personal. Y ni siquiera está ubicada en un sitio sustituto de Cuba. No hay un sitio sustituto de Cuba; no porque haya venido acá. Hay un par de capítulos que vendrían sucediendo en esta ciudad, pero tiene que ver con un estado que es el siguiente: yo, por ejemplo, nunca me he reconocido formalmente como un exiliado, porque hay un respeto histórico a ese término —por supuesto, no solo en Cuba—. Y tiene que ver con determinadas condiciones en las que sucede esa emigración, con las condiciones de regreso y también con la relación política e histórica que uno tiene con el país que deja atrás. Y el hecho de que yo pueda regresar a Cuba, algo que tantísimos cubanos no han podido hacer—y dentro de la literatura hay ejemplos sobrados de eso— me hacía no reconocerme como tal. Luego, hay un par de términos leídos que me hacen pensar que naturalmente sí. Porque yo estaba incómodo con ese término, y decía: «¿Hasta dónde me estoy apropiando de un término que no me corresponde?», hay una especie de responsabilidad, o «¿hasta dónde no me estoy reconociendo en esto?». Hay una idea de Saer que a mí me parece excelente, de que el exilio es luego algo que puede suceder o no, pero que ya ha ocurrido de manera vital. Que uno salga o no formalmente de un sitio es algo que ya el mundo conspiró para que sucediera, pero uno está exiliado desde mucho antes de exiliarse, dice él. En buena medida, eso es cierto. Y hay otra cosa, que es adónde voy; creo que lo leí en *Viaje al fin de la noche,* de Céline, pero ahora no estoy exactamente seguro, que es la idea del exilio no como el estado en que uno sale de un lugar y llega a otro, sino como el momento en que uno sale de un sitio y todavía no se ha depositado en otro lugar. Uno se resiste a adquirir las costumbres de otra parte y se mantiene como en esa suerte de vigilia en la que uno no está, no sé si llamarlo *domesticado*, pero uno no está integrado del todo. Entonces la novela —y creo que yo, si es que puedo hablar por mí en estos términos— está ubicada justo en ese momento, en el momento en el que alguien se desprendió de un lugar y todavía no ha terminado de aterrizar en otro. De ahí viene esa multiplicidad de espacios. Y hay una relación de desarraigo, pero no solo con el sitio que se quedó atrás, sino con el que viene delante también. La novela se mueve en esa especie de espejo medio vacío, creo yo. Pero habrá que ver qué dicen los lectores cuando salga. Y también qué dicen, porque ahora creo que aventuré una idea más o menos clara de a dónde puede ir, pero yo estoy esperando que la editorial escriba la contraportada para saber de qué va mi novela. Cuando me preguntan, digo: «Estoy esperando a que los editores escriban lo que ponen detrás, y ahí me voy a enterar y articular un poco mi idea de qué fue lo que escribí, porque no lo sé, no me doy por enterado».

JAVIER: Sabrás por cierto tu discurso a partir de ese momento.

CARLOS: Sí, me apoyo ahí. Parece que yo se lo estoy soplando, pero en realidad ellos me van a decir qué fue lo que escribí. Así que no se alarmen si cuando salga ven que va de otra cosa completamente distinta a lo que estoy diciendo acá.

JAVIER: Es un tema clave el que hablabas, Carlos, del exilio, de la emigración, de la desterritorialización, del arraigo.

CARLOS: Y eso conecta con lo que hablábamos, que es una especie de reto, pero también te das cuenta de que luego por obligación… Es decir, yo no sé si por mi propia cuenta, por haber tenido que someterme a ciertas condiciones prácticas como esta, como la de emigrar o exiliarse, en muchos sentidos, si yo no hubiera tenido que someterme a esto, no sé si hubiera tenido la capacidad de aprender algo que te das cuenta de que es algo a lo que hay que llegar: que el territorio de la escritura es solo el lenguaje, no es un país; que es ahí donde pertenece y que es ahí donde hay que instalarse. Entonces aquí tienes que hacerlo de un modo más o menos forzoso, pero es una manera forzosa de llegar a lo que es natural, y al único sitio donde la literatura se gesta, me parece a mí. Así, en ese sentido, ese trauma te lleva al sitio donde tienes que asentarte. Por eso hablo del lenguaje en términos absolutos, porque creo que es lo que abarca con más precisión aquello de lo que trata escribir y a lo único a lo que escribir le rinde cuentas.

JAVIER: Muy interesante. Ni siquiera, entonces, una identidad latinoamericana como generaciones anteriores de autores de Latinoamérica tenían o pretendían mostrar esa identidad, como latinoamericano en París, por ejemplo, ya que estamos en este encuentro. ¿Creéis que eso se ha perdido o se ha adelgazado por completo? ¿La identidad va por otros caminos o está en otros cauces?

LAIA: Perdón, me quedé pensando en esa idea del exilio como un lugar de tránsito; en cómo, cuando eso sucede en un lugar donde el idioma es otro, el tránsito y la cuestión entre generaciones es muy clara. O sea, el que nace en el lugar donde ya se habla el siguiente idioma, y la verdad es que pasa lo mismo en español. Por ejemplo, mis abuelos que eran refugiados de la Guerra Civil y hablaron catalán en la Ciudad de México hasta que murieron, y todos los argentinos que hoy se oyen en la Ciudad de México. Creo que pasa un poco lo mismo dentro de los españoles; simplemente nos parece menos evidente, pero esta idea de llevar la casa en el lenguaje y quedarse como en ese limbo para siempre, se oye cuando oyes a la gente que lleva mucho tiempo. Perdón, me quedé pensando en eso, pero no era lo que preguntaste, Javier. Perdón.

CARLOS: ¿Cuál era la pregunta exactamente, Javier?

JAVIER: Hablaba de esta idea de la identidad latinoamericana; es decir, la pérdida, si difuminamos la idea de *patria* o de *país* en el lenguaje, como decía Carlos, cómo se une esto al hecho de que todas las generaciones de autores latinoamericanos han defendido una identidad latinoamericana incluso en la propia literatura. No sé si la concebís o si es algo que está totalmente disgregado, a vuestro juicio. ¿La percibís?

CARLOS: No, yo lo veo. Lo que no veo es justamente formas de hablar de identidades en literatura, que no sean a través del idioma, desde el idioma o en el idioma. Es la única identidad posible; lo otro es referenciar, catalogar. Y ya sabemos que eso, quizá, no tiene que ver directamente con el hecho estético. Y cada vez que se ha intentado, es mucho mejor esa identidad cambiante cuando uno habla de Latinoamérica. Con eso yo he tenido una relación que ha cambiado mucho también. Una cosa es la idea formal de América Latina, por ejemplo, o de Hispanoamérica incluso si abrimos un poco más el arco, que yo tenía en Cuba, que yo tenía en mi formación, en mi educación, a la hora de nombrar un concepto inscrito en lo histórico pero abstracto, que es lo que pasa quizá cuando uno estudia desde ciertas zonas. A mí, por ejemplo, hay un autor que me interesa mucho: Naipaul (trinitario, británico y con una fuerte carga cultural india detrás). Habla de cómo en países o ciudades como en la que él se educó, Puerto España, en Trinidad, uno accede a la historia de manera abstracta, algo que no pasa si tú creces en Francia o probablemente si creces en Estados Unidos, donde la historia tiene un territorio muy marcado y tú lo ubicas de manera más precisa, ese ejercicio de memoria ocurre de otra manera. Aunque no lo parezca, eso me pasaba a mí un poco con América Latina. O sea, eso yo lo he venido a entender de manera concreta viviendo en México, recorriendo el continente y entrando en contacto con colegas y amigos; que evidentemente hay una identidad común marcada, pero la diversidad es amplísima. Entonces, quizá definir esa identidad a mí se me hace vago, tal vez no podría hacerlo, no podría emprender ese ejercicio, pero no tengo duda de a dónde pertenezco culturalmente. Veo ese territorio muy marcado, veo cómo estoy inscrito dentro de él, pero ni siquiera puedo divisar sus límites. No es que me sienta, ni mucho menos, constreñido dentro de esa idea; es una idea que me gusta, que no voy a tratar con cinismo, que es algo que podría hacer y que es parte, en buena medida, de una posición intelectual posmoderna muy al uso. O sea, yo puedo reconocer esa identidad, puedo reconocer ese espacio en el que me muevo. Se me quedan un par de cosas colgadas, pero bueno.

JAVIER: ¿Podemos seguir?

CARLOS: Sí, claro.

JAVIER: Seguro que salen en otro momento. Me gustaría trasladaros ahora a la pregunta o reflexión en torno al valor que le concedemos a la ficción o a la escritura de la ficción en nuestra sociedad actual. Hay una serie de televisión que se llama *Vikingos* —muy sangrienta, por otra parte— donde hay un personaje que es Floki. Él construye barcos para el clan y cuando el rey va a visitar el último barco que ha construido Floki —que es un personaje muy perturbado—, le enseña el barco nuevo y el rey le dice: «¡Floki, es precioso!», y Floki, en su perturbación, le contesta: «Mi señor, solo es precioso si funciona». Y esto hace mucho que me lleva a pensar: ¿cómo sabe un escritor que su obra funciona? ¿Qué le pide? ¿Qué le pides, Laia, o qué le pides, Carlos, a tu obra, en esa idea de: «¡Esta obra sí que funciona!»? En un barco parece bastante claro: tiene que flotar. Pero ¿cómo flota la novela?

LAIA: Sí, iba a decir que no es tan distinto de un barco, en realidad. A ver, creo que no hay una respuesta clara para eso. Creo que le pido algo distinto cada día y, volviendo al inicio de tu pregunta, hay días en los que mi certeza de la importancia de contar historias es absoluta y hay días, quizá la mayoría, en que vivo bastante mal el dedicarme a esa cosa que no aporta mucho al mundo. Entonces, creo que, para mí, si pudiera dar una sola respuesta, tendría que ver con construir un lugar, un lugar al que se puede entrar, un espacio donde el lector puede estar ahí adentro un rato sin necesitar referentes exteriores. Esto es una de mis obsesiones, simplemente porque me cae mal leer cosas donde todo el tiempo o me están haciendo sentir que no soy suficiente o tengo que ir a verificar. Pero eso es mi neurosis, no digo que sea válido para todo el mundo. De este modo, construir un espacio donde alguien puede entrar y no necesitar nada más, es lo que yo le pido. Y, por supuesto, tiene que ver con muchas cosas ahí dentro: con voz, con tono, con ritmo, con muchas pequeñas cosas. Para mí la cuestión es esta idea de que sea un lugar, que pueda cerrar la puerta un rato y ahí sea lo suficientemente interesante para que no quieras salir.

CARLOS: Sí, la idea de crear un espacio con leyes propias es quizá lo que rige cualquier proyecto de ficción que pueda flotar. De todas maneras, si flota verdaderamente o no como a uno le interesa que flote es algo que creo que nunca se sabe, o al menos yo no tendría manera de saberlo.

JAVIER: Pero ¿sabes si se va a hundir, Carlos? ¿No sabes si flota, pero sí sabes que no va a flotar?

CARLOS: Al menos hasta cierto punto, no sé cuánto va a navegar, pero al menos sí lo pongo sobre el agua y le suelto las amarras, e intento que no se hunda. Hay un par de personas que parecen convencidas de eso —entre ellas, mis editores—, que es algo que uno necesita.

LAIA: También es como una confianza en el lector, porque es algo que está fuera de tu control; cada lector decide si flota o no flota.

CARLOS: Sí, totalmente. En ese punto, uno no tiene tanta jurisdicción. También existe la idea de que eso puede que no pase, pero uno tiene que creerse, a la hora de escribir, que uno lo está haciendo para un lector que, en última instancia, no está en el presente, y que no conoce. Me parece a mí que uno tiene que ir con ese influjo a la hora de escribir, pero si sucede o no es otra cosa que está completamente fuera de tu control, y es algo de lo que uno no tiene que preocuparse. Entonces, en ese sentido, no hay una garantía total de nada; yo no la puedo tener, en ningún caso. No la puedo tener, no puedo engañarme así. Hay una cosa que decía Laia que me interesa mucho, que es esa idea de no sentir que uno no sabe, cuando está leyendo, o de que te están enviando todo el tiempo afuera del texto. Creo que tiene mucha razón en eso. Siempre, obviamente, hay algo que uno no sabe, y en la medida en que sabe algo, si algo aprende con eso que supo, es que se agranda todo aquello que no sabe. Mientras tú vas sabiendo, solo vas comprobando que ignoras más cosas. Quizá lo que hacen los grandes libros, o los libros que uno prefiere como lector, es mostrarte dónde tu ignorancia no es un obstáculo. Porque lo que los libros hacen es eso también, es ponerte frente al espejo de tus limitaciones. Un libro que tú agotas completamente, un libro que tú desbordas como lector, es un libro que tiene que ver mucho con el tedio, con el aburrimiento, es un libro que no te interesa. Al hablar de que uno como lector lo desborde, me refiero a ello sensorialmente también. Desde múltiples lugares, no solo lo que conozcas o desconozcas, sino también lo que eso te puede dar en términos de sensibilidad. Pero donde esa ignorancia tuya, donde esa limitación tuya, tú sabes que entras de algún modo y tienes una lectura luminosa. Te pone de frente a algo que no te reduce, sino que te agranda.

LAIA: Para mí tiene que ver con sentirte recibido.

CARLOS: Exactamente.

LAIA: O sea, te sientes recibido, con todas tus imperfecciones. Y por eso los libros a los que volvemos, uno los lee diez años después sabiendo más, y ya es otro libro, pero no te hacen sentir menos o mal recibido. Está construido de una manera en la que, claro, cada lector llega con lo que ya trae, y uno conecta con distintas cosas, sin que le hagan sentir tonto.

CARLOS: Exacto.

JAVIER: Tenía entre mis notas, apuntada para un poquito más adelante, unas preguntas en relación precisamente al lector: ¿cuál es vuestra relación con el lector? La pregunta exacta que tengo anotada es: ¿pensáis en el lector? Es una pregunta muy breve, pero creo que muy compleja al mismo tiempo. Y ¿en qué términos pensáis en el lector? ¿Cómo os afecta la relación con él?

CARLOS: Es que eso ocurre de manera muy abstracta. Son retazos, retazos en los que uno piensa; no se puede armar al lector. Son retazos de muchas referencias. Eso que parece un ejercicio, no sé si de modestia o al menos de tener en cuenta al otro, que sería tener en cuenta al lector, si lo miras bien, me parece a mí que es un ejercicio de petulancia. Porque ¿qué sabe uno en realidad de la sensibilidad que está afuera o de cómo el otro va a leer? O ¿cómo puede uno creer, de modo prescriptivo, que sabe exactamente con qué se va a sensibilizar? A mí me parece que, en última instancia, el lector del que uno está hablando, o al que uno le está respondiendo o rindiendo cuentas, es al lector que es uno mismo. Y esa es la manera más fiel de responder a los lectores, porque uno no es distinto de los lectores que están ahí, no. La idea más fiel de responderle a otro es responder a uno mismo. No hay una contradicción ahí entre lo que uno es y lo que podría esperar de afuera, teniendo en cuenta que uno es siempre los demás también; no hay algo que te diferencie sustancialmente. Esa es la manera en que uno, más o menos, puede responder, porque uno está dialogando con las lecturas que le son importantes, con las que le han formado la sensibilidad. Y la sensibilidad de escritor de la única manera que se forma es leyendo. Luego hay otros referentes, pero todo gira alrededor de eso. Incluso lee cuando ve, cuando percibe; hay lenguaje en todo eso, hay formas en todo eso, en cualquier acercamiento a cualquier tipo de expresión sensible.

JAVIER: ¿Y cuáles son estos referentes, Laia, para ti? Edward Said hablaba de la filiación, por un lado, la que a uno le viene por sangre, por familia, y por otro de la afiliación, aquello que uno iba asumiendo por decisión propia, de manera volitiva, es decir: esto es lo que yo quiero. ¿Cuáles son, en el ámbito literario, esos referentes para ti? ¿Los tienes localizados?

LAIA: Sí. Solo quiero decir algo sobre el lector, y creo que es un lazo directo a esta pregunta. Yo no pienso en un lector. Y lo que dice Carlos para mí resuena perfectamente. O sea, cuando estoy corrigiendo un texto lo que importa es que a mí me mueva, que me mueva algo, que me toque ciertas fibras. Y, también, a un nivel de lectura en voz alta, ver los momentos que me dan vergüenza. Aunque no haya nadie escuchando, si yo leo en voz alta, noto si hay un momento en que me da vergüenza. Entonces, no pienso en un lector, pero hay algo que para mí creo que sí conecta un poco con esa presencia a la que quieres llegar, que es más bien como una vivencia de algo escénico. Yo antes de empezar a escribir hacía teatro, digamos que ese fue como mi primer acercamiento, entonces vuelvo a esta presencia escénica. Cuando las luces están apuntando hacia ti, tú no ves al público: puede haber uno, puede haber cien. Pero hay esa idea de que a alguien vas a tocar si conservas la conexión con lo que estás actuando. En este sentido, para mí, en los mejores momentos de la escritura hay algo de eso. Aunque sea yo la que esté sentada en el público o aunque seas tú mismo como lector, hay una voluntad de tocar a alguien, creo, de tocar fibras. Muchas veces, mis referentes son otras artes justamente. Yo soy una lectora muy desordenada: no termino los libros, leo cuatrocientos a la vez, hago investigación de una manera totalmente desestructurada. O sea, tengo mis libros de investigación y los abro al azar, y entonces ahí ya me inspiro para escribir una escena. Hay muchos pulpos en mi libro, muchos pulpos y muchos colores; no tengo ninguna relación con la academia. Los libros que más me han marcado creo que son los libros que, de alguna manera, han validado un proceso. Por ejemplo, *Zen en el arte de escribir*, de Bradbury, fue tempranamente un libro importante para mí, en el sentido de decir: «Está bien: puedes escribir sin tener esta formación literaria». Y ahora me causa menos problemas. Antes me daba mucha vergüenza, sentía que realmente no podía ser una escritora si no tenía referentes más claros, pero ahora sé que leo de manera desordenada, y que hay cosas que me tocan y cosas que no. El OuLiPo, este movimiento de literatura potencial, sí fue muy importante para mí. Un escritor que me marcó mucho en la adolescencia fue Daniel Pennac, como a un nivel de neologismo, que es una parte muy importante de mi trabajo, la libertad de estar inventando palabras. Y, pues, no sé, más allá de eso me cuesta un poco de trabajo pensar ahora en nombres. Seguramente en cuanto ya no tenga la palabra, vendrán.

JAVIER: ¿Nos puedes decir algunas de las palabras que has inventado, Laia? Me gustaría mucho.

LAIA: Sí, por ejemplo, en *Umami* hay un personaje que inventa colores. El primero que aparece en el libro es «griste», que es un día como un poco nublado, un poco triste, pero hay muchos —es un libro que escribí hace muchos años—. Luego, los personajes mismos, dentro de la novela, varios tienen neologismos. Hay una mujer que no tuvo hijos y que habla de la «hijitud»; habla de sí misma como alguien que no es progenitor, y tiene como… esta mirada hacia los padres. Entonces, sí, todo el tiempo aparecen palabritas.

JAVIER: ¡Precioso! Carlos, ¿algunos de tus referentes literarios?

CARLOS: Son cambiantes, de acuerdo. Pero naturalmente hay momentos fundacionales, por llamarlo de alguna manera. Lo curioso, y también lo maravilloso de la lectura, es que esos momentos fundacionales siguen sucediendo, uno los sigue encontrando. Cuando uno parece ya rendido por cierto escepticismo o cierta insolencia de creer que más o menos todo son variaciones de cosas que uno ya percibió, no es así, siguen apareciendo cosas que le dan otra vuelta de tuerca al asunto. Hay un momento fundamental —y creo que solo voy a mencionar este, si sigo mencionando, responden más o menos a la misma lógica—, hay un momento clave, quizá a los quince o dieciséis años, en que leí *Crimen y castigo*. Y yo recuerdo que unos meses antes había comprado en la Feria del Libro que llegaba al municipio en que yo vivía —la feria es en La Habana, pero tenía algunas sucursales— una colección que se movía en la cuerda de la lectura que yo venía leyendo, que son esas lecturas todavía de la niñez, lo que me faltaba de Salgari, quizá lo que me faltaba de Julio Verne, no sé si algún libro de Mark Twain, ese tipo de cosas. Y recuerdo haber leído entonces *Crimen y castigo*, y ya no hubo vuelta atrás, se cerró una puerta, y ya nunca leí esos libros que compré porque me faltaban.

LAIA: ¡Para el hermanito!

CARLOS: Se quedaron ahí, exactamente. Se quedaron para mi hermana, que vino después. Pero eso es lo que viene y ha venido sucediendo luego con otras cosas. La lectura de Carpentier fue fundamental para mí, recuerdo leerlo todo en algún momento. Sin embargo, luego, y esto pasa así, cuando empiezo a leer a Lezama, no puedo volver a Carpentier. Obviamente, puedo leer a Carpentier, estar ahí, pero no sé si entienden lo que quiero decir: eso no se define en la literalidad. Obviamente yo puedo leer algo de Carpentier que me haya quedado, puedo sumarlo. Es un gran intelectual: naturalmente, puedo seguir leyéndolo. Pero hay tierra más allá, es lo que quiero decir. Tu sensibilidad ya está instalada en otro sitio; algo vital se movió y no hay vuelta atrás, hay puertas que se cierran, de alguna manera. Entonces, Lezama cierra Carpentier, por ejemplo, en mi recorrido como lector. Y así uno puede ir viendo cómo sigue pasando eso. Y no se trata de que barra con el otro, naturalmente. Para llegar a Lezama yo tuve que pasar lo que serían como pasos de una escalera. Están ahí, todos formando una sensibilidad particular, que es la de uno. Más o menos así funciona. Así pues, de esa manera acumulativa, los referentes son interminables, y quizá sería injusto no nombrar a uno solo de las cosas que hayas leído. Todas están ahí de alguna manera: desde la negación, desde los sentimientos, cualquiera que sea la relación que tengas. A mí me interesa muchísimo todo lo que yo aprendo en libros que considero malos o de mala escritura, cosas así. El aprendizaje es algo que ocurre un poco como un caleidoscopio: tiene múltiples caras, espejos, rostros.

JAVIER: Os preguntaba por esta cuestión porque quizá a aquellos que nos vean les gustará saber que algunos de vuestros libros van a formar parte, o forman parte ya, de las lecturas de los jóvenes en los institutos, de los institutos de París, y no sé si eso se puede vivir como una cierta responsabilidad por parte de un escritor, sabiendo que alguno de vuestros libros va a ser vía de entrada para que los jóvenes avancen por la literatura.

CARLOS: Bueno, a mí me alegra. Formar parte de la sensibilidad de los otros es, de alguna manera, retribuir un poco lo que te han dado también. ¡No sé! No sé mucho, pero sí, te alegra, un poco te satisface. Ojalá esté a la altura de la sensibilidad de esos estudiantes lo que uno ha escrito, y los merezca.

JAVIER: ¿Laia?

LAIA: Sí. Sobre todo la idea de conectar con estos preadolescentes o adolescentes me emociona, porque es como conectar con los libros como compañeros de camino. Pues, sin duda, creo que, como escritor, genera una emoción un poco de ternura. No es como el orgullo de que un crítico literario diga no sé qué de tu libro, sino que es una conexión bonita con que alguien pueda querer leer otro libro porque le gustó el tuyo. Eso da emoción.

CARLOS: Hay una práctica muy extendida recientemente en los festivales, que seguramente a ustedes les ha tocado igual, que es que muchas veces te invitan a una especie de encuentro, y estás en un festival en determinada ciudad, con algún colegio de la ciudad o una cosa así, y entonces tienes así un contacto directo con alumnos que han leído o se han asomado, han husmeado alguno de tus libros —que se reparten como una manera de fomentar la lectura—. Esos momentos son siempre muy gratificantes, muy particulares; tienen una lógica como muy única, y es siempre una relación que se agradece. Pero eso que decías tú, Laia, es verdad que hay que tenerlo en cuenta, porque si se vuelve ese libro que te dan por el colegio y que tienes una lectura obligatoria con él, pueden llegar a despreciarlo, más bien. Ojalá no, ojalá sea una relación de placer o ayude a descubrir.

LAIA: Yo he ido a esas escuelas y me han pasado cosas preciosas. Un día llegué a una en Lyon, creo, en un festival de Francia, y habían hecho un álbum de fotos. O sea, entre ellos se habían tomado fotos, pidiéndoles ayuda a los distintos profesores de la escuela —porque en el libro había adultos— y entonces a cada personaje de mi libro lo habían convertido en una foto, y habían hecho como páginas donde habían realizado ejercicios de escritura en las distintas voces, pero con cosas que no pasaban en el libro. O sea, habían hecho un *spin-off* y me lo regalaron (es una cosa de gran tamaño).

CARLOS: ¡Oh, hermosísimo! Es precioso. A eso me refería.

JAVIER: Antes decías, Laia —no había salido hasta este momento en la conversación, a lo largo de una hora que llevamos ya— la palabra o el concepto de los *críticos,* de la crítica literaria. Vamos a hablar, aunque sea un minuto, de la crítica, del valor que le concedéis a la crítica literaria, de cómo os relacionáis con ella. ¿O la tenéis olvidada y no os interesa en absoluto?

LAIA: Yo no necesito un minuto. Tengo con la crítica una relación absolutamente pueril, en la que si dicen algo malo, me duele y me azoto, y si dicen algo bueno, me emociono. O sea, no tengo ningún filtro. Digamos que no soy una lectora de crítica, esa es la verdad. En este sentido, mi relación con eso está en un nivel anecdótico y egocéntrico, de: «¡Ay!, ¿qué dijo alguien de mi libro?». Pero mi relación con los libros es llegar a una biblioteca y ver qué me emociona, qué me jala ese día y sacar libros así. Entonces, no es muy intelectual lo que digo, pero esa es la verdad.

JAVIER: Muy interesante.

CARLOS: Es muy honesto, y es algo que yo concibo, la verdad. De hecho, cuando ha habido alguna crítica que se aleja de ese esquema binario en el que uno está mirando solo si lo azotaron, si lo desviaron, hay una especie de satisfacción cuando hay una lectura de otro —que es muy escasa, pero sucede—. Uno también se fustiga un poco por la vanidad de tener esa relación con la crítica que dice Laia, o esa relación pueril de uno que es solamente esperar, tú sabes, que le echen flores o estar un poco en vilo para que no lo maltraten demasiado. Pero cuando te sacan de ahí, cuando ese crítico te saca de ahí y te pone en otro lugar porque establece otra relación con tu libro, se agradece esa mirada, se agradece enormemente esa complejidad. Y te das cuenta de que quizá no seas tú tan responsable de esa relación con la crítica, sino que esa es más o menos la manera en la que la crítica se mueve. En ese sentido no hay un cambio de naturaleza entre el elogio o ese palo que te pueden dar —a la manera en que te lo dan—. Del mismo modo, ese elogio que a uno lo satisface es una sensación que uno no puede alimentar porque, al menos en mi caso, es también bastante efímera. No te dura mucho la felicidad que te puede dar.

LAIA: No, y además te acuerdas del palo mucho más que de los elogios.

CARLOS: Sí, totalmente. Entonces, por otra parte, la relación es un poco injustificada. Porque hacen falta quizá veinte buenas críticas para aplacar un poco el eco nefasto que deja en ti una crítica mala.

LAIA: Pero lo que para mí sí ha sido un descubrimiento muy agradable ha sido trabajar con traductores. Porque ese tipo de rara y buena lectura, que puede ser una lectura muy crítica del trabajo, se da porque un traductor está operando a un nivel en que no tiene que demostrarle nada a nadie. O sea, tiene que hacer una buena producción, pero no tiene que invitar, o ser más inteligente que el autor frente a un público de su crítica. Así, el diálogo, el *feedback* y la crítica, que se vuelve constructiva para uno en el siguiente proyecto, de los traductores, para mí ha sido de las cosas que le agradezco a mi novela, porque, aunque no exactamente, ha sido una experiencia casi de taller. Es decir, también estás con un par que es dueño de su lenguaje y él va a decidir cómo decirlo al final, pero poderte clavar en la minucia de un texto con un traductor, eso es muy rico.

CARLOS: Sí.

JAVIER: Vamos avanzando minutos y tiempo, estamos acercándonos al final. Últimamente veo o percibo en la sociedad, o en la creación, en la búsqueda de la creatividad, algo que en su momento yo llamé «creatividad Thermomix», que es esta máquina que hace las comidas con ingredientes tasados, y en tiempo tasado, y me da la impresión de que en muy pocas ocasiones se quiere afrontar el riesgo de dar el primer paso en el vacío, y esto entronca con el mercado, que es otro concepto que no habíamos tocado hasta ahora; habíamos hablado de los críticos, pero hablemos del mercado. ¿Creéis que el mercado, así como algo general o abstracto, está dispuesto a asumir poéticas narrativas de riesgo ahora mismo?

CARLOS: Teniendo en cuenta que la corporación es central en la configuración de nuestras vidas, en la configuración social y también en la configuración de nuestras relaciones, yo creo que todo riesgo es siempre periférico, hasta que luego va ocupando su espacio y dejando de ser riesgo se vuelve convención. Pero todo riesgo empieza siempre desde un margen, empieza desde una zona límite. Y en ese sentido yo creo que hay una negación ahí, casi ontológica; no es posible. Por otra parte también, en relación con la idea de mercado, es un poco externa. Primero porque no vengo de un lugar en el que el mercado sea el que rija la vida ni esté muy presente. Aunque también he tenido la posibilidad de elegir qué tipo de relación voy a tener con eso. Al menos hasta cierto punto, hasta donde se puede elegir eso, porque una vez que estás instalado en el mundo también formas parte naturalmente de las correas de transmisión en que todos nos movemos. Lo que quiero decir es que no se trata de algo que esté muy presente en mí, al menos desde una etapa en la que no podía manejarlo de manera más consciente. Entonces, esa relación de reticencia, o lo que sea que tengo con esa idea, es una relación tardía. En todo caso, ¿a qué nos estamos refiriendo con esa idea? Es algo que, como está en todas partes, a uno le parece que no está en ninguna, porque le parece que la vida viene configurada de esa manera. Sobre todo porque el mercado puja todo el tiempo por hacer creer que el estado de cosas que propone es un estado natural, un estado dado y absoluto, y que no puede ser de otra manera.

LAIA: Para mí, en mi relación con la escritura, el mercado no pinta mucho. Digamos, es cierto que cuando uno empieza a publicar cubre un miedo de alguien que empieza y que piensa que hay una especie de cadenero en la puerta que no deja entrar a la gente, y luego cuando empiezas a trabajar con gente que se dedica a hacer libros te das cuenta de que son exactamente igual que tú, son gente que ama los libros, que tienen tres pesos, y que no vas a poder vivir de esto. Creo que se trata un poco de encontrar aliados, y de que en el mundo editorial pasa lo mismo que con el lector: en gustos se rompen géneros, y se trata de encontrar a alguien que se enamore de tu trabajo y que quiera apostar por él. Creo que, en todo caso, para mí lo más sabio para la relación con el mercado es tener un agente y no relacionarse con el mercado, porque es un tipo de trabajo totalmente distinto. Mi agente la primera vez me escribió y me dijo: «Vamos a hablar por teléfono», y yo dije: «¡Por teléfono! ¡Qué horror!». O sea, ellos tienen que estar así, en el mundo, y tú estás en tu computadora toda tu vida, y te da muchísima vergüenza hablar bien de tu propio trabajo. Por eso, creo que esta figura del agente, que cada vez es más fuerte en español, es una gran cosa para los escritores, porque las leyes del mercado no tienen nada que ver con la calidad y tú te tienes que centrar en la calidad de tu trabajo. Ahora, me interesa volver a lo que dijiste del proceso creativo Thermomix, porque yo a lo que dedico mi vida —cuando no estoy escribiendo en estas dos sillas de aquí atrás, cuando no hay pandemia— tiene un nombre muy feo, pero me he vuelto *coach* de artistas y escritores. Básicamente me dedico a ayudar a la gente, a trabajar con la gente, para que la gente pueda hacer un proceso cotidiano en relación con la creatividad, que sí tiene que ver con los riesgos, pero a un nivel muy interior, y con lidiar con los miedos que la creatividad acarrea siempre. Entonces, para mí ese no es solo un tema fascinante y complicado en mi propia relación, sino que también es a lo que me dedico.

JAVIER: Me gustaría, si os parece, para cerrar esta conversación en «París no tiene fin», recomendar dos autores, dos autoras. Un autor o autora que consideréis clásico y un autor actual o contemporáneo que quisierais compartir con todos aquellos que nos estén viendo. Entendiendo *clásico* en el sentido más amplio que queráis; no tiene por qué ser un clásico de la Antigüedad.

LAIA: Lo que para mí es como mi clásico —digamos, si yo fuera de las personas que cuelgan la foto, sería la foto que colgaría— es Jorge Ibargüengoitia. Es una voz a la que vuelvo y que me sigue divirtiendo, y me sigue pareciendo que hace un uso eficiente del lenguaje —tal vez sin tener esa cosa de la que hablábamos antes, de tener libros complejísimos con capas a los que vuelves cada diez años—, pero para mí ahí sí hay una conexión; casi como volver a comer unos frijoles con hojas de aguacate que solo puedes comer en ciertos changarritos de México. Es como una conexión emocional, pero es un buen escritor, al que desgraciadamente no se lo lee tanto fuera de México, por eso siempre lo recomiendo. Y era como, un clásico y ¿un qué? ¿Contemporáneo?

JAVIER: Y alguien de nuestros días, un autor o autora actual.

LAIA: Para mí, un autor contemporáneo que me importa mucho es Fabio Morabito.

JAVIER: Muy bien, pues. Gracias, Laia. ¿Carlos?

CARLOS: Me gustaría recomendar a Isaak Bábel, que tiene un libro llamado *Caballería roja*. Es un libro que tiene esa manera tan precisa y original de definir, de adjetivar. Él dice que es un libro «impar», y creo que es suficiente para decir lo que vale ese libro. Lo recomiendo fervorosamente. De hecho, hay un cuento que se llama *Sal*, y antes de entrar al libro pueden buscar esa especie de reseñita que es maravillosa, donde Borges dice que *Sal* ha corrido la suerte que solo corren algunos grandes poemas, que es la de que se recite oralmente. Así es la fuerza de la belleza de las historias de ese libro, que es un libro de relatos, podríamos decir, y adquiere esa categoría, ese estilo. Y un autor contemporáneo que me interesa muchísimo es Juan Cárdenas, un amigo colombiano que me parece un grandísimo escritor. Sobre todo me parece que tiene un gran sistema, un gran concepto. Más que libros, está haciendo una obra, y eso me interesa mucho a la hora de relacionarme con autores.

JAVIER: Pues muchas gracias. No sé si queréis añadir alguna otra cosa más. Si no es así, Laia Jufresa, Carlos Manuel Álvarez, muchísimas gracias por haber participado en estas «Fuentes de agua fresca», estas «Nuevas voces». Desde Edimburgo, desde el D. F., desde Oviedo, gracias a las redes, de las que tanto algunas veces hemos despotricado, y que nos han hecho muy felices estos últimos meses, y nos han permitido, y nos están permitiendo, esto que estamos haciendo ahora. Ha sido un grandísimo placer hablar con vosotros, aprender con vosotros, y os deseo la mejor de las suertes en vuestra carrera literaria, y en vuestra vida. Muchísimas gracias y un abrazo.

LAIA: Muchísimas gracias. Gracias, Carlos. A Manuel también.

CARLOS: Gracias, Laia.

Las mujeres sabias de la escena contemporánea

MARTA PAZOS

Desde una tierra que nos tiene tan robado el corazón como Galicia, llega una de las mayores renovadoras de la escena española. Directora de escena, dramaturga, intérprete y escenógrafa, Marta Pazos nos regala una sesión muy especial: cercana, reveladora, casi íntima. Remedando al inmortal dramaturgo francés, la hemos titulado: «Las mujeres sabias de la escena contemporánea». Y es que ella tiene sabiduría, creatividad, mucha frescura y también corazón. Nos colamos en el gabinete de Marta Pazos.

¡Hola a todos y a todas! Quería empezar con un agradecimiento especial a Gonzalo y a Yolanda por poner a andar esta aventura. Afortunadamente, París no se acaba nunca y la creatividad tampoco. Me emociona mucho en este momento tan frágil y de tanta vulnerabilidad ver proyectos que nacen así con esta fuerza y con este cariño. Hoy me gustaría compartir con vosotros un poco de mí, de lo que es mi forma de entender y de estar en el arte.

Estoy aquí sola en la habitación donde habitualmente estoy sola, en mi estudio en Santiago de Compostela. Os lo voy a enseñar, os voy a hacer un giro de 360°. Aquí tengo una ventana que da al casco antiguo de Santiago, estoy muy cerquita de la catedral. Esta es una de las pizarras de corcho que tengo, donde voy haciendo las diferentes partituras de los espectáculos. Y se me ha ocurrido hacer un pequeño cronograma con algunos de los puntos de mi lenguaje como yo he llegado hasta la artista que soy ahora. Voy a empezar por el principio, voy a coger uno de los puntos. Lo he hecho hace días, y no recuerdo muy bien qué lleva cada uno. Este, por ejemplo, dice: «lo real». Bueno, es inevitable hablar de lo real, como artista. No recuerdo a qué maestra se lo escuché, que explicaba como el *ser artístico* en el mundo. Un artista es aquella persona que introduce en el mundo una nueva idea, una idea que surge de la observación del propio mundo, y con ello lo transforma. Para mí hacer arte es eso. Es primero algo que parte de mí, que parte del deseo de contar, de algo que tiene que ver también con la piel.

Yo empecé en el mundo del arte no por las artes escénicas, sino que yo vengo de las artes plásticas, y en el momento en que impacto con el teatro me encontraba haciendo cuadros. Tengo algo por aquí, os lo voy a enseñar: este es uno de mis cuadros de finales de los años 90. Lo que hacía en aquel momento era coger figuras, «robar» sobre todo a cuadros del Renacimiento, con escenas agitadas que producían en mí algo especial. Alguna figura, generalmente no de primer plano, que estuviera en algún momento de apuro. Entonces, yo la cogía de ese cuadro, la extraía y la repintaba sola, fragmentada, y la ponía sobre un fondo neutro. Generalmente uso seda, raso —como es en este caso—, algodón, gasa o satín. Tejidos propios del universo de la ropa interior femenina. Así, poniéndolo dentro de este nuevo contexto, permitía darle una nueva realidad. Y me he dado cuenta de que esto es lo que he ido haciendo también en el teatro a lo largo de los años. Pintaba sin cesar. Estudiaba mucho esto y me daba cuenta también de que siempre pintaba escenas, o fragmentos de escenas, o cosas que acontecían *in medias res.* Y entonces decidí —bueno, más bien la vida y la casuística decidieron por mí— impactar con el mundo de la escena. Al principio hubo, durante varios años, una voluntad por hablar de lo que conocía, y lo que conocía era yo y mi entorno, por eso todo giraba alrededor del mundo del arte y de los artistas. Pero también surgió una preocupación por alejarme del mundo real, de lo real, y también porque yo me encontraba, cuando empecé a hacer teatro, estudiando precisamente eso: cuáles eran los límites de la ficción y la realidad en las artes vivas, en las artes de la *performance.* Si importaba realmente que en la galería Metrònom —creo que en una *performance* de Carles Santos— alguien se clavara su mano contra un piano, a modo de Jesucristo. Si importaba mucho que esto fuera un truco o si esta realidad realmente era algo necesario para la *performance.* Me encontraba cuestionándome muchísimo acerca de esto. Años más tarde he mirado hacia lo real —también en un trabajo de fondo y figura, como en la pintura que os acabo de enseñar— intentando introducir lo real en la ficción, y hacer fantasía con eso, pero de una forma no jerárquica, de una forma de diálogo. Y como directora traspasar en un ejercicio de no incidir sobre los materiales, porque trabajas con un material que es inflamable, que es la realidad; cómo no cargártelo, ¿no? Hacía una cosa, cuando estaba en el estudio de pintura, que era darle la vuelta al cuadro. Yo pintaba, pintaba al óleo, y eso hacía que tuviera que esperar para ver el resultado de la pintura. Había una parte que hacía yo, pero después había una parte que yo no controlaba, que era la mezcla de las diferentes capas de pintura y de las veladuras. Había un tempo, como una especie de alquimia, tenía un ejercicio propio, y entonces... ¡pum!, aparecía la magia. A veces pintaba mucho sobre cuadros, pintura sobre pintura, y yo pensaba que había finalizado, pero por el placer de seguir pintando me cargaba el cuadro. Así que decidí darles la vuelta a los cuadros. Pintar, pintar, pintar, y cuando creía que estaba a punto, como cuando haces un arroz, que no lo cocinas hasta el final, sino que lo tapas y esperas a que se termine de hacer solo, pues así mismo. Llegaba al punto y entonces le daba la vuelta al cuadro. Y esperaba un tiempo, no sé, un mes, dos meses, para volver a mirarlo. Entonces lo giraba una vez pasado el tiempo y el cuadro estaba terminado, porque mi mirada era lo que había cambiado, mi mirada sobre él. Intento llevar esta filosofía también a la escena. Cómo cuando trabajas no ya sobre lo real, sino con la realidad —por ejemplo, en el caso de espectáculos de los que ahora os hablaré, que trabajo con personas que no pertenecen al mundo de la interpretación—, cómo haces para no cargarte la realidad, para no estropearla, para no ajarla, desde la incidencia del artista, sobre esto.

Voy a compartir con vosotros la pantalla: aquí, en el *Sueño de una noche de verano*, hicimos un espectáculo en el que hablábamos de la libertad de escoger, que es de lo que habla el texto de Shakespeare, y quisimos ampliar este término a la libertad de escoger no solamente el amor, como lo planteaba el texto shakespeariano, sino la libertad de escoger qué hacer con tu propio cuerpo. Y entonces tratamos el tema del transgénero. En nuestra versión todos los personajes estaban pasando por transformaciones de su cuerpo. El elenco estaba formado por cuatro actrices cisgénero, cuatro actores cisgénero y una persona transgénero que no pertenecía al mundo del espectáculo. El texto del espectáculo partía de tres ejes diferentes. Por un lado, el texto shakespeariano y, por otro lado, el que escribió el director y dramaturgo chileno Marco Layera. Además estaban el texto propio que hacían los intérpretes y algunos textos que yo misma escribí. Era interesante porque pasó una cosa que también como compañía nos transformó. Eso es lo bonito cuando trabajas con lo real, que hay mucho de aprendizaje de la vida. Nosotros trabajamos con París Lácrima, que es una zapadora del Ejército español. París nació después de la transición española. Nunca había ido al teatro, nunca había hecho teatro, pero tampoco nunca había ido al teatro como espectadora, y esto era fascinante porque era también descubrir nuestro oficio con unos ojos vírgenes, y compararlo todo el tiempo —como ella lo comparaba— con una disciplina militar, que era algo muy alejado, en pensamiento, a lo que nosotros éramos como esencia, los artistas que formábamos parte de este proyecto.

Otro proyecto con el que trabajamos sobre lo real fue *Garage*. Fue un proyecto que surgió en Francia, con trabajadores de la fábrica de Peugeot, porque la ciudad de Montbéliard, de donde era el teatro donde hicimos este proyecto, nos encargó un espectáculo sobre el territorio. Por este motivo, nosotros nos fuimos a buscar qué era lo más importante del territorio, y lo más importante era la fábrica de coches. Y dentro de la fábrica de coches, nos preguntábamos, y nos fuimos a buscar, dónde estaban las mujeres en todo este universo. Y ahí volvimos a hacer una mezcla de la realidad y la ficción. Después trajimos el espectáculo a España. Estas imágenes que veis son del Centro Dramático Nacional, en la que trasladamos la realidad a trabajadoras de la Citroën de Vigo, que era la fábrica más grande y más cercana a nosotros. Ellas contaban experiencias personales suyas y después había una parte de fantasía en la que el dramaturgo Fernando Epelde escribía textos, muchos basados también en documentación que encontramos durante la investigación y el trabajo de campo. Cosas insólitas; por ejemplo, que los *crash test dummies* con atributos femeninos solamente se fabricaban desde el año 2012. Antes de eso no se consideraba el cuerpo de las mujeres en los impactos. Y entonces él se sirvió de estos dos personajes de un *crash test* de Ami y de un coche, que hablaban sobre lo humano, sobre las humanas que trabajaban —muchas de ellas— en la parte de seguridad, en la parte de fabricación de airbags y de cinturones de seguridad.

Además, también hacíamos algo con una mirada muy de distanciamiento sobre lo que era la publicidad de los coches y las propias trabajadoras, pues vestían estos arquetipos publicitarios y los destrozaban, pero desde la literalidad, como una forma de «limpiar» el coche. Fue un proyecto muy gozoso también. Hay algo, cuando trabajas lo real, que parece que se potencia el sentimiento de comunidad. ¡Ah!, esta es una escena muy curiosa, porque nosotros descubrimos en un libro, que se llama algo así como *Un grano de arena sobre el capó* [*Grain de sable sous le capot* (N. del E.)], que lo escribió una de las personas con las que nos encontramos para hacer este espectáculo, un trabajador en la fábrica de Peugeot en Francia, que dedicó gran parte de sus cuarenta años trabajando —un sindicalista fervoroso— a reventar el sistema. Decía él: «Como una mota de polvo sobre el capó, un grano de arena en una gran gran estructura». Él encontró un documento del año 1986 que se llamaba *Cómo dirigir a las mujeres*. Es un documento que… ¡era real!, que se manejaba en las grandes empresas. Y esta era una escena en la que se leía ese documento… atroz. Era atroz porque suponía eso, un decálogo de cómo tratarnos y de cómo se suponía que éramos nosotras en las fábricas. Deconstruíamos la escena a eso, con un ataque de risa con respecto a lo que allí se decía. El espectáculo terminaba otra vez con una vuelta de lo real, se cerraba con dos niñas de diez años que leían un cuestionario que cada noche era diferente, cada noche eran alteradas las preguntas, y se hacían preguntas sobre la situación de lo que significa ser mujer en el contexto de ahora desde una perspectiva de género. Esto es sobre lo real.

Vamos a sacar otro punto. Este dice: «El tiempo». El tiempo ha sido un componente muy importante en mi obra, y yo no sabía cuánto hasta que volví sobre mis pasos. Yo soy hija de una enfermera. Bueno, ahora ya no lo es, está jubilada, ya le ha pasado el tiempo de su carrera laboral, pero estuvo toda su vida dedicada a eso, a los cuidados de la vida, que es algo también muy muy importante en mi forma de hacer. Yo diría que es algo capital. No tiene sentido hacer arte si no se pone la vida en el centro —un poco también relacionándolo con lo real—. Mi madre me transportó esto, los cuidados de la vida y de las personas en el ejercicio de mi profesión. Y mi padre, que era batería de *jazz*, se encargó del ritmo, del tempo y del tiempo. El tiempo es vital, somos tiempo. Hay algo en la obra escénica, que también la diferencia de las otras artes, y es que tiene un principio y un final que acontecen en un tiempo real en el que el público y los artistas sostienen ese evento en el mismo momento. Esta ida desde el punto A hasta el punto B, desde el cronómetro en el minuto cero de entrada de público, a noventa minutos, dos horas, veinticuatro horas después —dependiendo de la duración de la pieza escénica— es un hecho. Me he pasado mucho tiempo estudiando lo que acontecía con el tiempo dentro de las piezas. Y también hacía partituras —en esta misma pizarra— en las que estudiaba cómo ir variando las diferentes unidades que componían la escena y cómo la presentación en el tiempo de unas y otras variaba en el tiempo total de la pieza. Sí, esta observación me interesa mucho, y también lo que acontece con el tempo propio de la construcción del hecho artístico. Yo suelo trabajar con cronómetro, midiendo. Hay un objeto que tengo aquí que también me gustaría enseñaros. Es un objeto muy especial para mí. Este es el metrónomo de mi padre, el que mi padre utilizaba para ensayar, para tocar. Y hasta que lo encendí, muchos años después —estaba perdido en una caja—, no me di cuenta de lo incrustado que estaba ese bit dentro de mi cabeza. Yo tengo un ritmo interior muy rápido, y me gusta ver la elasticidad también, por eso trabajo con cronómetro. A veces es increíble ver cómo se van modificando estos ingredientes, cómo cuando utilizas el mismo tempo, dependiendo de cómo utilices la luz o el sonido, o los elementos, ese tiempo parece más trepidante o parece más aletargado. Esto me seduce mucho.

Después trabajo también con líneas de tiempo. Tengo aquí un cuadro de cómo trabajo: este es uno de mis primeros cuadros de dramaturgia; siempre es una dramaturgia lineal. Ahora empiezo a hacer dramaturgias circulares o en espiral para que no sea una linealidad temporal, sino también observar cómo el tiempo es cíclico. Y también cómo a veces en los propios espectáculos se vuelve a los mismos temas dentro de las unidades. Todavía este sistema lo sigo llevando a cabo. Lo que hacía aquí era ubicar pósits diferentes, en los que hay diferentes unidades, y cada uno tiene un código de color distinto. Aquí están los actos. Esto era *Super 8*, un espectáculo que nacía también de algo real, era un espectáculo sobre la memoria. Nos pasó algo fascinante, que es que antes de empezar, después de llevar muchos meses trabajando, se nos rompió la memoria del ordenador y perdimos todo. Os voy a enseñar imágenes de este *Super 8*. Pues, en *Super 8* la realidad nos golpeó. Era un espectáculo sobre la memoria, sobre un personaje de A Coruña que encontramos a través de un documental de Ángel Rueda, y trabajamos con los textos reales de este hombre hablando sobre su carrera como cineasta *amateur,* y reproducíamos capítulos de su vida. A mí me gustaba mucho cómo hablaba. Lo reprodujimos tal cual, porque él tenía una forma muy característica de decir el texto y, al montar el texto, quedaba todavía más característica. Tenía un acento muy particular, muy de A Coruña. Yo conservé toda esta forma de hablar del montaje para el texto que reproducían los actores. ¡Ah!, y fue una época también bonita —¡hablando de memoria!— porque ahí estaba embarazada de mi hija mayor, Olivia, y también, de repente, ese impacto se mete y te agitas sobre tus propias memorias y tus propios recuerdos.

«Deseo». Yo trabajo el deseo como algo transformador y como algo muy conectado con algo físico incluso, conectado con algo de temperatura, con algo de explosión, de alta vibración. Cuando empieza un espectáculo, siempre pregunto al equipo: «¿Qué deseas hacer en este momento?». Y, lo más difícil, también me lo pregunto a mí: «¿Qué deseas hacer en este momento?». No tanto como: «¿Qué quieres contar?», «¿qué quieres contarle al mundo?», porque eso ya está en la base del proyecto artístico y es lo primero siempre a la hora de crear una pieza: «¿Cuál es el concepto que está detrás», «¿qué vamos a contar esta vez?». Pero después está, en el «¿cómo lo vamos a contar?», el deseo: «¿Qué quieres hacer esta vez?», «¿cómo lo quieres hacer?»,

«¿cuáles son tus anhelos en esta ocasión?». Hay deseos que traen muchas pistas sobre lo que va a ser el espectáculo y abren puertas insólitas. No tienen que ser cosas muy grandes, a veces son detalles muy muy pequeños. Por ejemplo, en *La tempestad* yo pregunté al elenco qué quería hacer. *La tempestad* fue el primer Shakespeare que yo dirigí. Y yo pregunté que qué deseaban hacer en ese momento, y uno de los intérpretes, Diego Anido, que iba a ser Calibán, el monstruo de la isla, me dijo que él deseaba ir de esmoquin. Y primero viene siempre lo racional, ¿no? Entonces yo dije: «Pero no puede ir de esmoquin porque es el monstruo». El camino siempre va primero hacia la literalidad, siempre tienes que atravesar esto a la hora de crear para darle esquinazo a la literalidad e irte en caída libre al fantástico mundo de lo nuevo. Y, entonces, en este pensamiento nuevo, yo escuché el deseo de Diego, y el monstruo iba de esmoquin. Y eso hizo que la puesta en escena girara toda hacia el mundo del teatro. Eso es algo que ya está en el texto, eso no me lo he inventado yo; es la obra más metateatral del Bardo. Pero este deseo del actor que iba a interpretar el Calibán hizo que yo me imaginara cuál era la figura del teatro que podía ir de esmoquin, y debía ser de los trabajadores del teatro. Entonces dije: «¡Ah, perfecto! Es el jefe de sala», y recordé al señor Pêra que era el jefe de sala del Teatro Nacional São João, entonces este personaje estaba basado en él, y después se desdoblaba. Todo el elenco masculino se convertía un poco en eso, en varios prismas y varios espejos de este personaje. Y había venido por eso, por un deseo muy pequeño que él había escrito en una hoja de papel. Y después así, tirando de ese hilo, si él era el jefe de sala, entonces Próspero, el mago, sería el director del espectáculo, y Ariel sería su ayudante de dirección, y todo iba configurado así. Hay deseos que se repiten o que tienen un eco muy muy grande en mí durante años. Por ejemplo, yo desde hacía muchos años —no sé por qué, estaba esa imagen en mi cabeza—, tenía el deseo de hacer un espectáculo en el que todos los intérpretes fueran vestidos de novia. Y eso no pasaba nunca, porque no había ningún espectáculo que tuviera esta necesidad. Hasta que hicimos el *Sueño de una noche de verano*. Yo recuerdo que utilizábamos mucho eso —antes os lo he enseñado—, mucho simbolismo, que es algo también muy presente en mi obra. Y hablando de esto, de la destrucción de lo binario, con la vestuarista Fany Bello decidimos vestir a los actores y a las actrices de muñequitos de tarta, que nos parecía la representación de la pareja más ortodoxa, y también de lo binario. Y así, los personajes de los amantes eran eso, muñequitos de tarta. De este modo, finalmente pude tener aquellas novias, que llevaba años sintiendo el deseo de reproducir esa imagen. Pues, encontró su lugar, porque tengo un cajón de los deseos y aparecen y luego encuentran su lugar. Os voy a enseñar también esto que tengo aquí: esto fue un objeto que le «robé» al mundo de la música, al grupo *Los residents*, de los años 70, que *performeaban* con esto. Ellos llevaban unos ojos así como este, pero les hacían las venas, y llevaban chistera y traje. Siempre pensaba cómo podría representar eso, la esencia del observar y de la mirada, que es algo de lo que se habla mucho en el *Sueño de una noche de verano*, siempre hay alguien observando a alguien. La magia viene por una flor que te frotan en los ojos, y que hace que te enamores de la primera persona que veas. Pues se trata de eso, esa memoria sobre el mundo de la música hizo que fuera otra vez a coger algo de un contexto diferente y lo trajera al mundo del teatro, y construimos esto. Compré unas bolas antivandálicas —que son de iluminación de calle—, las agujereó Olalla Tesouro y construimos estos objetos. Y es bonito también, os voy a enseñar de dónde salió esto. El espacio era rosa, porque es como si cogieras un salón de bodas, era la *esencialización* del salón de bodas. Lo que hice fue quedarme con eso, con las paredes de salón de bodas y extraer todo lo superfluo. Y aquí sale el color rosa, que viene de la libertad de dirección que yo estaba utilizando en ese preciso instante. Cuando estaba viendo y eligiendo estos Pantone, dije: «¡Ah, no! Ha de ser este el color con el que estoy trabajando ahora». Aquí tengo, por ejemplo, cómo se situaban. Otra vez toda la «enfermedad» también de la composición. No solo del tiempo en la escena, sino también del espacio: esa obsesión por el equilibrio. Eso sería un punto asimismo. Os voy a enseñar también el diseño de la escenografía. La escenografía era un cubo de un dieciséis novenos, algo muy cinematográfico, que tenía una gasa por delante que no te dejaba ver del todo nítidamente. En algunos momentos había otra vez esa vuelta sobre la mirada. Y además hay algo bonito aquí, que también viene de lo real, que es algo que os he enseñado antes también, que es que el bosque se mueve. Esto viene de una noche de san Juan que tenía una amiga, la fotógrafa Tamara de la Fuente, que es la autora, precisamente, de estas fotografías. Ella había recogido flores de san Juan para lavarse la cara al día siguiente, y las llevaba metidas en su mochila. Estábamos allí, comiendo sardinas en la noche, y yo la miré así y le pregunté si le podía sacar una foto. Y ella me dijo: «Tú vas a meter esto en algún espectáculo, ¿no?». Y yo le dije: «¡Seguramente sí!». Así que venía de eso, de cómo sería un bosque que se mueve. Me acordé de aquella noche de san Juan y así lo proyecté. Me gusta mucho jugar con eso, con la *esencialización,* con la reducción del concepto. Por ejemplo, los cómicos llevaban un traje que prácticamente producía un efecto de croma, y el ser cómico venía dado por eso en lo plástico; la máscara más pequeña, la esencia de la comedia, del *clown.*

También os voy a enseñar un trabajo de escenografía que hice para el Centro Dramático Galego, para un espectáculo que dirigió Gena Baamonde y que trataba sobre la identidad gallega. Pensé en qué era la identidad gallega para mí y volví a ese trabajo de «tejido» que os contaba al principio, a este tejido relacionado con lo interior, con lo femenino. Así que construí una vulva de tres metros y medio, que estaba confeccionada con la idea del interior, de las enaguas, del traje regional. Era una pieza que yo llamo «Matria». Para mí eso es Galicia: Galicia es una *matria,* es un gran matriarcado. Y me pasaron cosas muy bonitas con esta pieza. Desde el taller, los propios maestros del taller y técnicos que la construyeron, que discutían mucho sobre cómo debía ser el tamaño de los labios o del clítoris. Había algo muy divertido y muy sano en eso, porque en ese aspecto se cayeron muchos prejuicios. Recuerdo que uno de ellos vino a hablar conmigo y me dijo: «Yo al principio tenía muchas dudas sobre este espacio, pero ahora lo veo y me da mucha ternura porque me recuerda a mi abuela, y a algo muy genuino, me recuerda a La Fuerza». Sí, fue uno de los espacios que he tenido más placer en hacer.

Otro espacio que os puedo enseñar, y que también viene de la conceptualización de una idea, es el espacio de la última ópera que dirigí, *A amnesia de Clío*, que es una ópera contemporánea, compuesta por Fernando Buide, con libreto de Fernando Epelde. Habla del arte y de la política, del salto de una mujer de un sitio a otro, de los límites que definen la escalada en el mundo del arte y la escalada en el mundo de la política. Era casi como un film *noir.* Yo construí un espacio basado en las tarjetas de medición del daltonismo, esas tarjetas que te ponen cuando vas a hacerte pruebas de la vista, que son verdes y rojas, dos colores complementarios que a veces casi hieren la vista. Y el único personaje que transitaba, y que cruzaba esta línea divisora entre los colores era Clío, la protagonista. Aquí hay algo muy simbólico también. Hicimos un caballo de Troya que inundaba la escena, y pensaba cuál sería ese caballo de Troya ahora. Hicimos una gran reproducción del cuadro de *Susana y los viejos*, de Artemisia Gentileschi.

No sé cuánto tiempo llevo, porque, paradójicamente, pensé en poner el cronómetro al inicio, ¡y no lo he hecho! O sea, he perdido completamente la noción del tiempo. Voy a sacar algún punto más.

«El entusiasmo». Os voy a leer algo. Esta es una de mis libretas de la Scuola Cònia, de Italia. En una clase de prosodia con el maestro Massimo Raffaeli, él nos hablaba de ritmos y de metros y dice: «¿Cómo es que una palabra se convierte en una medida?». Y dice: «En la construcción está implícito el concepto poético: un hacer ordenado. Todo el arte clásico está basado en el principio de la réplica, y es más grande cuanto más se sabe ocultar su dificultad. En el orden de lo moderno es la estética del bruto. El arte moderno ha violado la medida, el equilibrio». Y después —no sé por qué— nos hablaba del entusiasmo y lo explicaba desde el punto de vista etimológico como tener un dios, una diosa dentro, casi como un duende lorquiano. Algo que te enciende y que te empuja. Y a mí me gusta mucho, yo creo mucho en activar este duende cuando creamos. Yo creo con mucha más libertad y con mucho más goce cuando estoy conectada con esa energía del entusiasmo. Yo trabajo de provocar entusiasmo en la gente y quiero también producir entusiasmo mientras hago este trabajo, también en el proceso. Entonces, me parece que es algo que se puede contagiar perfectamente. Hay que trabajarlo, porque además nuestro oficio tiene algo muy seductor, que es el tiempo de creación. Siempre se llega, hay un período de formación, generalmente viene gente nueva y uno siempre está conociendo y enamorándose. Después también hay una bajada a los infiernos cuando entramos en el momento de las dudas, donde dudamos del trabajo, y luego...

¡pum!: un apretamiento, todo es hacia arriba, alta vibración, y otra vez el sentido, otra vez coger el sentido de por qué estamos haciendo esto. Y me fascina trabajar en esa montaña rusa emocional, la verdad es que sí.

«Magia». La magia ha sido siempre, desde niña, muy importante en mi vida. Aunque no le diera mucha importancia. También vengo de una tierra de tradición de meigas. Hay algo que está en el ambiente y que mamamos. Yo vivo en un sitio muy telúrico, pero sí es verdad que en los últimos ocho o nueve años la magia ha estado más presente. Es como que ha habido una legitimación de eso: no solo utilizar en la creación los saberes ortodoxos, sino utilizar además lo que pertenece al mundo de lo invisible. Claro que hay una larga tradición también en la propia historia. Hay una cosa curiosa, algo que me voló la cabeza en mi juventud, que ocurrió cuando yo estudiaba, en Bellas Artes, Historia del Arte, y el profesor Antón Castro entró y se presentó el primer día de la asignatura de Historia del Arte, y nos dijo que íbamos a estudiar la historia del arte en el sentido inverso. En ese momento, yo pensé: «Ah, pero ¿se puede dar la vuelta al tiempo?». Él propuso estudiarla desde el año en el que estábamos, que era 1995, hasta atrás, que era 1985. Recuerdo que me voló la cabeza porque, primero, me pareció una cosa muy irreverente y me hizo pensar: «Ah, pero ¿esto se puede hacer?». Con lo cual me colocaba en otro sitio directamente, me sacaba de la literalidad de la que os hablaba antes, de la que huyo siempre, y me abría un campo de posibilidades. Y después conocía cosas que se estaban haciendo ahora, y sobre todo en ese año, y en los años sucesivos —porque cada vez íbamos hacia atrás, una década más hacia atrás—, conocía el trabajo de mujeres. De repente tenía referentes femeninos. La mayoría estaban vivas todavía, y siguen vivas ahora, afortunadamente. Y eso me conecta con lo que os iba a explicar sobre la magia. Porque también fue en una clase de Historia del Arte, ya en Barcelona, en la que la profesora —no recuerdo bien su nombre porque fue una profesora que venía a sustituir durante algunos meses al profesor que tenía la plaza—, nos explicó a John Cage. Y entonces sacó de su mochila un *I Ching*. Yo nunca había visto un *I Ching* en mi vida, no sabía lo que era. Sería aproximadamente el año 97, que fue justo el año en que yo empecé a hacer teatro, ahora me doy cuenta. Y ella sacó este libro, sacó tres monedas que lanzó al aire, hizo una pregunta. Y nosotros vimos cómo funcionaba: el libro hablaba. Muchísimos años más tarde, un *I Ching* llegó a mi mano. Usé un espectáculo que se llamaba *Martes de Carnaval*, era un espectáculo de textos de Valle-Inclán, de dos textos que pertenecían a este libro, a la trilogía de *Martes de Carnaval*. Y, al finalizar, el protagonista, Miguel Insua, me regaló por mi cumpleaños un *I Ching*. Este *I Ching* que tengo aquí. Y en ese momento decidí empezar a utilizar otras formas de componer que hubiera. No solo la intuición, que ya utilizaba, el olfato, para componer lo escénico, sino también dejar que actuaran otras formas. Así empiezo a utilizar el *I Ching*, de forma casi como un juego, y asumiendo también que lo que saliera en la tirada lo iba a acatar. Por ejemplo, estoy haciendo *Hemos venido a darlo todo*. Era un espectáculo en el que queríamos poner el público en el centro. Era un espectáculo sobre la música y giraba en torno al concepto del evento, del hecho, de la epifanía. También acerca de cómo se reúne la gente para mirar. Había algo de «portal de Belén» en el concepto escenográfico de Carmen Triñanes, que es también algo propio de los conciertos de *rock & roll* mismos, de cómo estaban estructurados. Cómo se colocaba el bajo, el guitarra, el solista, el batería y, de repente, todos los pastorcillos y pastorcillas observando aquello, adorando a aquellas divinidades que estaban en el macrofestival del Primavera Sound. Y cuando estaba trabajando sobre esto, le pregunté al *I Ching* cómo debía... No recuerdo bien la pregunta, exactamente, pero recuerdo que salió el hexagrama 33, que es TUN, la retirada. El dictamen es: «La retirada: Éxito en lo pequeño; es propicia la perseverancia». Entonces decidí retirarme. Decidí no incidir tanto en la dirección, no marcar tanto lo escénico, sino dejar que el propio tiempo actuara. Lo que pasó es que el público ocupó la escena. Esto lo pude probar porque hicimos un taller con diez artistas en Madrid, en el festival *Surge*, del que surgió después la forma final de este espectáculo. Pero lo más importante era eso, que el público era el protagonista, y el tempo del público. Y cada día es completamente diferente, pero eso es también porque yo decidí no ser la mano ejecutora todo el tiempo. Sí ser técnica, pero dejar que las cosas pasaran. Y, bueno, tengo muchas historias con el *I Ching*, daría para otro encuentro.

«París». Bien. Es el punto que marca la despedida. La primera vez que yo fui a París, me fui con mi novio de la altura. Nos metimos en un coche y dormimos en el único *camping* de París. Dormimos en el coche y estuvimos allí hasta que se nos acabó el dinero. Por lo tanto no pude ver toda la ciudad. Recuerdo que aparcamos enfrente del Moulin Rouge, y me pareció como lo máximo estar ahí. Y, bueno, ahora no se me acaba el dinero y tengo que volver, pero sí se me acaba el tiempo. Entonces vuelvo. Vuelvo a mi entorno, a mi espacio. Me ha encantado compartir este rato con vosotros y espero, pues, eso: que la luna de París nos acoja ya en lo físico y en piel con piel, que tengo muchas ganas de eso. Un beso muy grande y un abrazo.

Un Sena de palabras: meandros entre literatura y realidad

LINA MERUANE • JUAN VILLORO

Conducido por **Erika Martínez**
(Universidad de Granada, España)

Dos grandes narradores hispanoamericanos reflexionan sobre cómo la literatura amplía las fronteras de lo real. Desde los dos extremos geográficos, nos acompañan el mexicano Juan Villoro y la chilena Lina Meruane, pero el camino promete enriquecedoras curvas, amenos remolinos y recodos de altísima lucidez. Como barquera, una de las intelectuales de su generación en España, profesora, especialista en Literatura Hispanoamericana desde la Universidad de Granada y finísima poeta, Erika Martínez. Fluirá el diálogo entre estas tres mentes tan agudas. Todo un «Sena de palabras: meandros entre literatura y realidad».

ERIKA MARTÍNEZ: Buenas tardes. Quisiera comenzar dando las gracias al festival «París no se acaba nunca» y a su organización, a Gonzalo Vázquez y Yolanda Castaño, por hacer posible este encuentro en un momento en que poner en marcha un proyecto cultural tiene algo de milagro, la verdad. Hoy tendremos aquí a dos maravillosas bestias de la literatura, Juan Villoro y Lina Meruane, charlando dentro de la sesión titulada: «Un Sena de palabras: meandros entre literatura y realidad». Antes de comenzar quería invitar a todas las personas que nos están escuchando a conocer el programa del festival, que pueden encontrar en su página web www.parisnefinitjamais.com, y comentarles que esta sesión va a emitirse en multiplataforma tanto por Instagram, Facebook y Twitter, como a través de la página web del festival. Voy a ser muy breve en las presentaciones para aprovechar el tiempo que tenemos para escuchar a nuestros invitados. Comienzo con Juan Villoro, quien nació en Ciudad de México y es una de las voces más destacadas de la literatura latinoamericana actual. Es autor de novelas, cuentos, ensayos, crónica y teatro. Ha sido galardonado con los premios Herralde, José Donoso y Oliver, entre muchos otros. Además, en Francia, recibió el Premio Antonin Artaud. Fue agregado cultural en Berlín, docente en la UNAM y profesor invitado en Yale, Stanford, en la Pompeu Fabra y en Princeton. Por su parte, Lina Meruane, nacida en Santiago de Chile, es una de las escritoras más relevantes de la literatura latinoamericana reciente. Obtuvo la beca Guggenheim, el National Endowment for the Arts, la DAAD de Berlín y es docente de Culturas Globales y de Escritura Creativa en la Universidad de

Nueva York. Además, recibió el Premio Anna Seghers en Alemania al conjunto de su obra, el Cálamo y el Sor Juana Inés de la Cruz, y ha escrito libros de cuentos, novelas, crónicas y ensayos. También se dedica al teatro. Su último título, si no me equivoco, es *Sistema nervioso*. Quisiera comenzar haciéndole una pregunta a Juan Villoro. Muchos de tus personajes sienten —pienso— una necesidad romántica de perseguir experiencias que de alguna manera legitiman su ficción y descubren que su verdad ha sido producida por otras personas, como si se tratara de una auténtica película. O sea, alguien ha producido una verdad sobre tu vida, o quizá no se trata de una verdad. Pienso sobre todo en un libro de cuentos que me gusta muchísimo: *Los culpables*. Aquí nada es auténtico —esto lo llega a decir uno de los personajes—, donde de México se alaba su riqueza *kitsch*, donde los animales —esto me encanta— aman lo artificial y hay en los personajes una especie de dignidad humillada donde el mundo te obliga a impostar tu autenticidad. Y me encantaría que nos hablaras un poco de ese conflicto que hay en tu obra entre la impostación y lo auténtico. Y acerca de cómo la ficción irrumpe en los relatos de nuestra vida. ¡Hola, Juan! Encantada de estar aquí contigo. Ojalá quieras hablarnos un poquito sobre este tema.

JUAN VILLORO: Buenas tardes, Erika, Lina. ¡Qué gusto poder estar con ustedes! La pregunta es tan interesante y toca tantos puntos que realmente valdría la pena hacer toda una extensa reflexión a partir de esto. En efecto, yo creo que es muy interesante no solo en mi escritura, sino en nuestra experiencia de la vida cómo nos vamos construyendo no solo a partir del relato que percibimos de lo que hacemos, sino de lo que los demás nos dicen de nosotros, de lo que los demás esperan de nosotros, y cómo, de alguna manera, hay una especie de destino manifiesto que se va forjando más allá de ciertas decisiones que tomemos nosotros. En Yucatán hay una costumbre que es bastante perniciosa, bastante pícara, pero que ilustra bien esto. Mi madre es de Yucatán, y por eso conozco bien esta costumbre. Se llama «el cultivo» y trata de lo siguiente: una persona llega a la ciudad de Mérida, Yucatán, y de pronto le dicen: «Oye, tú tienes pinta de torero. O sea, realmente tú alguna vez estuviste en un ruedo». Y dice: «No, jamás. No me gustan los toros, nada». Bueno, le parece raro. Y luego la siguiente persona le dice exactamente lo mismo, y se lo dice otra persona más y otra. Hasta que al tipo, motivado por esta expectativa que le han generado, lo invitan a una carrera de aficionados y acaba saliendo al ruedo exponiendo su vida, porque todo el mundo lo ha convertido en una especie de torero imaginario. Entonces te cultivan una personalidad y tú, obviamente siguiendo esta personalidad, puedes cometer los máximos ridículos, exponerte, etcétera. Así pues, es una manera de ver cómo tu vida es producida por otros. Una amiga chilena, actriz, me contó que ella participó de un experimento psicológico en Chile, en donde era la famosa reunión de generación de una escuela. Se habían visto hasta el bachillerato, habían pasado unos diez o quince años más, y se habían dejado de ver. Y sucedió lo que pasa en todas esas reuniones de generación, que, al volver y ver a todos envejecidos, desde luego te das cuenta de que tú mismo también estás envejecido. Y también entiendes por qué no has visto a todas esas personas: porque no tienes nada que ver con ellas. El experimento consistía en que había dos falsos miembros de la generación. Esta actriz, que era muy guapa, y otra persona que tenía una actitud más bien agresiva, tensa, etcétera. Y entonces se empezó a generar un falso recuerdo en los participantes de tal manera que todos creyeron haber recordado a esta mujer encantadora, simpática, atractiva, y todos quisieron tener algún recuerdo en común con ella. Y, en cambio, la otra persona que era agresiva, que de alguna manera los rechazaba, nadie se acordaba de ella. La memoria también se construye de este modo. Y yo creo que eso es muy productivo para la literatura porque un personaje tiene no solamente una vida real que él pretende tener, investigar o percibir, sino que además tiene otra vida que está formada por las expectativas de los demás. Y eso a mí me ha interesado mucho. Y me gusta, Erika, que lo conectes con el tema de la identidad y de la mexicanidad. No sé qué tanto —y eso será muy interesante si Lina dice algo al respecto— en Chile hay como esta obsesión de ser totalmente chileno. En México ha habido una cultura nacionalista de construir una identidad muy mexicana, quizá por estar junto a los Estados Unidos o por el mundo prehispánico que es tan poderoso en México. Lo cierto es que los mexicanos hemos tratado de tener una especificidad, pero esa especificidad por supuesto que es un invento. Entonces nadie bebe tequila por ser mexicano. Bebes tequila porque te gusta, porque eres alcohólico, por lo que sea, pero esta idea de ser «deliberadamente mexicano» es una contradicción de términos. La identidad si no es espontánea, no existe. Pero hay una construcción, también artificial, de la identidad. Por eso a mí me ha gustado mucho explorar también irónicamente esto. Ver cómo, por ejemplo, un personaje mexicano de pronto descubre que es muy conveniente, como pintor, como artista, como periodista, tener una construcción mexicana, porque entonces va a tener mucho más éxito. Porque van a decir: «Ah, ¡tú vienes del país de Frida Kahlo!». Y Frida Kahlo es lo mexicano; esta mujer sangrante, victimizada por sí misma y por la historia, comunista, que le gustaban las iguanas y comía armadillo. Toda esta construcción folclórica puede ser atractiva. Y muchas veces una de las tragedias mexicanas es que la vida es demasiado normal, por lo tanto demasiado aburrida, y no pasa nada. En ocasiones, en algunos conflictos que yo he narrado, por ejemplo, en *Los culpables* que tú mencionabas, allí hay un cuento que se llama «Amigos mexicanos», que trata precisamente de un norteamericano que llega a México —y eso lo conoce muy bien Lina porque desde hace muchos años vive en Nueva York—, y que hay como una voracidad de lo otro en América Latina. Un apetito de exotismo y de encontrar en México una película de Buñuel, un cuadro de Frida Kahlo, una película de Arturo Ripstein. O sea, lo que ellos piensan que es lo que tiene que ver con México. Y menciono cosas muy importantes del arte, pero también hay otras variantes de lo mexicano. Es la historia de un periodista de una revista tipo *The New Yorker* que llega a México a hacer reportajes sobre la violencia y no le pasa nada raro, no le pasa nada extraño, nada peligroso, todo es aburridamente normal, y entonces se decepciona mucho. Pero hay un grupo de mexicanos que son actores, uno de ellos es un escritor fracasado, y deciden darle una ayudadita, que es construir la realidad mexicana: una realidad violenta, sospechosamente esotérica, en donde él pueda encontrar su reportaje. Entonces le montan todo un escenario para que él pueda regresar a Nueva York y publicar un reportaje suficientemente atractivo sobre esa identidad mexicana que no es otra cosa que una representación. Esta larga intervención —perdón por haberme extendido tanto— tiene que ver con lo que tú decías, acerca de cómo nos representamos a nosotros mismos, cómo son las identidades que se esperan de nosotros y cómo esto en nuestra propia vida modifica incluso nuestros recuerdos, pero también como colectivo. Por ejemplo, en México nosotros hemos tratado de forjar una imagen de nosotros mismos. A veces, una imagen de exportación que nos conviene, que se trata en muchos casos de algo totalmente forzoso. Un mariachi de uno de los cuentos —un mariachi es un ícono de la identidad nacional— me parece interesante en esa historia porque es un ícono de identidad con crisis de identidad. Él está harto de ser mariachi, y en un sueño lo entrevistan y él se atreve a decir: «Yo soy mexicano, pero… no lo vuelvo a ser». Eso en la vida real lo destruiría, porque acabaría con su condición icónica de mexicano. Pero en el sueño es celebrado, porque para eso existen los sueños, para hacer cosas distintas y que ahí puedan tener lugar. Creo que ahí se anudan todos estos puntos que tú mencionabas, Erika, y que por supuesto son inagotables.

ERIKA: ¡Maravilloso! Hay un momento de ese cuento en el que dice: «Soy un mariachi muy torpe». Y también me gusta cómo ese personaje del que hablabas —justo de ese cuento—, cansado de satisfacer las expectativas coloniales y exotistas del periodista neoyorquino, está ante un espectáculo muy *kitsch* al que ha ido él solo, y dice: «¡Qué pena que no sepa disfrutar de esta riqueza de lo *kitsch* que hay en México!». Y me gustó que el término *kitsch* fuera el único con el que el personaje protagonista pudiera sentir orgullo nacional, porque lo *kitsch* es una estética de lo falso.

JUAN: ¡Exactamente! Es esa contradicción de términos. Es como lo que tú decías, esa otra frase de los animales que aman lo artificial. A mí siempre me ha sorprendido que tú tienes plantas normales y no unas plantas de plástico, y de pronto tienes una serpiente en tu casa, o una iguana o algo así, y prefieren las plantas de plástico.

ERIKA: Lina, te iba a hacer una pregunta, pero me parece que te ha echado un cabo Juan, respecto a la relación de Chile con la autenticidad o la crisis de la autenticidad, y no sé si querías comentar algo al respecto.

LINA MERUANE: Sí, seré breve. Estoy encantada de estar aquí con ustedes, es realmente un honor. Estaba pensando en esto tan interesante que cuenta Juan sobre la mexicanidad. Esa fue una construcción también política —si no lo recuerdo mal— por revolucionaria. Pero Chile tiene una historia un poco diferente. Chile tiene en sus clases medias y altas un gran complejo latinoamericano, un complejo sudaca. Entonces estas clases hemos vivido construyendo una idea de que somos como los ingleses de América Latina. Por supuesto que es una cosa muy divertida, porque los ingleses de Latinoamérica caen derrotados cada dos minutos. La derrota más reciente es la derrota del coronavirus, donde vimos que la gente se comportaba como se comporta en todas partes latinoamericanas y europeas, digamos. Salen a la calle, no se cuidan, hacen fiestas de quinientas personas. Mi padre dijo que estaba muy indignado de descubrir que realmente no éramos los ingleses de América Latina, y a mí eso me hizo una gracia tremenda. Pero más allá de la cuestión anecdótica, me parece interesante esta idea de la identidad. La identidad como noción nos sirve para algo, es una construcción estratégica siempre. Yo creo que probablemente en México —y esto lo sabe mejor Juan que yo— funcionó para darle cohesión a una serie de gentes que no se sentían representadas por el Estado, sobre todo en una posguerra. Yo he pensado y repensado la cuestión de la nación, porque la nación también tiene sus peligros. Pienso en los palestinos, que son una comunidad de la que yo he hablado y a la cual pertenezco como chilena-palestina. Los palestinos desean, añoran, necesitan para sobrevivir, tener un Estado nación. Pero también están los peligros de la nación, que tienen que ver con esos discursos chovinistas, xenófobos, tan peligrosos hoy que estamos en un momento de globalización y también de renacionalismo. Entonces yo hice esta reflexión pensando en mi propia identidad como chilena-palestina, o lo que a veces llamamos un poco en juego, ser una «chilestina», y escribí un libro que se llama *Volverse palestina*, pero precisamente para poner en tensión esta idea de un identidad pura. La pureza de la identidad es una gran construcción peligrosa. La conocemos en su versión más siniestra a través del nazismo y su efecto que es el Holocausto. Pero ¿cómo podemos pensar en un espacio entremedio? Y esa es justo la reflexión que yo intenté hacer en ese libro llamado *Volverse palestina*, que es una crónica donde yo voy explorando las pérdidas del sentido de identidad y también los encuentros y la imposibilidad de sentirse cien por ciento de un lugar, representada por esa mirada del otro. Este es un libro que tiene dos partes, pero hay una tercera parte más reciente que tiene que ver con la cuestión del rostro. Y pensaba en esto que decía Juan, cómo no solamente es el relato de los otros el que te construye, sino que también es la mirada de los otros la que te construye. A mí me pasa una cosa muy extraña, y es que cada vez que estoy en un aeropuerto, en uno de esos no-lugares donde circula tanta gente —museos, aeropuertos, *malls*—, se acerca siempre alguien que ya ni siquiera me pregunta de dónde soy, sino que adivina de dónde soy. Y entonces yo soy turca, soy peruana, soy francesa, soy judía, soy palestina del pueblo de Beit Jala que es de donde es mi familia. Y entonces siempre la idea es que realmente parezco una persona de ahí. Cuando yo digo: «No, realmente no», me responden: «Pareces una persona de ahí». Entonces, hay algo para mí que en esa pregunta, en esa adivinación de «¿de dónde soy yo?» —que es intentar imponerme una identidad nacional—, generó una reescritura, una reflexión acerca de la manera en que en realidad estamos tan mezclados y que realmente somos fruto de la fantasía y de la imaginación del otro. Y ahí tenemos que ver cómo nosotros nos metemos o nos escapamos de esa ficción.

ERIKA: ¡Hermoso, Lina! Muchas gracias. Aprovecho yo entonces para hacerte la pregunta que había pensado, y es que en estos días de pandemia global es difícil no tener en cuenta toda tu obra, la verdad. Has escrito muchísimo sobre la enfermedad y, muy en concreto, sobre el contagio y la crisis que ello conlleva. Entonces pensaba en *Sistema nervioso* y la forma en que la alienación contemporánea puede llevarnos a desear la enfermedad como una vía posible para detener toda la maquinaria de autoexplotación, como si la enfermedad abriera otro espacio y otro tiempo en el que poder ser. Pero no solo eso, porque en realidad toda tu obra: *Fruta podrida*, pienso también en *Sangre en el ojo* y, sobre todo —o también—, en el ensayo *Viajes virales*. Y, bueno, quería preguntarte cómo puede convertirse la enfermedad en una escritura de sí; cómo puede permitirnos adueñarnos de nuestro propio cuerpo. Y también, entrando ya en un orden biopolítico, cómo el poder instrumentaliza nuestra enfermedad a través de todos los sistemas sanitarios, algo de lo que creo que habla toda tu obra y que realmente es pertinente en este momento.

LINA: Gracias por esa tremenda pregunta con tantas aristas. Me siento un poco interpelada, como decía Juan al principio, de: «Bueno, aquí podríamos hablar… ¡horas!». Mi reflexión sobre la enfermedad empieza con *Viajes virales* precisamente porque yo trabajé ahí una pandemia. Y siento que hay una conexión interesantísima de los tropos de esa pandemia que era el sida y esta pandemia. Son enfermedades distintas, pero tienen una serie de cuestiones en común; por ejemplo, la cuestión de lo asintomático, la cuestión del virus que viaja sin ser visto, este «enemigo invisible» en el que se busca un origen para detectar de dónde vino y, entre otras cosas, estigmatizar gentes, culpar y pedir reparaciones. Hay una idea de volver a casa de manera urgente, y estas maneras en que también los espacios del hogar y de la nación se convierten en morideros. Hay como unos ecos ¡tan impresionantes! Lo cual tampoco me sorprende, porque como lectora de Susan Sontag sé que esos tropos y esas metáforas van encontrando como una especie de reciclaje en el tiempo. Pero hay una interesante manera de pensar la literatura yendo hacia atrás en la literatura para entender el momento de hoy y las biopolíticas de hoy, el valor de la vida, qué vida vale más. Y eso, lamentablemente, lo estamos viendo en el contexto de las Américas. No conozco bien los otros contextos, pero en el de las Américas, claramente hay vidas que valen más que otras. Y eso también es algo que me recuerda a la pandemia del sida que, por supuesto, ahora es una enfermedad endémica. Sigue siendo una pandemia, pero ya está incorporada en el tejido social e internacional. Entonces está esta cuestión de que hay vidas que valen más que otras, de que hay presidentes que eligen no valorar la vida de sus ciudadanos. Pienso en Brasilia, y nos contará Juan sobre México. Yo no quiero entrar ahí porque claramente tenemos aquí a un local experto, pero incluso en Chile está la cuestión de las vidas que se valoran y la cuestión urgente que es la del hambre, que a mí me parece un elemento interesante y tal vez nuevo. Yo no vi el hambre en mi recorrido de la enfermedad, y creo que ahí hay un gran gran tema: la relación entre enfermedad y hambre. ¿Qué nos va a matar primero? ¿El virus? ¿O la falta de alimentos? Bueno, es muy largo, pero, para contestar temas más específicamente sobre la última novela, es la enfermedad en un sentido, en un lugar que no hemos pensado. Hemos pensado últimamente la cuestión social, la cuestión biopolítica, pero para mí en esta última novela lo que quería examinar era justamente este momento tan acelerado y sobreintegrado que estamos viviendo. Quiero dar una anécdota, una historia que me parece muy interesante: yo soy hija de médicos, y tengo largas conversaciones con mis padres médicos que ya son bastante mayores, y que son de esos médicos que todavía piensan el cuerpo como un organismo y no la sobrespecialización que vemos ahora. Que si te duele el hombro solo puedes ver al médico del hombro, pero si te duele también la articulación del pie, ese ya es otro médico. Pues bien, yo tengo estas conversaciones largas con mis padres y, en relación a esto, le comentaba a mi padre que era muy raro que en este momento de la pandemia los infartos al corazón y los derrames cerebrales disminuyeran en un cuarenta por ciento. ¿Cómo se puede explicar eso? Y mi padre me decía: «No, eso es muy raro. Debe de ser una cuestión gringa». Pero resulta que ahora en Chile, que están con un montón de muertos, está pasando lo mismo: no llega gente a los hospitales con infartos al corazón, en un cuarenta por ciento menos, y lo mismo pasa con las trombosis y con los derrames cerebrales. Entonces la pregunta era: ¿cómo puede ser que, de pronto, en esta epidemia la gente se esté muriendo de este virus, pero no se esté muriendo de las cosas por las que normalmente muere? Y yo pienso que hay otra epidemia latente, y es que estamos viviendo en esta sociedad sobreexplotada de la que el filósofo coreano —cuyo nombre nunca puedo decir— insiste, la cuestión de la sociedad del cansancio, en que estamos sobreexplotados, sobrecansados. Y parece que al quedarnos en casa descubrimos que hay horas de tráfico, mala alimentación y hay también una enfermedad latente que es una enfermedad de más larga data en la que nos habíamos sumergido. Así pues, en la novela, yo pienso que esta chica que está muy agobiada con su trabajo y que quiere escribir pide enfermarse. Un poco siguiendo la idea de Virginia Woolf, cuando habla en su ensayo de 1925 sobre la enfermedad, y dice: «La enfermedad es un momento para parar, un momento para mirar cómo las nubes pasan por el cielo, para disfrutar de una calma que en otras ocasiones no se tiene».

Imagínate, en 1925, es exactamente un siglo. Pero es verdad que la enfermedad, a los que somos privilegiados y que todavía mantenemos el sueldo, nos puede otorgar una cierta calma para hacer todo eso otro y para vivir el tiempo que nos ha sido restado en este mundo de gran interconexión global en el que no paramos nunca, ni en los fines de semana. Entonces, me parece que esta era una de las cuestiones que yo tenía ahí, y que no está desconectada con lo biopolítico, porque nuestros cuerpos sí están sobreexplotados. Y quiero decir que los cuerpos de las mujeres, en particular, siguen estando sobreexplotados, y es ahora en la pandemia cuando vemos que los cuidados se han impuesto sobre las mujeres en mucha mayor medida. No digo que no haya hombres que cuidan, porque los hay, como debe ser, pero está sobrecargado siempre el tiempo de las mujeres. Y esa era un poco la cuestión que detonó esa novela, aunque luego la novela explora un montón de otras cosas que no voy a contar ahora porque ya me estoy alargando muchísimo.

ERIKA: Muy bien. Pues ahora me gustaría hacerle una pregunta a los dos. En *El disparo de argón*, de Juan, hay un oftalmólogo cuyo adversario es invisible, y también en el libro del que hablábamos antes, *Los culpables*, hay una mujer que tiene un lunar de sangre en el ojo. Y resulta que su amante cree que ella vio algo que a él no le está contando y que ve las cosas como si hubiera señales gracias a ese punto en el ojo. Luego pienso también en la novela *Fruta podrida* de Lina y en ese enfermero que atormenta al personaje de Zoila con historias sobre la ceguera y su relación con la diabetes, y también en *Sangre en el ojo* y esa protagonista que pierde la visión durante una fiesta y toda la novela se entrega como a una interpretación de ese síntoma y de la enfermedad, que tiene algo como de idioma del cuerpo. Creo que en ambos casos el ojo enfermo y las manchas tienen algo de instrumento de revelación, aunque sea una revelación abyecta. Quería preguntaros —quizá pueda empezar Juan respondiendo— ¿qué ve y qué deja de ver un ojo enfermo?

JUAN: Sí, Erika. Bueno, primero quería hacer algunos comentarios, para continuar con la idea de diálogo, sobre las muchas cosas interesantes que ha dicho Lina. Un poquito retomando el tema de la identidad, me gusta mucho esa idea de «volverse palestina», que es una idea que también yo interpreto como una voluntad de asumir una identidad de un país sin patria. Es decir, es un país que no es un Estado nación, es una patria conjetural, y eso también me parece particularmente interesante. Mientras hablaba Lina, recordaba una película de Atom Egoyan. Creo que es la primera que hizo, no recuerdo exactamente el título, pero es algo así como «Relaciones familiares» [*Family Viewing* (N. del E.)], que trata de un chico canadiense que ha sido adoptado. Y, de pronto, descubre a la comunidad a la que pertenece Atom Egoyan, que es la comunidad armenia, que también es una comunidad sin patria, y este muchacho decide volverse armenio. Se da cuenta de que en ese vínculo afectivo de la comunidad armenia, quizá precisamente por no tener un país propio, tiene esta especie de país emocional inventado, que es mucho más intenso que el que él conoce en Canadá, y se hace pasar por un armenio que ha perdido a sus padres y que regresa a la comunidad. Este regreso es falso porque es la búsqueda de un chico canadiense que quiere ser armenio. Me lo recordó mucho lo que decía Lina, y de ahí mi comentario ese, que es particularmente valioso lo de volverse palestino, porque no es asumir la patria poderosa que te va a dar un pasaporte para que puedas tener *greencard* en Estados Unidos y permiso de trabajo, todo eso, sino que es una patria imaginaria, y en ese sentido es más valiosa porque te da cosas que no están en las patrias habituales. Otro tema muy importante que mencionó Lina es el del hambre, y que tiene que ver con la circunstancia que estamos viviendo nosotros en la pandemia en México, en donde la reclusión es voluntaria, por necesidad, porque el cuarenta por ciento de los mexicanos si no salen a la calle todos los días, no pueden comer. Así, estar en casa es un lujo tan grande que no se puede imponer a nadie. Se convertiría la casa en lo que ya decía Lina, en este moridero total. Y luego están los efectos curiosos que tiene la enfermedad. Lina es hija de médicos. Yo soy nieto de un médico y mi padre también estudió medicina, pero la abandonó por la filosofía. Y quizá no sea casual que, teniendo estos antecedentes de médicos reales, tanto Lina como yo hayamos querido escribir acerca del cuerpo y explorar síntomas, y el efecto que tiene la enfermedad, el conocimiento que podemos hacer de la vida. Ella mencionaba el caso de que han disminuido otro tipo de enfermedades mortales durante la pandemia. Tengo un amigo que trabaja en la ciudad de Colima y es el único psiquiatra público que hay allí. Él pertenece a una institución donde puede ser consultado, y me dijo que prácticamente bajaron todos los casos que tenía de estrés, de neurosis, etcétera; precisamente por lo que, citando a Byung-Chul Han, mencionaba Lina de la sociedad del cansancio. Es decir, ante la falta de estrés, muchos de los traumas han desaparecido. También la mayoría de los problemas que solemos tener en el plano psicológico son imaginarios, no son reales. Borges, en ese falso poema que se le atribuyó, pero que proviene de una de las declaraciones muy inteligentes que hizo, dijo: «Si volviera a vivir, quisiera tener más problemas concretos y menos problemas imaginarios», porque tener problemas concretos es estar en la vida y tratar de resolver cosas, y tener problemas imaginarios es simplemente estar en la neurosis. En este sentido, ante una pandemia, los problemas imaginarios también disminuyen. Hay otro tipo de cosas que han estado sucediendo mucho en México, por ejemplo, y que tienen que ver con el género. Decía también Lina, acerca del cuerpo de la mujer y la violencia doméstica en México, que se ha disparado con esto. Una muy buena periodista mexicana, Laura Castellanos, comenta que en un mes, de febrero a marzo, normalmente hay cien denuncias por violencia sexual, por violencia de género en situaciones domésticas. De estas cien denuncias se pasó a 367 durante el primer mes de la pandemia en México, y esto habla también de la vulnerabilidad del cuerpo de la mujer en circunstancias de encierro. Entonces, desde luego cambia la percepción dependiendo de en qué circunstancia estés, si estás en una circunstancia subordinada o en una circunstancia de dominio. Pero lo que sí podemos decir, en general, para todos nosotros, es que la enfermedad es como poder hablar de pronto en otro idioma. Es decir, te da una elocuencia diferente el tener síntomas. En el siglo XVIII, Lichtenberg, un autor del que yo traduje para el Fondo de Cultura sus aforismos, decía: «Cuando estamos sanos no nos damos cuenta de la circunstancia que tenemos respecto al cuerpo». Es decir, el contenido de la salud es neutro, es invisible. Y dice: «En cambio, basta que alguien esté enfermo para que tenga una opinión propia». O sea, cualquier síntoma de enfermedad te desata ideas y cosas así, y en ocasiones hay una alerta que te da la enfermedad, lo cual, desde luego, no es para mí un motivo para proponerle a todo el mundo que se enferme voluntariamente para que tenga otras opiniones. Esto puede ser una desgracia terrible, pero ciertamente te da una percepción diferente. Y por eso a mí me ha interesado escribir también sobre estos temas. La novela *El disparo de argón*, como decía Erika, tiene que ver con la mirada. El disparo de argón es un disparo de rayo láser que se da al ojo, lo hacen los oftalmólogos para cauterizar una retina que se está desprendiendo. Es una exploración de cómo muchas de las cosas que nosotros decidimos tienen que ver con la forma en que vemos bien o mal, porque en la mirada hay muchas maneras de ver, de distorsionar, e incluso de no ver, que es algo que ha trabajado Lina en *Sangre en el ojo*. Es decir, la invisibilidad también es una forma de la elocuencia; lo que no vemos nos alerta para percibir de otra manera las cosas. Eso es un poco lo que yo traté de hacer en *El disparo de argón*, y ahí también creo que conecto de alguna manera, quizá un poco metafórica, con lo que ha trabajado Lina en cuestión de la mirada. Tiene que ver justamente con la invisibilidad, porque a mí me parece muy interesante que buena parte de nuestra vida siga ocurriendo en zonas que no percibimos, que no vemos. En este momento nosotros estamos hablando y algo está cambiando por nosotros en ese millar de asociaciones que es la vida. Así pues, lo invisible de alguna manera nos determina. Y hay muchas circunstancias; el poder, por ejemplo, depende muchísimo de la invisibilidad, de que no se sepa de dónde vino la orden, pero suponemos que vino de arriba, de una zona oscura. La religión depende mucho también de lo que no se ve, de lo inefable. La filosofía es una exploración de ese tema. Lo que no estamos viendo tiene una elocuencia que tratamos de sustituir de otra manera. Así es que en una novela sobre la vista a mí me parecía muy importante que la tensión más significativa se definiera a partir de lo invisible, a partir de lo que no vemos y, sin embargo, nos está afectando.

ERIKA: Lina, ¿y respecto a ti?

LINA: No digo nada nuevo cuando digo que Juan lanza una cantidad de cosas tan interesantes para comentar que da lástima solo tener una hora hoy. Déjame retomar algunas cosas que me parecen interesantes, sobre todo esto último, para no volver tan atrás. La cuestión de cómo hablan los síntomas. A mí esa cuestión me parece muy interesante, y también la trabaja un filósofo rumano que se fue a Francia y escribió en francés, llamado Emil Cioran. Emil en sus aforismos también dice algo similar aunque distinto; dice que uno está más vivo y más despierto y es más inteligente cuando está enfermo. Porque su cuerpo le está hablando, porque en la salud hay un *statu quo,* una comodidad, un hacer repetitivo, sin pensar, que la enfermedad detiene porque aparece una verdad oculta, algo que no estaba visible y que, afortunadamente, tenemos el síntoma para que el cuerpo nos hable, porque una de las cuestiones más graves se da cuando el cuerpo no nos habla. Justo anoche estaba leyendo un libro muy bello de Rebecca Solnit, que se llama *The Faraway Nearby* —no sé cómo se tradujo—, que se extiende bastante acerca de la lepra, que es una enfermedad histórica. Decía que uno de los problemas de la lepra es que mata las terminaciones nerviosas y la gente, aun recuperada, deja de sentir sus extremidades. Y lo más peligroso es que no siente las manos o las piernas, y las va perdiendo por otros motivos, porque se daña en el andar, porque hay una herida que no se cura, porque hay una mano que se pone en el fuego y no se siente. Es una enfermedad bien curiosa —yo no sabía esto, a pesar de que he leído mucho sobre la enfermedad— y me fascinó esta idea de que el cuerpo no hable, y la idea de que el dolor es un mecanismo que nos mantiene vivos a pesar de que nos haga sufrir. Esa idea realmente me fascinó. No es que no la hubiera pensado, pero no sabía que hubiera una manifestación tan literal y tan extrema de esa idea de que el cuerpo en su sintomatología, en su dolor, en su problema, nos mantiene alerta y nos mantiene vivos. Yo creo que ahí está una de las cuestiones fundamentales de escribir sobre la enfermedad, y tiene que ver con alertarnos a los escritores y las escritoras que escribimos sobre esto, y alertar a los otros sobre lo que de pronto está en una especie de silencio. Unas veces es metafórico porque habla de males sociales y otras veces es mucho más localizado. En la novela *Sangre en el ojo* yo lo que intenté hacer fue restar un poco la cuestión metafórica y pensar mucho más visceralmente sobre esa pérdida real de un ojo que parte de una experiencia personal. Hago un paréntesis aquí porque aunque Juan no lo menciona, lo voy a mencionar yo. Juan tiene una columna hermosa que publicó en *El Mercurio* de Chile. Es un montón de años hablando de dos golpes —creo que eran dos o tres— en un tren, que lo llevan a tener un problema en el ojo, lo llevan a la clínica Barraquer, y de ahí también surge la idea de *El disparo de argón*. Digamos que ese golpe, ese dolor, genera un relato. Yo traté de huir un poco de la metáfora social y pensar mucho más visceralmente en eso que se ve y que no se ve, y sobre todo pensar en la relación doméstica, afectiva, incluso violenta que puede ocurrir en una relación de enfermedad y de dependencia del otro. Y te agradezco, Juan, que mencionaras la violencia que están sufriendo las mujeres en sus casas. Es el mismísimo caso en los Estados Unidos y es el mismísimo caso en Chile. Entonces, pensar un poco en eso que de pronto surge y que no se ha visto, que tiene que ver con las relaciones amorosas y con las relaciones familiares. Qué pasa cuando hay alguien que depende tan fuertemente del otro, y de qué manera esa mujer encuentra estrategias de poder precisamente en su deficiencia. En el caso de la protagonista de *Sangre en el ojo*, esa mujer lo que quiere hacer, lo que intenta hacer, es ganar un poder; y se manifiesta en la idea de poseer un ojo vidente de su compañero. Hay como una especie de tela de araña que se va tejiendo alrededor de ese «yo no veo, pero voy a conseguir ver, voy a volver a ver». Y hay una relación muy tensa ahí, en esa idea de rescatar el ojo sano para poder ver a través del otro. No lo puedo explicar mejor que esto, pero es esa la tensión que yo estaba trabajando un poco poéticamente, pero también, en un punto, llevándolo a un extremo de terror: si podemos «hacernos» de ese órgano para ver. Esta mujer que no solamente no confía en los puros síntomas, sino que además quiere que la medicina le restaure la salud; y ese ojo ajeno.

JUAN: Quisiera comentar una cosita… ¿puedo, Erika?

ERIKA: Por supuesto, Juan.

JUAN: Mira, es que me parece muy interesante lo que decía ahora Lina: cómo de pronto hay como una mirada delegada. Es decir, la mujer necesita de los ojos del otro, como una especie de lazarillo, y ahí viene esta tensión en donde te puedes sentir subordinado; y la búsqueda también de recuperar poder a través de la visión. Y en el caso de *El disparo de argón*, una de las cosas que a mí me parecían más importantes es que el director de la clínica donde ocurre la novela está perdiendo la vista. Él es una autoridad muy fuerte. Los médicos suelen tener una relación muy vertical con el poder. Y, entonces, él ha convertido a sus subordinados y a sus alumnos en una extensión de su vista. Así, en la medida en que los otros ven por él, no es solamente que le sirvan como lazarillos, sino que también se establece —y eso me parecía muy interesante en lo que decía Lina— esta tensión y esta voluntad de poder de hacer que los alumnos, los discípulos, sean una extensión de sus ojos: dondequiera que esté uno de ellos, él podrá ver. Es un control de mirada externa en donde todos los demás son sus ojos. Deja de ver él, pero se convierte en una especie de monstruo que puede controlar mucho mejor con esta visión delegada, pero que él controla en forma autoritaria. Y creo que, evidentemente, también es una especie de metáfora de otras relaciones de poder.

LINA: ¿Puedo agregar algo más también yo?

ERIKA: Sí.

LINA: Quería decir que, si no recuerdo mal, en tu novela, Juan, hay un trasfondo corrupto que tiene que ver con el trasplante de ojos y la venta de ojos, ¿no? Esta obsesión visual que está en nuestra cultura, porque, como se sabe, todavía el trasplante de ojo no está permitido ni es posible. Trasplantar un ojo es casi tan difícil como trasplantar un cerebro. No por nada el ojo es una extensión del cerebro. Pero hay una cuestión del deseo, de una especie de manía, que está tal vez metaforizada todavía en esa novela, que es ese trasfondo de desear poder controlar todos esos ojos, aún videntes, de ciertos cuerpos más desechables. Ese negociado con el ojo que tiene tanto que ver con la idea de que el ojo es poder y que mientras más ojos tenemos, más poder hemos acumulado. Asimismo, hay una cuestión que a mí me parece bien siniestra, pero al mismo tiempo bien elocuente, de cómo pensamos la visualidad en nuestra cultura, que poseer ojo es como poseer poder.

JUAN: Sí. En México hay un tráfico de córneas hacia los Estados Unidos. Como tú dices, no hay trasplantes de ojo, pero sí hay trasplante de córneas. El trasplante de córnea es bastante caro en los Estados Unidos, entonces en México hay bancos de ojos y un tráfico ilegal de córneas a los Estados Unidos. También en la novela hay ese trasfondo. Y esto fue escrito en las negociaciones del Tratado de Libre Comercio con Estados Unidos y Canadá. Entonces, yo no sé si en el inconsciente yo tenía esta idea de que estamos vendiendo nuestros ojos a los Estados Unidos a cambio de que ellos vean y nos sigan dominando. En fin, había también esta circunstancia paranoica y política.

LINA: Sí.

ERIKA: En relación con la epidemia de sida y su intervención en la emancipación sexual durante un tiempo, pensaba en algunas cosas que se han dicho del COVID, que es una enfermedad sin aura porque ni siquiera se transmite sexualmente, que qué tipo de enfermedad es esa, si no se transmite, qué tipo de aura puede tener —eso lo decía Houellebecq—. Y tratando de pensar en las implicaciones que tenía en concreto el COVID, pensaba en el uso de la mascarilla y en el hecho de que nos relacionemos en público con otras personas con la cara cubierta, particularmente con la boca cubierta, y cómo eso puede afectar tanto a la enunciación, a lo oral, si quizá la boca y lo oral van a convertirse en un tabú en alguna medida, y cómo puede resignificarse la mirada, que va a ser aquello con lo que nos comuniquemos de forma más intensiva en público. No aquí en nuestra casa, con esta conexión que estamos teniendo, pero sí fuera, en la calle. Y como creo que la mirada es tan importante en la obra de ambos, quería que pensaran de qué manera podría influir el uso de la mascarilla en lo oral, en la significación del ojo.

LINA: Para Chile hay una coincidencia bien curiosa, y es que el COVID aparece en el momento… No quiero decir posrevuelta, pero en un momento en que todavía la revuelta, lo que se llamó el «estallido social» en Chile, que empezó en octubre, ocurre. Y en el medio de esta larga revuelta, que nunca terminó de aplacarse porque nunca encontró una respuesta satisfactoria a los problemas sociales, se pasó una ley para impedir el uso de la capucha, para ilegalizar el uso de la capucha. Entonces, en ese momento aparece el COVID y aparece, casi estetizada, la máscara o mascarilla, que tiene diferentes nombres en diferentes lugares. A mí me pareció muy interesante cómo pasamos de la ilegalización del cubrir la cara a la necesidad y a la obligación de cubrirla. Es como una paradoja. Yo siempre pienso que todo lo que parece muy negativo también puede tener otro lado, y encontré ese lado que casi llamaría positivo, y es que ahora todos vamos a estar enmascarados y, por lo tanto, el poder no nos va a poder vigilar —valga la redundancia—. Hay una cuestión muy interesante: cuando conté antes que hay una tercera parte de *Volverse palestina*, que tenía que ver con el rostro, empezaba con la cuestión de la identidad pero seguía con la cuestión de la vigilancia estatal y con el hecho de que nuestros rostros se han convertido en nuestra huella digital, que nuestros rostros pueden ser nuestro identificador y pueden ser archivados para fines vigilantes y empoderados del Estado. Por eso, de pronto la máscara también viene a protegernos de esa sobrevigilancia estatal y de la posibilidad de que en todos los archivos estemos, digamos, todos metidos ahí, y que se controlen todos nuestros movimientos y todo lo que hacemos. No digo que no estemos controlados por muchas otras vías que se suman a la identificación del rostro, pero tal vez la mascarilla en este momento tenga un efecto, digamos, paradójico, que es el de precisamente empoderarnos, de cubrirnos y protegernos, más allá del virus también protegernos del Estado. Este es un tema que se está discutiendo muchísimo dentro de esa camada de filósofos del poder dirigidos por Agamben, que ha sido muy criticado, y con razón, porque no piensa en el otro lado de la epidemia. Pero Agamben y sus asociados están pensando en la manera en que esta cuarentena, este confinamiento, este ejercicio exagerado de poder, de decirle a la ciudadanía lo que tiene que hacer, es una manera de imponer algo que ya estaba latente en el deseo del poder, que era controlar a su ciudadanía. Yo me pregunto si la mascarilla en cierta medida también permite hacer un baipás, salir de ese lugar de control, y cómo, en las manifestaciones que también están ocurriendo en Nueva York y en Estados Unidos por la cuestión racial, la mascarilla ha sido una protección para poder manifestarse, pero, al mismo tiempo, no exponerse. Digamos que le estoy buscando el lado bueno a la mascarilla.

JUAN: Yo creo que la mascarilla es positiva, pero tendría todavía que complementarse un poco con lentes oscuros o con alguna otra cosa que nos haga irreconocibles, porque creo que lo interesante de las máscaras es, justamente, la imposibilidad de que seamos nosotros. Oscar Wilde decía: «Denle una máscara a un hombre y dirá la verdad». O sea, las máscaras no sirven para ser otros, sino para ser nosotros lo que no nos atrevemos a ser en público. Toda la idea del carnaval de Venecia, por ejemplo, tiene que ver con eso. Te pones una máscara de arlequín, de dominó o de diablo, y entonces dices una cantidad de cosas que siempre quisiste decir pero que no te atrevías a hacerlo. De este modo, pensando la máscara en ese sentido, de ahí también que tantos héroes enmascarados, desde Batman al Hombre Araña, tengan tanto éxito. Y en México los encapuchados han tenido un éxito político, sobre todo a partir de 1994 con el Ejército Zapatista, cuando ellos dijeron: «Tuvimos que cancelar nuestro rostro para tener rostro; no se hubieran fijado en nosotros si mostráramos nuestras caras de indígenas. Entonces, para que nos hicieran caso, teníamos que tener la cara de ninguno». Por eso es muy interesante ese discurso del que no sabes quién está detrás. Porque como muy bien decía Lina, el reconocimiento facial es una forma de la represión. Hoy en día hay arrestos porque hay personas que entraron en un negocio y sus rasgos faciales coincidían con los de un delincuente que era buscado, y simplemente son detenidas por eso. O también, en un sentido menos represivo pero muy manipulador, se te ofrecen de pronto algunos productos en un almacén porque se ha reconocido tu rostro, porque los algoritmos inmediatamente entran en acción, en ebullición, y te ofrecen los productos que sueles comprar. Uno de los elementos paradójicos del reconocimiento facial es que, en realidad, lo que se exige no es que una foto o una imagen se parezcan a nosotros, sino, por el contrario, nosotros nos tenemos que parecer a la foto. Cuando tú presentas un pasaporte o una credencial, lo importante es que tú te parezcas. A mí, por ejemplo, me ha dado a veces temor quitarme la barba cuando voy a un país más o menos complicado —porque además hay gente que cambia muchísimo sin barba, y yo soy uno de ellos— , y digo: «No me van a dejar entrar». Es decir, yo quiero parecerme a mi foto. Esta falsificación de uno mismo es lo que te da el presunto reconocimiento facial, que es en realidad el reconocimiento de una imagen, y eso me parece muy importante. Por eso creo que sí es muy importante que podamos ahora usar mascarillas, porque esto de alguna manera nos da cierta libertad, pero seguimos siendo reconocibles. Yo ayer salí a ver a mi madre con mi mascarilla y me reconocieron tres o cuatro personas, mientras que yo me creía muy anónimo. Por eso creo que debemos complementar esto con algo más para ser, desde el rostro que asumamos y que queramos, los que verdaderamente queremos ser, que no nos atrevemos o no podemos ser, siempre con la cara que permitirá que seamos arrestados.

ERIKA: Pues, retomando un poco el tema que nos plantearon, la relación entre literatura y realidad, me acordaba de una crónica muy célebre de José Martí, sobre *El terremoto de Chárleston*, una crónica que escribió a finales del siglo XIX en la que él planteaba que, en realidad, toda catástrofe introduce una función catalizadora, que en alguna medida da la oportunidad a acciones positivas y tiene, en cierta modo, un momento de iluminación. Y pensaba si más allá de lo que está pasando ahora, por ejemplo, en Estados Unidos, el accidente, la contingencia o la enfermedad, y también la catástrofe, tienen un momento de iluminación, porque creo que en vuestra obra hay algo de eso, cómo esos accidentes o esas contingencias generan transformaciones. ¿Sentís que hay algo de eso en vuestra obra?

JUAN: Yo estuve en Chile durante el terremoto de 2010. Yo siempre digo que nací en México pero volví a nacer en Chile. Los mexicanos tenemos un sismógrafo en el alma porque hemos padecido terremotos, pero los mexicanos no padecemos terremotos chilenos, que son mucho más fuertes, son extremos. Ese terremoto cambió el eje de rotación de la tierra, fue el quinto más fuerte en la historia. Después creo que pasó al sexto lugar cuando sucedió lo de Fukushima, pero realmente fue una sacudida impresionante, y yo debo mi sobrevida a la arquitectura chilena. A mí siempre me había parecido un poco extraño que, dentro de sus odas elementales, Pablo Neruda hubiera escrito una «Oda al edificio», porque no me parecía tan atractivo como las odas al cobre, el aire, la cebolla, el tomate, pero, claro, cuando vino este terremoto y sobrevivimos gracias a la resistencia del edificio, naturalmente yo quise no escribir una oda al edificio, sino una loa, una elegía, porque a eso debía mi sobrevida. Entonces, esos cataclismos te cimbran, te llevan inmediatamente a un examen de conciencia de: «¿Por qué estoy con vida?». Pero, a diferencia de la pandemia, te permiten hacer algo concreto. Porque un terremoto exige que se levante todo el tiradero, que se hagan cosas, que haya una solidaridad inmediata, y, en cambio, en la pandemia lo único que puedes hacer es recluirte, o es lo mejor que puedes hacer: evadir a los otros, aislarte, porque el peligro eres tú. No puede haber esta respuesta solidaria ni participativa como la que sí puede haber en un cataclismo como un terremoto. Ahí el contacto con la realidad es más fácil de superar, una vez que has sobrevivido, tratar de hacer algo concreto. Yo creo que eso es también lo que nos angustia, lo que nos falta ahora que hay una especie de narrativa vacía, que no acabamos de ver del todo. Mencionabas tú, y también Lina, como la falta de origen de esto, de origen claro y de respuesta concreta que podemos tener.

ERIKA: Juan, pero ¿y respecto a la crónica? Porque he citado a José Martí, pero hay muchos cronistas del siglo XIX que escribían crónicas sobre lugares en los que no habían estado y sobre catástrofes que solo conocían de oídas, y aplicaban la imaginación para hacer algunas de las mejores piezas literarias que se han escrito en el siglo XIX. Me acuerdo de esos cronistas que se inventaban la experiencia y también de tus personajes que, en cierta medida, son capaces de, por un lado, inventarse experiencias que no han tenido y contarlas, y también están persiguiendo —como contabas al principio— experiencias románticas para poder contarlas luego. Me acuerdo también de Monsiváis y de la forma tan creativa con la que él afrontaba la crónica, y quería que nos hablaras un poquito sobre esa relación entre creatividad y realidad que hay en tu idea de la crónica.

JUAN: Cuando uno escribe crónica, Erika, tiene un contrato con la verdad. Siempre sabemos que la verdad es una categoría resbalosa. No sabemos nosotros en qué medida podemos decir con toda certeza «esto fue así». Hay muchas maneras de percibirlo, pero hasta donde podemos nosotros percibir la verdad, que yo creo que básicamente podríamos definirla como 'no tener pruebas en contra'; es decir, mientras no tienes pruebas en contra de que eso realmente sucedió así, es lo que se puede considerar verdadero. Eso es importante, y es un compromiso esencial del cronista. Entonces yo he tratado de ajustarme a eso en las crónicas que puedo hacer del Ejército Zapatista, o del terremoto en Chile, o de muchos otros temas. Pero en la ficción muchas veces lo que haces es combinar ambos procedimientos. Lo que tú decías, un proceso que no viviste pero que de alguna manera puedes imaginar. Por ejemplo, Heinrich von Kleist no vivió el terremoto de Lisboa, pero se lo imaginó y, sobre todo, imaginó las consecuencias morales y también el sentido de culpa que podía haber. Yo creo que esa es otra tentación de la pandemia: ¿por qué nos pasa esto? Yo creo que hay muchas respuestas racionales, y estamos destruyendo el planeta en términos ecológicos, estamos acabando con él, etcétera, y la zoonosis, que es este salto de la enfermedad animal a la enfermedad humana, es producto también de la industrialización, de la ganadería, de la cercanía y de la sobreexplotación que hemos tenido de la naturaleza. Así que hay causas racionales, pero también aparecen las causas proféticas, las causas religiosas, teológicas. Muchas veces un cataclismo real da lugar a reacciones y explicaciones imaginarias. Entonces, toda literatura surge de temas concretos, reales, a veces son cosas autobiográficas o que alguien te ha contado, pero eso se convierte en otra cosa. Philip Roth decía: «Escribir ficción es tomar dos trozos de realidad como dos maderas y frotarlas para que surja un fuego imaginario». Es decir, las dos ramas son reales, son trozos auténticos extraídos de la vida, pero al frotarse, al irritarse, al entrar en contacto, producen un tercer producto que es imaginario pero que viene de esa realidad.

ERIKA: Creo que en algún sitio habías dicho que la literatura es real pero no es verificable o algo así. ¿Puede ser?

JUAN: Efectivamente. Es que yo creo que la distinción básica entre crónica o testimonio y ficción no es una distinción entre verdad y mentira, porque la literatura es verdadera en la medida en que pertenece a una zona real del conocimiento que es la imaginación, que es nuestra mente. Nosotros vivimos en dos realidades siempre: una física y una conjetural, pensada. La literatura pertenece a la realidad, ¿y quién puede decir que el Quijote o el capitán Nemo no forman parte de la realidad humana? Creo que evidentemente pertenecen a la realidad. No es la distinción entre la verdad y la mentira; simplemente es la distinción entre lo verificable y lo inverificable, como tú dices, Erika. Entonces, el testimonio tiene que ser verificado y se tiene que comprobar que eso sucedió. No puedes narrar un golpe de Estado que tú te inventaste. Muchos lo han hecho, por cierto, con algún talento, y han fingido que daban una noticia real que era imaginaria. Pero, en sentido estricto, la crónica y el testimonio tienen que poderse verificar, y en Estados Unidos, esto lo sabe muy bien Lina, hay esa legión que para muchos de los que escribimos crónica pueden de pronto ser pesadillescos, que son los famosos verificadores de datos. Son como personajes de Bustos Domecq porque tienen un sentido de hiperrealidad absolutamente impresionante y que, a veces, de tanto buscar realidad la acaban falseando. Como pasa con la pintura hiperrealista, que es maravillosa tantas veces, porque es tan real que es una superrealidad, una ultrarrealidad. A veces los verificadores de datos se pasan en esto y quieren que todo tenga que ver con una realidad que ya no es la que ocurre en el mundo real, sino que es un exceso enciclopédico de lo real. Pero, bueno, es el trabajo de ellos y tienen que demostrar que son necesarios, por eso a veces quieren que la realidad sea más real de lo que es.

ERIKA: Lina, pues, no sé si quieres decir algo sobre lo que viene comentando Juan.

LINA: Sí, seré muy breve. Yo creo que la literatura tiene una gran afinidad con la crisis. Mal que mal, ahí está ese término que se llama *epifanía*, que es el momento de transformación. Y hay una gran literatura que busca, piensa o escenifica, o pone en papel, ese momento transformador que ocurre en la psicología de un personaje normalmente, pero que, a veces, también ocurre en el contexto en que se desenvuelve esa historia. Y yo creo que los escritores y escritoras tenemos especial interés en esos momentos críticos que nos permiten ver algo de nuevo, como si fuera ese momento crítico un momento que permite leer un síntoma que estaba oculto, en silencio. Y, entonces, por ejemplo, esta crisis del COVID lo que hace es permitirnos ver la cantidad de pobreza y de hambre que hay en nuestras sociedades. A mí me impactó muchísimo que el ministro de Salud de Chile —afortunadamente, ya renunciado— se atrevió a decir en televisión que él no se daba cuenta de la pobreza que había en Chile. ¡El ministro de Salud! La persona que planifica las políticas públicas… Entonces esta crisis lo que ha hecho es, de repente, decirle a la gran sociedad, sobre todo a los políticos que, en efecto, hay una miseria, que hay una cantidad de gente que vive en el vender el día a día, en estar en la feria en el día a día para poder comer —que es lo que decía Juan hace unos minutos—. Por este motivo me parece muy importante pensar que la crisis nos permite, como un síntoma, ver algo que estaba de alguna manera presente, latente, pero que no aparecía en los medios, que no se hablaba. Lo mismo pasó, por ejemplo, con el huracán Katrina en Estados Unidos, que de pronto los norteamericanos descubrieron que había una población afroamericana que realmente no se escuchaba, no se veía, de la que no se hablaba, que no votaba, y que de pronto estaba ahí pasándolo muy mal y tratando a toda costa de sobrevivir. Y fue casi un escándalo descubrir lo que estaba allí; no es que no hubiera estado, pero de pronto la crisis permite visibilizar. Y lo mismo ha ocurrido ahora con el hecho de que se puedan grabar las brutalidades de la policía, y vemos de qué manera opera el sistema policial aquí y en todas partes. Por eso me parece que la crisis es realmente un momento muy importante que nos permite ver lo real. Pero también la literatura se encarga de producir sus propias crisis internas, dentro de un texto, para poder facilitar eso que los escritores tenemos mucha predisposición a mirar, que es el sufrimiento, el dolor, la falta, la ironía, las situaciones extrañas que ocurren, también, y que están allí. Yo creo que la escritura también está muy anclada en pensar esa crisis porque esa crisis nos permite mirar algo que nos importa y que nos debería importar. Y yo creo que esa es una de las misiones; no me gusta pensar tanto que la literatura tenga una función social tan específica, pero me parece que un efecto de lectura es que nos hace mucho más sensibles, porque también nos hace más atentos a eso que normalmente no estamos viendo. La literatura es ese género que se hace preguntas y visibiliza cuestiones que no están tan vistas. En ese sentido, repito, nosotros tenemos una gran afinidad con la situación de crisis. Y me parece importante que sea así, porque si no la escribimos nosotros, ¿dónde se va a contar? Los medios están tan comprados por el Estado —tengo que decir que también hay algunos medios alternativos— que hay poca posibilidad no solo de hacer ver la crisis, sino también de reflexionar sobre la crisis, de una manera que no está tan prescrita. La literatura no necesariamente nos resuelve el problema, pero sí nos enfrenta a tener que pensar en ese problema. Y en ese sentido sí me parece muy importante la relación que hay entre la ficción y la realidad.

ERIKA: Sí que pensaba un poco en esa idea de epifanía, que yo he llamado antes «revelación abyecta», porque la epifanía suele pensarse como un proceso tradicionalmente bello y, sin embargo, a veces la transformación que sucede en la literatura es por una vía violenta o enferma, a través de la brecha, a través de la mancha en vuestra obra —creo que en la obra de ambos—. Y creo que, en concreto, en el caso de Lina, esa especie de inestabilidad que se descubre mediante una epifanía, esa ruptura, se transmite también mucho en la prosa. Hay una sensación de inestabilidad mientras se está leyendo la prosa de Lina. Por eso me preguntaba en qué medida el sistema de relaciones que hay en tu novela, de relaciones con la familia, con la propia identidad o con el cosmos en alguna novela, se transmite a la inestabilidad del lenguaje. O sea, si esa inestabilidad que transmite tu prosa es algo buscado.

LINA: Fíjate que yo tiendo a escribir pensando que la forma y el fondo tienen una relación de gran intensidad. Pero así como lo pienso en términos tal vez metaliterarios, en las novelas ocurre de manera intuitiva, un poco como al correr de la pluma, o al correr del teclado. En *Sangre en el ojo* creo que se ven claramente los momentos de interrupción de la oración en lugares donde normalmente no interrumpiríamos. Eso salió así en la primera lanzada del texto. Hay algo en el ritmo de la palabra que para mí es muy consustancial a lo que está sucediendo. Si estamos dentro de la cabeza de un personaje que en ese momento ha perdido la vista por un derrame ocular, se da ese momento en que ya no hay forma de poner en palabras lo que está sintiendo. Y en ese momento a mí literalmente se me cortó la frase, ese: «[…] sin embargo», punto. En *Sistema nervioso* ocurre de otra manera, y es que mi personaje tiene como unos momentos de cortocircuito mental cuando hay una crisis, y en la narrativa empiezan a aparecer una serie de palabras asociadas que yo al final puse en cursiva, que tienen un elemento poético, pero que tienen que ver con ese estado mental que se refleja en la propia prosa. Es como que la crisis también ocurre en el lenguaje mismo de la novela. El lenguaje quiere poner en voz, poner en palabra, eso que está sucediendo en la escena. Y eso a mí me ocurre muy naturalmente, pero sí siento que es un interés grande que yo tengo de que el fondo y la forma estén complementados de alguna manera. Y a mí, como escritora, la estructura que sostiene una novela o un relato me parece muy importante. Así, finalmente terminan estando conectados esos dos elementos de la narración.

ERIKA: Pues, ya voy a terminar con una pregunta para Juan. Pensaba que a menudo las poéticas de la escritura son también poéticas de la vida o poéticas de los afectos. Y en algunas de tus novelas —pienso en concreto en *El disparo de argón*— se detecta como una falta de rumbo de los personajes, y pienso en una especie de poética del extravío. Quería preguntarte, bueno, cómo se extravía la literatura y cómo se tuerce el destino de tus personajes.

JUAN: Yo creo que la narración tiene que ver con el extravío, sobre todo en las narraciones largas. Es como si tú te embarcaras en uno de esos antiguos barcos balleneros que se iban durante siete años, y cuando regresabas ya todo había cambiado en el puerto, tu mujer ya tenía otro marido, tus hijos habían crecido y tú eras otra persona. Hay una transformación al escribir un texto largo —y creo que un poco lo decía ahora Lina— en que no tienes un plan muy concreto. Hay escritores que escriben porque ya saben lo que van a escribir y tienen realmente una estructura casi militar, como generales en campaña, pero yo creo que lo más interesante es descubrirlo en el proceso. Es decir, que el propio proceso te vaya llevando. Ahí también está esta identidad entre forma y contenido, cómo es necesario usar un cierto lenguaje. Yo creo que encontrar la trama es dar con un camino que buscabas en secreto, pero para llegar a ese camino primero te tienes que extraviar un poco. No podría escribir un cuento así. Es decir, un cuento yo trato de escribirlo del final hacia el principio, sabiendo a dónde van los personajes, controlando mucho más la tensión, la trama. Pero la novela tiene esta generosidad del extravío, y creo que también los personajes que están buscando algo pasan por esos procedimientos. Para mí un buen personaje no es idéntico al principio de la novela que al final. Tiene que haber pasado por una suerte de transformación. Un rito de paso, si se quiere, tímido, no necesariamente muy confrontativo, pero algo se tiene que modificar. Y eso yo creo que también es lo que hace fascinante la narración. Y, para concluir, yo quería volver a una anécdota que me sugirió lo que dijo Lina hace rato, de que muchas veces la gente no solamente te atribuye una identidad, sino que decide que ya la tienes. Esto que comentaba ella de que, en un aeropuerto, de pronto la veían y pensaban que era palestina o peruana, o de algún país así. A todos nos pasa eso, y también tiene que ver con estas identidades de las que hemos estado hablando, que muchas veces son atribuidas, pero toda identidad es una construcción. A mí me ha pasado que en los lugares donde me han hablado con mayor naturalidad ha sido en Turquía y en Rusia, que son dos lugares donde la gente me ha visto y han pensado que yo soy de ahí. Lo cual es muy raro. Yo, como tantos novelistas de mi generación, siempre quise ser un escritor ruso. Yo leía a Tolstói, a Dostoievski, a Chéjov, y para mí era lo máximo que podía existir. Años después descubrí que la lengua misma es maravillosa. Recuerdo un congreso en donde todos nos aburríamos porque las ponencias eran espantosas, pero había una traducción al ruso con una voz maravillosamente melancólica de una mujer, y entonces todos oíamos ruso sin entender nada —el grupo de amigos—, y teníamos unas caras de éxtasis, como si nos fascinaran las ponencias, y en realidad oíamos la música del ruso. Entonces, cuando alguien a mí se me ha acercado y me ha hablado en ruso, como que yo fuera de ahí, reconociéndome, he entrado en una circunstancia muy rara porque me ha dado vergüenza no ser ruso. Es decir, me hubiera gustado serlo, me hubiera gustado contestar en esa lengua. Así que siento de pronto que mi cara llegó a un lugar al que yo no he podido llegar; llegó al lugar de que mi cara es rusa y yo nunca lo seré. Cuando te asignan una identidad, en ocasiones te puede dar el complejo de culpa de no tenerla. Así de complicada puede ser una persona, pero creo que esto también tiene que ver con las pasiones que te han integrado y lo que te hubiera gustado ser. Eso también es una de las condiciones de la escritura, no solo escribes de lo que tú eres, sino de lo que posiblemente podrías haber sido.

ERIKA: Bueno, pues, podríamos haber estado juntos en París, pero hemos estado juntos de esta manera, y quería agradecerles todas sus ideas brillantes y haber estado esta tarde en esta charla. También a «París no se acaba nunca», por convocarnos, y les envío un abrazo enorme desde Granada.

JUAN: ¡Adiós, Erika!

LINA: Adiós, gracias.

ERIKA: Adiós. Muchísimas gracias.

Nuestra Señora de los libros: literatura firmada en femenino

GIOCONDA BELLI • SUSY DELGADO

Conducido por **María Ángeles Pérez López**
(Universidad de Salamanca, España)

Las grandes damas de la poesía nicaragüense y paraguaya se dan cita en este París imaginario para compartir con nosotros tanto sus versos como sus presupuestos poéticos. Entrevista a Gioconda Belli y Susy Delgado, otra magnífica poeta, además de profesora titular de Literatura Hispanoamericana en la Universidad de Salamanca, María Ángeles Pérez López. La antigua militante sandinista y la voz más relevante de la literatura en lengua guaraní, nos invitan a esta pagana liturgia, en «Notre-Dame des livres». Ellas son nuestras auténticas «Señoras de los libros: literatura firmada en femenino».

MARÍA ÁNGELES PÉREZ LÓPEZ: «Paris ne finit jamais» es una propuesta emocionante, ambiciosa, apasionante, que quiere reunir nombres imprescindibles de la literatura contemporánea en español, es el Festival Hispanoamericano de París, desde París. Hoy contamos con una actividad extraordinaria, titulada «Nuestra Señora de los libros: literatura firmada en femenino», con dos grandes nombres de la poesía, de la literatura hispanoamericana, la nicaragüense Gioconda Belli y la paraguaya Susy Delgado. Es verdaderamente una alegría estar en esta mesa triangular, o tal vez cuadrada, no sé muy bien qué forma tiene. Desde luego, uno de los ángulos se sitúa en Managua, Nicaragua, donde está Gioconda Belli; otro, en Asunción, Paraguay, donde se encuentra Susy Delgado; otro pasa por Salamanca, donde estoy yo; y, desde luego, uno central, relevante, es el que ocupa París, que nos acoge estos días en los que estamos celebrando que en medio de la vulnerabilidad, en medio de la crisis sanitaria global, en medio de la pandemia, la poesía traza una malla muy resistente, una malla sostenida por delicados hilos verbales, pero que van y vienen, y que están comunicándonos en tiempos de distancia, en tiempos de confinamiento. Así que celebramos que las redes nos convocan y nos acercan a países con los que hay distancia física, pero con los que hay tanta cercanía y tanta admiración. Sobre todo en relación a la obra de las dos autoras que van a conversar y a leer su poema hoy. Gioconda Belli, que voy a presentar muy brevemente. Susy Delgado, que también voy a presentar muy brevemente. Porque sus trayectorias son extensas, son muy reconocidas. Necesitaría todo el tiempo de la sesión para ello, y no es lo que corresponde,

corresponde escucharlas. Pero sí una breve presentación para facilitar un primer diálogo, un primer conversatorio, y luego tener la felicidad de escuchar sus versos. Gioconda Belli es una escritora nicaragüense, narradora y poeta, reconocida a nivel internacional ya desde su primer título, *Sobre la grama*, que obtuvo el primer Premio Mariano Fiallos Gil en 1974, y especialmente *Línea de fuego*, que en 1978 obtuvo el Premio Casa de las Américas. Es una de las voces imprescindibles de la poesía en español. Su primera novela, *La mujer habitada*, ganó en el año 1989 el Premio a la Mejor Novela Política del Año, en Alemania. Una narradora muy reconocida, con distintos títulos y distintos galardones. Me refiero brevemente a los premios: Biblioteca Breve, de Seix Barral; Sor Juana Inés de la Cruz, de la Feria de Guadalajara por *El infinito en la palma de la mano*, esa palma en la que está el mundo en 2008; la novela *El país de las mujeres,* que en 2010 ganó el Premio Latinoamericano La Otra Orilla; y *El intenso calor de la luna*, de 2015, que fue finalista en la Bienal de Novela Mario Vargas Llosa. Autora también de libros de memorias, y como poeta, desde esos tempranos reconocimientos a los que me refería, ha ido publicando una larga nómina de títulos, recogidos en varias antologías, y ha obtenido —quiero destacar un premio que me parece muy relevante— el Premio OxfamNovib/PEN, en La Haya, por su trabajo a favor de la libertad de prensa, y en defensa de los derechos humanos y de los derechos de la mujer. La potencialidad erótica de su poesía es muy notable. Ese poema *Y Dios me hizo mujer*, que termina diciendo que bendice su sexo, que bendice nuestro sexo, el de las mujeres que estamos aquí, convocadas hoy, y tantas otras. En un erotismo insurgente, militante, transgresor, que ha ido modificando el paradigma de la cultura contemporánea. Así que, Gioconda, bienvenida. Mucha alegría de tenerte, de escucharte.

GIOCONDA BELLI: Gracias, María Ángeles. Una gran alegría para mí estar aquí, estar en París, virtualmente, aunque sea virtualmente. Es la Ciudad de la Luz, la Ciudad del Amor, la ciudad que me encanta pasear. He ido caminando con Julio Cortázar una vez, en París, y le dije: «Es el sueño de mi vida», porque desde que había leído *Rayuela*, quería poder estar en París con él. Fue bien bonito. Gracias. Y gracias a Susy, que me encanta verla.

MARÍA ÁNGELES: Y una alegría también muy grande, desde luego, que esté Susy Delgado, escritora y periodista paraguaya. La gran voz de la poesía bilingüe guaraní-castellana de su país. Una labor central, la suya, en el periodismo cultural, muy intensa. Durante cuatro décadas ha dirigido la revista cultural *Takuapu* y el taller de poesía Ara Satî. Es miembro de número de la Academia de la Lengua Guaraní y es miembro de la Sociedad de Escritores de Paraguay. Además, es asesora de lenguas de la Secretaría Nacional de Cultura, porque su labor en defensa del guaraní en la traducción de obras al guaraní ha sido destacadísima. Su propia producción, y también su propia labor, en esa difusión. Como poeta, además, cuenta con una larga nómina de títulos, tanto en castellano como en guaraní, y también con antologías bilingües de literatura paraguaya y de poesía guaraní contemporánea. Así, la titulada en 2011, y luego reeditada en 2019, y *Las voces del umbral*, del 2014. Y con relevantes traducciones al guaraní de poemas de Augusto Roa Bastos y de Gabriela Mistral. Como poeta, y en sus varias dimensiones en la escritura, pero principalmente como poeta, ha recibido destacados galardones tanto nacionales como internacionales. Entre los nacionales, el más importante es el Premio Nacional de Literatura de Paraguay, en 2017. Y entre las distinciones internacionales, el Premio Mérito Cultural, del

Parlamento Cultural del MERCOSUR; el Premio de Radio Francia Internacional y la Universidad Toulouse–Le Mirail, con una poesía que ha sido calificada como contestataria por Osvaldo González Real. El propio Roa Bastos hablaba, a propósito de la poesía de Susy Delgado, señalando que incluso tapiada, o enterrada viva, la poesía que se quiere libre, no deja de ejercer su poder liberador. Y ahí, sin duda, vamos a encontrar una dimensión significativa de su obra. Ese poema inolvidable: «Soy un país partido en dos/ recorrido en su parte más larga/ por un agua profunda/ de vidas y muertes/ y de muertes secretas», del libro *El beso del viento*. Por tanto, pues, una gran alegría y este saludo. Gracias por estar, Susy Delgado.

SUSY DELGADO: Al contrario, yo estoy muy feliz, muy honrada, para empezar, de poder compartir con ustedes esta tarde. *Che maiteirorypeẽme:* 'un saludo afectuoso desde la tierra de la lengua guaraní'. *Gracias* en guaraní se dice *aguyjevete,* así que un *aguyjevete* muy muy grande. Especialmente al profesor Gonzalo Vázquez; a Yolanda Castaño, la querida poeta y amiga; a vos, María Ángeles; y a Gioconda, a quien tengo la felicidad de reencontrar después de algunos añitos. La conocí hace unos cuantos años, en la bellísima Granada. En fin, estoy sumamente feliz de compartir con ustedes esta tarde con y por la poesía.

MARÍA ÁNGELES: Bienvenidas. Me gustaría comenzar preguntándoos cómo estaba resultando la experiencia del confinamiento, de la enfermedad, de la pandemia global, en relación con la escritura, en relación con vuestra escritura. Si os estaba resultando posible y deseable escribir. Si era necesaria alguna preposición. Me preguntaba si escribir *en* cuarentena, si escribir *contra* la cuarentena. Si a lo mejor el artículo, escribir *la* cuarentena. Me preguntaba cuál era vuestra experiencia, en estos meses que nos tienen a todos entre las paredes de nuestras casas, pero al mismo tiempo también —como decía ahora Susy Delgado— conectados gracias a la vitalidad y creatividad de personas como Gonzalo Vázquez, como Yolanda Castaño, a quienes yo también quiero, desde ya, dar este agradecimiento. Por eso, quería preguntar si escribir es siempre una forma de confinamiento o si ahora estas circunstancias han modificado vuestra relación con la escritura. Susy, ¿cuál sería tu respuesta?

SUSY: Esta pandemia ha resultado y está resultando una experiencia realmente muy inquietante, muy movilizadora. Se podría decir que es una experiencia que tal vez los poetas pedirían, cuando no estuvieran en ella, porque de pronto puede ser también paralizante, de pronto, puede ser también amordazadora. Es lo que a mí me ocurrió un poco en las primeras semanas, en que me sentí bastante paralizada por toda esta experiencia tan terrible, esta especie de bofetada imprevista que nos trajo esta pandemia, con un aluvión incontenible de realidades que tal vez teníamos enfrente, pero no las veíamos muy bien, y nos ha llegado como una avalancha imprevista y cruel. Yo durante las primeras semanas me quedé bastante paralizada, casi ahogada por ese aluvión, por esa avalancha. Después de a poco fui tal vez acostumbrándome, de a poquito, a esta especie de nueva realidad que va apareciendo en nuestras vidas o, por lo menos, a esta realidad momentánea, de algunos meses. No lo sabemos todavía, ¿verdad? Me fui acomodando un poco más y fui reaccionando como escritora. Porque en esas primeras semanas no pude, en absoluto, reaccionar como escritora. Si bien estaba muy conmovida, muy motivada, no podía escribir *en* cuarentena, ni escribir *la* cuarentena, ya que tan atinadamente estás haciendo esa distinción.

MARÍA ÁNGELES: Gracias. ¿Tú, Gioconda?

GIOCONDA: En mi caso, hay dos cosas. Una es que pensé: «¡Qué bueno!», en cierto momento. Aquí hubo una situación bien extraña. Porque yo creo que, a pesar de que sabíamos que venía la pandemia, se hicieron una cantidad de cosas que aun a las personas que estábamos totalmente convencidas de que la pandemia venía, por un momento nos hicieron pensar que podíamos evadir la pandemia en Nicaragua. Pero era un pensamiento mágico, y un pensamiento mágico que se hizo a partir de cosas increíblemente malas. Se hicieron aglomeraciones, se hizo un carnaval, «Amor en los tiempos de COVID». Parecía que el Gobierno quería negar la pandemia, y la negó de tal forma que no se cerraron escuelas, no se cerraron las fronteras. De repente, me decía: «A lo mejor soy yo la que estoy equivocada», pero, claro, ahorita en mayo hemos tenido todo: las muertes, la tristeza, el repunte. Y, claro, hemos estado viendo. Yo, por lo menos, tengo hermanas en España, tengo una hermana en Oslo, tengo hijas en los Estados Unidos. Una de mis hijas es médica y ha tenido que estar en la primera línea. Ha sido una angustia muy grande. Pero en medio de todo eso pensé: «Bueno, voy a escribir, voy a pensar». A mí no me afligía quedarme en la casa, porque me encanta estar en mi casa. Yo soy reclusa por naturaleza: «¡Ay, no voy a tener que viajar!». En realidad tenía tantos viajes en fila durante esos días, desde el 29 de marzo en adelante, que yo me sentí muy contenta de no tener que viajar. Triste también, pero… Realmente, yo pienso que es un golpe muy grande para la humanidad. Un golpe a la arrogancia que hemos tenido como seres humanos. A la arrogancia de pensar que éramos invulnerables, que teníamos todo bajo control, que estábamos apoderándonos de la tecnología, para ir evolucionando en una dirección que nos iba a hacer más dueños del universo, del espacio, y qué se yo. Y yo creo que esto nos ha venido a decir: «Bueno, ustedes se están buscando la propia destrucción». Porque este virus no es ajeno a todas las cosas que hemos hecho que no están bien, que son, por un lado, usar la tecnología. Hasta ahora la estamos usando de la manera en que se albergó en el corazón, creo yo, que pudiera funcionar. Pero nos estaba aislando, nos estaba retrayendo. Uno veía a los muchachos solamente con el teléfono. Pienso que va a ser una influencia importante. Yo no creo que vayamos a volver al mundo de antes. Yo creo que vamos a tener un salto, que puede ser para bien o para mal. Espero que sea para bien. Definitivamente obliga a un examen de conciencia muy grande y obliga a replantearnos la realidad de otra manera. Así que estoy escribiendo una novela. Me han pasado cosas divertidas. Una es que me he puesto a leer ciencia ficción para irme del planeta, porque quería salirme de la Tierra, no estar pensando. Y es interesantísima la ciencia ficción, que tenía tiempo de no leer. Y por otro lado, que estoy escribiendo una novela para jóvenes. También tiene que ver con salirse del cuerpo, ¿no? Y he escrito poesía también estos últimos días. Así es que ahí vamos, pero muy sufrido también, muy triste por todo lo que está pasando en Nicaragua.

MARÍA ÁNGELES: Claro. Me preguntaba cómo se podía ser reclusa, cuando en la vida de Gioconda está esa dimensión tan fuerte en relación con la lucha contra la dictadura de Somoza, ese recorrido tan extraordinario de comienzos. No me imaginaba esa otra dimensión, ahí, reclusa en medio de los libros. Hablabais ambas de lo que estaba significando esta bofetada de la realidad, esta transformación completa, por lo menos, del presente tal como lo conocíamos. Quería preguntaros si también había elementos que os hacían preocuparos de manera especial, o no, en relación con ser mujer y escritora. Porque ambas tenéis una trayectoria muy relevante en relación con la transformación del campo literario, la transformación de esos ámbitos en los que se ha ido pronunciando la voz poética, la voz narrativa, también de la literatura para niños, que ambas habéis trabajado, a la que os habéis referido. Quería preguntaros por esta cuestión, la de ser mujer y escritora, y mujer escritora que tal vez, no lo sé, mira hacia atrás, a quién fue, a esas décadas pasadas, esos primeros libros de los años 70 con Gioconda Belli, de los años 80 con Susy Delgado, transformando completamente vuestro campo literario, y cómo lo veis hoy, si ha habido cambios. También pensaba en qué medida hoy se da esta situación terrible de mujeres que sufren violencia de género y están confinadas con sus agresores. De pronto esta situación nos coloca en escenarios que agravan condiciones que ya conocíamos. ¿Cómo lo estáis sintiendo, viviendo? ¿Cómo miráis hacia esa escritora mujer que empezó pronto, transformando completamente la literatura paraguaya, la literatura nicaragüense? No sé si Gioconda quiere comenzar…

GIOCONDA: Me quitaste un poco la palabra, en el sentido de que yo sí he pensado que tiene que haber más cambios en relación al patriarcado, digamos, al *establishment* masculino con relación a las mujeres. ¿Por qué? Porque hemos hecho cambios. Pero, por ejemplo, esta va a ser una época en que vamos a tener que adoptar el cuido como ética. Como ética de los Estados, el cuido como ética de las sociedades, el cuidado, como reclamo también de las sociedades. Porque las mujeres tenemos esa capacidad. Y tan es así, que las siete mujeres que han estado a cargo de la pandemia, que han sido primeras ministras, presidentas, en estos tiempos de la pandemia, han sido las que mejor desempeño han tenido. Yo creo que eso tiene que ver con toda esta enorme ola de cambio que hemos venido empujando las mujeres. A mí me parece que es cada vez más difícil negar la presencia de la mujer en los ámbitos de la literatura, por ejemplo, creo que todavía estamos un poquito, como apenas llegando a la cercanía de cómo la literatura aprecia. Y, sobre todo, la crítica maneja su discurso con relación a los hombres escritores, y un poco de las mujeres escritoras, pero con un poco de sospecha, y de un aprecio que es, más o menos, no tan claro como el que podrían expresar por un hombre. Yo siento que las mujeres me han hecho a mí reconocerme. O sea, son mis lectoras mujeres las que realmente le han dado un sentido a mi trabajo como escritora. Porque siento que ellas sí han reconocido que el hecho de que yo fui, digamos, muy… Me dicen «valiente». No creo que sea valiente, pero dicen que fui valiente para hablar de mi subjetividad sexual, por ejemplo, que era algo tabú en los años 70. Por supuesto, fue un escándalo, pero yo creo que eso ha sido importante para mis lectoras, en muchos sentidos. Y, bueno, vamos a ver cómo procesamos esto de la política. Me dices que no soy reclusa, y realmente no soy, en el sentido de que la política ha sido para mí… Soy un animal político, como digo yo, y como dice Aristóteles. Les voy a leer un poema, después, uno que escribí hace días. ¿Qué pasa? Me proponía escribir muchos poemas, pero tengo una obsesión que se llama Nicaragua. Entonces lo que he tratado de hacer es estar ayudando, empujando las cosas, estar viendo de qué manera puedo influir en la situación política de aquí, que no es mucha, pero… Y pienso… Me acuesto con mi país, me levanto con mi país, y ese digamos que ha sido el trajín, para mí, de esta pandemia también.

MARÍA ÁNGELES: Y, Susy Delgado, ¿diría que su obsesión es Paraguay? Pensaba en el enorme trabajo con esa condición bilingüe como un gran tesoro, pero a la vez en el deseo y la necesidad de dar a conocer, de traducir, de difundir. Mujer y minoría. Mujer y lengua. Sin el prestigio, sin el peso cultural del castellano o de lo masculino. ¿Cómo lo ves? ¿Cómo lo vives?

SUSY: A esta altura, y mirando para atrás, analizando el caminito que he hecho, yo creo que simplemente hay cosas que las mamé en la vida. Nací en un hogar campesino, en un hogar donde la vida transcurría en guaraní. Y tuve una infancia en la que conocí desde el principio todo lo que eran las angustias, los dolores de esa gente campesina, y entre ellas la que tocaba especialmente a la mujer, ¿verdad? Y cuando empecé a garabatear mis primeros cuentitos, mis primeros poemas, esas cosas surgieron, esas cosas me vinieron al tapete, me vinieron al papel, porque fueron cosas que, simplemente, golpearon muy fuerte mi sensibilidad. Yo solo puedo escribir, sobre todo hablando de poesía, sobre aquello que me golpea fuerte. Otra cosa ha sido el periodismo, al que le he dedicado media vida y que yo valoro muchísimo, porque ha sido una escuela importantísima para mí y para la escritora que llegué a ser con los años también. Pero esas cosas más profundas, que son las que salen en la poesía, yo creo que simplemente las adquirí ya en la infancia que me tocó. Un buen día me dije: «Pero… resulta que soy feminista —había sido— sin proponérmelo». En mi país, se empezó a hablar del feminismo mucho más tarde que en otros países. Y yo no me lo propuse en ningún momento, no me suelo proponer ese tipo de cosas, no soy, desde luego, muy de etiquetas. No soy muy gregaria ni de encasillamientos. Pero un buen día tuve que reconocerme feminista, porque coincidía con los planteamientos, con los reclamos. En fin, con toda esa visión de una parte de la humanidad que venía cargando con un fardo demasiado injusto, que a mí me tocó verlo en primera fila, desde mi infancia. Y, bueno, la lengua, la mujer, y otras cositas se fueron ubicando entre mis terrenos preferenciales de trabajo. La lengua fue justamente una herramienta para volcar esas otras inquietudes sobre la mujer, sobre el niño, sobre la vida campesina. Fue una herramienta fundamental. Tardó un poco más en desarrollarse que el castellano, mi lengua materna, porque me tocó lo que le tocó a todo el mundo en mi país: ser alfabetizada en castellano. Y así, con los años, yo fui creciendo en conciencia y fui descubriendo el valor tremendo de la lengua materna que me tocó. Pero eso ya, tal vez, podemos hablarlo un poquito más después.

MARÍA ÁNGELES: Pues, si os parece, ya una última breve pregunta y pasamos a escucharos los poemas. ¿En qué proyectos estáis? ¿Qué es lo que os tiene en la escritura? Si hay esos proyectos, Gioconda nos hablaba ahora mismo de novela, de poemas que estaba escribiendo, y no sé si Susy nos quiere contar esos proyectos, si hay alguno en el que esté especialmente embarcada ahora.

SUSY: Yo soy una pequeña fábrica de proyectos. Lo cual no quiere decir, de ninguna manera, que se concreten todos. Pero soy una maquinita de inventarme proyectos en la cabeza, o sueños, llamémosles. Tengo una cantidad impresionante, pero aquellos que más o menos tienen posibilidad y ya están haciendo un caminito son los que se refieren a la profundización de los campos de trabajo, en los que vine trabajando preferentemente en las últimas décadas y los últimos lustros. La profundización, por ejemplo, de mi trabajo con la gente del interior es una de las tareas más gratas que me tocó hacer. He dado muchos talleres de literatura en el interior, y eso me ha descubierto muchas cosas y me ha confirmado otras que yo presentía sobre la existencia de una riquísima literatura popular —en el buen sentido—. Yo sé que lo popular carga todavía con un desprecio grande que, por suerte, se va superando con el tiempo. Yo tengo mucho respeto hacia la literatura popular. Soy una gran amante de la literatura popular. La experiencia de talleres en el interior de mi país fue una de las más gratas y las más enriquecedoras que he hecho, y tengo mucho material recopilado de esos talleres, que voy sistematizando de a poco, analizando y sistematizando de a poco. Soy una gran partidaria de las antologías. No solamente para la literatura escrita en guaraní, sino para la literatura paraguaya en general, que es todavía muy poco conocida. Y también de las ediciones bilingües; soy muy apasionada de la traducción desde hace unos cuantos años. Empecé traduciéndome a mí misma, por eso mis poemarios que nacieron en guaraní vienen todos en ediciones bilingües, porque desde el comienzo yo sentí que era eso lo que debía hacer: trazar, construir ese puente hacia la gente que no conoce mi lengua, y tiene todo el derecho de hacer, al menos, un acercamiento hacia su música, hacia sus sentires, hacia su visión del mundo. Yo desde el comienzo sentí claramente esa necesidad. Y es una de mis vocaciones más fuertes que fui volcando después, traduciendo a mis compañeros de lengua guaraní. Y luego ya atreviéndome a cosas más osadas, como traducir a Roa Bastos y a Gabriela Mistral. Voy picoteando. Se ha convertido en una gran pasión para mí la traducción también.

MARÍA ÁNGELES: Qué bien. Yo no sé si Gioconda quiere añadir algo a lo que nos contaba de la novela y de los poemas en los que está trabajando estos días.

GIOCONDA: Yo realmente tengo no una fábrica, como Susy, pero como un «deber ser». Mi papá era católico y todo, pero nos educó en una ética casi protestante. Entonces yo cuando no estoy haciendo algo, escribiendo algo, me siento desempleada, y estar desempleada no me hace sentir bien. Por eso estoy siempre pensando. Ahora, por ejemplo, terminé una novela que se llama *Las fiebres de la memoria* el año pasado, y quería empezar a trabajar en otra inmediatamente, pero no he podido. En parte por la pandemia y en parte por los viajes que uno tiene que hacer para la promoción. Pero sí, quiero buscarle un giro distinto a mi poesía, por ejemplo. Creo que he abandonado un poco las metáforas y la poesía más lírica, por una poesía más realista, hasta cierto punto más exteriorista, la poesía de la experiencia, que le dicen. Por eso quiero volver a entrar por otro lado y también quiero explorar esos mundos del subconsciente, explorarlo para la gente joven, cosa que me parece interesante. En eso estoy, a ver qué me sale. No sé, nunca sé lo que me va a salir. Y eso es lo bonito, digamos que es un descubrimiento.

MARÍA ÁNGELES: Brindadnos vuestros poemas, por favor. Susy, te escuchamos; y después, a Gioconda. Que hay que dar a la poesía el tiempo y la escucha que merece.

SUSY DELGADO: ¿Cuánto tiempo tengo?

MARÍA ÁNGELES: De 15 a 20 minutos, ¿te parece?

SUSY: De acuerdo. Leeré hasta allí, más o menos. Esto es un pedacito de un poemario, o una especie de poema-libro, extenso, que tuvo la suerte de quedar finalista en Casa de las Américas en el año 1982, y que tuvo muy buena aceptación, que ha llegado mucho a la gente. Voy a leerles un pedacito. En este caso, voy a leerles las versiones en guaraní y en castellano, que vienen separadas. Porque en otros casos les leeré poemas que mezclan mis dos lenguas, que es la línea de trabajo en que yo entré en determinado momento. Bueno:

Tataypýpe ('Junto al fuego')

Tata'y
aheka
tesarái tanimbúpe.
Tata'y rendaguépe
aipyvu, ahavicha,
amosarambi,
tanimbu ro'y
tanimbu pytũ,
tanimbu...
Tata'y
aheka
ajatapymi haguã...

Ha tanimbu
aipybuhápe,
opáyvaicha sapy'ánte
piriri kyhyjemi.
Oiméneiko pe tata
tanimbuguápe okéva,
ikatúnepa añatöi,
ambohetia'e.
Toikove jey,
tahosã jey,
ché pópe
tata.

Tata'y
aheka
ajepe'emi haguã,
amombaymi haguã
akói che róga tuja,
ahe'ỹimi haguã
pe che keguýpe hemóiva
hesaite ha ndoje'óiva,
oguese ha ondogueséiva.
Ro'y omoperõmbávo
akói che róga tuja,
che keguýpe hendy asymi
tata'y.

Tata'y
aheka
pe ñe'ẽ
amyendymi haguä.

SUSY: Ahora, en castellano:

Un tizón busco en la ceniza del olvido.
En el hueco del tizón ausente,
revuelvo, escarbo, esparzo ceniza fría,
ceniza oscura, ceniza.
Un tizón busco para encender el fuego
y al revolver las cenizas, de pronto
pareciera despertar un tímido chisporroteo.
Habrá tal vez, algún calor dormido en el fondo de la ceniza.
Podré, quizás, removerlo, reavivarlo.
Que viva otra vez,

saludable, en mis manos, el fuego.
Un tizón busco para calentarme al fuego,
para despertar a mi casa vieja,
para calmar la picazón del entresueño,
esquiva e indeleble, que se apaga y se reaviva.
Cuando el frío desnuda a mi casa vieja,
se enciende débilmente en el ensueño, un tizón.
Un tizón busco para encender la palabra.

SUSY: Y el fuego, ustedes saben, que es una metáfora que ha sido vista, apreciada, en todas las culturas, en la mía también. Pero existe el fuego bueno y el fuego malo. Este otro poemita trata del fuego malo, sobre esos incendios pavorosos que tenemos a veces en nuestros campos. Y este poema sí nació en castellano, entonces les leeré la versión en castellano.

Grito del fuego

Chispa del puro azar o del demonio
llamita
flama
llamarada
arde
chisporrotea
crepita
grita
increpa
escupe fuego vivo
quema los campos viejos
los campos olvidados de mi tierra.
Crece

se encrespa
se embravece
lengua de muerte
devorando implacable
los últimos montes de mi tierra.
Fragor de ira
tragándose los ranchos
las hamacas
las gallinas
la yerba
las flores
la miel
los pájaros
las víboras
los peces
los jaguares
atragantándose de tanta vida inútil
y vomitándola
materia triste
achicharrada
gris
olvido puro para el viento
bronca
exabrupto
eructo
grito hiriendo
arrasando
calcinando
el antiguo silencio de mi tierra.

SUSY: Después voy a leerles un breve poema que ha gustado mucho a la gente, que lo leí también en Granada, Gioconda. Lo leí en muchos lugares y gustó mucho, le llegó mucho a la gente. Sobre ese tema tan nuestro, tan latinoamericano, y tan universal, tan planetario, de esa gente nuestra que se va buscando algún lugar un poquito mejor, un lugar un poco más digno, y va dejando su tierra, su lengua, sus afectos, sus cosas más entrañables. Sobre eso es este poema. Les voy a leer una versión un poquito acortada, porque es un tanto extenso.

Desalma

¿Dónde estabas?
¿Dónde estás?
¿Dónde estarás?
Útero del principio y del final
memoria del regazo
soporte de mis pies
inaugurando el mundo
utopía del regreso.
¿Dónde?
Mi casa
mi paisaje
mi horizonte.
Mi suelo
mis olores
mi viento
mi lluvia.
Mi historia
mi familia
mi infancia

mi lengua
mi pulso
mi paso
mi voz
mi silencio.
¿Cuándo fue que empezaste a agrietarte?
¿Por qué te fuiste
resquebrajando
quebrando
cayendo?
¿Cuándo acabaste siendo
un puñado de escombros?
¿Cómo pudieron arrancarme de ti?
¿Quién instauró la lejanía?
¿En qué lugar te quedaste
mi lugar?
¿Dónde quedó la canción de los abuelos
que hería dulcemente el alba?
¿Dónde quien me llamaba che memby?
¿Dónde mi acento guaraní
para nombrar el mundo?
¿Dónde e tekokatu que nos hacía
correr hacia los cerros altos?
¿Dónde el py'aporã que nos hacía hermanos
bellos
fuertes?
¿Dónde el kokueguasu
para llenar de frutos
la bolsa de la infancia?
Hoy araño el recuerdo
buscando los rostros

que esculpieron
mi rostro.
Y he olvidado la voz de mis padres
el sabor del amor.
Hoy no sé si me llamo
María
Juan
Teresa
Francisco
Rosa
Ramón
o Soledad.
Se me ha perdido
no sé dónde
la cédula de identidad.
Hoy no sé cómo me llamo.
Si paragua
bolita
sudaca
chola
guarango
cabecita negra
pinche
cabrón
grasa
plaga
ciruja
chorro
turro
pendejo
indio

caballo loco
pokyra
loser
ganchero
cartonero
macoñero
reventada
hijo de la chingada
popinda
terrorista
puta barata
o carne de pornoshit.
Si mujer
si guitarra
si hombre
si hambre
si sed
si maíz
si cuchillo
si sangre
si hojarasca
si sequía
si fiebre
si viento
si verso hueco
si pandonga inútil.
Si morena
si clara o desteñida
si ser humano
si animal
si feto.

Se me ha perdido
el boleto
del viaje
y hoy no sé a dónde voy.
Si voy a Buenos Aires
a España
aquí a la vuelta
a pete rejerévo
a Nueva York
a Camboriú
a Guantánamo
al polo
a la China
a París
Oh, la la
o a ningún lado,
Hoy no sé
si vuelo
bogo o vago
si voy hacia adelante
o al costado
hacia arriba
hacia abajo
o al carajo.
Hoy voy a la deriva
en la vía del puro extravío
traveseo en una travesía
sin puerto de salida ni llegada.
Hoy camino
otra historia
otro paisaje

otra lengua
otro sueño.
Hoy
manoteo a oscuras
berreo
pataleo
tanteo
balbuceo
con la urgencia de un tiempo
desbocado.
Hoy camino un camino
árido
ácido
áspero
lóbrego
lívido
esquivo
frío.
Camino
polvareda
tolvanera
borrachera
chochera
ensoñación
insolación
desolación.
Camino
errancia ciega
sin remedio
sin término
sin nombre

reptancia
divagancia
naufragancia.
Camino
desatino
torbellino
delirio
martirio
de harapos
de jirones
de sombras.
Camino
que se alarga
se angosta
se oscurece
que se endurece
paso a paso
bajo mis pies
se vuelve greda
piedra
metal candente
se vuelve brasa
herida
asfixia
muerte
camino
descamino
despatria
deslugar
desorilla
descuerpo

deshondura
desnorte
desencuentro
camino
despaso
desllegada
desregreso.

Desaire
desagua
desfuego
desangre
deslengua
desvida
desalma.
¿Dónde estabas?
¿Dónde estás?
¿Dónde estarás?
Tierra sin Mal.

SUSY: Y un último poema, por la duda, por si pueda caber. Es una especie de canción de cuna de mi último poemario, que es un poemario bastante apocalíptico, que se llama *Ka'arupurahéi*, 'canto del atardecer'. Es un poemario en el que resumí toda mi visión, que es muy triste, muy amarga, sobre el tiempo que vivimos. Sobre la destrucción que hemos hecho de nuestra casa grande. O de nuestra casa chiquita, la que nos tocó. Y que termina en una especie de apocalipsis, pero después de ese momento en que se supone que ya todo se fue al diablo, hay una especie de canción de cuna extraña que suena en algún lado y que yo sentí la necesidad de que naciera esa canción final, una especie de canción de cuna imposible. Voy a leerles un pedacito del original guaraní y después ya toda la versión en castellano, para no alargar demasiado.

Puraheípaha *('El canto final')*

Ipu, ipu, ipuasumi.
Ipumombyry, ipumbeguemi.
Puraheípyahẽ, puraheíkangy,
puraheímirĩ.
Tororerore, eke che memby.
Osẽmajasy,
Oikekuarahy.

Suena
suena
suena tristecito
suena ya muy lejos
suena despacito.
Un canto lloroso
un canto muy débil
un canto pequeño
tororé roré dormirte mi niño
ya salió la luna
el sol se escondió
dormite, mi niño.
Ya salió la luna
el sol se escondió
¿Quién habrá de ser
que allá a lo lejos
así está cantando?
¿Quién conocerá

todavía aquel
canto tan antiguo
y se esté esforzando
arañando triste
su pobre garganta
hiriendo y cortando
haciendo gemir
la noche
que llega
a la casa grande?
Dormite, mi niño
que veamos llegar
la flor de tu sueño
aquí en mi regazo.
¿Quién habrá de ser
quien está cantando
como si estuviera
a punto de ahogarse
que se le acabara
el último aliento
la voz de su alma?
Dormite, mi niño
que ya las estrellas
lo ancho del cielo
alumbrando están
¿Será que tal vez
ese pobre canto
se quedó escondido
en alguna cueva
algún día lejano
y se convirtió en eco

de un canto
que suena
y resuena
después de morir?
Torero rore
dormite, mi niño
no vayas a ver
tan malos
plantíos.
Suena
suena
suena tristemente
suena muy lejano
un canto lloroso
un canto pequeño
canto estremecido
canto que se muere
el canto final
tus sueños floridos
encienden a coro
estrellas de amor.
Dormite, mi niño.

SUSY: Muchísimas gracias.

MARÍA ÁNGELES: ¡Qué emoción enorme! ¿Verdad que sí?

GIOCONDA: Hermosísimo.

SUSY: Gracias a ustedes. Muchas muchas gracias.

MARÍA ÁNGELES: Y escuchamos ahora a Gioconda Belli. Necesitamos muchas palabras: «gracias», «aguyje», «merci», «merci beaucoup». Gracias, a ambas. Ahora, con Gioconda Belli.

GIOCONDA: Antes de leer poesía, quisiera darles las gracias a María Ángeles, a Yolanda, a Gonzalo y a todas las personas que nos están escuchando, porque la poesía es el alimento más nutricio que existe. Hemos visto en esta pandemia cómo lo que nos ha sostenido son los libros, las series, ver pinturas, ir a museos virtualmente, el teatro. O sea, realmente hemos visto cuánto necesita el mundo del alimento espiritual que le da el arte. Y la poesía creo que es una de las grandes artes que tenemos los humanos, que podemos hacer de la palabra un instrumento tan profundo de comunicación entre nosotros. Así, este poema lo escribí hablando de mi obsesión, de Nicaragua. Porque, estaba precisamente prensando, porque me preguntan, y fue tu pregunta, María Ángeles, que me causó este pensamiento de: «¿Qué hace uno en la pandemia?».

La poesía y la pandemia

Pensaba
escribir un poema nuevo
cada día.
Visitar las cuevas
donde guardo
junto a las memorias triviales
las ideas
agarradas al vuelo
apresadas
como pájaros humildes

capaces de resistir
la humedad
mi falta imperdonable de tiempo.
Quería bajar
con el alpiste
pintarles las alas
darles pareja
y descendencia
entregarlas a la libertad.
Pensaba escribir un poema
cada día
pero la vida es un oleaje tenaz
es como el Pacífico de mi niñez
una playa donde no hay tregua
donde el viento se alía con el agua
la hace rodar
una y otra vez
ola tras ola
la espuma de la cresta contra la espalda
mar agitado como los días.
No sabe uno qué pasó
y cuando la luz vuelve rosa
la sombra de la ventana
hay que encender la luz
y preparar la noche.
Pensaba
escribir un poema
cada día
zambullirme
en las cuevas
y sacar mis pájaros

de las jaulas
encerrarme con ellos
no más tiempo en la superficie
no más tiempo expuesta
al deber
al viaje
a los rostros
pidiendo que les explique
la magia
que ni yo misma entiendo.
Hace tiempo que sólo una pregunta
me obsesiona.
Es una pregunta con lava
una pregunta verde
con palmeras
con latigazos de lluvia
con esperpentos y fantasmas
con muertos
que quieren salirse de sus tumbas
una pregunta con un nombre náhuatl
Nicaragua
una pregunta simple
tan simple como
¿por qué?
Pensaba
escribir un poema
cada día
pero la pregunta me pesa
como plomo en los zapatos.
Es la alfombra rota
donde la prisa

doy el traspiés
y caigo
es el estruendo
del instante
que se desploma
cuando le pido un libro
es la electricidad que de pronto
deja a oscuras la casa
todas las noches
un país se me mete en la cama
me abraza
y pregunta
«¿Por qué?»

GIOCONDA: Bueno, vamos con otro. Este se llama: *Consejos para la mujer fuerte*, que va a salir en mi próximo libro de poesía. Se ha difundido bastante. Como dice Susy, es un poema que le ha gustado mucho a las personas. A las mujeres, sobre todo. Y lo escribí pensando en cómo a las mujeres fuertes se nos hace más difícil incluso la vida, porque todo el mundo cree que tenemos la capacidad para resistirlo todo. Y tenemos la capacidad para ser abnegadas, y también nos tienen miedo. Entonces, el poema se llama: *Consejos para la mujer fuerte*.

Consejos para la mujer fuerte

Si eres una mujer fuerte
protégete
de las alimañas
que querrán almorzar tu corazón
ellas usan todos los disfraces

de los Carnavales de la Tierra
se visten como culpas
como oportunidades
como precios que hay que pagar
te hurgan el alma
meten el barreno
de sus miradas
o sus llantos
hasta lo más profundo
del magma
de tu esencia
no para alumbrarse
con tu fuego
sino para apagar la pasión
la erudición de tus fantasías.
Si eres una mujer fuerte
tienes que saber que el aire que te nutre
acarrea también parásitos
moscardones
menudos insectos
que buscarán alojarse en tu sangre
y nutrirse
de cuánto es sólido y grande en ti
no pierdas la compasión
pero témele
a cuánto conduzca
a negarte la palabra
a esconder quién eres
lo que te obligue a ablandarte
y te prometa un reino terrestre
a cambio de la sonrisa complaciente.

Si eres una mujer fuerte
prepárate para la batalla
aprende a estar sola
a dormir en la más absoluta oscuridad
sin miedo
a que nadie te tire sogas
cuando ruja la tormenta
a nadar contracorriente.
Entrénate
en los oficios de la reflexión y el intelecto
lee
hazte el amor a ti misma
construye tu castillo
rodéalo de fosos profundos
pero hazles anchas puertas y ventanas
es menester que cultives enormes amistades
que quienes te rodean y quieran
sepan lo que eres
que te hagas un círculo de hogueras
y enciendas
en el centro de tu habitación
una estufa
siempre ardiente
donde se mantenga el hervor de tus sueños.
Si eres una mujer fuerte
protégete
con palabras y árboles
invoca las memorias de mujeres antiguas
has de saber que eres un campo magnético
hacia el que viajarán aullando
los clavos herrumbrados

y el óxido mortal de todos los naufragios.
Ampara
pero ampárate primero
guarda las distancias.
Constrúyete
cuídate
atesora tu poder
defiéndelo
hazlo por ti
te lo pido
en nombre de todas nosotras.

Luciérnagas

A las cinco de la tarde
cuando el resplandor se queda sin brillo
y el jardín se sumerge
en el último hervor dorado del día
oigo el grupo delicioso de niños
que salen a cazar luciérnagas
corriendo sobre el pasto
se dispersan entre los arbustos
gritan su excitación
palpan su deslumbre
se armó un círculo alrededor de la pequeña
que muestra
la encendida cuenca
de sus manos titilando
antiguo oficio humano
este de querer atrapar la luz

¿Te acordás
de la última vez
que creímos poder
iluminar la noche?
El tiempo
nos ha vaciado de fulgor
pero la oscuridad
sigue poblada de luciérnagas.

MARÍA ÁNGELES: ¡Bravo!

SUSY: ¡Qué lindo!

MARÍA ÁNGELES: Emocionante, sí. Muchísimas gracias a las dos. «Literatura en femenino.» «*Notre-Dame des livres.*» «Nuestra Señora de los libros.» Qué extraordinaria posibilidad de escuchar la más valiosa poesía y en vuestras bocas, así que, la verdad, gracias.

GIOCONDA: ¡Qué linda la poesía en guaraní!

MARÍA ÁNGELES: Nos vamos ya, pero la poesía permanece. Y aquí quedan estas voces poderosas en esa utopía del regreso a la que nos convocan, y también con los sonidos de los pájaros y de la vida alrededor de estas experiencias confinadas. Así que… *Merci beaucoup.* Muchísimas gracias. Susy, gracias, en guaraní, siento no saberlo decir, pero… Gracias. De verdad, una enorme alegría este tiempo compartido.

SUSY: Para mí, nuevamente, reitero que ha sido una tarde maravillosa. Una ocasión invalorable la de encontrarme con ustedes, en la poesía y… cuidemos, cuidemos esta palabra que nos dice, que nos consuela, que nos hace seres vivos. Y, bueno, un abrazo muy grande a todos ustedes, y ya nos encontraremos de nuevo, con la poesía.

GIOCONDA: Gracias a vos también. Y a Gonzalo y a Yolanda.

MARÍA ÁNGELES: Un abrazo enorme, para esta mesa triangular y cuadrada. Y hasta siempre, porque «Paris ne finit jamais».

Literatura y arquitectura: Amereida, la Ciudad Abierta

JAVIER CORREA • VICTORIA JOLLY

En 1965, un grupo de artistas y arquitectos chilenos emprende un viaje poético partiendo de la Tierra del Fuego. A partir de ahí, en Ritoque, en la región de Valparaíso, se crea un fascinante campo de experimentación arquitectónico, la Ciudad Abierta. Dando testimonio de esta comunidad de creadores y creadoras, documentando sus antecedentes y las consecuencias de esta experiencia única, nació un film documental, un libro, y hasta una exposición. «Amereida» es la bella fusión entre «América» y «La Eneida», que nombra todo este trabajo transversal capaz de beber de las artes visuales, del diseño, de la poesía y de la arquitectura. Y para entrarnos un poco más en su sutil arquitectura, tenemos con nosotros al cineasta Javier Correa, desde Santiago de Chile, y a la arquitecta Victoria Jolly, desde la propia Ciudad Abierta.

JAVIER CORREA: Antes de nada, bienvenidos a esta transmisión que vamos a sostener entre Santiago, la Ciudad Abierta y París. Estamos muy contentos por la invitación que se nos ha hecho al festival «París no termina nunca», «Paris ne finit jamais». Hay un vínculo que intentaremos desarrollar durante la conversación que tiene que ver, justamente, con imaginar París, con estar en París, pero también, desde París, imaginar América, imaginar la Ciudad Abierta. Así que nos encontramos en este minuto en un territorio en donde las fronteras administrativas, políticas y geográficas de alguna manera se borran para tratar de construir un lugar en común en el que podamos sostener este diálogo. Yo, Javier Correa, y Victoria Jolly, en la Ciudad Abierta, queremos agradecer también la invitación que se nos ha hecho. Nos parece desafiante y nos entusiasma tener la oportunidad de presentar este proyecto, «Amereida: La invención de un mar», que consiste, y ha consistido hasta el momento, en la realización de una película, de una exposición y de un libro. Y también de una serie de otras actividades, paralelas, que, de alguna forma, han permitido a ya más de cincuenta años de distancia de lo que fue la travesía Amereida, expandir un archivo, expandir una experiencia más allá de nuestras fronteras chilenas en donde históricamente se encontraba ubicado. Poder permitir, además, que otros mundos, otras personas, accedan a esta aventura poética de la cual nosotros hemos intentado —aún con cierto naufragio— dar cuenta durante estos cinco años. Victoria, no sé cómo quieres comenzar, o queremos comenzar. Algo sabemos, pero… ¿qué te parece a ti que podría ser un primer punto para iniciar la conversación?

VICTORIA JOLLY: La primera partida es un saludo a esta especie de espacio simulado que no va a reemplazar nunca el estar con otros allá o acá. A lo mejor como partida falsa y tratando de traer lo que nos atraviesa hoy día no solamente al mundo, sino que al hemisferio sur. Nosotros que estamos, de alguna manera, en el conteo de muertos, ¿no? En eso estamos. A lo mejor, las luces del otro hemisferio donde ya pueden salir y están en otra situación es algo que nos alienta. No puedo dejar de poner sobre la mesa también lo que estamos viviendo y, con ello, no lo sé, voy a hacer una partida falsa que a lo mejor se puede editar. Hoy se cumplen diez días de la muerte del hermano de mi padre. Está enterrado en la Ciudad Abierta desde hace muy pocos días. Lo traigo porque, no sé, me gustaría recordarlo. Su nombre es Paulo Jolly, poeta. Cuando llegó el cuerpo a la Ciudad Abierta y lo queríamos velar, llegaron unas personas envueltas, llenas de máscaras y de trajes. Llenaban un formulario y me preguntaron: «¿A qué se dedicaba?». Y yo les dije: «Era poeta». Y me dijeron: «No, pero… ¿cuál era su ocupación?». «Poeta», les dije yo. Y me dijeron: «No, pero a lo que se dedicaba de verdad, en serio». «Poeta», les contesté. A lo que quiero llegar es que, crear, como poeta… Parece que ser poeta no es un oficio. Solamente a modo de partida, me gustaría leer un pequeño poema, ¿te parece? ¿O no?

JAVIER: Sí, por supuesto.

VICTORIA: Además, se vincula con París. Le dedicó parte de su vida y su escritura a Luis XIV. Entonces, solamente unas palabras, de un poema que se llama ***Luis XIV y la muerte***:

El año 1675
vio La Muerte

y su inmenso taller.
Estaba cubierta
de andamios
y envuelta en polvo
era como una cantera
llena de barro
piedras
tuberías
hombres
y caballos
árboles miles
de buen tamaño.
La Muerte
de mármol
y bronce,
yacían dispersas
en espera
de que el rey
fuese indicando
dónde las quería.
Tenía tal prisa
por ver
el resultado
que La Muerte
se resiente
de un trabajo hecho
con precipitación
y mal acabado,
porque la muerte
debía de ser
el signo externo y visible

de ese predominio.

Falso comienzo, pero de alguna manera pienso que es casi de un viaje-acción que llamaron «la Amereida». Tal vez, para comenzar, yo te pregunto: ¿Qué fue la Amereida? ¿Qué es? ¿De qué se trata? ¿De qué se trató?

JAVIER: La historia es bien larga y tiene muchas ramificaciones, pero fundamentalmente, y para poder explicar un poco a todos y contar, la Amereida fue un viaje que realizaron un grupo de poetas, artistas, arquitectos y un filósofo en el invierno austral del año 1965, en una vieja camioneta Chevrolet comprada en Punta Arenas, la ciudad austral de Chile. Y este viaje comenzó desde Tierra del Fuego, en dirección hacia el norte por el interior del continente americano, sudamericano, en este caso, y cuyo destino era llegar hasta Santa Cruz de la Sierra, en Bolivia, punto elegido por este grupo, por esta tripulación, como lugar poético en donde se juntaban los dos ejes de la Cruz del Sur. Las estrellas de la Cruz del Sur, que vemos acá en el hemisferio sur, proyectadas sobre el continente americano, daban más o menos en su cruce, con la posición en la que se encuentra la ciudad de Santa Cruz de la Sierra. Este viaje poético tenía por objetivo, o por motivación, recorrer el continente alejándose de sus bordes para entrar en su interioridad. Es decir, en toda aquella parte o todo aquel pedazo inmenso que en aquel momento constituía el territorio de Sudamérica. Desde la conquista y colonia había quedado, por decirlo así, como un lugar no explorado, no integrado, dentro de lo que era el continente en su totalidad. Es decir, el continente americano había sido poblado por sus bordes y, de alguna manera, había sido explotado por la colonia para sacar sus riquezas y llevarlas a los centros, fundamentalmente a Europa. Este lugar interior de América tenía, para este grupo, un sentido poético, porque ellos pensaban que, de alguna forma, el intentar recorrer este lugar interior, incógnito, desconocido, se podía ir revelando o mostrando cuál podía ser el sentido, para el mundo, de este continente americano que de alguna forma había sido encontrado, hallado, pero no aceptado todavía en su mismidad, en su propia condición. El grupo, la tripulación del viaje, lo componían el poeta argentino-chileno Godofredo Iommi; el poeta Edison Simons, panameño; el arquitecto Alberto Cruz; el arquitecto Fabio Cruz; el escultor argentino Claudio Girola; el pintor argentino Jorge Pérez Román; el poeta francés Michel Deguy; el filósofo francés François Fédier; el poeta inglés Jonathan Boulting; y, más adelante, a mitad de camino, el escultor francés Henry Tronquoy. Esta era la tripulación que de una u otra forma se había ido juntando ya desde los años 50, por distintas experiencias, tanto en Chile como también por una experiencia muy importante en Francia, que se gestó en torno a un grupo que se denominó, o se autodenominó, «La Phalène», que en francés quiere decir 'mariposa'. Y este grupo, de alguna manera originado por Godofredo Iommi en su viaje a Francia a la búsqueda de las vanguardias y de los orígenes de la poesía moderna, había consagrado un grupo importante de artistas y también de otros intelectuales, poetas, filósofos franceses, como Barbara Cassin o Josep Laverer, que entraron a formar parte de este grupo que desarrolló una práctica poética basada en la improvisación y en la realización de actos poéticos improvisados en lugares públicos. Este grupo, que logra convivir o juntarse en torno a la idea de poesía como acción, no solamente como escritura, sino como acción, como activación del espacio público, de alguna forma, va madurando en distintas experiencias, va sofisticando esta práctica y, en un minuto dado, se encuentra con la figura de Godofredo Iommi, con las preguntas: «¿Qué estamos haciendo en

Europa?» y «¿Qué está pasando en América?». En este sentido, en la figura de Godofredo Iommi se activa, se enciende, la necesidad de realizar un tipo de experiencia, quizá ampliada, más compleja, de mayor duración y de mayores repercusiones y consecuencias: «La Phalène». Y esto da pie a la concepción del proyecto de la travesía de Amereida. Y de ahí parte todo lo que nosotros de alguna manera comenzamos a desarrollar, primero a partir de la película y luego con otras manifestaciones, como la exposición y el libro. Entonces, Victoria, me pregunto si tú podrías hablarnos un poco de ese momento en donde parte también la necesidad de recoger esta experiencia. ¿Por qué recoger nosotros esta experiencia? ¿En qué situación estábamos? Porque tal vez las personas no saben por qué nosotros nos interesamos en esto y de qué manera esto nos lega como una necesidad de explorar, de investigar y difundir.

VICTORIA: Es bonito tratar de conversar abandonando los tácitos que tenemos. No solamente los históricos, sino que de dónde nos ubicamos también. Javier, nos conocimos alrededor del año 2012 y yo estaba interesada en hacer este documental —me puedes corregir o disentir— que contara el arco del origen de la Ciudad Abierta. Cómo había comenzado, quién la había originado o empujado, o detonado. Y yo diría que cuando comenzó ese proyecto en el que básicamente tú me invitaste a participar, a hacer un poco un puente con algunos entrevistados, aunque no con todos. Y fue muy bello, porque pienso que el devenir del proyecto fue cambiando de una manera muy orgánica. Es decir, no teníamos para nada pensado que esto del documental iba a generar bifurcaciones, como dices tú, ni teníamos pensado hacer la exposición, mucho menos el libro, sino que más bien, para recrearlo, fue un momento en el que yo formaba parte de la dirección de La Ciudad Abierta, de una cosa netamente administrativa, y Javier se acerca para hacer estos primero *shootings*, filmaciones y abrir conversación. Y en la Hospedería de los Diseños —donde vivo junto con Sebastián y mi familia, mis niños— sostuvimos varias conversaciones con el arquitecto Miguel Eyquem, que es, digamos, de la generación contemporánea de los que realizaron la travesía Amereida. Y en esa sobremesa, teníamos insistentemente la pregunta por Amereida, por lo que había significado y por cómo se había llevado a cabo. Yo diría que fue, en gran medida, culpable Miguel, de decir: «Bueno, si les interesa tanto la Amereida, ¿por qué no van y parten a Francia, para conversar con los que quedan vivos de la travesía Amereida?», que en ese entonces, que era el 2015 ya, eran solamente europeos. Así, de alguna manera, pienso que hicimos una especie de trabajo arqueológico, por ponerle un nombre. Una caricatura, ¿no? Y fuimos desenterrando una especie de red para poder entender el hecho, pero al mismo tiempo sin el devenir o el peso histórico, su relato oficial, que ya lo tenía construido. Había un espesor de tiempo importante entre esa primera generación y nosotros. Yo diría que esto, que se va tiñendo en el camino, y que esa historia más oficial, si uno quiere, diría que la conocíamos ya interpretada. Es decir, que lo que habíamos recibido o lo que entendíamos de la Amereida en ese entonces —al menos yo, personalmente— era la de un viaje de profesores universitarios. Y la verdad es que más que una aparición, la Amereida fue esta especie de *research*, de investigación, de conversación, que fue volviendo esta especie de hito en una acción que estaba realizada por artistas latinoamericanos y europeos, y que nosotros habíamos recibido ya traducida, por lo tanto ya interpretada, incluso homogeneizada, me atrevería a decir. Y que dentro de este viaje —ya conversando con los propios autores— nos fuimos dando cuenta de la coexistencia de distintas lenguas, si pudiéramos decir, como la estética, la poética, la plástica, la filosofía, y cómo ellas se fueron contaminando unas con otras. Esto nos había llegado como un relato muy ordenado, y a lo que dedicamos todo este tiempo fue a desarmar una especie de nudo, de hilos que habíamos conocido, o tejido y anudado, y en esa especie de primer impulso por deshilar, pienso que no queríamos caer —no sé qué piensas tú— en el reduccionismo de criticar a los personajes, a los protagonistas y sus propias versiones, sino que, más bien, queríamos entender la Amereida, como la llamaban ellos, con sus propias contaminaciones. Y nos interesaba mostrar, en el fondo, esos hilos, pero no necesariamente corregir una historia, un relato, sino encontrarnos y, yo diría, disfrutar una diferencia. Es decir, no era deshilar para fragmentarla, sino que era deshilar para poder entender lo que traían estos personajes de distinto. Te gustaría, a lo mejor, hablar de lo que fue ese primer encuentro con Francia con Fançois Fédier, con Michel Deguy. Por supuesto, con la ayuda de muchos, como Miguel, Juan Pablo Iommi que fue también un puente muy importante.

JAVIER: Sí, sí. Antes de hablar también de lo que ocurre en París, para poder transparentar un poco la situación en la que nos encontrábamos, esta historia recibida a la que hace mención Victoria tiene que ver en parte con que nosotros dos, de una u otra forma, antes de encontrarnos teníamos un vínculo previo con un pensamiento generado en torno a lo que era la travesía de Amereida, y también en una experiencia en torno o dentro de lo que es la Ciudad Abierta. Vamos a explicar o intentar explicar más adelante qué es esto de la Ciudad Abierta. Pero a lo que también hace mención Victoria es que parte de lo que fue la experiencia de la travesía Amereida quedó luego, de alguna manera, contextualizada dentro de lo que fue el desarrollo en los años 10, 80 y 90 de la Escuela de Arquitectura de Valparaíso, la llamada «Escuela de Valparaíso», lugar donde el pensamiento, ya sea por la participación de varios de los tripulantes de la travesía de Amereida, que ejercían ahí como profesores y conductores de esta escuela de arquitectura, hicieron de la experiencia, de alguna forma, parte de su propia pedagogía. Pero esa pedagogía de alguna manera hizo que, en cierto sentido, esta historia, esta experiencia que había ocurrido, se transformara también en una metodología. También es una manera de abordar en particular, y junto con otras disciplinas, la arquitectura, la creación arquitectónica, el diseño arquitectónico, y expresar eso de alguna forma también en lo que será, de los años 70 en adelante, la Ciudad Abierta. Justamente el hecho de que allí haya quedado configurada la relación con ese pensamiento, con esa experiencia generada en la travesía, hacía que también en cierto sentido ocurriera esto que menciona Victoria, de que lo que se nos entregaba, lo que podíamos saber nosotros de esto, venía ya de alguna forma digerido por pensamientos posteriores que de alguna manera la cosificaban, en el sentido de volverla un objeto. Un objeto de estudio, un objeto de conocimiento, pero que solo funcionaba dentro de una circularidad que se daba entre la institución universitaria y aquellos que eran conocidos o exalumnos de esta institución universitaria. Así, volviendo a esa conversación que cita Victoria con Miguel Eyquem, contemporáneo de lo que fue la travesía, al que para poder salir nosotros de la circularidad, que era poco criticable y poco estudiable porque tenía la forma de una tradición, era necesario saltar directamente a las fuentes, a las fuentes vivas, y esas son las fuentes que se encontraban en París y que en ese minuto hacen que se genere la posibilidad de ir a París, de planificar un viaje, de generar un contacto, fundamentalmente con Michel

Deguy y François Fédier, y también con la ayuda de Christos Kleris, que es un filólogo griego asentado en París desde hace mucho tiempo. Y como mencionó Victoria, también con Juan Pablo Iommi, hijo de Godofredo Iommi, que viven en París desde hace muchísimos años. Así pues, este viaje a París, yo diría que se hace casi con la misma expectación de ese otro viaje realizado a finales de los años 50. Es decir, ir a encontrarse, también con cierta ingenuidad que uno traía desde acá, desde Chile, con una historia que nos había llegado en forma de una palabra lejana que venía transformada, dentro de una mitología. Esto es, que esos dos personajes eran personajes mitológicos para nosotros. Se hablaba de François Fédier, se hablaba de Michel Deguy. François Fédier ha tenido un rol muy importante en la primera parte de la filosofía francesa, porque es el traductor principal de la obra de Martin Heidegger en Francia. Michel Deguy es un gran poeta, pero también un gran intelectual, un gran actor cultural e intelectual de Francia, un hombre con una obra poética muy larga, con una actividad poética pública muy interesante. Es el director, hasta ahora, de la revista *Poésie* que ya debe de ir en su número doscientos y tantos. Es decir, un personaje que tenía una enorme riqueza y que ejerció un enorme atractivo en nosotros, pero que, sin embargo, pensábamos, o yo pensaba en particular, que al momento de encontrarme con ellos sería como encontrarse con alguien conocido, solamente por lo que nos había llegado a Chile, y que el diálogo iba a fluir en torno a eso. En ese sentido, el viaje tiene una primera decepción positiva, ya que justamente en París lo que ocurre es que uno se encuentra con personas que no están congeladas, porque no son figuras mitológicas que quedaron congeladas en el año 1965, sino que estábamos ya en el año 2015. Por lo tanto, la reflexión que tenían estas personas acerca de este hecho en el cual habían participado con distintas intensidades, con distintas afinidades, unos más y otros menos, o mejor dicho, uno más y otro menos, en el caso de Fédier y Deguy, que son estos dos personajes, todo esto planteó una reestructuración completa de lo que estábamos partiendo para poder reconocer este hecho. De este modo, en París se dio en el fondo una serie de conversaciones sostenidas con ambos, muy distintas una de la otra. Con Deguy diría que se dio fundamentalmente un aspecto más crítico, más distante, pero también más integral en el sentido de ubicar esta travesía, este viaje, dentro de una experiencia poética, dentro de una de sus experiencias poéticas. En el caso de Fédier, se dio una reflexión que había seguido desde entonces hasta el año 2015, y que continúa todavía, muy íntima, muy privada, respecto de los significados que había tenido esta travesía y respecto de cómo poderla repensar. En ese sentido, François Fédier al final de la conversación, de la última conversación que tuve con él antes de partir, dice: «Espera un momento». Se retira y vuelve con un sobre cerrado, en donde dice escrito: «Todas mis fotografías de la travesía de Amereida para La Ciudad Abierta». Abro el sobre y lo que apareció dentro del sobre fueron trescientos negativos fotográficos en blanco y negro, que eran completamente desconocidos hasta el momento. Aquí hay que hacer una pequeña precisión, tal vez, que es que hasta ese momento lo que conocíamos visualmente de lo que había sido esta travesía, es decir, el registro y también la evidencia de que efectivamente había ocurrido, porque podía ser todo un mito también, estaba confinado a una caja de diapositivas, escondida en un archivo de la Escuela de Arquitectura, a la cual era muy difícil tener acceso. Se había digitalizado, pero todavía, como digo antes, funcionaba dentro de un círculo, de una circularidad de la Escuela de Arquitectura. Aquí aparecen trescientas fotografías más; es decir, se duplica la cantidad de evidencias y de relatos, de imágenes de la travesía. Aparece toda una nueva visualización de la travesía que hasta ese minuto no conocíamos y que se convierte, en ese sentido, en una especie de bomba dentro de la imagen. La imagen que conocíamos queda como obsoleta y aparece toda una nueva configuración de imágenes, muy rica en aspectos narrativos, muy rica en situaciones que no conocíamos hasta ese momento, sobre todo, porque también estas fotografías traían mucho de la cotidianeidad de lo que había sido la travesía misma. En otras palabras, más que las fotos de las grandes situaciones poéticas que ocurrieron en la travesía, como por ejemplo los actos poéticos, la construcción de signos escultóricos o pictóricos, que eran fotos que intentaban, de alguna manera, capturar como la obra efímera terminada, aquí veíamos un montón de otras situaciones como, por ejemplo, a los personajes lavándose los dientes en la mañana. En este sentido, aparecía toda otra narrativa que lo hacía muy muy potente. Así, las fotos vuelven a Chile, metidas dentro de la mochila, llegan a la Ciudad Abierta, y ahí te quiero preguntar a ti, Victoria, en ese minuto, ¿qué pasa cuando llegan esas fotos?

VICTORIA: Lo que pasa es que a este otro lado había una generación de seres con mucha hambre —como nos dijo creo que Christos Kleris—, una especie de chispa, de fuego, y había una pampa seca esperándola. Y fue muy… ¡Cómo explicarlo! Nos llegaban estas imágenes y nos llegaba con ellas un hecho que era humano, que ya no era mitológico, como dices tú. En un lecho precario, de rodillas, con un chuzo, haciendo una fundación en la mitad de la pampa deshabitada. Por eso estas fotos nos traían también la Amereida humanizada, pero no solamente humanizada, sino también abierta, aunque sea una palabra un poco explotada. En el sentido —retomando un poco el hilo de tus conversaciones en Francia— de que no era para todos igual, de que los europeos y los latinoamericanos si bien iban como una tropa juntos, esas lenguas que se contaminaban… Creo que fue Michel Deguy el que nos habló de que él fue y acompañó líricamente a la Amereida y no éticamente. Como europeo, no le correspondía esta especie de refundación o de mito fundacional americano. Sin embargo, una de las cosas bellas de estas diferencias es que pensábamos también que la ética necesita de la lírica; es decir, para cantar esta épica. Y esas diferencias no significan antónimos, sino que, en el fondo, significaban que en la Amereida, y en esta especie de investigación se nos aparecen los distintos actores, pero también, casi como si la palabra *Amereida* la pudiéramos entender como en sus homónimos, no como en una sola traducción, sino que en la misma palabra, en el mismo hecho, uno podría decir, pero con todas sus distintas significaciones. En ese sentido, nosotros también, porque fue en un espesor de tiempo, digamos, no fue en un año. Yo siento que nosotros también íbamos en el camino como perdiendo, a lo mejor, una especie de lenguaje o de tácito, de volvernos a Amereida, no como un poema que se recitaba de memoria, sino como una acción que tenía bitácoras, que tenía notas. En este sentido, con las fotos que nos llegan yo diría que lo que hicimos intuitivamente, y como una primera acción, fue justamente entender que si íbamos a hacer algo con estas fotos era invitar a otros a una experiencia de archivo. De este modo, esto le pertenecía a unos pocos, que era a los que formábamos parte de la Ciudad Abierta. Yo siento que al llegar las fotos, no nos sentimos ni los elegidos, ni los dueños, ni los autores que tenían que continuar con esta herencia, sino que, más bien, en el mismo reconocer que esto no era nuestro nació como una primera multiplicación que ya no era solamente del documental y del material de archivo que permea el documental. De alguna manera, y aquí te hago la contrapregunta para más adelante, cómo estas fotos cambian también el curso, o esta especie de preimagen o de guion, y al mismo tiempo aparecen nuestras ganas de que estas imágenes no completaran simplemente una repisa de un archivo histórico que ya existía, que era el Archivo Histórico José Vial Armstrong, en la Escuela, sino que, en el fondo, en ese gesto de entregarnos un sobre, se había estado inaugurando un Archivo de la Ciudad Abierta, que se podría decir que se inventó con esa donación. Yo creo que en ese punto empieza, de alguna manera, un trabajo nuestro que tenía mucho que ver con escanear las fotos, imprimirlas, mirarlas, reconocerlas, agruparlas cronológicamente y empezar a vincularlas con los lugares. Incluso me acuerdo que lo primero que hicimos fue hacer una lectura poética, invitar a toda la Ciudad Abierta a ver estas fotos que nos habían llegado, y yo te diría que mi recuerdo, mi memoria era más bien la de una especie de ejercicio que era como abrir un álbum familiar, como de reconocer quiénes eran, incluso de una lectura que tenía muchísimo más que ver con una especie de nostalgia de esto que íbamos persiguiendo, que era en el fondo como ir destapando una red enterrada en la tierra. Y ahí nos metimos no solo en las imágenes, sino también en la necesidad de ir cruzando documentos. Por eso, leer las cartas, leer las bitácoras, volver al poema de Amereida pero con el fondo ya muchísimo más orientado, a poder cruzarlo con estas otras piezas de esta especie de caja de Pandora, como decías tú hace un momento. De preguntarnos qué es este viaje que tiene tantas referencias cruzadas y que de alguna manera nos llegaba, pero nos abría no solamente la historia, sino que además nos traía el pensar como experiencia, el viaje como lugar. Creo que son muchísimas más las preguntas que abre el viaje que las que contesta. No sé si te suena a ti, a lo mejor. Cómo esto, también, no solamente abre esta especie de ganas de decir: «Bueno, estas fotos nos pueden quedar a nosotros, o para nosotros, o en esta especie de grupo íntimo», sino también las ganas de volverlo una exposición y de devolver ese gesto y hacerlo una intervención en el Museo Nacional de Bellas Artes, poner ahí a disposición un archivo que se pudiera habitar, a lo mejor, que se pudiera tocar, que se pudiera mirar, y no fuera solamente una especie de objeto de valor detrás de una vitrina. O las imágenes puestas, enmarcadas en fotografías, sino que en el fondo, también junto con Sebastián, que es músico, fuimos asimismo contaminándonos para poder hacer que esta experiencia de archivo, o esta invitación a hacer una exposición quiera, finalmente, recorrer este archivo, y poder suspender la imagen, en el sentido de la imagen como narrativa, como foto. No sé, te contrapregunto: ¿cómo es que estas fotos también fueron fracturando, en el buen sentido, el mismo documental y el viaje a Francia?

JAVIER: Sí, sí. Claro, ocurre con el proyecto de la película, que en ese minuto la película deja de ser la única forma, o la forma más próxima, de poder mostrar todo esto. Y eso supuso dos cosas: uno, la limitación, es decir, una película puede mostrar una cierta cantidad de cosas, pero hay otras que no; dos, en vista de esa imposibilidad de mostrar todo del medio, siendo audiovisual, qué es entonces o qué debe acompañar una película para dar cuenta de una experiencia en un modo más complejo y tal vez más completo. En ese sentido, tanto la película como la exposición, comenzaron un diálogo en donde, en la película, las imágenes se fueron construyendo en sí, cada vez más, en los personajes de la película. Es decir, las mismas secuencias de fotografías y otros materiales de archivo fueron constituyéndose en centrales dentro de la película, y también fueron cargándose de una relación mucho más directa con la música. La música dejó de ser simplemente un acompañamiento y se volvió también la forma de darle sonido a esa imagen que mostraba unas acciones y una espacialidad. En particular, la espacialidad de la Patagonia, que es este gran vacío horizontal en donde cabe todo, en donde no hay límites. Así, la película tomó un camino menos descriptivo y menos historiográfico también, en el sentido de no ser disciplinados, de ir contando la secuencia del viaje, y más bien se fue transformando mucho más en una reflexión visual en torno a los hechos y las palabras, los pensamientos, que construyen esta experiencia. Hay que decir también que hemos mencionado entre medio de los dos, el poema *Amereida.* Creo que eso también hay que poder situarlo. El poema *Amereida* es un poema mosaico, es un poema *collage,* en el sentido de que reúne en una suerte de montaje los textos escritos antes, durante y algunos después de la travesía de Amereida. Y todos ellos componen, en el caso del primer volumen de *Amereida* que se publica en el año 1967, por una parte, lo que es como la necesidad, la proclamación de necesidad de realizar una travesía que redescubra y ayude a refundar poéticamente el continente; y, por otra parte, luego existe un segundo volumen publicado en el año 1986, en donde aparece una serie de otros elementos que habían estado fuera del primer volumen y que está constituida sobre todo por textos escritos durante la propia travesía de todos los participantes, más una bitácora completa del viaje. Bitácora que también venía acompañada de notas poéticas, filosóficas, etcétera, sobre el sentido que estaba teniendo el viaje. También nosotros trabajamos en esos elementos y, sobre todo, quisimos trabajar en esta segunda parte, que es aquel poema *Amereida* del volumen segundo, que da cuenta de lo que está ocurriendo ahí mismo, en la travesía. Eso fue muy determinante para nosotros, para pensar la exposición, para pensar lo que se podría llamar el guion de la exposición, y también fue muy importante en la película para darle centralidad; es decir, que el capítulo central de la película es también una reevocación de lo que es la travesía. En ese sentido, en ambos casos nos interesaba también no quedarnos simplemente en la narración de un viaje; esto es, no de un diario de viaje que de alguna manera fuera ilustrado por imágenes, sino que lo que empezamos a trabajar para la exposición fue cómo juntar imágenes distintas, tiempos distintos, lugares distintos, simultáneamente. Dicho de otro modo, no tener una correspondencia entre lugar, fecha e imagen, sino romper esas correspondencias y buscar otro tipo de relaciones que de alguna manera le permitieran al visitante tener una relación con ciertos elementos de la travesía que podríamos llamar poéticos, más que tipográficos o narrativos. Se trataba de que el espectador se sumergiera en una experiencia, que tuviera que ver con conectarse y experimentar esas imágenes. Lo mismo para la película. Pero creo que ahí podrías contarnos tú, Victoria. ¿Qué nos puedes decir respecto de este pensamiento, de la exposición? ¿Qué nos puedes contar acerca de cómo disponer la exposición en términos espaciales, museográficos? ¿Cuál es la aventura que comienza a ocurrir?

VICTORIA: Tal vez podríamos compartir, no sé si inmediatamente, pero para poder entregar algunos elementos visuales, porque a lo mejor nosotros hablando continuamente somos una lata. Yo no puedo compartir pantalla, pero…

JAVIER: Pero ahí yo estoy compartiendo. Ahí voy a ir subiendo y voy a colocar algunas imágenes de la exposición que tenemos ahí.

VICTORIA: Me gusta mucho la idea, cuando tú nombras, Javier, de romper las secuencias. Yo creo que ahora, con una cierta distancia, porque la exposición la hicimos en el año 2017, y ya han pasado tres años. Y también uno va comprendiendo probablemente de modo muchísimo más hilado lo que hicimos. Después, para irme al libro, que me gustaría retomar esa idea, yo creo que el primer trabajo lógico era entender las imágenes respecto de su devenir cronológico. Y uno podría decir que, bueno, justamente lo que queríamos abandonar era un poco hacer una exposición, digamos, didáctica de la travesía Amereida donde en el fondo lo que primara fuera su circulación ordenada, o donde primaran sus locaciones. Más bien lo que queríamos hacer, casi en una especie de ejercicio *bradburiano,* era empezar a leer la travesía Amereida y sus momentos y sus actos; qué, cuáles eran los lugares de la travesía Amereida, pero no necesariamente entendiendo *lugar* como un itinerario. Yo creo que el primer ejercicio que hicimos fue tratar de leer los lugares que dotaban al viaje de sentido, y no los que se acogían a ser parte de una ruta. En ese sentido, por ejemplo, cuando camino a Cerro Varela van en el auto, en este acuerdo de juego, de que cuando cualquiera de los tripulantes decía: «Ahí», todos obedecían y acompañaban esa acción, en la extensión continental de América. Sin embargo, esta cosa que suena tan grandilocuente, también tenía como un lugar al borde del camino, después de estar horas en una camioneta y, al parar el auto, usar los focos para alumbrar el borde del camino. Y bueno, le pide a los plásticos, a François, que signe la estrella que estaban viendo en ese momento. Todo ese tipo de acciones hace que ese fuera un lugar de la travesía de Amereida, pero ese borde del camino del que las investigaciones nos indicaban que era camino a Cerro Varela, aunque tampoco tenemos la posibilidad instrumental para poder reconocerlo como hoy día lo podríamos hacer con un teléfono o un GPS. También, por ejemplo, Punta Espora, cuando en la travesía de Amereida en el fondo, en el remontar la espera, hay una barcaza que se demora más del tiempo esperado —cinco horas— y provoca que se bajen y que comiencen a signar, a intervenir una caseta telefónica. Para nosotros esos momentos fueron lugares de la travesía Amereida, y no necesariamente Cerro Sombrero, por ejemplo. No es que obviáramos los otros lugares, pero estábamos ya haciendo una lectura en que un borde de camino podía ser un lugar de la travesía Amereida. En ese sentido, yo diría que curatorialmente lo que hicimos fue, además de invitar formalmente al Archivo —ahí se ven unas imágenes de unos cuerpos de papel que tenían imagen por los dos lados—, trabajamos con proyectores, y nuestra idea era poder proyectar la imagen por una parte en escala real; es decir, tratar de que el visitante estuviera invitado a atravesar la imagen también. La imagen en una especie de escala más espacial, y también estas agrupaciones de imágenes venían de lo que nosotros llamamos *alugares* de la travesía Amereida. Que era, por ejemplo, sentirnos con la libertad de poder poner Punta Espora —en una especie de ejercicio plástico-poético— en la orilla de un camino y considerarlo lugar, dicho *grosso modo.* Y retomando un poco la cuestión de la forma física de la exposición, queríamos invitar también a una sala que estuviera intervenida y que el visitante entrara en el nivel del atrio de la sala Matta, que es una sala que se encuentra debajo de la entrada del Museo de Bellas Artes; se construye después. En el fondo, lo que tratamos de hacer fue que el visitante ya entrara en el mismo nivel del atrio de la sala y que de alguna manera fuera visitando la exposición a medida que la iba recorriendo, en movimiento. Yo diría que también las imágenes, tratar de suspenderlas del suelo, que no existiera como una especie de cuerpo visible, sino que las personas pudieran estar frente a una experiencia realmente visual. E, insisto, no ante la fotografía impresa. Diría que eso es un poco una teñidura que viene del documental a la intervención, ya que trabaja con el tiempo, y allí también entra, por supuesto, la música. Hay una música que se escucha en distintos lugares de la sala y que tiene un arco que dura casi dos horas, como una sola pieza. De manera que al visitante, al demorar, al estar un tiempo en la sala, no se le repitiera la música, sino que pudiera estar en un cierto espesor donde la música también ordenara de alguna manera el espacio. Asimismo teníamos esta especie de puente que se recorría. Por un lado, estaba la sala Matta completamente negra, e hicimos todos los dibujos que están publicados en este primer poema del año 1967 de Amereida, que son los dibujos de América, y que muestran cómo ellos van graficando los interrogantes de la travesía Amereida. También cómo hacen este gesto en un caserío, en una especie de acto, en una puerta, el dibujo ya de América girada, lo que significaba tener un propio norte desde el hemisferio sur. América que, por supuesto, ya había hecho ese giro Torres García años antes, pero en este sentido de aludir ya al propio norte. Así estas imágenes que estaban en la pared de la exposición también tratábamos que fueran leídas como preguntas del viaje, y no como su itinerario. Al dar vueltas por la sala uno podía encontrarse con un material de archivo que eran algunas bitácoras, y tenía momentos de detención, pero esas bitácoras también eran un intento de que la gente pudiera entrar en esos textos, tocar los textos. Los imprimimos en metros lineales y lineales de bitácoras, a modo de biombo, donde destacamos ciertas cosas que nos parecían relevantes y que vinculaban estos textos escritos *in situ* con las proyecciones, en esta especie de volúmenes de papel. De este modo, había una parte escrita, una parte simbólica, podríamos decir. Y, por supuesto, una parte importante, que también era parte de la exposición, era el relato de François Fédier y de Michel Deguy.

JAVIER: Sí. Una cosa que también cabe mencionar respecto de la exposición es que yo recuerdo en ese momento, cuando salieron los primeros comentarios, que se produjo un elemento interesante que también en nosotros después genera otras respuestas o acciones y que también modifican la película. De alguna manera, nosotros evitamos ser didácticos en esa exposición, en el sentido de dar todo por explicado o de dar una explicación que se volviera la versión «oficial». Hay una reflexión a propósito de ese momento también: en los dos ámbitos en que se estaba, la película y la exposición, que tenían que ver con no adoptar la posición de un argumento de autoridad respecto de esta experiencia, cuestión que ya mencionamos antes. Y ese argumento de autoridad pasaba también por intentar evadir u omitir los elementos didácticos explicativos y dejar la exposición ahí, tal cual, con los elementos que estaban presentes, sin muchos más apoyos. Eso recuerdo que generó algunas reacciones del mundo más museográfico de las exposiciones o de un mundo más académico que reclamaba que no se estuvieran entregando todos los insumos. Me acuerdo que la palabra era *insumos* para poder entender, una cosa así. Pero en ese minuto, hay que decir también que este trabajo que estábamos realizando y que después seguimos realizando tenía que ver primero fundamentalmente —y creo que ahí hay una cuestión— con la historia. Es lo que mencionamos un poco antes, la idea de cómo se puede comprender un archivo expandido, qué significa un archivo expandido, cuál es la forma que puede tomar un archivo para expandirse; es decir, para salir de cierto estado de clausura en el que se encuentra. Una de las operaciones que veíamos como poco atractivas era volvernos nosotros también intérpretes del archivo, intérpretes en el sentido de una investigación de tipo académico. Nosotros en ese momento no teníamos una vinculación con la academia, con la escritura académica. En ese sentido, no se trataba de ponernos nosotros delante como las personas que más sabían, sino que buscábamos poner a disposición lo que sabíamos.

Hay una pequeña variación en pasar de «los que más sabemos» a «lo que podemos saber». Por eso la exposición tiene un gesto inicial que también es un punto de partida. Es decir, una primera etapa de un desarrollo posterior que parte de estos elementos que Victoria menciona y que, de alguna manera, en ese momento la película también comienza a tratar de integrar, quizá, ciertos elementos que en la exposición no estaban pero que en la película sí estaban. Ahí empezamos también a darnos cuenta de que en un formato iba a haber algo y en el otro formato iba a haber otra cosa. La exposición no es lo mismo que la película, y la película no quiere ser lo mismo que la exposición. Cada una de las dos instancias hasta ese entonces tiene su propia particularidad y muestra algo que la otra no muestra. Podría mostrar un fragmento de una parte de la película para ejemplificar un poco —ahora sí didácticamente— eso de lo que estamos hablando. Voy a compartirles un punto de la película, un pequeño fragmento que tiene que ver con el momento en que se gesta la travesía Amereida, y cómo aquí se trabaja en torno a otros materiales que vienen a complementar.

VICTORIA: Probablemente, Javier, lo que compartían la película, la exposición y después el libro… Porque cuando hicimos la exposición no pensábamos en el libro. Más bien el libro fue una especie de reclamo. Y lo bonito fue que abandonamos el orden cronológico y quisimos no hacerlo didáctico. Creo que la recepción de los otros respecto a la travesía Amereida era muy en ese tono, de que no queríamos continuar con el mito; y algo que nos llegó como *feedback* era que quedaba su sentido como expuesto.

JAVIER: Sí. Aquí les vamos a poner un pequeño fragmento y vamos a escucharlo y hablar por encima.

VICTORIA: De última, lo escuchamos y luego hablamos. [Inicia reproducción de un fragmento del documental.]

> *Ahí fue donde una chilena hizo la pregunta: «¿Cómo ve usted a América desde aquí, desde Europa?». Y yo comencé a pensar sobre la cosa… ¿Cómo la tengo yo que ver? ¿Cómo la tengo yo que ver?*
> *Para mí las* phalènes *representan pequeñas preparaciones locales para el evento* phalénico *superior que iba a ser y que fue la Amereida y la fundación de la Ciudad Abierta: allí es donde pasan las cosas al final. ¿Vamos a vivir juntos? ¿Vamos a enseñar juntos? ¿Vamos a ser un modelo para los países? ¿Cómo van a hablar de nosotros en Chile, en las relaciones políticas, en la resonancia de la enseñanza, etcétera? ¿Entiendes lo que quiero decir? No creo que el objeto general fuera hacer pequeñas* phalènes *por alguna costa del Pacífico para que se pierdan para siempre. Cuando Godo decidió irse de nuevo, era claro que no iba a volver. Es decir, me quedó claro que la idea de venir o instalarse en Europa había sido abandonada. Esa es la razón por la cual cuando se empezó a hablar sobre Amereida, dije: «Yo voy». Aquí no iba a pasar nada más. Godo entendió que trasladarse a Europa desde América, olvidando todo lo que había pasado durante tantos siglos, no constituía una manera de reconectarse. Esta decisión estaba bien pensada, tenía mucho sentido.*

[Voz en *off*]

> *Un día, como seguramente a otros, la pregunta por nuestro ser americano amanece y ancla en uno. Tal pregunta inquiere por lo que se suele llamar* destino. *Que no es de suyo una fatalidad, sino que es el lote de ventura y desventura, ritmo que nos toca, que nos atañe, que nos tañe. Y con el cual resonamos, con el cual personamos, es decir, nos volvemos personas. Ya la pregunta por nuestro ser americanos, en su*

último extremo, no puede ser científica. Porque no se ciñe en un campo delimitado, con respuestas predecibles y verificables; es de suyo poética, porque es compleja, extensa y ambigua.

[Finaliza reproducción del documental.]

JAVIER: Ahí, en el fondo, intentamos mostrar de qué se trata. Esta bifurcación de la que estamos hablando en ese minuto hizo que en la película quedaran ciertos elementos que en la exposición no estaban, por lo que considerábamos que esto que estábamos haciendo era un cuerpo, un cuerpo mayor. O sea, se pasa a la idea de que en una realización de este tipo, que junta poesía e imagen, filosofía, fotografía, arquitectura, espacialidad y dibujo, podía en sí misma constituir un corpus mayor. En ese sentido la película dejaba de ser una película sola y la exposición también dejaba de ser una exposición sola. Comenzamos en ese momento a concebir que las dos cosas eran lo mismo: «La invención de un mar», «Amereida: la invención de un mar». Y ahí viene lo del libro, a lo que creo que tú puedes introducirnos, Victoria. Porque ahí se pasa a otro acontecimiento, en este recorrido que estábamos haciendo.

VICTORIA: Me gusta mucho, Javier, la figura del archipiélago, en el sentido de que no eran islas, ni el documental ni la exposición, y después nos pasa con el libro que, de alguna manera, no eran islas en sí mismos, sino complementarios. Y yo diría que buscaban mostrar tiempos simultáneos. Es decir, cuando se termina la exposición, después la montamos en el Parque Cultural de Valparaíso, en el parque cultural excárcel. Una vez que termina, yo me acuerdo de una conversación que se dio mientras estábamos desmontando en la sala de artes visuales, que fue casi como un reclamo. Como: «¿Qué van a hacer con todo esto? Si esto no puede ser que dure tres meses allá, tres meses acá y no quede nada». Y nosotros dijimos: «Bueno, pero… está la película, la experiencia, las conversaciones, etcétera». De alguna manera, yo diría que la idea del libro nace un poco de otros que habían tenido la experiencia, pero se quedaron pensando dónde iban a quedar las fotos, y dijeron: «Deberían hacer un libro». Y ahí nace la idea del libro. Ahora que lo pienso, a lo mejor es muy torpe, o muy amateur de nuestra parte, el no haber hecho la exposición con catálogo, pero lo bonito de no haberlo hecho inmediatamente fue que al decidir que haríamos un libro, nos permitió pensar en esta otra isla del archipiélago, y decir: «Bueno, ¿por qué no ponemos en el libro estos tiempos simultáneos?», y ahí sí, una especie de recorrido de archivos que no quedó ni en la película ni en la exposición. Así que, de alguna manera, el libro también era una especie de cuerpo que recogía, por supuesto, la idea de romper la cronología de la imagen. Sosteníamos que no fuera una investigación académica, y también sosteníamos poder tener la libertad de que estas mismas imágenes, en el mismo sentido del ensayo visual o de la experiencia del documental, y de las imágenes suspendidas en la sala Matta, después en Valparaíso, y también en el libro, a pesar de tener dos dimensiones esos cuerpos de imágenes pudieran estar ordenados respecto de los gestos de las fotos, que no hablan más que —insisto— del itinerario. Entonces, no sé si a lo mejor puedes compartir algunos PDF del libro para que tengan una idea, o los muestro yo. El libro ahí tenía ya tres grandes cuerpos de fotografías. Uno que llamamos Acción-Signo, y que eran todas las imágenes que mostraban esta trapa ameridiana, como diría Claudio Girola. No lo quiero citar mal, pero: «Todos volviéndose Jean-Pierre», todos dándole forma a este presente que era distinto que el ejercicio escultórico, sino que era más bien como estos signos que tenían cierta premura. Así, este primer cuerpo de fotos, ordenado a partir de esta acción de signar, y luego otro cuerpo de fotos que ya tenía relación más bien con la palabra, pero que los agrupaba bien en torno a algo que nosotros nombramos con la palabra Ronda, que era de alguna manera todas las fotos que los recogían a ellos en distintos lugares de la misma travesía, pero en una especie de momento como de diálogo interno, como en unas rondas de Dorotea, después de hablar con livecommand en Bajo de Santa Rosa, antes de decidir dónde iban a poner el campamento. También en el Cerro Sombrero, por ejemplo, cuando hablan sobre la travesía Amereida. Y después una especie de tercer cuerpo mayor, de fotos también, que nosotros quisimos nombrar y ordenar como Acto-Cuerpo, y que eran todas las imágenes que decía, en relación con los actos que hicieron, pero ya involucrando a otros. No era solamente esta trapa, sino que eran, por ejemplo, los actos que hicieron cuando dibujaron América invertida en una puerta en un caserío, los actos que hicieron en una escuela de Puelches para inaugurar una escuela, los actos que hicieron en el mismo Puelches en el puente, etc. Por eso, en el libro yo diría que está por un lado esa fractura de la cronología respecto de las imágenes y, entremedio de estos tres cuerpos, el poder invitar a otros a escribir sobre la travesía Amereida, que eran los autores vivos, a través de cómo veían la travesía Amereida cincuenta años después. Nosotros, que de alguna manera hacíamos más bien de presentadores y también una lectura de la misma travesía, y junto con ello también la generosa colaboración de James Sanderman, que es un crítico que escribe y habla, abre un poquito también la problemática de la fotografía y de esta travesía, pero la inserta en un contexto artístico latinoamericano de los años 60. No sé qué se me puede estar olvidando, Javier, que tú me puedas complementar respecto de esta especie de tiempo simultáneo del libro o de la lectura sin orden.

JAVIER: Sí, sí. Puedo complementar un poco en el sentido de que una de las cosas que nos aparece hoy día más clara tal vez, una vez que ya completamos estas tres formas de «La invención de un mar», tiene que ver también con el hecho de poder entender dentro del libro la cuestión de la contemporaneidad. Es decir, cómo poner, dentro de un libro, tiempos históricos que son distantes entre sí, haciéndolos dialogar sin que haya referencia entre ellos. Como podemos ver, aquí en el libro están las fotos, están los textos escritos durante la travesía —como dice Victoria— como cartas, los textos de Deguy, de François Fédier, escritos hoy, o sea, el año antepasado, pero ninguno de ellos hace referencia a lo otro, porque el libro no se constituye en un análisis histórico de los documentos que están allí presentes. Todos ellos tienen una manera de simultaneidad, todos se convierten en elementos para poder entrar dentro de lo que podríamos llamar una traducción de esta experiencia poética; traducción en el sentido de poderse ubicar, como justamente menciona Barbara Cassin, quien fue participante de toda esta experiencia en su etapa parisina y que después, para los que no lo saben, es una de las personas responsables, o incluso la más responsable, de lo que se llama el *Vocabulario de las filosofías occidentales. Diccionario de los intraducibles.* Ella desarrolla en un libro publicado hace pocos años, el concepto de *entre* para la traducción; es decir, la posibilidad de no ubicarse en una u otra lengua, de no quedar sujetos a la nacionalidad de una lengua, sino de enfrentar ese espacio intermedio en donde todas las lenguas se encuentran, pero donde también está la imposibilidad de traducir realmente. Así, reflexionando ahora a distancia, a nosotros nos interesaba poner esa simultaneidad de lenguas, de la que ya en uno de sus textos sobre la travesía Michel Deguy había hablado, de esta «esperanza políglota»; es decir, la esperanza de que en distintas lenguas, en distintas experiencias, se pudiera encontrar algo así como un sentido o algo en común. Y creo que eso fue determinando también la manera en que nosotros quisimos relacionar las cosas. Digamos que la única… no concesión, pero sí gesto que se hizo fue el de publicar todos los textos tanto en castellano como en inglés. Y en ese sentido, pensando en su disponibilidad en un público mayor. Pero eso ya es en la etapa del libro ya en lo público. En el caso del libro mismo, era poder encontrar estos distintos elementos y hacerlos dialogar en esta tensión de las nueve lenguas, de los nueve frentes de los que habla Michel Deguy. De este modo, ubicarnos en ese entremedio, y ubicarnos en una contemporaneidad que no fuera simplemente lo nuevo, lo reciente, sino que en el sentido, tal vez, de lo que se nos dio cuando presentamos el libro, de lo contemporáneo también como anacrónico. Es decir, aquello que junta asimismo lo que está fuera del tiempo actual y que trae también lo anacrónico. De alguna manera, creo que eso marca el camino del libro. Ahora, ¿qué trata de hacer un libro con todo eso, en términos de su salida al mundo? Trata, tanto con la película como con la exposición, tal como lo hemos dicho antes, de quedar disponible para otros. Nosotros no intentamos en ese libro dar con la interpretación oficial ni continuar una tradición, sino hacerlo disponible para que otros —y es así como ha ocurrido efectivamente con el libro— puedan tomarlo también como un artefacto, como un archivo en sí mismo, desde el cual pudieran iniciar nuevas aproximaciones. O sea, todo esto es un proyecto y un proceso, un acontecimiento que está abierto a nuevas interpretaciones, que son las que han ido llegando y espero seguirán llegando.

VICTORIA: Es muy bonito, porque el documental tiene una última imagen que a mí me parece muy simbólica, Javier, que es, casi cuando comienzan a aparecer los créditos, la imagen de que esperan una barcaza y pasa un camión, y el camión se llama Cruz del Sur. Con el tiempo, yo te diría que he interpretado esa imagen como si toda la poética pudiera también trasladarse, cambiarse de lugar, y no solo quedar escrita para quienes han tenido una relación directa, académica, hereditaria, sino que recoger todo este gran trabajo que hemos hecho es como una excusa para disponer, para devolver, para que genere también en otro distintas constelaciones.

JAVIER: Exactamente. En ese sentido es lo que decimos, una obra abierta a nuevas interpretaciones y que traslada en ese sentido también. Sí, uno podría pensar que es una cosa que ocurre en la travesía Amereida —y esto lo tiro como pregunta, o me puedes también rebatir—, que es justamente ese gesto que hace a finales de los 50 Godofredo Iommi, de partir a Europa con lo que traía de su experiencia previa en Argentina, en Brasil, en sus distintas reuniones con otros poetas. Cabe mencionar en este minuto que Iommi, en los años 40, forma en Brasil, junto a argentinos y brasileros, un grupo poético que se llamó «La Santa Hermandad de la Orquídea», y que pensaban viajar a Europa, pero no pudieron por el contexto de la Segunda Guerra Mundial, por lo que terminaron tomando un barco por el Amazonas hasta Iquitos, en donde la mayoría de ellos terminaron enfermos. En ese sentido, hay algo también que va más allá de una lectura de las recepciones e intercambios culturales entre Europa y América, porque una de las dudas o inquietudes que surge respecto a esta experiencia es la pregunta de por qué para fundar América o refundar poéticamente América había que ir hasta París a encontrarse con franceses y luego volver y realizar un tipo de viaje, como criticó Enrique Zañartu en esa carta que pusimos en el libro. Finalmente se termina leyendo a Hölderlin, a Rimbaud, y no a poetas americanos o textos americanos. Creo que ese debate es interesante desde el punto de vista de esas contradicciones que pueden existir entre nosotros como latinoamericanos y nuestro vínculo con Europa, pero por otro lado creo que también se puede ver muy directamente desde el punto de vista de las aventuras que se inician y que terminan en una u otra parte; es decir, que no están fijas en un lugar, que no corresponden ni exclusivamente una experiencia americana ni tampoco exclusivamente una experiencia europea, sino que corresponden a algo intermedio, más mixto, quizá incluso bastardo, como podrían pensar algunos juristas, europeos o americanos. Porque se trata justamente de una experiencia de traducción, de contaminación, de dejar que en una experiencia poética que podríamos decir parte de ese acto poético que citamos al inicio, en París, y que en ese acto poético, que es parecido también al acto de la escritura poética, concurren distintos lugares, distintos tiempos y distintas lenguas. Esto es, dislocar la lengua de su nacionalidad, como mencioné antes respecto de Barbara Cassin, y pensar en lo poético como un elemento o una situación en donde entran todo tipo de variables. Entonces, en ese sentido, también algo que queda después de todo esto es lo difícil que es responder a la pregunta de si la travesía Amereida es una experiencia teñida exclusivamente por la experiencia de Iommi y de los otros de estar en Europa o si es una experiencia que está solamente radicada hoy día en la Ciudad Abierta. Así, el trabajo que estamos tratando de hacer con estas tres formas es justamente deslocalizar, a pesar de que hay una cosa que tal vez tendremos que declarar en esta conversación, y es que todo esto también tiene una fuerte vinculación con lo que es la Ciudad Abierta. Nosotros somos parte de la Ciudad Abierta, estamos en la Ciudad Abierta. Bueno, en Santiago, pero estamos, en el sentido de formar parte de ella, y creo que ahí habría algo que tal vez podríamos mencionar, que es el hecho de que todo ese proyecto nace también de esa condición de estar y de formar parte de esto que se llama la Ciudad Abierta. No sé si tal vez tú puedas hablar de eso y yo puedo hablar también un poco de esto que es la Ciudad Abierta. Pero tal vez volvernos sobre esa situación de estar en la Ciudad Abierta y desde allí pensar este proyecto, si queremos hablar de eso.

VICTORIA: Me quedé un poquito más atrás, pero con el ánimo de avanzar hacia la Ciudad Abierta, que es de las cosas que más se vinculan con el escrito. Me gustaría traer a Fédier. Espero traducirlo bien, porque la traducción uno tiñe e interpreta. Él escribe sus bitácoras durante la travesía de Amereida, y tienen una discusión en un minuto, a propósito de la traducción de la palabra *stiften*, que él insistentemente decía no comprender, que esa traducción no necesariamente era *fundar* en el sentido de *fundación*. Y esto es muy bonito, porque él en el texto describe *stiften,* su traducción, simplemente como 'adelantar los medios para poder un día hacer lo que se tiene que hacer, lo que tiene que ser hecho', y elude después a la Ciudad Abierta, pero dice: «Podemos de este modo anticipar grandes sumas de dinero o bien crear una institución, pero en todo caso en el presente anticipar la posibilidad de una cosa que no es todavía posible». No sé, está muy difícil, pero se refiere como «en la carta del vidente de Rimbaud», o pone: «La poesía griega, a la auténtica poesía del futuro», y a propósito de la primera, señala: «En Grecia, como dije, el verso y la lira riman a la acción, para caracterizar lo propio de la poesía del futuro precisa, la poesía no rimará más a la acción, ella irá adelante». Por eso es muy bonito pensar que así como tú nombras «La Hermandad de la Orquídea», uno puede pensar cómo «La Hermandad de la Orquídea» tiñe también que puede haber ocurrido la travesía de Amereida y cómo la travesía Amereida en su experiencia poética permite ese ir adelante. Es decir, permite anticipar la posibilidad sin tener ninguna conciencia de que luego exista la Ciudad Abierta. No sé si te hace sentido esta relación, ese ir adelante.

JAVIER: Sí, me hace sentido. Creo que es importante y relevante para todos los que están escuchando, para todos los que están viendo o van a ver la película, o pueden acercarse al libro o a las cosas que han salido sobre este, dar cuenta también de que todo esto nace siguiendo también eso que fue la interrogación de la travesía Amereida. Es decir, la travesía Amereida no es un hecho artístico concluso, en el sentido de ir, hacer unas ciertas cosas, volver, documentarlas y listo, se acabó, venga el siguiente. Pareciera ser que la travesía Amereida inició algo, y eso que inició se fue transformando también en otras cosas, y en otras cosas que posibilitaron una poética; dicho de otro modo, un hacer en torno a eso que fue apareciendo en la travesía de Amereida. Una de las cosas que posibilita la travesía de Amereida es, justamente, el surgimiento de la Ciudad Abierta. Esta ciudad a la que llamamos «ciudad», enclavada en las dunas de Ritoque, cerca de Valparaíso, en donde también se vive, se trabaja y se estudia, de alguna manera. En torno a —al menos ese es el propósito— las preguntas que esa travesía propuso entonces respecto a América, respecto del habitar, respecto del hacer artístico, respecto de la reflexión. En ese sentido, todo este trabajo se ha ubicado en volvernos también a interrogar, o en retomar las interrogaciones, en no dejar que esta experiencia se vuelva tradición y nosotros simplemente volver a explicar la tradición, sino volver a un punto de interrogación, traer esa experiencia para interrogarnos también nosotros sobre las posibilidades artísticas, las posibilidades creativas en el presente, en el contexto que estamos, sumando condiciones que son actuales, condiciones políticas, ambientales, creativas, que están hoy día presentes, y que de alguna manera nosotros intentamos también abordar. Eso podría decir yo, porque ya se nos está acabando el tiempo, pero bueno, nada, esperamos que en ese sentido esta exposición que hemos hecho, este diálogo haya podido mostrar, desplegar, la enormidad de variables, aunque hay miles que nos quedaron en el tintero respecto de todo esto, pero se pueden acercar más por las cosas que ya están circulando. No sé si tú quieres decir algo también, Victoria, como conclusión.

VICTORIA: ¡Ay!, para cerrar, qué difícil, porque como se trata de no cerrar, yo creo que de alguna manera la clave heurística de la travesía Amereida es justamente resistirse a ser fijada o cerrada. Me gustaría dejarles con esta imagen de que fue una travesía cuya poética logró anticipar un espacio sin tenerlo como meta, que fue el de la Ciudad Abierta. Y en ese sentido, dentro de la misma Ciudad Abierta —que quedará para otra ocasión, otra sesión— considerada muchas veces una utopía o un laboratorio arquitectónico, pero dentro de ese espacio que se anticipó, la Ciudad Abierta tuvo familia, niños, mujeres; es tangible, se toca, es con la vida. Y yo creo que, bueno, vamos a continuar excavando y tratando también —me imagino— de poder dar cuenta de ello, de una Ciudad Abierta que está atravesada por otras condiciones que podrían volverse obra también.

JAVIER: Sí, buenísimo. Y, bueno, nos despedimos y les agradecemos que nos hayan escuchado durante todo este tiempo, y ojalá haya otra instancia. Agradecemos también a ustedes en el festival por habernos invitado. Y que tengan buenas jornadas. Cuídense, que todavía la pandemia está presente, sobre todo acá en Chile, pero bueno, ya tendremos mejores noticias. Los dejamos, entonces. Chau, Victoria.

VICTORIA: Muchísimas gracias. Saludos, chau chau.

Carácter latino: presente y futuro del libro y de las letras hispánicas en Francia

DIEGO VECCHIO • GUSTAVO GUERRERO

Conducido por **Christilla Vasserot**
(Universidad Sorbonne Nouvelle - Paris 3)

Cuando hablamos de libros, no hablamos solo de escritura. La literatura hispánica penetra en la sociedad francesa a través de esos objetos que amamos y que esconden todo un proceso: traducción, edición, impresión, distribución, promoción, venta en librerías y presencia en bibliotecas. Hoy, dos buenos conocedores de ese panorama discuten, guiados por Christilla Vasserot, profesora de Literatura Latinoamericana en la Universidad de La Sorbona - París 3 y, asimismo, investigadora y traductora de literatura, especialmente, dramática, escrita en español. Los dos residentes en París desde hace años, el venezolano Gustavo Guerrero y el argentino Diego Vecchio, discuten sobre el «Carácter latino: presente y futuro del libro y de las letras hispánicas en Francia».

CHRISTILLA VASSEROT: Muchas gracias a Gonzalo y a Yolanda por esta sesión del festival «Paris ne finit jamais», «París no se acaba nunca», donde vamos a hablar hoy con Diego Vecchio y Gustavo Guerrero del «Presente y futuro del libro y de las letras hispánicas en Francia». Esta charla se puede ver en la página del festival, www.parisnefinitjamais.com, y también se puede seguir el festival en Facebook, en YouTube o en la web del festival que acabo de mencionar. Para hablar del presente y futuro del libro y de las letras hispánicas, contamos con dos invitados que son escritores, ensayistas, traductores. Traductor y editor, universitarios los dos, que nos van a hablar de los libros escritos en español por autores hispanoamericanos o españoles y de cómo llegan a los lectores franceses, qué lugar ocupan en el mercado francés, cuál es su visibilidad, cómo se organiza su traducción, su publicación, su distribución, promoción y venta. Diego Vecchio es escritor, novelista, ensayista y traductor argentino. Vive en París desde 1992. Enseña Literatura Hispanoamericana y Escritura Creativa en la Universidad París 8, Vincennes à Saint-Denis. Ha publicado un libro de ensayo sobre Macedonio Fernández y cuatro novelas, la última ha sido finalista del Premio Herralde, dos novelas han sido publicadas en Francia y creo que será ocasión de hablar de publicación, de traducción, de escritura. Gustavo Guerrero es profesor de Literatura y Cultura Hispanoamericana Contemporáneas, en la Universidad París-Sena y en el Instituto de Estudios Políticos de Saint-Germain-en-Laye. Es también editor de la casa Gallimard para el área española y portuguesa, hispanoamericana e iberoamericana. Ha sido responsable de la edición de varios libros imprescindibles, como las obras completas del cubano Severo Sarduy en la colección Archivos-Unesco, en el año 1999, junto con Françoise Val. Es editor también de los cuentos completos de Arturo Uslar Pietri, que se publicaron en España para conmemorar el bicentenario del escritor venezolano. También ha editado el volumen antológico *Conversación con la intemperie*, que es una muestra de la poesía venezolana del siglo XX; *Cuerpo plural: antología de la poesía hispanoamericana contemporánea; Les bonnes nouvelles de l'Amérique latine*, una antología del cuento hispanoamericano contemporáneo; y será tal vez ocasión de hablar de los géneros también que se publican aquí en Francia. Es autor de varios ensayos, *La estrategia neobarroca*, por ejemplo, que fue todo un clásico. No los voy a citar todos, pero, entre otros, está la *Historia de un encargo: «La catira» de Camilo José Cela*, con la que obtuvo el Premio Anagrama de Ensayo. Ha sido profesor invitado de varias universidades, como la Universidad de Princeton, la de Cornell y la de Berna; y actualmente dirige el proyecto interuniversitario que se llama «MEDET LAT, Mediación editorial, difusión y traducción de la literatura latinoamericana en Francia», en la Escuela Normal Superior de París. O sea, que son invitados que sí están muy bien calificados para hablar del tema que nos ocupa hoy. Y con ustedes dos hablaremos de esas diferentes prácticas que son la escritura, la edición, la traducción, la docencia y la investigación en torno a la literatura hispanoamericana. Me quería dirigir primero a ti, Gustavo, que eres editor en Gallimard, y quisiera saber si nos podrías presentar un poco cuál es y ha sido la acogida de la literatura latinoamericana o hispanoamericana en Francia y, tal vez, en qué momento nos encontramos hoy, en este siglo XXI, de esta historia.

GUSTAVO GUERRERO: Ante todo, muchas gracias, Christilla, por la presentación y por tu pregunta, y muchas gracias a los organizadores del festival por invitarnos a Diego y a mí para mantener esta conversación. Yo tengo dos miradas diferentes sobre el tema. Una mirada histórica, que es la que tratamos en el seminario, en la Escuela Normal Superior, donde estudiamos la evolución de la traducción, la difusión y la edición de la literatura latinoamericana desde 1945, desde el final de la guerra, hasta el año 2000. Ese es el período histórico en el que nos situamos, que creemos que es muy importante porque es el período en el cual se produce una profesionalización del oficio de editor de literatura extranjera en Francia, porque es un período en el cual las relaciones entre Francia y América Latina van a conocer un momento especialísimo gracias a la política cultural francesa hacia América Latina posterior a la guerra, posterior al año 1945. Y es un período muy importante porque se va a traducir, va a haber por fin una política de traducción sistemática de la literatura latinoamericana en Francia que va a desembocar como en dos colecciones diferentes, dirigidas ambas por la misma persona. Una va a ser la colección La Cruz del Sur de Gallimard, que será la primera colección internacional de literatura latinoamericana, sin la literatura española, hay que decirlo claramente aquí. Y la segunda colección va a ser una colección más bien de clásicos, que es la serie iberoamericana de la colección, o la Colección Unesco de Obras Representativas, que se comienza a publicar también a partir de los años 50. Entonces, a finales de los 40 y comienzos de los 50 es un momento en que en Francia comienza a publicarse de manera sistemática y con una política específica a una serie de autores latinoamericanos. La figura central en este proceso va a ser la figura de Roger Caillois, que los argentinos conocen muy bien por su estadía en Buenos Aires durante el tiempo de la guerra y por lo que más tarde va a hacer su labor de difusión de la literatura latinoamericana en Francia. Ese es un momento clave. Un segundo momento muy importante será el momento de los años 60 y 70, posterior a la Revolución cubana y al *boom,* de qué manera Francia se articula con el *boom,* a través de la presencia de Vargas Llosa en París o a través de la presencia de Cortázar en París. Hay una articulación muy específica del campo cultural francés con el *boom* latinoamericano en ese momento y además con la Revolución cubana a través de figuras como François Maspero, por ejemplo, que se ocupa de la traducción de toda una literatura que sale con la Revolución e, incluso, de la revista *Tricontinental,* él va a hacer esto en París en los años 60 y 70. Hoy yo creo que terminada la Guerra Fría estamos como en un momento distinto de esa relación en el cual ya no se trata del gran descubrimiento que acompaña a una política estatal, ya no se trata tampoco de la efervescencia política e ideológica que pudo conocer la literatura latinoamericana en Francia en los 60 y los 70. Ahora estamos como en otro período en el cual la presencia de la literatura latinoamericana pues ha dejado de ser un descubrimiento o una novedad, ya está instalada en ese paisaje, y hoy, en tiempos de globalización, estamos en una situación, vamos a decir, de competencia, con todas las demás literaturas extranjeras que se publican en Francia, en un país donde hay una enorme traducción, cantidad de traducciones. El 18 % de la producción francesa es una producción hecha de traducciones, es de los países en que más se traduce en el mundo, y dentro de ese 18 % la literatura que se traduce de América Latina cabe en el 3 %, que corresponde a la lengua española, pero que en ese 3 % se juntan tanto las traducciones de España como las de América Latina. Entonces, no podría decirte exactamente cuál es el porcentaje de obras latinoamericanas y menos aún de literatura latinoamericana. Lo que sí sé, por los datos del Sindicato Nacional de la Edición y del Centro Nacional del Libro, es el 3 % lo que se traduce hoy, dentro de un mercado donde hay, como te digo, un 18 % de la producción es literatura extranjera. Y en este nicho, la literatura latinoamericana pues está muy cerca de la italiana que traduce el 4 %, por ejemplo, o del alemán, del que se traduce el 5 %. Y estamos, eso sí, muy muy lejos del inglés, del cual se traduce el 60 %, o del japonés, del cual se traduce casi el 13 %. O sea, que esa es más o menos la perspectiva hoy.

CHRISTILLA: Gracias. Y, bueno, Diego, tú tienes dos novelas ya, traducidas en francés, que han salido en L'Arbrevengeur: *Microbes*, traducida por Denis Amutio, y *Ours*, por Stéphanie Decante. Me interesa justamente ese tema de la traducción, que has introducido, Gustavo, para saber cuál ha sido la relación con tus traductores, si tú te has metido en las traducciones y si has tenido relaciones con los traductores.

DIEGO VECCHIO: Al principio, hay de estas historias de traducción e intercambio, está esta historia que recuerda Gustavo. Es un señor que se enamora de una dama argentina, que la sigue hasta las pampas y durante la guerra aprovecha el viaje para no pasar la guerra aquí, en Europa, y después, al volver, a Europa, firma una colección y publica autores como Borges. Hay que decir que Roger Caillois se tuviera que haber quedado tal vez un poco más en Argentina para mejorar su español y, aparentemente, la traducción. Acá no es totalmente… Bueno, eran los tiempos de los descubrimientos, entonces uno puede aceptar muchas cosas. Y es muy llamativo que la literatura latinoamericana, tal vez, la pregunta sobre la traducción, comienza a difundirse con traducciones que se podían hacer en otra época, creo que también hubo un cambio en la manera de traducir. Y mi experiencia personal, digamos, sesenta años más tarde, siempre traté de trabajar con los traductores, yo mismo a veces traduzco y sé perfectamente cuáles son todas las dificultades de traducir un texto, como que es un trabajo bastante ingrato, Christilla, siendo que sos traductora, lo podés saber. Es decir, como que uno tiene que reescribir un texto, donde, es el texto de otro, y hay toda esta especie así de tensiones que puede haber entre el autor, la autora, el traductor, la traductora. O sea, la posición que siempre tuve ante mis traductores es que es un trabajo difícil traducir, complejo.

CHRISTILLA: Vamos a citarlos, pues. Los vamos a citar, a los traductores.

DIEGO: Denis Amutio, Stéphanie Decante e Isabelle Gugnon. Entonces, hay dos problemas. O sea, ya la traducción es un trabajo ingrato, donde el traductor siempre está un poquito a la sombra del autor y tiene que trabajar para otra persona. Y creo que trabajar con un autor no es fácil, soy muy consciente de que puede ser una pesadilla. Hay casos donde se transformó en una especie de guerra; la traducción tiene una dimensión bélica. «Yo quise decir esto, pero tal vez eso en francés no se dice así, se dice de esta manera.» ¿Quién tiene el poder de la lengua: el autor, el traductor? Hay un montón de preguntas. Yo siempre traté de ponerme al servicio del traductor, de la traductora, para que la traducción sea la mejor traducción posible. De este modo las experiencias siempre fueron muy positivas, muy interesantes. Con Denis Amutio en realidad no trabajé; me hizo algunas preguntas, pero sobre todo el editor me mandó la traducción y yo pude como dar mi punto de vista, pero con Stéphanie Decante, que tradujo *Osos*, *Ours*, fue muy interesante porque, bueno, Stéphanie y yo nos conocíamos, había una confianza. Entonces, este problema de «guerra» era al contrario, había una amistad entre nosotros, lo que nos autorizó a hacer cosas que los traductores, tal vez, profesionales, no aceptan fácilmente. Por ejemplo, había un problema, porque es una novela donde hay un juego con el límite entre literatura infantil y literatura para adultos. O sea, no hay literatura infantil, pero hay algunos temas que tienen que ver con la infancia. Hay un programa de televisión que yo veía cuando era niño, en la Argentina de los años 70, antes de irme a dormir, que era el Topo Gigio, no sé si ustedes lo conocen, pero era un ratón, «catolicón», con una voz muy chillona. No sé cómo los niños argentinos, y de otros países del mundo hispano, podían dormir viendo semejante programa. Hay toda una serie de escenas con el Topo Gigio. Entonces, la pregunta que nos hacíamos es: si traducimos esto así, literalmente, de manera fiel y aparece el Topo Gigio… El Topo Gigio no es muy conocido en Francia. Creo que los niños franceses se salvaron del Topo Gigio. Tuvieron otros problemas, pero no el Topo Gigio. Nos preguntábamos pues cómo podíamos hacer. Bueno, hay todo un debate que podemos tener, en torno a si tal vez el hecho de dejar al Topo Gigio como un cuerpo extranjero en la traducción, eso es una opción posible, ¿por qué no? Pero nosotros, como estábamos trabajando juntos, hicimos no tanto una traducción, sino una adaptación y empezamos a buscar algo que se pareciera al Topo Gigio en la cultura francesa, y encontramos a Casimir, que es un dinosaurio, también, que tiene un programa de televisión, *l'Île aux enfants*, creo que se llama. Así, en la traducción francesa está Casimir y en el texto español el Topo Gigio. Y esta transformación, esta metamorfosis del Topo Gigio fue gracias al trabajo que pudimos hacer con Stéphanie. Luego hay una novela, que es la novela finalista del Premio Herralde, *La extinción de las especies*, donde también, con Isabelle Gugnon, no la conocía, pero pudimos trabajar. Isabelle me hizo muchas preguntas sobre la novela, hizo una traducción muy buena, donde había también una dificultad, que era encontrar un tono, encontrar una voz, una especie como de estilo medio artificial que yo había fabricado, que hacía pensar en la literatura del siglo XIX, y había que poder encontrar eso en francés, sabiendo que el siglo XIX francés no se parece al siglo XIX, sino que hay otro imaginario también. Quería dar otro ejemplo, porque es un texto donde yo trabajo a partir de la teoría de que la ciencia es también literatura. Entonces, ¿qué literatura se puede producir con la teoría de la evolución de Darwin, *El origen de las especies?*, que en realidad Darwin es como un novelista, toda la historia de la evolución es una novela, la novela de la vida. Y para no quedar muy pegado a Darwin, tal vez habría que introducir pequeños momentos así de ruptura, de cortocircuito, por eso en mi novela el hombre desciende de la ardilla, no del mono. Y había como una serie de adjetivos que había inventado, como los ancestros «ardillescos», y aparecía la cuestión de cómo traducir la palabra «ardillesco» al francés. O sea, en francés ardilla es *écureuil* y *écureuilles*, creo, «écureuilleus» no suena muy bien. Y entonces Isabelle buscó, buscó, buscó. Trabajamos mucho tiempo, y encontró a partir de la etimología: *ardilla* viene, creo, que del latín *escuriolus, écureuillia*, que en francés suena mucho mejor que todas las otras palabras. Entonces, bueno, hubo todo un trabajo también de búsqueda, de encontrar equivalentes en francés que pudieran funcionar en francés como funcionan en español sin necesariamente hacer una traducción *mot à mot*, es decir, 'palabra por palabra'. Está la paradoja del traductor, que es que «para ser fiel hay que ser infiel». Y entonces, bueno, trabajar en torno a eso. Creo que lo esencial en una traducción es que haya una amistad entre el autor y el traductor.

CHRISTILLA: Y ya que estamos hablando de traducción, en el marco del programa MEDET LAT, por ejemplo, ¿has podido hablar, y destacar, justamente esta evolución de la que habla Diego, en la historia de las traducciones? Y más allá de las características personales de cada traductor, pues, ¿existe una evolución en la historia no solo de la literatura, sino de sus traducciones?

GUSTAVO: Sí, totalmente, en eso tiene enteramente razón Diego. Hay una historia de la relación entre las dos lenguas, a través de la traducción, que es una historia que traduce también las asimetrías políticas y las relaciones de poder entre los centros montoneros metropolitanos y las periferias, como puede ser el caso latinoamericano. Es interesante porque efectivamente la relación va a evolucionar de una manera muy evidente, a partir de los años 60 cuando la Revolución cubana traiga un cambio de perspectiva histórica, y de ser simplemente una literatura vinculada —vamos a decirlo— a la etnología, la antropología y al estudio de sociedades primitivas, la literatura latinoamericana se convierta en una especie de vanguardia mundial gracias al impacto que la Revolución cubana va a tener a nivel global, y al hecho de que muchos de los escritores del *boom* van a gravitar alrededor de La Habana, tanto García Márquez, como Vargas Llosa, como el propio Cortázar. Es decir, van a ser todos figuras muy vinculadas, en un primer momento, a la Revolución. Entonces, esto va a impactar, sin lugar a dudas, en la manera de traducir, en la manera en que los traductores se posicionan frente al texto. No es lo mismo Caillois, que siempre tuvo una idea muy clara de su superioridad cultural, hay que decirlo claramente, hay que recordar aquí, quizá para las personas que nos están escuchando, que Caillois es un hombre que entra en un debate con Lévi-Strauss, en los años 50, sobre el relativismo cultural, y es un hombre que no cree en el relativismo cultural, él cree en la centralidad de Occidente. Y desde esa posición de centralidad es desde la que traduce, y edita, y difunde la literatura latinoamericana de los años 50 y 60. Esto va a cambiar, evidentemente. A partir de los años 60, en la colección de Caillois, la actitud de Caillois, y el posicionamiento de Caillois, van a envejecer muy rápidamente. Y las nuevas generaciones de traductores y de editores van a situar a la literatura latinoamericana y van a situarse frente a la literatura latinoamericana desde una posición temporal y cultural distinta. Es interesante ver esa evolución, es interesante ver también cómo el hispanismo francés va a aportar en un primer momento el equipo de traductores con el cual se va a lanzar la literatura latinoamericana en los 50 y 60. Gente como Bensoussan, por ejemplo, como Eileen Schulman, como Claude Fell, Battalion, todos ellos están vinculados a la universidad, son gente que pasa por la universidad, y es la formación de los hispanistas franceses latinoamericanistas a partir de los 50 y 60 la que abre también las puertas a que existan traductores que puedan asumir esta tarea de difusión. Es interesante también con respecto a la historia de la traducción y la relación de la literatura latinoamericana con la historia de la traducción en Francia, cuando en el 68, en ese momento de efervescencia política que se vivió en París, y en toda Francia, es en ese año cuando se comienza a crear la Asociación Francesa de Traductores Literarios, y son los traductores latinoamericanos, o latinoamericanistas, como Luis Battalion, como Albert Bensoussan, los que van a lanzar la idea de que hay que crear una asociación de traductores literarios franceses que defienda los derechos de sus traductores frente a editoriales, frente a los autores, y que además permita ganar visibilidad para el traductor. Es decir, que tengan unos contratos con unas condiciones específicas y que además ganen visibilidad en su tarea de reescritores. Esto es muy interesante, ver esta historia, porque fijate que aquí la historia de la traducción de la literatura latinoamericana en Francia se cruza con la historia de la traducción literaria francesa.

CHRISTILLA: Diego, ¿eres traductor también?

DIEGO: Sí.

CHRISTILLA: ¿A qué español traduces?

DIEGO: Esa es la pregunta que invierte un poco cómo se difunde también la literatura francesa en América Latina, donde también es una pregunta, o un tema complejo, que voy a abordar a partir de mi experiencia. O sea, seguramente las traducciones al español de la literatura francesa no son las mismas en los años 50, no son las mismas en la escena argentina o en España. Hay toda una serie de problemas muy interesantes, y sobre todo está la cosa de cómo circulan las traducciones en el mundo hispano. Es decir, cómo circula una traducción española de tal texto, publicado, no sé, en Anagrama, en España, en América Latina, y viceversa. Cómo pueden circular las traducciones de literatura francesa traducida en Argentina, por ejemplo. Hice varias traducciones, pero puedo hablar de Jean-Philippe Toussaint, que es un autor de las Éditions de Minuit, que publicó una trilogía. Entonces traduje *Fuir* (*Huir*). Traduje esto para mi editor argentino, que es Beatriz Viterbo, es una editorial rosarina independiente. Habían obtenido los derechos para todo el mundo hispano, entonces Adriana Astutti me dijo: «Hay que hacer una traducción que pueda funcionar en todos lados». Lo que era como una especie de pedido imposible, porque no existe una lengua universal que pueda funcionar de manera neutra en todos los países hispanos. Creo que también es muy distinta la lengua francesa del español, creo que el francés está mucho más centralizado, la conciencia de la lengua, y de la norma, es mucho más fuerte que en el mundo hispano, que es mucho más fragmentario, diverso, plural. Podemos estar acostumbrados más o menos a cierto tipo de acento o de dialecto. Entonces, me puse a trabajar en esta traducción en español estándar universal, tratando de evitar palabras muy argentinas: excluí todos los *che,* los *boludo,* los *vos,* todo eso, una cosa así, pero de pronto llegué a encontrarme con ciertos problemas, por ejemplo, cuando hay un nivel de lenguaje un poco, ¿cómo decir?, popular, argótico, entonces, eso es muy difícil, porque creo que las dificultades no son tanto dificultades literarias ligadas a la sintaxis. Por ejemplo, Severo Sarduy o Lezama Lima presentan problemas que tienen que ver con el Barroco, también tienen que ver con una cuestión histórica. No hay la misma recepción de la literatura barroca en el mundo hispano que en el mundo francés. Pero, bueno, cuando uno traduce un texto como el de Jean-Philippe Toussaint, digamos que en la traducción estándar más o menos logré disimular esta cuestión así de que es una lengua para todos los lectores del mundo hispano, pero hubo ciertos momentos en los que era imposible esta lengua artificial, sobre todo, por ejemplo, en un pasaje erótico. Es una novela donde el narrador se encuentra en China, hay toda una historia con que de chino no entiende nada, como una especie de experiencia de estar frente a una lengua y una cultura totalmente extranjera; de pronto recibe un llamado de Marie, que lo hace volver, y entonces se produce un encuentro con Marie en Europa, y hay toda una serie de escenas eróticas así, como cuando hay una tensión entre el narrador y su pareja. Era una relación sexual así bastante apasionada, y termina con una frase que dice: «*Elle m'a donné un coup de chatte dans la gueule*». Entonces, esto, qué decir 'me golpeó' con *chatte,* que es la palabra para designar el sexo femenino, en la *gueule*, en la 'jeta'. El problema era qué palabra utilizar para traducir este término en español. Porque podía utilizar la palabra equivalente en español, *coño*, pero en Argentina eso no iba a funcionar; podría utilizar el término argentino, *concha*, pero en España no iba a funcionar, y había varias dificultades también, no era solamente el término sexual, hay como esta expresión «*donner un coup de*»; es decir, 'golpear', que en español hay más bien un sufijo, el sufijo *–azo*; *cinturonazo* es un «*coup de ceinture*»; esto es, 'golpear con un cinturón', *bastonazo* es 'golpear con un bastón', «*coup de bâton*», y entonces aquí estaba el «*coup de chatte dans la gueule*», y, bueno, pasé mucho tiempo discutiendo, preguntándoles a amigos escritores, preguntándoles a traductores, a ver cómo se podía traducir esto. Estaba la versión así donde podía tratar de ser fiel, y poner: «me dio un conchazo» o «un coñazo en la jeta», pero a mí me sonaba muy mal eso, o sea en francés… no era exacto, no era una buena traducción. Podía adoptar el lado del eufemismo, de atenuar. Precisamente, para encontrar una lengua universal, hay que vaciar esta frase de toda la parte argótica; entonces, «me asentó un golpe», «con su sexo», «con su vagina», «con su órgano genital», «con sus partes pudendas», eso queda peor aún. Así la opción que tuve es que también jugué mucho con el orden de la frase; es decir, en qué lugar, cómo se podía acomodar. Y tal vez la acumulación del término sexual más *gueule*, que es un término francés para designar la cara, la única variante sería *jeta*, esto tal vez daba otra connotación, no daba exactamente la misma connotación, y adopté una posición que tal vez no es la mejor, así que si alguien puede mejorar mi traducción, me puede escribir, y lo que elegí fue: «Me pegó en la cara con la concha», que, reconozco, no es lo mejor, pero en todo caso no es lo peor, ¿no? A veces cuando uno traduce, si uno no encuentra la mejor solución, tal vez puede encontrar algo que no sea desastroso. Pero, bueno, hay este tipo de problemas. Yo creo que es interesante saber que hay regiones de la lengua donde hay una marca muy fuerte como son los niveles de lengua, la sexualidad, donde las diferencias que hay entre los distintos dialectos del español se vuelven mucho más importantes que en otro tipo de lengua, literaria o científica, donde es más fácil encontrar esta lengua universal.

GUSTAVO: Tengo dos comentarios sobre lo que acaba de decir Diego, que me interesaron mucho. El primero es sobre la cuestión de la proximidad con la lengua hablada, con la lengua oral. Creo que es uno de los problemas, me imagino, que tú lo habrás vivido también, en la relación entre el francés y el español. Hay una continuidad con la lengua oral por razones históricas y culturales, que no viene al caso explicar, mucho mayor entre la lengua que se habla en Hispanoamérica y la lengua que se escribe en Hispanoamérica, y también en España, que en el caso del francés, en el cual la escritura, el registro de escritura, está marcado por una distancia de separación mucho mayor con respecto al registro oral; y donde hay también un problema con el registro oral, que tiene un contenido histórico y político específico relacionado con los años 30, y con Céline, y con cierto tipo de literatura de extrema derecha, o que se identifica como literatura de extrema derecha o populista, que recuperó o trató de hacer recuperaciones de la lengua oral. Entonces, es uno de los problemas que nosotros, desde el otro lado —yo trabajo releyendo traducciones al francés— es uno de los problemas que más tenemos, esa tendencia que por su propia historia el francés tiene a veces, a sobrescribir lo que en español viene dado como una transcripción de lo oral. Ese es un problema que es real y me imagino que en el otro sentido, Diego, también. Debe de ser como un rompecabezas, cómo hacer para pasar el registro escrito francés a un acierto en realidad en español, lo que también supone un problema. Y luego hay otro punto que me interesó mucho lo que dijiste —Christilla también lo estaba señalando— que tiene que ver con el trabajo de traducción, no solo como reescritura, no es solamente una reescritura, que lo es también, sino también la traducción como invención de una lengua que no existe. No sé si me estoy explicando. Tienes que inventar una lengua que en la lengua original no existe, para que la traducción sea viable dentro de ese idioma. Sarduy, que era muy divertido en sus comparaciones, me dijo una vez, lo dijo no solo a mí, lo dijo varias veces. Tenía esa frase como una especie de muletilla, que él sacaba cuando se hablaba de traducción. Sarduy decía que la traducción era como el travesti. Es decir, que siempre tenía que exagerar los rasgos de lo femenino, pero que tarde o temprano, en algún momento se notaba que había habido esa exageración, que había habido ese exceso. Severo decía que eso hacía el éxito de una traducción. Esto es, tanto ese esfuerzo, ese esfuerzo excesivo por crear otra lengua, como también su límite. En el sentido de que, ustedes lo habrán notado, las traducciones envejecen más rápidamente que las obras escritas en lengua original. Es decir, que esa lengua inventada, en un momento dado, extrema hasta tal punto las características del idioma, en un momento dado, que envejece también más rápidamente cuando ese idioma evoluciona y cuando el tiempo pasa. Ocurre mucho con los clásicos latinoamericanos hoy, por ejemplo, en Gallimard, con novelas traducidas en los años 50 o en los años 60, que nosotros hemos tenido que retraducir. No solo con los clásicos latinoamericanos, ¡cuidado!, también ocurre con *Ulises,* de Joyce; ocurre con *Lolita,* de Nabokov. Es decir, son libros que fueron traducidos hace cincuenta o sesenta años, y cuyas traducciones no son legibles hoy. Tienes que rehacerlas, porque el momento de la traducción de esas obras se nota demasiado en el registro de lengua francesa en que fueron traducidas. Por eso, ese aspecto es muy interesante, porque fíjate cómo esa invención de una lengua a través de la traducción es una posibilidad creativa y literariamente apasionante, pero muestra también sus límites a través del tiempo. Es muy extraño ver que haya una traducción que no envejezca, eso no ocurre sino prácticamente con las obras en lengua original.

CHRISTILLA: ¿Y son traducibles todos los libros? ¿Te ha pasado, por ejemplo, a veces, que tienes ese libro, lo quisieras publicar, pero al francés no se puede traducir?

GUSTAVO: Sí, sí me ha pasado. Y no me ha pasado solamente a mí, le ha pasado a otros editores también, con autores latinoamericanos justamente, que trabajan un registro oral muy muy marcado, y con el cual los traductores no pueden negociar fácilmente. Te puedo dar un ejemplo, el caso de Fernando Vallejo. Fernando Vallejo, traducido al francés. Las traducciones que existen están francamente muy lejos de lo que es Fernando Vallejo leído en español. Fernando Vallejo, leído en español es una sinfonía, y traducido al francés pues… La distancia con el registro oral, el oído que Vallejo pone en su escritura, no encuentra un equivalente. Yo, en todo caso, no lo he podido encontrar. A veces en la editorial cuando tenemos casos como ese hacemos como una especie de ensayo con varios traductores para ver cuál es el mejor punto que podemos encontrar y si no es muy convincente, en ese caso decidimos no traducir el libro, porque sabemos que lo que vamos a hacer será una chapuza, como se dice en España. Una *chapuza* viene a ser algo que no va a corresponder para nada al valor de la obra original y que no va a permitir tampoco, ni siquiera, hacerse una idea de lo que es la prosa de Vallejo, por ejemplo, en castellano.

DIEGO: Después, pienso también que todo se puede traducir. O sea, no hay imposible para la traducción, *a priori*. Luego es verdad que supone mucho trabajo, tal vez, hacer una buena traducción de Vallejo, supone tal vez pasar varios años en ello. Hay como que reescribir el libro, tener un poco la misma energía, y tal vez eso no es posible, pero…

GUSTAVO: Es muy difícil.

DIEGO: En principio creo que todo se puede traducir; bueno, después hay que tener el tiempo y la habilidad del manejo, un conocimiento de la lengua como para poder encontrar un poco esa misma oreja. Creo que a veces no se traduce con los ojos, sino con la oreja, hay que traducir la música. La música del francés es muy muy distinta de la música del español, pero no es solamente una cuestión de sonidos, creo que es también una cuestión de historia, la historia de las dos literaturas, y la relación que existe con la lengua no es la misma, por lo que las traducciones se pueden plantear en otros términos también. Me gusta lo que decías de Sarduy que, en realidad, traducir es como el arte de maquillar. Y si uno tiene los buenos cosméticos y el tiempo de maquillarse bien, todo es posible.

GUSTAVO: Así es. Así es.

CHRISTILLA: Diego, llevas casi veinte años viviendo en Francia, escribiendo en español. ¿Esa proximidad con la música del francés ha podido cambiar tu manera de escribir en español?

DIEGO: Es una manera un poco retorcida de escribir. Te digo, estar aquí en Francia escribiendo en español, publicando el libro, en un editor como puede ser Beatriz Viterbo, o Anagrama, el mundo hispano, y después eso retorna en forma de traducción, hay toda esa especie de circuito. Creo que al principio, en mi primera novela —que no fue traducida precisamente porque es muy barroca— yo estaba muy marcado por la literatura neobarroca, por Sarduy y Lezama Lima, pero ha habido toda una especie de internacional neobarroca, en los 70 y 80. Están Néstor Perlongher, Libertella… Y, digamos que, al principio, mis orígenes o el punto de partida fueron esa lengua, esa literatura, y el efecto que produjo el estar en Francia fue el corte con la lengua oral. Es decir, empecé a escribir, hablo español, pero también hablo francés, y es verdad que hay como una distancia con la lengua oral. Y, de pronto, el español se volvió como una especie de lengua muerta, que escribo, sobre todo, que hablo en ciertas ocasiones, pero que hablo con gente de diferentes lugares. Dicho de otro modo, si me hubiera quedado en Argentina, probablemente hubiera hablado con la mayoría de argentinos que hubieran sido mis interlocutores, pero acá puedo hablar con un argentino, puedo hablar con un venezolano, puedo hablar con un francés, puedo hablar con un norteamericano, puedo hablar con mucha gente que tal vez habla con distintos acentos, entonces eso hizo que la lengua, que era barroca al principio, perdiera todo su lado barroco, que el barroco se desplazara tal vez hacia otras regiones, por ejemplo, la construcción de la historia, y que quedara una lengua cada vez más neutra y seca. Como que sería una lengua de comunicación tal vez en la que yo puedo hablar aquí en París, con interlocutores así de lugares muy distintos, sin tener que explicar qué quiere decir esta palabra. Después también pasó lo contrario —no sé si a vos te ocurrió, Gustavo—. O sea, cuando yo hablo creo que todo el mundo percibe mi acento porteño, salvo en Buenos Aires. Así, cuando estoy en Buenos Aires y le digo al taxista: «Bueno, quiero ir a tal lugar», lo primero que me pregunta es de dónde soy. Seguramente, creo que cuando uno vive en contacto con otras lenguas, estas lenguas son como fantasmas que merodean y que hay algo del francés que irrumpe en mi español, y viceversa también, como hablo francés. No puedo decir que es una lengua extranjera, si hace como veinte o treinta años que se transformó en una lengua cotidiana de todos los días, y está el acento hispano que muestra que mi francés no es un francés puro, de suyo, sino un francés que está conectado con otras lenguas, y lenguas fantasma que aparecen en los sonidos cuando uno no puede pronunciar bien. Enseguida: «¿De dónde sos?», «¿eso de dónde es?». Me pasa ahora en los dos sentidos, tengo acentos de todos lados y tal vez eso es algo muy bueno.

GUSTAVO: Sí, a mí me encanta esa idea, porque he estado pensando, mientras estabas hablando, Diego, en varios escritores latinoamericanos que escribieron aquí, en la misma situación que tú y que yo. Y a los cuales el francés les impuso, de algún modo, una estilística diferente. Saer, que evidentemente escribió buena parte de su obra aquí; Sarduy, que escribió buena parte de su obra aquí; Cortázar... Y no hablemos de Rubén Darío. Evidentemente, la literatura de todos ellos tiene una relación bastante especial con la lengua francesa, y creo que esta relación constituye una de esas fronteras en las cuales lo estilístico se conforma de una manera especial. Esto no tiene que ver con lo que ocurre, por ejemplo, con los escritores que están escribiendo hoy desde o en los Estados Unidos; son como dos registros diferentes. Escribes en contacto con, o en diálogo con, y eso forma parte de tu bagaje como creador, y es algo que te marca al mismo tiempo posibilidades y límites con los que estás negociando continuamente cuando estás escribiendo. Lo divertido es esa experiencia de la extranjería, que es una experiencia que yo también tengo. Yo creo que todavía tengo un acento venezolano que se oye en el centro venezolano, pero cuando estoy con venezolanos a veces me lo preguntan también, de dónde vengo, etcétera. Así, ese español que uno termina forjándose en un lugar como Francia es un español que está hecho con pedazos como de todos los españoles con los cuales uno ha encontrado a través del tiempo, tanto escribiendo, como viviendo; tanto en la práctica de la oralidad como en la práctica de la lectura. Aunque pienso que la generación actual, es decir, nosotros hoy, tanto Christilla, como Diego, como yo, tenemos la enorme ventaja de estar viviendo en un tiempo en que uno puede escuchar español todos los días si quiere, a través de la radio, a través de la televisión. Yo que soy un poquito mayor que ustedes recuerdo, a finales de los 80, la sorpresa de oír de pronto hablar español a alguien en París, después de haber pasado semanas y semanas y semanas sin haber escuchado ni una palabra de español. Hoy esa experiencia ya no existe, por suerte. Y creo que podemos seguir viviendo inmersos dentro del idioma, a través de internet, a través de las redes, a través de las teleseries, a través del cine, a través de la radio, en fin. La hiperconexión ha hecho que la presencia del español se haga quizá menos extraña que antes, aunque pienso que la vivencia de la lengua es otra cosa, efectivamente. Es algo muy distinto estar en Buenos Aires o en Madrid, en México, y estar allí todo el día como con el libro.

CHRISTILLA: Otro punto común entre ustedes dos es el hecho de que son profesores, investigadores, que han dedicado también su labor universitaria a la literatura latinoamericana. Y quisiera saber qué espacio ocupa para la literatura y las letras hispánicas o la literatura latinoamericana en la universidad francesa, y en particular en la manera en que ustedes dos la integran dentro de sus clases, de sus seminarios. ¿Qué espacio le dedican, uno como otro, en sus distintas experiencias? Gustavo, si quieres puedes empezar.

GUSTAVO: Yo tengo que decir que, desgraciadamente, el espacio para los estudios literarios se ha ido reduciendo en los últimos años. Yo he asistido, por desgracia, a esa reducción. He visto cómo los estudios literarios han ido perdiendo, y las humanidades en general, espacio dentro de la universidad. Creo que la literatura latinoamericana no se escapa, o no escapa de esta reducción de espacios, evidentemente. Y tenemos hoy —es mi experiencia, no sé si es la misma experiencia para Diego— menos espacios para la literatura latinoamericana en la enseñanza y en la investigación que hace, digamos, veinte años. Yo he asistido a esa reducción, que no es solo específica de la literatura latinoamericana, sino de los estudios de humanidades en general, y de la manera como los estudios culturales —vamos a llamarlos por su nombre— han ocupado un espacio cada vez mayor dentro de la enseñanza de las áreas culturales. Estoy hablando del espacio de la literatura; es también hoy un espacio compartido con el cine, por ejemplo, compartido con otros tipos de disciplinas y de áreas dentro de los estudios culturales y, por ende, creo que el espacio es cada vez, desgraciadamente, menor. Esto no significa que no sea un espacio significativo. Por el contrario, pienso que la literatura latinoamericana ha progresado en salir de su espacio específico o único, y eso se puede ver, por ejemplo, en el lugar que el latinoamericanismo ha ido colonizando, o ha ido tomando, dentro de los estudios de literatura comparada. Me parece que es interesante ver también como en literatura comparada en Francia hoy hay espacios para la literatura latinoamericana y cómo la literatura latinoamericana se ha exportado también hacia esos espacios.

DIEGO: Estoy totalmente de acuerdo con Gustavo. Estoy de acuerdo en que, por ejemplo, yo estudié aquí literatura en Paris 8, la universidad donde enseño, y digamos que comparando el lugar que tenía en la literatura hace veinte años con el lugar actual, es verdad que hay como una especie así de reducción compleja. O sea, creo que tiene que ver con lo que ocurrió con la ciencias humanas, sobre todo, Paris 8, que fue una universidad bastante importante desde que se fundó, en mayo del 68. Hay un Departamento de Filosofía mítico con Foucault, Deleuze, Lyotard, Bourdieu, Rancière. En el Departamento de Español estuvo Saúl Yurkievich; o sea, que había mucha mucha fuerza, y esto se fue transformando como se fue transformando la sociedad francesa. Creo que no es el mismo el lugar de las ciencias humanas hoy que hace veinte o treinta años, y mucho menos en los años 60 o 70, cuando fue el auge y la edad de oro con el estructuralismo, posestructuralismo, la *French Theory*, como nos llaman en Estados Unidos. Digamos que primero está esta cuestión. La segunda cuestión es que creo que, como ocurre en la Iglesia, hay una pérdida de las vocaciones literarias; o sea, que la gente ya no se inscribe en literatura porque les gusta la literatura, sino simplemente porque no encontraron lugar en otra filial, entonces, bueno, están ahí porque ahí aterrizaron. Está esta cuestión así también de los estudios literarios, tal vez no son exactamente estudios literarios, pero aquí está el punto de vista positivo, optimista, porque hay que tener un punto de vista positivo y optimista, es que esto obligó un poco a buscar otras formas de trabajo. Otro problema que tiene la universidad francesa, que es un problema que tenía la universidad en los países hispanos, es esta separación estricta que hay entre la teoría o la historia literaria, y la creación literaria. Esto es algo que no ocurre, por ejemplo, en las escuelas de *beaux-arts,* de bellas artes, o en los conservatorios de música. Alguien estudia la teoría y practica también, hay una enseñanza teórica y una enseñanza práctica. Así pues, en Paris 8, gente de literatura, de *littérature comparée,* del Departamento de Literatura Comparada y Literatura Francesa, lanzó un máster de *création littéraire,* en francés, es verdad. Me invitaron a participar, lo que muestra que hay también conexiones entre el mundo hispano y la literatura comparada, y es un proyecto muy interesante, y los estudiantes que vienen están verdaderamente motivados. Creo que a los estudiantes en realidad les aburre un poco estudiar historia de la literatura de manera clásica, pero sí hay otras maneras tal vez de pensar, como trabajar con talleres literarios donde se pueden hacer otras cosas. Esto también puede ser una posibilidad. Digamos, algo que se puede explorar, lo que funciona muy muy bien, y funciona en la diversidad de lenguas. En todo caso, el gran problema de este tipo de máster de escritura creativa es que hay muchas imágenes o fantasmas que uno puede hacerse. Es decir, no consiste en explicar cómo se escribe un libro, una novela, eso es absurdo. En todo caso, lo que buscamos es crear espacios de experimentación, de trabajo, donde, por ejemplo, hay una importancia, gente que escribe en francés, pero reflexiona mucho con las lenguas extranjeras. Hay talleres. Uno de los talleres que yo di era escribir en lengua extranjera, *écrire en langue étrangère.* Hay un pintor y poeta muy conocido, argentino, Xul Solar, que inventaba lenguas. Así, el problema que yo tenía es que la pregunta acerca de cuál es en realidad la lengua extranjera para nosotros, porque en mi caso ya el francés no era mi lengua materna, tampoco es una lengua extranjera. No sé, puede ser como una lengua fraterna del español, pero a veces tenemos estudiantes latinoamericanos que vienen a escribir en francés, o alemanes, o de los países del Este. Es como muy muy cosmopolita, y entonces el problema es cuál es la lengua extranjera en este grupo, o cuál es la lengua materna. Bueno, hay mucha gente que escribe en francés, pero también había una minoría que tenía otra lengua extranjera, entonces lo que hice fue inventar un taller de lenguas imaginarias. En ellos los obligaba a inventar una lengua y, a través de este trabajo, un taller de confección de lenguas imaginarias, como hubiera dicho Xul Solar, reflexionamos sobre esta cuestión de qué es la lengua materna, en qué lengua escribimos, qué es una lengua extranjera y cómo se puede leer y escribir con las lenguas extranjeras. Y acá de vuelta está el problema de la traducción, porque a veces uno consume mucha literatura traducida, y está esta cuestión de que no es lo mismo que el texto original, pero a la vez también se puede escribir con las traducciones. E incluso con las traducciones malas. Hay escritores argentinos como Arlt, cuyo estilo le debe mucho a las traducciones malas de Dostoievski, de autores rusos que leían. Creo que hay, que tal vez la situación actual, que no es una situación fácil, donde la literatura se está replegando, donde hay múltiples maneras de leer y de escribir, con internet, nos obliga un poco a pensar cómo seguir enseñando la literatura y cómo seguir leyendo, escribiendo y traduciendo.

CHRISTILLA: ¿La última novela tuya ha sido traducida? ¿No ha salido todavía? ¿Nos puedes decir cuándo?

DIEGO: Es una novela con un título que trajo mala suerte: *La extinción de las especies*. Entonces no me extraña que cuando estaba por salir la traducción, ahora en mayo, era el 13 de mayo, digamos que en este contexto, publicar un libro... Gustavo puede hablar mejor que yo, y conoce mejor que yo la historia. No es el momento más propicio. Como los astros no estaban de nuestro lado, Joachim Schnerf, el editor del libro, en Grasset, dijo que lo mejor de todo era publicarla el año próximo. Pero bueno, creo que estamos viviendo un momento de ciencia ficción, donde ocurren cosas muy extrañas, o un momento que es de ciencia ficción y a la vez es todo lo contrario, porque yo no logro imaginar el futuro, que es lo que hace la ciencia ficción, imagina todo. Yo no sé, no sabría decir, qué va a pasar dentro de un año, qué va a pasar dentro de un mes, no sé. Pero Gustavo tal vez pueda hablar de la situación actual mejor que yo.

GUSTAVO: Desgraciadamente no.

DIEGO: Yo hablo en tanto que autor que no pudo publicar su libro por la pandemia.

GUSTAVO: No, yo creo que Joachim tuvo toda la razón. Joachim y yo trabajamos juntos muchos años, y lo conozco, es un excelente editor. Y tiene toda la razón de anular la publicación.

DIEGO: Yo estaba de acuerdo también, porque publicar un libro en este momento era como no publicarlo casi.

GUSTAVO: Sí, sí. Nosotros tuvimos que anular todo nuestro programa, prácticamente, de primavera y de parte del verano, y desplazarlo todo para el año 2021. O sea que de aquí a diciembre son muy pocos los títulos que vamos a publicar. Se calcula que la bajada de producción a nivel europeo será entre el 30 y el 40 % hasta fin de año. De modo que es una tendencia general, porque nos damos cuenta de que las librerías no van a poder asumir toda la producción de los meses que vienen y que tampoco la situación económica garantiza que vaya a haber una reactivación rápida del mercado, de modo que hay que tratar de pensar más bien las cosas a medio plazo. Yo soy optimista, sin embargo, a la luz de lo que está ocurriendo en Francia en estos momentos, y de los checos que tengo de Alemania y de Estados Unidos. Soy optimista en el sentido de que el cierre de la librería se está viendo como compensado por la aparición de una serie de títulos que están trayendo mucho público otra vez al libro, y yo soy optimista también porque creo que los meses que hemos pasado de encierro y confinamiento han hecho leer a la gente más de lo que nosotros nos imaginamos. También escribir, también escribir, Christilla. Nos está llegando una cantidad de manuscritos de estos años de la peste, que no te cuento. Vamos a tener relatos de confinamiento hasta dentro de muchos años, creo. Así que yo creo que podemos mirarlo de dos maneras diferentes, en el presente creo que efectivamente hemos vivido un choque muy fuerte para todo el sector del libro que salió muy afectado, pero hay una reactivación que puede ser más rápida de lo que nos estamos imaginando, y ha habido un regreso de los lectores en estos meses de confinamiento. Eso es un signo estupendo para el porvenir.

CHRISTILLA: Muchas gracias a los dos. Me alegro de que terminemos con una nota optimista. Les agradezco sus intervenciones. Y les recuerdo que esta charla se puede ver, y se podrá seguir viendo, en la web del festival. Muchas gracias.

GUSTAVO: Gracias Diego, gracias Christilla. Y gracias a Gonzalo. Muchas gracias.

DIEGO: Gracias, hasta pronto.

GUSTAVO: ¡Hasta pronto! Adiós.

DIEGO: Adiós.

Nuevos puentes entre ficción, verdad y performatividad

MARIO BELLATIN

Conducido por **Lucía Caminada Rossetti**
(Universidad Nacional del Nordeste, Argentina)

Nuestro «París no se acaba nunca» pretende tender un puente entre las voces de la literaturas hispánicas y sus lectores y lectoras. En esta ocasión, un «pont neuf» imaginario nos invita a cruzar a otras orillas. Todo un escritor de culto, como es el mexicano Mario Bellatin, está a punto de ser entrevistado, desde Argentina, por una buena conocedora de su obra, la doctora y profesora de Estudios Culturales de la Universidad Nacional del Nordeste, Lucia Caminada. Junto a ellos, atravesaremos estos nuevos puentes entre el concepto real y su procesamiento literario o entre «La idea literaria y su representación: ficción, verdad y performatividad».

LUCÍA CAMINADA: Hola, Mario, ¿qué tal? Me alegro de que estemos reunidos en este París imaginario, un festival con una propuesta excelente y muy acorde a estos tiempos. Así que mientras estés en México y yo en Argentina, en la ciudad de Resistencia, en Chaco, creo que está bueno poder encontrarnos en este París que nos da este espacio. Justamente, el título de esta charla es: «Nuevos puentes entre ficción, verdad y performatividad». Entonces, te quería preguntar cómo serían para vos estos puentes en tu escritura. Y digo *puentes* pensando en que pueden ser también límites, orillas, o fronteras, o diálogos, por ejemplo.

MARIO BELLATIN: Hola, ¡qué gusto! Sí, la verdad es que es bastante esquizofrénico y genial estar todos reunidos en París en este momento desde sitios tan distantes. Me encantaría conocer Resistencia. Nunca he ido tan al norte de Argentina, nunca he estado allá.

LUCÍA: El nombre promete más de lo que es la ciudad, pero, bueno, acá te invitamos cuando quieras.

MARIO: Gracias. Igual digo, cuando quieran venir. Es curiosa la pregunta que me haces. Porque yo parto, de alguna manera —más allá de la pregunta, sino también del tema que nos está reuniendo ahora— de que todo es un todo. O sea, sentir la literatura como parte del arte. Aunque eso puede parecer muy obvio, parto de la idea de que la literatura es arte. Pero no lo es tanto si vemos el avance en la literatura, que de alguna manera ha hablado en ciertas épocas a lo social, a lo sociológico, a lo antropológico, etc. Y ha perdido un poco, me parece, la relación con el arte. Entonces, sí, veo la escritura, desde un principio, desde el arte. Es un todo. O sea, no hay puentes entre la escritura y la *performance*, o las artes visuales, etc., sino que todo lo considero yo como parte de lo mismo. Sin embargo, a veces la palabra escrita, la forma tradicional que tenemos de escribir, se queda corta como para contestar a ciertas preguntas que se hacen. Porque para mí, en la escritura en general, es una gran pregunta. No es una escritura de respuestas, sino de preguntas, y a veces la forma tradicional de escribir necesita para mí otros medios que me den una respuesta. Porque se agotó la escritura gráfica, entonces utilizo cámaras de fotos o hago ciertas *performances* o ciertas atracciones, en las cuales no trato de salir de la propia escritura, sino que para mí eso sigue siendo parte de la escritura. Yo no siento que me estoy acercando a otra arte, que estoy acercándome a las artes visuales, etc., sino que yo continúo escribiendo. Uno de esos ejemplos, ya que estamos en París, fue el congreso de dobles de escritores que realicé en París. No sé si saben, o sea, si sabes, que existió eso. Que organicé un congreso, en la Casa de México, en París, donde hice un congreso de literatura mexicana con los escritores más importantes —esto fue en 2013, por allí—. Los escritores más importantes de la literatura mexicana se presentaban, pero no eran ellos, no eran los cuerpos de ellos, sino que eran dobles de ellos, que llevaban diez ideas de cada uno de esos escritores. Así, eso no se avisó al público, y la gente fue, hubo estupefacción, etc., no sé. Pero eso no era una *performance*, sino que era parte de una pregunta que yo me hago, desde el principio de mi trabajo, desde que escribo, desde muy joven, acerca de que si un texto puede descontextualizarse incluso de los textos que lo rodean. De alguna manera, con eso hago referencia a esto que te decía de que se acercaba tanto a la sociología, a la antropología, que yo sentía que había que hacer como una especie de servicio social obligatorio. Y aquí era llevar al máximo esta idea, que surgió pues, para mí, en los años 80, en el siglo pasado. Sí, en los 80, cuando empezaba a escribir. Y de pronto era llevarlo, en el año 2013, ya a su mayor expresión, en la cual yo podía descontextualizar el texto, incluso de su propio autor. No ya de su contexto, sino que hasta de su propio autor. Esto puede ser considerado como una especie de acción artística, plástica, una *performance,* pero sigue siendo escritura. La respuesta sería que para mí la escritura es tan amplia que lo contiene, que contiene esto que se ve desde fuera, tal vez, como si hubiera un acercamiento a otras artes.

LUCÍA: Claro. Y justamente pensaba en esto de la mirada dislocada que también genera tu escritura, como lo generó, por ejemplo, *Nadja*, de André Breton, o pienso también en otras escrituras, que decían que la escritura es además la imagen. A partir de esto me surge una pregunta en relación con lo que dijiste, y que tiene que ver con estos textos tuyos que incorporan imágenes, ya sea fotografías o diversas producciones visuales y narrativas; o sea, no como una ilustración. Es decir, como lo leo yo, como me sedujo a mí, digamos, lo que me seduce a mí en tus textos, es que yo no veo eso como una ilustración del texto, sino como una narrativa que también está en fricción y en diálogo con esa escritura. Y te pregunto, en relación con eso, ¿cómo es el armado del texto, como escritor? Porque yo, en este sentido, lo veo como una suerte también de trabajo artesano, de artista, de *performer* o de montaje. El hecho de elegir incorporar ciertas imágenes al texto escrito, ¿cómo es ese proceso para vos?

MARIO: Sí. Dijiste algo que me parece muy interesante, que es la parte artesanal y la parte del montaje. Yo creo que lo que no se ve es casi lo más importante: el proceso de construcción de un texto. De allí sí, yo creo, que tomo cosas de otras artes, de otras disciplinas, como el caso, por ejemplo, del cine, del cine en la época, más aún en la época no digital, donde el cine es analógico, donde es una sala de edición cinematográfica con las distintas escenas colgadas con ganchitos de ropa, y cómo se iban armando en la moviola, de manera manual, distintas películas. De acuerdo a cómo se hace un montaje de una película, puede ser una genialidad o puede ser un desastre. Y un espectador común, que no ha construido esa parte, no lo ve eso; muy pocos lo ven. Siempre se cree que en una película, o en un libro, lo que lo hace funcionar está en otro lado: está en la parte creativa, está en la parte de que la historia puede ser muy interesante, pero se deja de lado el montaje, y para mí esto es muy importante. Por eso, de pronto, mi estudio se transforma en lo que eran las salas de montaje cinematográfico donde estudié. Yo estudié cine. Estudié cine en una época que no era digital. Y yo no quería hacer cine, no. Yo ya escribía, y ver ese proceso para mí era muy importante. Y ahora, precisamente en estos días, he vuelto con mucha fuerza a mi antigua máquina de escribir y a armar de manera manual, artesanal. Volver a lo artesanal. Porque, de alguna manera, tanto en otras artes como en la literatura, siento que yo quiero revivir un hecho que se olvidó, que ocurrió en los finales de los años 80, 90, cuando los escritores pasamos de la máquina de escribir a las computadoras. Hubo una pequeña discusioncita, pero después todo el mundo se quedó callado. Pero yo ahora sí veo que escribir sí cambia de acuerdo a cuál sea la plataforma donde tú escribes. Cambia la escritura. Entonces, yo ahorita estoy volviendo, en estos días de encierro, a mi máquina. Menos mal que era la mía, porque es la mía original, la que uso desde los diez años, una máquina portátil del año XV. Comprar una máquina de escribir sería muy cosa de *hipster.* Por eso lo que he hecho yo es retomar algo que abandoné a finales de los 80, en los 90. O sea, con esa máquina escribo, y para mí esa es una experiencia muy importante. Y para responder a tu pregunta, porque divago mucho, esa parte artesanal, eso que no ve el lector, me parece a mí lo más importante, donde está lo que tú mencionaste, la edición de un texto, cómo se edita un texto.

LUCÍA: Sí, un poco también el desafío lector en algún punto, como una suerte de lector-*performer,* o lector que también tiene que construir, hacer un montaje. La escritura como viaje mental, como construcción invisible, como decías, pero, por ejemplo, en estas texturas pienso en la calidad de las imágenes, por eso te preguntaba por ese trabajo artesanal. También es un «para quién muestro», porque leerlo es también verlo, está en ese mismo cruce. Entonces, ¿cómo pensás esta cuestión de la construcción del lector o lectora que está allí, del otro lado? Pienso en diferentes obras, por ejemplo, en la *Biografía ilustrada de Mishima*, que al final del texto hay una suerte de archivo de imágenes, que pareciera que toca entrar en esas narrativas para poder envolverse en otra gran narrativa. O pienso también en el caso de *Jacobo el mutante*, en el que están las imágenes ahí, interaccionando todo el tiempo con el texto. Desde la parte del lector, ¿cómo es tu relación? Otras veces has hablado de seducción. Entonces, en relación con la imagen y la escritura, me interesa saber un poco cómo es esa mirada tuya.

MARIO: Algunos de estos cruces me parece que funcionan, otros no tanto. Para mí el que mejor funciona en el sentido narrativo, es el de *Shiki Nagaoka: Una nariz de ficción*, en la primera edición, una edición de Sudamericana. Donde, sí, las fotos que no son mías concluyen la narración. O sea, que si alguien no ve las fotos, o lee los pies de páginas sin ver las fotos, el relato lo tiene incompleto. Ahí creo que hay una conversación bastante exitosa, por decirlo de alguna manera, entre imagen y texto. Porque siempre estamos acostumbrados a esa dicotomía del texto en virtud de la imagen o de la imagen en virtud del texto. Sin embargo, aquí de alguna manera hay una suerte de conversación. Y también en otros, por ejemplo, como las fotos que mostraste. Por eso también está bien que la muestres, no solamente para los otros, sino para mí también. Esas fotos fueron tomadas con cámaras de madera, con cámaras muy rudimentarias, o de plástico. Me acuerdo que una vez tenía que tomar yo fotos, con la cámara más barata que encontrara: analógica, de fotos analógicas, todas esas. Y entonces empecé a recorrer toda la ciudad, y fue muy arduo ese trabajo de encontrar la cámara más barata, de 35 milímetros, de plástico —y para mí tenía que ser la más barata—. Fueron dos días que con una amiga argentina fuimos de tienda en tienda, en tienda, en tienda, hasta encontrar la cámara más barata. Creo que costaba un dólar y medio, algo así, y que podía tener un rollo. Y, luego, esas fotos del muñequito, algunas de esas que he visto ahí que has puesto, son tomadas con unas fotos que Graciela Iturbide, la fotógrafa, me tenía ahí guardadas, que le habían regalado y decía que ella no podía tomar fotos con eso, que son fotos de cámaras artesanales de foto. Pues, esas cámaras *pinhole,* que se hacen a mano, no tienen obturador, entonces todo era cuestión de llevarlo a lo mínimo. Y ahora recién lo entiendo. O sea, en estos últimos tiempos, cuando estoy trabajando muchísimo con la máquina de escribir, y peleándome con la cinta, y peleando con la mano con tinta, con todo, el sonido —los vecinos dirán que soy muy trabajador, no sé— ahora me doy cuenta de que esas imágenes, esas fotos tomadas de esa manera, eran como un camino desesperado para volver a ese impulso original de escritura que tenía que ver con lo artesanal, y que se perdió con lo digital, con el hecho de que uno digitaliza, a expensas de un Word o de un Pages, etcétera. Incluso creo que era una predicción que yo había lanzado hacía unos años y que nadie me creía. Ahora las computadoras nuevas ya no tienen teclado. Así como yo siento, la fotografía fue totalmente atropellada, o destruida por lo digital, y siento que ya debería llamarse de otra manera, porque eso ya no es fotografía, ya es otra cosa. No es que esté en contra ni a favor, pero siento que es diferente. Precisamente, por los procesos de los que te hablaba antes, porque cambia el proceso. Porque muchos defensores de lo digital —bueno, ya no hay defensores de lo digital, pero en el momento en que había defensores de lo digital— mostraban los resultados y decían que era idéntico. Sobre todo cuando se alcanzó la calidad de lo analógico por medio de lo digital, decían: «¡Es idéntico!». O sea, no hay forma de saber cuál fue tomada con una cámara digital y cuál con una cámara analógica. Pero yo, dentro de mí, decía: «Sí, no es idéntico, porque el proceso no es idéntico». O sea, si tomamos la fotografía como algo práctico que tiene un fin muy definido, muy concreto, o la fotografía y la escritura también, una escritura dirigida a algo concreto, muy concreto, no como la literatura que tiene muchas capas, pues, sí, en efecto, da lo mismo escribir en una computadora o tomar una foto digital que una analógica. Pero el proceso es muy diferente; se perdió todo el proceso. No… Imagínense tomar una foto con una cámara, una Hasselblad 4x4, e iluminar —aquí que tenemos a Yolanda en la iluminación—. Para iluminar, ¡las horas que uno se pasaba! O se pasa, si alguien usa, si sigue usando. Conozco fotógrafos que siguen usando la cámara, lo analógico. Todo ese proceso, que para mí es lo importante, se pierde. Por eso yo creo que este buscar en cámaras, entre comillas, «muy primitivas», en la idea de la luz, la idea de lo químico, los rollos... También utilizaba rollos, que ya no había, entonces iba a lugares aledaños, pueblos donde todavía había tiendas de fotografía, a comprar los rollos ya vencidos, que como estaban vencidos también crean un efecto distinto, que era lo que yo quería buscar, la sorpresa, no el trabajo preciso, perfecto, que se puede lograr con otro medio, con un medio digital. Y también me parece que la computadora, al escribir en digital, y más aún al corregir en digital, tiene una manera que evita el error, y hay una cierta estandarización de la cual no nos damos tanta cuenta, en esa sobrecorrección de los textos que se hace de una manera muy fácil, que de alguna manera siento yo que nos estandariza. En mi caso, al menos, yo siento que hay una estandarización, y siento que ahora que estoy en máquina de escribir pues hay una libertad mayor. Son cosas arbitrarias, de mi parte. Siento que el error artesanal hace que se justifique el error. O sea, que el trabajo artesanal hace que se especifique el error, y que ese error muchas veces tiene mucha fuerza, y que al momento de corregirlo de manera pulcra, que se puede hacer de una manera muy fácil, y casi obligatoria en una computadora, de alguna manera quita esa fuerza. Ahora estoy tratando de volver a la época de la reproducción mecánica, después de la reproducción digital.

LUCÍA: Claro, es que ahora la noción de experimentación en la escritura se volvió tan amplia, y volviendo a la parte visual, a lo «trabajador», como vos decís, de tus manos llenas de tinta y demás, y pensar cómo esa manipulación de la textura de la fotografía, o de la imagen, que, por ejemplo, hizo Man Ray o Duchamp, cuando se habla de una escritura fragmentada o experimental, yo digo: «Bueno, pero también está esa imagen en la escritura de Mario». O sea, no es solamente la escritura, está este proceso, como decís vos, por ahí del trabajo manual o de la puesta en cuerpo también de armar un texto. Por eso te preguntaba. Además de escribirlo, por lo que veo hay una suerte también de armado, de montaje, en muchas de tus obras. Entonces, en relación con eso, también te quería preguntar, a la hora de escribir, o de armar una obra, ¿cómo juega, por ejemplo, la experiencia o lo vivido?

MARIO: Sí. Va apareciendo. O sea, lo que muchos piensan, ¿no? Yo tuve una escuela de escritores durante diez años, la Escuela Dinámica de Escritores, donde en realidad, lo que se enseñaba era a desaprender. En lugar de aprender nada, la idea era desaprender muchas ideas preconcebidas que se tienen. Muchos lectores que se acercan a la literatura de «lo que debe ser» una obra literaria, cómo se hace todo el mundo sabe, aparentemente. O esos cursos que aparecen de vez en cuando, que dicen: «Se enseña a escribir novela», etcétera. Y tú ves a un señor, Pedro González, del que nunca se escuchó. Entonces tú dices: «Pero qué raro que ese señor quiera enseñarnos a escribir». ¿Por qué no escribe él? ¿No? Porque cómo va a enseñar, ¡si nunca ha escrito nada! Digo, el hombre no es famoso. «Famoso»… ¡Qué horror! Quiero decir, no tiene una obra. ¿Cómo es que sabe hacerlo si no lo ha hecho? Entonces, ¿por qué en lugar de dar esos talleres, no se pone a hacer un libro? Y así, de alguna forma, va apareciendo. Digo, una de esas verdades que existen es que un autor tiene que tener mucha imaginación y tiene que tener un manejo del lenguaje impresionante. Y eso uno lo constata, o lo constataba. Cuando voy a una reunión siempre está el tío que tiene tantas historias que contar, o que si tuviera tiempo haría una gran novela, etc. Ahí uno se da cuenta, piensa, que la literatura es eso, un lugar de imaginación y de lugares comunes, como eso de la famosa angustia de la página en blanco. No entiendo eso. Si tiene angustia de la página en blanco, pues, que se vaya. ¿Qué hace ahí sentado, con la página en blanco, angustiándose? Porque no es mejor el que escribe que el que no escribe. Es lo mismo escribir o no escribir, no hay un valor extra. Por eso, yo lo que tengo es una pulsión de escritura, del ejercicio mismo de la escritura. Donde, pues, sí, aparece todo esto que aparentemente es como «lo valioso»… No es lo valioso. O sea, es lo que me molesta en realidad. Porque, de alguna manera, yo puedo hacer como ahorita que estoy hablando —perdón, que no te contesto ni las preguntas, sino que empiezo a divagar—. Es un poco que, de alguna manera, aparece una frase, y luego aparece otra, y aparece otra, van apareciendo muchas frases y muchas cosas que se van enlazando, cosas que no tenía yo una idea previa. Pero eso es justamente la magia de la escritura, porque va a aparecer algo que no sabía que iba a haber. O sea, la diferencia es entre «no hay nada» y «hay algo». Y a veces hay de más. Por eso, retomo la idea de la edición, la idea de tratar de hacer algo con este trabajo, de editarlo, borrarlo, etc. Y allí es donde aparece esto que me preguntas, ya para contestarte, es que van apareciendo rasgos, biográficos o no biográficos. Como pensamos de manera dual siempre, tampoco quiero decir que este proceso es como escritura automática, divagadora. No, no. Hay una idea general, una especie de ruido que te lleva, pero no hay una idea precisa de lo que quiero decir. Y, de pronto, el proceso real de escritor no es el de la escritura misma, sino el del lector tratando de analizar tu propia escritura, y muchas veces —bueno, la mayor parte de las veces— es desescribir. Por eso, el verdadero momento de ser escritor es cuando desescribes. Pareciera ser un contrasentido, pero no lo es cuando escribes. Y, entonces, allí vas, voy reconociendo como un magma, como si fuera… No, no puedo separar. Porque esas separaciones entre personaje, historia, etc., eso lo verá la academia, la crítica, esos son métodos que se utilizan para analizar textos, pero al momento de crear eso viene todo junto. Pero sí, reconozco cosas autobiográficas, por decir algo, biográficas, como me dices. El primer impulso es de quitarlas o de maquillarlas. O de saber que, de alguna forma, un lector puede imaginar a un personaje, a mí como autor. Y entonces yo empiezo a jugar con ese supuesto imaginario, para maquillarlo, y muchas veces para pasar lo que es verdad por mentira y viceversa. Es un juego constante de mentira-verdad, no sé. Con el fin de lograr esta seducción de la que me mencionaste, que lo he dicho en algunas ocasiones. Porque a mí lo que me interesa realmente es seducir a un otro, para que transcurra por el texto, y lo acabe. Y eso me permite a mí continuar haciendo textos. Porque en la medida en que mis textos sean leídos, o pasen por un espacio, y no que se empiecen a estancar y se conviertan en una especie de enfermedad de escritura, como me ha sucedido en ciertos momentos de mi vida, cuando tenía, no sé cuántos años, de alguna manera acumulaba, acumulaba, acumulaba, un mismo texto. Hasta que, de alguna manera, pues, necesitaba que se fuera, que fluyera, para que dejara siempre el lugar de la escritura; vacío, para poder hacer uso de esta pulsión. Por eso publico también. Esa es otra de las razones de la publicación, poder deshacerme de los textos, y poder seguir ejerciendo este mecanismo del cual te mencioné. Aparecen, sí, cosas biográficas. Perdón, la pregunta era esa. Y yo trato de manejarlo, no trato de hacer una biografía fiel, ni mucho menos, sino que trato de crear una especie de monstruo raro, de hacer un personaje mucho más interesante de lo que puede ser lo biográfico, lo meramente biográfico, que es un poco lo que pasa en las fotos que me toman. Cuando me conocen, me dicen: «¡Ay, qué pena!», así como con una cara de desilusión. «¡Ay, qué fotogénico habías sido!» ¿No? Es un poco eso. También me pongo fotogénico en el texto. Si es que alguien quiere, porque eso también es el lector, si quiere buscar elementos autobiográficos. Hay muchos lectores a quienes les encanta eso, y está bien que les guste. Yo lo que hago es saber que van a hacer eso y tratar de darles una imagen que no es realmente la real, la concreta, sino una distorsionada —como tú mencionaste— para hacerlo más atractivo. No atractivo en el sentido de «¡qué interesante!», sino atractivo en el sentido de que el lector siga leyendo. Esa es la única batalla que, creo yo, un escritor debe dar. Todo eso lo hablo desde mi trabajo, cada quien tendrá sus métodos y sus ideas. Y estoy de acuerdo, estoy en desacuerdo, etc. No estoy tratando de decir que así deben ser las cosas, obviamente, sino que para mí el reto es que alguien empiece y termine un texto. Y si para eso hay que hacer malabares, pues, los haré.

LUCÍA: Sí, justamente en eso de la desescritura, de la imaginación desbordada, de lo decible y lo no decible. Por ejemplo, hoy leí el abecedario que escribiste para un libro que se llama *Milhojas* que es parte de *El Gran Vidrio*. Vas mencionando distintos conceptos, incluso hasta tu propio libro, la fachada de *El Gran Vidrio*. Y es esa desescritura permanente del texto. Y también pensaba en que hay otras maneras. Para ir cerrando ya, porque en realidad creo que has respondido a mis preguntas, y calculo que tendrás ganas también de dar una vuelta por París y disfrutar un poco de la ciudad, en relación con eso, y pensando en un texto ya sin imagen o sin incorporación del dispositivo visual como, por ejemplo, *La escuela del dolor humano de Sechuán,* pensaba que parece una suerte de borrador de la construcción de un espacio, o lo que podría ser también un montaje, un escenario. Y, retomando, está este vínculo entre escritor y *performer.* Ya hablaste de lo que significa en tu proceso vivencial o de desescritura, pero ¿qué te parece el vínculo entre *performance* y la escritura? Que, de hecho, es todavía algo que se vincula, como si fuera —hablo desde la crítica— algo que tiene que ver con el cuerpo presencial, o en el arte teatral, o en el campo del arte. Pero esta *performance* en la escritura, ¿cómo la ves vos? Para ya ir cerrando.

MARIO: Sí, no. ¡Qué interesante! Justamente, pues sí. Pero sería como una cosa esencial, ¿no? Así nació. Porque lo que sucede es que cuando tratan de acercarme a lo *performático,* lo tratan de acercar a partir de los resultados. ¿Sí me explico, no? Por eso ahí me niego a decir... No es que yo tenga un interés particular en acercarme a otras artes. Pero ahora que lo planteas, pues sí. Hay una puesta en escena, pero originaria. O sea, como un pecado original. Eso fue. Fue una puesta en escena, entonces es una *performance* de escritura. Pero no como resultado, sino como aparición. Ahora que me lo dices, pues, se hace mucho más claro. Gracias, ¿no? Porque, para mí, comenzar a escribir fue descubrir... Por ejemplo, yo no puedo escribir a mano, porque no me interesa escribir a mano. O sea, eso para mí no tiene importancia. No podría volver a leer algo mío escrito a mano, me daría una flojera infinita. Pero está esta frase, tan manida, de la importancia de la letra de molde. Pues, para mí fue el detonante, cuando tenía nueve años, descubrir esta misma máquina que tengo hasta ahora, que no sé por qué la tengo, porque yo soy... No reúno objetos, pero me fue persiguiendo esta máquina de país en país, de casa en casa, no sé cómo, porque no tenía utilidad, ya hace tiempo. No sé cómo, pero está intacta. Fue descubrir esta máquina y, de pronto, teclear una frase, que incluso fue cualquier cosa, o incluso fue copiada de algún otro lado. Lo tengo nítido, de cuando tenía nueve o diez años, cómo el hecho de que yo hubiese creado esta frase en un molde me daba importancia, era como una especie de nacimiento, como dejar una huella en el mundo, era realmente importante. O sea que yo no era importante, ni soy..., pero de alguna manera eso continúa. Es diferente a los nueve años, aunque yo creo que la esencia y el mecanismo es similar. Yo no importo, pero importa eso que está en letra de molde. También es curioso, porque yo siempre he utilizado un mecanismo intermediario. Desde niño, siempre he escrito con máquina, o con computadora, y luego llegué al iPhone. Por eso mi imagen sale así, porque estoy en un iPhone. Que, al mismo tiempo, en las notas del iPhone, escribo. Estoy terminando un texto, que corregirlo es mucho más fácil que en máquina de escribir. Siempre tiene que haber una intermediación. Ni siquiera apunto notas, porque no las voy a leer. Entonces, sí creo que hago algo *performático.* Acepto la primera pregunta, de lo *performático* en mi trabajo, pero como una marca de esencia, de puesta en escena ontológica, por decirlo de alguna manera. Pero, en general, no vista desde los resultados, sino desde el origen, el cual llevo a la práctica. Porque cuando alguien me pregunta para qué escribo, por qué escribo, etc., pues, nada, no tengo una respuesta. Tengo algunas respuestas así como bastante raras. Una es para no ver a quien no quiero ver. Todo el mundo tiene que ver a gente que no quiere ver, pues yo no. Logré llegar a un punto en que no veo a quien no quiera. Pero el origen es por la pulsión esta que te dije, que podemos llevarlo a lo *performático.* Donde no haya nada, hacer que exista algo, sencillamente por el deseo de hacerlo. Y, luego, pues, obviamente, para no confundir con esta dualidad, no quiere decir que escriba cualquier cosa, ni que sea una literatura purista, que son estos fantasmas que me persiguen de cuando comenzaba a publicar, etc., de que había que ser leones —te lo dije en un momento en algún lado— o hacer literatura comprometida, y si no era eso, entonces era lo otro, que era una especie de literatura, de escritura purista, que uno hablaba sobre la caída de las hojas, de los árboles, o de los gansos, de los cisnes. No; hay más caminos, muchísimos más caminos que esos, o iguales, pero, sí, el punto de partida puesto así, sí es *performático.* Porque lo único que quiero es llevar a la práctica un ejercicio. Y ahora me estoy dando cuenta de que mientras más artesanal sea, es mucho más rico. También logré, con esto de la máquina, escribir sin escribir. Porque hago dos o tres páginas, muy apretadas, como utilizando toda la superficie del papel, pero eso no me lleva más, y una de las reglas es no corregir. Entonces tengo que pensar más rápido, porque como no lo voy a corregir... La máxima corrección que pongo son como equis mayúsculas, borrando frases o palabras. Como ya sé que no hay, que no va a haber una corrección posterior, pues, es otro el sistema. Pero eso me lleva, no sé, una hora al día. Y, sin embargo, ya tengo miles de páginas escritas a máquina en estos últimos días. Miles no, pero, bueno, varias, más que lo normal, o que un trabajo como lo normal. Y, sin embargo, he utilizado solamente una hora al día. Que también es parte de una premisa de la cual hablo muchas veces, un famoso «escribir sin escribir». Y aquí también hay un «escribir sin escribir», de que ya no soy aquel que está ocho, diez, veinte horas al día frente a un texto, sino que son como sesiones muy encapsuladas, de las cuales entro y salgo, entro sin saber nada y salgo también sin saber nada. Es como reencontrarme con un imaginario que estaba ahí presente. Porque también me había olvidado de que la máquina la había usado ya muchísimo antes; o sea, publiqué tres libros con esa máquina. Fue desde los años 70 hasta los años 80. No me di cuenta de que estaba llena, cargada de imaginario, también. O sea, uno piensa que es una herramienta fría, pero no lo es. Es como si hubiese tocado piano en la computadora, o esos pianos eléctricos, y, de pronto, volver a lo tradicional, donde hay un ritmo distinto y empieza a aparecer un imaginario que yo pensé que ya había sido dejado atrás. Entonces, sí hay *performance*. Entonces sí.

LUCÍA: O sea, decís eso de la máquina de escribir y, por otra parte, estas búsquedas de las cámaras analógicas, que en el fondo tienen que ver con la corporalidad, que tienen que ver con el uso. O sea, escribir justamente en una máquina de escribir es ya una puesta del cuerpo, un posicionamiento distinto al teclado digital, y al mismo tiempo lo que hablábamos de la fotografía. Me llama la atención porque si bien la literatura tuya por ahí fue analizada desde el contraarchivo, la experimentación y demás, volvemos a hablar de las cámaras, que si pensamos, son objetos obsoletos para la época en la que estamos. O sea, encontrar a alguien con una cámara, por ejemplo, una Polaroid, que imprima, es corporalmente como si fuera un acto de *performance* en sí mismo, porque es tan anacrónico a la experiencia contemporánea. Y me llama la atención que mencionas que estas dos máquinas, la fotográfica y la de escritura, todavía siguen presente en tu vida artística, o no sé si todavía también seguís buscando por el lado de la fotografía distintas experiencias fotográficas, ¿o no?

MARIO: Sí, no. Pero aparte de lo analógico, no solamente una cámara analógica normal, me buscaba las de madera, la *pinhole*, me buscaba la más barata, de plástico, me buscaba también la de mi infancia, que la encontré, una Diana, que era complicadísima. Y en eso tengo una anécdota, de una amiga a la que le tomé una foto una vez con una 4x4 china, con las instrucciones en chino, que no se entendía nada, y ya sabes que las máquinas de las 4x4 se ve todo al revés, es un espejo, entonces yo hacía unos malabares con una mano, y me acuerdo que mi amiga modelo me dijo que me debían de dar un premio de fotografía, pero no por la foto que salga, sino por la manera cómo puedo tomar la foto, por los inventos que estaba yo haciendo en ese momento para que la foto salga, para poder manejar yo esa cámara, haciendo malabares, distorsiones, con una sola mano, etc., como para poder yo tomar una foto con una cámara 4x4 china que no tenía idea ni cómo funcionaba, sino dando todo al tanteo más o menos. Yo no sé qué acto *performático* estaría haciendo en ese momento de la toma de la foto para que surgiera esta frase que, de alguna manera, yo creo que tiene que ver con esta idea, como esta especie de *performatividad* de origen, que no tiene que ver con el resultado porque el resultado no importa. O sea, el resultado es maquillado. Incluso lo olvido.

LUCÍA: Claro, es la reescritura de tu escritura. Y leí una entrevista que te habían hecho en una de tus estancias por acá por Argentina, que vos estás muy sorprendido de los *bellatinistas* —digámoslo así, con acento argentino—, de la gente que vos decís: «Sabe más de mi obra que yo mismo». ¿Y cómo es eso? Te lo pregunto porque vos estás produciendo, estás todavía haciendo proyectos y demás. ¿Cómo te impacta esto? De ver tanta... Como esto, como el abecedario, que te decía, el abecedario de *El Gran Vidrio*, que es tu obra, de la escritura ficcional de tu propia obra, cuando vos todavía estás superproduciendo y demás.

MARIO: Pues, primero, que me da gusto. Una de las ideas básicas, tanto para un lector como para un creador, es tomar mis libros como simples plataformas, para poder construir otra cosa. Son tan abiertos, son tan... De alguna manera —porque todo es falso— hay una especie de falsa neutralidad que permite que un lector pueda también construir su propio discurso a partir del discurso. Y también para un grupo de académicos, o alguien como esas personas que están haciendo el diccionario, o alguien que hace una adaptación teatral en la cual yo les doy libertad absoluta para que lo hagan, siento que yo me convierto en un espectador más.

LUCÍA: Sí, este grupo de los *bellatinólogos,* «beshatinólogos», con nuestro acento, que suena pésimo. No sé cómo te cae eso, pero... Yo por ahí digo: «¡Ay!», pero decir de otra forma «Beshatín»...

MARIO: ¡Me encanta! Y están en la Universidad de La Plata, estudiando en el Archivo, ¿no? O sea, la carrera es de archivo, *Mal de archivo,* llamémoslo «el Archivo». Y se dieron a la tarea de ir a los países donde yo había vivido para encontrar todavía rastros y restos que yo había dejado de escritura, de las cuales yo me olvido por completo. Porque ya dije en un momento dado que yo escribo y olvido. Entonces, eso. Me enfrento a otra persona. Yo soy un lector más. Incluso, cuando publico un libro, alguien da una teoría, hace una teoría lógica que no tiene nada que ver con algo que yo hubiese pensado en el momento de escribir. Por supuesto que la doy por bienvenida y me sorprendo positivamente. No como ciertos autores que se creen los dueños de sus textos, donde son como la autoridad siempre y están como abrazados a sus textos hasta el final, defendiéndolos o diciendo: «No, lo que quise decir es esto o lo otro». Entonces, pues sí. Hace unos meses, justo antes de que comenzara esta reclusión, pensaba ir a Argentina y quedarme dos o tres meses, también —entre otras cosas, hablando de *performance*— para trabajar con Analía Couceyro, que íbamos a hacer una gira por todo el país, haciendo una obra con Analía de un libro mío que se llamó de una manera, pero ahora se llama de otra. También eso es raro, que voy cambiando. La *Carta sobre los ciegos y sordos*, o... *para aquellos que pueden oír*..., *ver*... No sé, no me acuerdo ya del título ni yo mismo [*Carta sobre los ciegos para uso de los que pueden ver* (N. del E.)]. Ahora se llama *Etchepare*, que es esta historia de dos hermanos ciegos y sordos, que conversan a partir de esos aparatos electrónicos. Sí, teníamos planeado ir en serio ya, porque a veces voy a La Plata y estoy dos días escuchando, escuchándome, escuchando a un otro. Por eso es que sigo siendo objeto de estudio. Yo no sé, pero vienen a mí con una idea tal... Por eso la gente me dice: «Es que a la gente le das miedo, porque te ven en la foto, o han leído tus libros, y creen...». Y entonces yo siento que realmente por lo general se desilusionan, dicen: «¡Ay!, pero... Mira, ¡habías sido tan buena persona!». Digo: «Normal»; o sea, se había creado toda esa imagen a partir de las fotos, o de los libros, o de las imágenes mías. Entonces, sí, yo me acerco... —¡Ah!, para contestarte, ahora sí— me acerco como si fuese otro, y no yo, para nada. Y mis proyectos, pues, van por otro camino. Sí, a veces me dan ciertos *tips,* pero no, en general es acercarme como si fuese otro. Es decir, no pienso yo: «¡Ah, mira!, esto tiene que ver con lo otro». No; escucho. Sencillamente escucho. Soy así como un lector, un oyente. Acaban de hacer hace poco una adaptación de *La escuela del dolor humano de Sechuán.* Pues, sí, fui a mirarla, y ya, ¿no? O sea, no tengo nada que decir, salvo que me guste o no me guste. Como me gustaría o no cualquier otra obra. ¿Sí me explico? No es que yo me sienta involucrado allí de alguna manera como autor, no. Entonces me parece interesantísimo. Lo que me parece interesante realmente es que se pueda construir. Esto es, que sea una obra que permita construir. Como por ejemplo *Salón de belleza*, que de alguna manera ahora que he tenido algunas conversaciones con gente muy joven, estudiantes de varias universidades de Venezuela o de Buenos Aires que están leyendo nuevamente ese libro, bajo otra perspectiva. O sea, es un libro que se publicó hace treinta años y, sin embargo, mucho de lo que ocurre ahora está ahí presente. Pues sí, porque se trata de una peste. Por eso, de alguna manera, se repite, es como repetitivo. Me parecía interesante que gente muy joven pueda construir o reconstruir a partir de un texto base. Un poco eso es. Esa idea sí la tuve siempre, racionalmente. La de decir que voy a hacer una obra que sea lo suficientemente plana, lo suficientemente receptiva, con puntos muertos, puntos neutros, con silencio, para que puedan ser llenados tanto por un lector como por otro creador; que pueda construir su propio discurso. Como en este caso, ese diccionario que algún día veré. Tal vez hora que salga y camine por el bulevar Saint-Michel.

LUCÍA: ¡Ay, sí, yo te dije! Claro. No, es un abecedario, es muy interesante también cómo se…

MARIO: Ni idea yo de qué cosa dice ahí.

LUCÍA: «Uso filosófico del término *cerdo*», «El cerdo y las religiones», «Vida privada», «Cultura popular».

MARIO: Ahora que salga a una librería lo buscaré, lo miraré y no lo compro. Solamente lo voy a leer ahí parado, de pie.

LUCÍA: Claro, tal cual. ¿Entonces vas a hacer ese proyecto de esta gira que tenían planeada acá, sería como de una construcción de una obra, o de un libro… itinerante, algo así —por lo que entendí— un poco nómade o…?

MARIO: ¿Cuál?

LUCÍA: Lo que dijiste de Argentina. De venir acá.

MARIO: Era actuar. No, era actuar con Analía Couceyro. ¿Conoces a esta actriz? Es una actriz de Buenos Aires. Era ella, un músico y yo. Ir a… No sé, representando. Y era salir yo a actuar, leyendo, no sé. Sí, era salir yo en escena también, con ella y con el músico. Yendo así como a distintas ciudades de Argentina. Sí, todo se cortó. Yo tenía el boleto, todo. Yo ya iba a ir ahora, iba a estar en Argentina mucho tiempo, porque me encanta estar allí, es como mi segunda ciudad. Buenos Aires, Argentina, es como... Me interesa mucho discutir allá; o sea, ver, escuchar lo que pasa allá.

LUCÍA: Claro. Y acá a través de la web han hecho unas preguntas para vos. Te preguntan qué otros formatos te interesan y si tenés nuevos proyectos.

MARIO: El único formato, es el único que dije desde un principio, que es un todo y que se empieza con la escritura tal cual, llevada a la práctica con un aparato de escritura, escritural. En este caso, es la máquina de escribir. Tengo dos proyectos nuevos. Uno —que ya lo acabé, pero voy a buscar publicarlo— es de diecinueve libros míos que los he vuelto a hacer. Y todo queda presentado en un mismo formato. Con una correctora de estilo con la cual trabajo en vivo. La señora Guillermina Olmedo Ibera, que es como una especie de psicoanalista más o menos. Una mezcla entre correctora, psicoanalista, etc. Y donde nos reunimos durante un año, tres veces por semana, en sesiones físicas de dos horas, para leer en voz alta y volver a reconstruir diecinueve libros, medianos, míos, cortos, para presentarlos en un nuevo formato, como si originalmente hubiesen sido escritos así. Y el formato en general son como bloques cerrados donde no hay puntos y aparte, por cada libro. Y entonces hacer como que sean lecturas, y todos tienen el mismo formato, la misma extensión, etc. Como si también yo hubiese pensado no solamente los contenidos, sino también en la forma. Y aparte estoy trabajando en esto de la máquina de escribir, donde lo que pretendo es que el mundo y el universo externo ya no existen, sino que existe solamente el mundo que yo mismo creé. O sea, como circunscribir las posibilidades al mundo real, a los veinte, treinta, no sé cuántos libros he hecho, y este. Pero que todo salga de aquí. Es decir, no repetirlo, obviamente, pero de alguna manera hacer como si ese fuera el mundo y, a partir de eso, buscar una representación de lo escrito. Otra representación que surja de allí. Y para eso me acerco muchísimo al término de las variaciones que yo quiero. No sé, también es como un empeño raro que no sé de dónde nace. Dar espacio a las variaciones dentro de la escritura, dentro de la literatura. Porque las variaciones en música sí son muy apreciadas, incluso compositores de música me dicen que hacer variaciones es una especie como de logro mayor. Aparece mejor, porque, no sé, hay muchas variaciones, también en la pintura, en el dibujo, hay variaciones de los caprichos de hoy, etcétera. Pero en literatura, en escritura, siempre las variaciones son vistas como repeticiones en las cuales al autor se le ha secado el cerebro. O sea, como que ya no tiene nada que decir, como que llegó a su ocaso y empieza a repetirse. No sé, hay un autor latinoamericano que yo creo que lo hizo de manera genial, y que nadie lo acusó de que se le secó el cerebro, que fue Onetti. Porque yo creo que Onetti sí escribió el mismo libro desde el principio hasta el final. Y son variaciones muy sutiles. Entonces yo quisiera la maestría de esa sutileza. Pero sí, crear, como volver a lo mismo, pero que no se vea repetido. Que no se vea que no tengo imaginación. Y también me pongo a pensar que justamente en la literatura eso no existe, porque se toma mucha importancia a la historia y a la novedad, a que me cuenten algo nuevo, y eso hace que un escritor esté en vigencia. Y no sé si de ahí viene el término *novela*, como *novelería*, como: «¿Qué hay de nuevo?», ¿no?

LUCÍA: «¡Qué hay de nuevo!»

MARIO: Como: «¡Ay!, me quiero enterar de algo», y entonces leo una novela. Y justamente no me acerco yo a un libro de cualquier autor que admire o que me interese, no me acerco para que me cuente algo, para saber algo que no sabía, sino para atravesar el proceso de cómo interpreta el mundo, cómo ve de una manera sumamente particular en el universo. Eso me parece que es lo importante al leer a un autor, un director de cine o una obra de arte. Está esta manera única de poder percibir el mundo para poder reinterpretar ese mundo y poder entenderlo de otra manera, que no sea la forma superficial. A la cual no solemos entender, porque estamos todo el tiempo escuchando cosas, o viendo la red, noticias, lo que fuera, pero eso es muy directo. Entonces, sí necesitamos un espacio donde podamos profundizar ese entendimiento para poder entenderlo mejor. Mientras más veamos creadores que tengan una visión distinta de ese mismo universo, me parece mucho más interesante. Más importante que interesante; es lo que me interesa, ingresar en esos universos.

LUCÍA: Claro. Lo que decíamos antes, un poco también que el hecho de repetir no es decir lo mismo. Como vos lo dijiste en Onetti. O sea, en la repetición, en ese exceso, también ahí hay un acto de transgresión. Pero el significado en cada lectura, en cada repetición, tiene un significado distinto, en algún punto.

MARIO: Sí, sí. Pues estoy en eso. Eso es lo que quiero hacer. O sea, como que el mundo, el universo —eso suena como muy egocéntrico— no existe, solamente existe el que yo creé. Pero, bueno, es un poco como un gran reto. Porque es más fácil, ya me di cuenta. Más fácil sería empezar a contar más historias. Pero ya conté demasiadas, que no tienen sentido tampoco. Entonces, ¿para qué buscar nuevas con sentido? Me quiero quedar con las antiguas sin sentido.

LUCÍA: Qué bueno el proyecto. Bueno, Mario. Te agradezco muchísimo esta conversación. Espero que ahora tengas un buen paseo por París, que lo disfrutes, de esta ciudad y demás. También me gustaría agradecer al festival «Paris ne finit jamais» la organización de las charlas y poder compartir todo esto tan interesante que nos aportas. Así que te agradezco mucho, y te espero en Resistencia cuando vengas a Argentina.

MARIO: Gracias.

LUCÍA: Así podés conocer una parte un poco más subtropical también de por acá.

MARIO: Muchísimas gracias y muchísimas gracias también a los organizadores y organizadoras del festival. Muchísimas gracias a ustedes. Al fin estuve en este festival, al que fui invitado varias veces, y por fin puedo estar con ustedes. Muchísimas gracias por esta conversación, que realmente me sirve de mucho, como para aclarar muchas cosas. Y, sí, pues, ya pronto iré a Argentina, iré a París, nuevamente. Y agradezco muchísimo a los organizadores, pues, un saludo.

LUCÍA: ¡Gracias!

Periférico: disidencias, márgenes e itinerarios alternativos

ELVIRA NAVARRO • GABRIELA CABEZÓN CÁMARA

Conducido por **Karen Poe Lang**
(Universidad de Costa Rica)

Buena parte de lo que más bulle, se crea, revoluciona y vibra en París, no lo hace desde su centro. Nada como los márgenes para comprender. Hoy damos un paseo por la periferia para escuchar a dos narradoras, argentina y española, guiadas por la especialista costarricense Karen Poe Lang, investigadora y catedrática de la Universidad de Costa Rica. Ni Gabriela Cabezón Cámara ni Elvira Navarro llegan desde Buenos Aires ni de Madrid, y constituyen de las voces más potentes y prometedoras de la narrativa en lengua española. Aquí, desmenuzan identidades disidentes, espacios alternativos y caminos al margen, capaces de amenazar desde la literatura todo el poder simbólico de los centros.

KAREN POE LANG: Para comenzar, quisiera dar un agradecimiento a los organizadores del festival «París no se acaba nunca», «Paris ne finit jamais», a su director, Gonzalo Vázquez, y a su directora artística, Yolanda Castaño. Para mí es una alegría estar aquí en una mesa con una temática que es de vital importancia en la actualidad. Recuerdo que nos hemos reunido para conversar sobre el tema: «Periférico: disidencias, márgenes e itinerarios alternativos». Me gustaría recordar también que esta sesión, así como las otras, se emite en multiplataforma por Facebook, Twitter, Instagram y en la página del festival, www.parisnefinitjamais.com. Voy a comenzar con una pequeña biografía de cada una antes de empezar la charla. He elegido solo algunos elementos para que dediquemos la mayor parte del tiempo a la conversación. Tenemos aquí a Gabriela Cabezón Cámara, escritora y periodista argentina, nacida en Buenos Aires. Estudió Letras en la Universidad de Buenos Aires. Se ha dedicado al periodismo cultural y a la docencia en escritura creativa. Fue becada por el Writer in Residence Program de la Universidad de Berkeley, y entre sus principales publicaciones podemos destacar *La Virgen Cabeza* y *Le viste la cara a Dios,* que luego se publica de una manera muy interesante como novela gráfica con el título de *Beya*. Luego, tenemos el *Romance de la negra rubia* y *Las aventuras de la China Iron*, elegida entre los libros del año por el *New York Times* y *El País* de España. En cuanto a Elvira Navarro, también es escritora y editora. Nacida en Huelva, estudió Filosofía, y algo que me llamó mucho la atención fue su interés en algún momento de su carrera por *El Anti Edipo* de Deleuze y Guattari. Algo que quizá luego podamos conversar, cómo esto quizá ha tenido cierta relación con su obra. También es docente en Escritura Creativa. Entre sus publicaciones podemos señalar *La ciudad en invierno,* que obtuvo la distinción Nuevo Talento de la Fnac; *La ciudad feliz*; *La trabajadora*, novela elegida por *El Mundo* como uno de los mejores libros en castellano en el año 2014; *Los últimos días de Adelaida García Morales*, una novela corta; y *La isla de los conejos*, una recopilación de cuentos, considerado uno de los mejores libros del año por el suplemento *Babelia.* Entre sus premios podemos contar el Premio Jaén de Novela, el Premio Andalucía de la Crítica y el Premio Tormenta al mejor nuevo autor. Yo había planeado comenzar primero con una pregunta para Gabi, otra pregunta para Elvira, y luego comenzar la conversación con todas. Este título de «periféricos» y «márgenes, disidencias» evidentemente nos lleva a pensar también en los centros y en el poder. No se puede pensar la periferia sin pensar el centro. Y por ahí me encontré un comentario de Gabi en una entrevista en línea donde dice algo que me parece que tiene un carácter casi premonitorio. Gabi dice: «¿De qué están hechos los lazos de la comunidad que para levantarse esa comunidad necesita que uno de los suyos sea asesinado?». Ante el reciente asesinato de George Floyd en Estados Unidos, y todo el movimiento que esto ha dado ya no solo en Estados Unidos, sino también en el mundo, yo quisiera preguntarte: ¿de qué manera este tipo de comunidad de la que vos hablás ahí entra en tu escritura? ¿Cómo la trabajas? Por ahí también leí que, de alguna manera, perteneces a movimientos en contra del capitalismo. Entonces, yo quería preguntarte eso: al momento de escribir, esa comunidad que para levantarse necesita de un asesinato, ¿qué papel tiene en tu escritura?

GABRIELA CABEZÓN CÁMARA: En principio, gracias a los organizadores, como bien dijiste. Y gracias a ustedes, chicas, por esta conversación. ¿De qué manera? Primero a través de la lengua. Ya ahí de movida hay una cuestión comunitaria, que es la lengua que hablamos. En mi caso, el idioma de los argentinos, que es una variedad del español, como bien sabemos. Ahí, en esa lengua, en los distintos registros de lengua, en los diferentes modos de hablar de las diferentes comunidades, en ser consciente de esa polifonía, y en trabajar con ella, y de trabajar en que no haya una jerarquía en los registros de lengua, ya hay una idea de comunidad dando vueltas y, de hecho, haciendo posible la escritura. Y también, a mí me gusta pensar en contra de las narrativas del fin. Pensar otros mundos posibles. Porque esto que tenemos ahora, que es como una especie de paradigma de apocalipsis en diversas versiones, no deja de ser *performativo,* en algún lugar. No deja de ser algo que se nos ordena pensar. No hay afuera. Lo único que hay es este devenir cada vez más trágico, del extractivismo feroz. Por «extractivismo feroz» digo 'la agricultura industrial llena de venenos y pesticidas', que en mi país es realmente tremenda. El *fracking,* la extracción de petróleo, la extracción de litio, la minería a cielo abierto. La agricultura, no solo en mi país, sino en toda Latinoamérica, que avanza en desmedro de los pueblos que habitan la Amazonía o los bosques del Gran Chaco. Bueno, todas estas cuestiones. A mí me gusta tratar de pensar otras formas posibles de vida en común. Formas que no signifiquen la muerte ni de las personas, ni de todo lo viviente. Porque todo lo viviente también tiene derecho a vivir, igual que nosotros. Trato de pensar eso. Y, bueno, a veces sale para un lado, a veces sale para el otro, ¿viste cómo es la ficción? Digamos, no escribo manifiestos políticos ni programas de acción, solo ensayo ideas y ficciones alrededor de esa cuestión.

KAREN: Elvira, a mí me ha llamado la atención en tu literatura, y en lo que la crítica ha destacado, el tema del trabajo precario, y en jóvenes también, de una novela como *La trabajadora,* que pone el dedo en esa llaga que se está discutiendo ahora en tiempos de pandemia: el tema de la precarización del trabajo y de los despidos masivos. Encuentro que es de una gran actualidad, aunque esa novela la escribiste en otro contexto, en España. Quisiera que nos hablaras un poco de esto, de cómo te toca en la literatura. Porque si bien en la literatura de *La trabajadora* es un tema central, no está ausente en otras novelas tuyas también. Por eso me gustaría que nos contaras un poco por qué esta presencia tan importante de ese tema del trabajo precario, de la disminución de los salarios, de la juventud. De una protagonista que, como ahí se dice, tiene un montón de títulos, pero no le sirven en realidad para vivir dignamente siquiera. Entonces, quizá, podrías hablarnos de eso.

ELVIRA NAVARRO: Bien. Antes quiero dar las gracias al festival, a Yolanda Castaño. A vosotras, un placer estar hablando aquí con vosotras dos, o «con ustedes dos», como decís ustedes. Bueno, el trabajo no es un tema que yo me propusiera tratar. En realidad nunca me propongo *a priori,* de manera fría, tratar algún tema que me resulte muy importante, sino que en determinadas circunstancias, en un momento dado, no sé por qué pero contienen una suerte de impulso de escritura. Y fue lo que pasó con el tema de *La trabajadora*, que es verdad que en realidad ya venía de antes, porque yo en *La ciudad feliz* ya había hablado del tema del trabajo. *La ciudad feliz* eran dos novelas cortas. La primera era la historia de un restaurante chino. Yo ahí ya había querido tratar el tema de cuando llegas a un país donde te tienes que abrir paso: la absoluta devoción en la creencia en el trabajo como manera de promocionarte. Y, además, en este caso el tema que yo trataba era de los inmigrantes chinos, que vienen de un país donde hay un capitalismo de Estado, y donde hay una suerte de religión del trabajo. Que, no obstante, no quería yo ser exactamente realista, pero sí hice una suerte de paralelismo. España, históricamente, en realidad ha sido un país bastante pobre, pero también se ha alimentado mucho esta idea de la seguridad mediante el trabajo. Esta sensación de «si tú haces esto, obtienes esto otro», «este es el camino para ir a este sitio». Y *La trabajadora* viene de un contexto donde en España hay un relato triunfal, viene de un contexto precrisis del año 2001-2002, que fue el primer germen de la novela. En ese momento no había estallado la burbuja inmobiliaria y todavía veníamos de unos años 90 donde se había promovido algo que se llamó «la cultura del pelotazo», cuando hubo un ministro que dijo que España era el sitio donde era más fácil hacerse rico, y hacerse rico consistía en que te compraras pisos para luego venderlos más caros. O sea, había una especie como de «borrachera» de nuevo rico. Además porque veníamos de una larga dictadura de cuarenta años y de un atraso con respecto a los países donde España se admiraba, que siempre ha sido Europa. España venía primero de una autarquía, y, luego, a partir de los 60, la economía empieza a abrirse. Luego, cuando ya se hace la transición a la democracia, hay mucho dinero que viene de Europa, y a partir de que España entra en la Unión Europea hay una sensación de que, de repente, esto es una especie de maná, donde hay chorreos de dinero, que en realidad venían de Europa. Digamos que España se plegaba a ciertas cosas a cambio de dinero. Todo esto, todo este discurso, dura hasta que estalla la burbuja inmobiliaria en 2007. Fue un discurso que cuando yo era adolescente me llegaba por todas partes. Yo estudié Filosofía y, nada más acabar Filosofía, me di cuenta de que era verdad que era fácil acceder a un buen trabajo, pero siempre y cuando no hubiese estudiado determinadas cosas, sino, por ejemplo, relacionadas con la construcción. Si habéis estudiado una ingeniería de caminos, pues, a lo mejor sí era fácil. Pero ya había mucha gente que veníamos de letras y que no teníamos esa perspectiva tan triunfal de aquello a lo que podíamos acceder. Además, se había liberalizado el suelo, por lo cual, por ejemplo, en ciudades como Madrid era verdaderamente difícil vivir porque era carísimo acceder a una vivienda. Entonces yo tenía como una especie de esquizofrenia ante el discurso que había estado escuchando, en el que había sido educada. Yo estaba viendo qué estaba pasando. Por eso, previo a que todo estallara, a partir de esta esquizofrenia donde había un relato por un sitio y unas cosas que iban por otro sitio, por otro lado, yo escribí algo que no sabía si iba a ser una novela, de diez o doce páginas, y lo llamé *La trabajadora.* Y, bueno, me inspiré un poco ahí. Yo compartía piso y continuamente entraba y salía gente del piso. Había muchas chicas, en concreto dos chicas que trabajaban de sol a sol. Digamos que fue una serie de circunstancias, tanto de este momento como de personas que estuvieron a mi alrededor y que empezaron a generar en mi cabeza personajes. Pero, como te digo, esto no ha sido una cuestión tan pensada, sino que cuando ya me di una hostia con la realidad empecé a escribir un texto llamado *Trabajadora* que no sabía a dónde iba ni de qué iba a ir, ni sabía yo que iba a haber una crisis económica en 2007.

KAREN: Eso me lleva a otra pregunta que pensé para las dos, y es el tema del paisaje en su escritura. Por ejemplo, en *Las aventuras de la China Iron*, de Gabi, hay un trabajo muy cuidadoso con la luz, con el paisaje. Y en el caso tuyo, Elvira, es mucho más en relación con el paisaje urbano, con esa periferia de las ciudades. Me gustaría quizá que las dos hablaran sobre este elemento que es tan fuerte en los textos de ambas, sobre el lugar que ocupa ese paisaje, ese espacio, en su propuesta de escritura. No sé quién quiere comenzar.

ELVIRA: Gabi, yo creo que mejor ella, porque yo acabo de hablar.

KAREN: Está bien.

GABRIELA: Bueno, bien. Mira, en el caso de esta novela, de *Las aventuras de la China Iron*, el paisaje fue como un desafío grande, porque era contar el paisaje de la llanura argentina, el paisaje de las pampas, como nunca lo conocí. El paisaje de hace 150 años, antes de los alambrados. Antes de que tuviera dueños occidentales, dueños blancos. Eso significaba imaginarme la llanura, esa llanura enorme, que tiene una belleza deslumbrante, pero a la vez difícil de percibir. Para percibir la belleza de la llanura vos tenés que estar en la llanura, y quedarte ahí. No es un paisaje como el de las montañas o el del mar, que lo ves y ¡pum!, te deslumbró. Es un paisaje en el que hay que estar para empezar a verlo. Y también al ser llano, tan llano y tan enorme, lo primero que se ve es el cielo. El paisaje de La Pampa, primero que nada es la luz. Contar ese paisaje era todo un desafío, y un desafío hermoso que a mí me daba mucha alegría. Por otra parte, el paisaje en esta novela es parte de la novela en un sentido fuerte, porque los personajes, sus peripecias y su desarrollarse, no es que acontezcan con un fondo, como con una escenografía, sino que son parte de esa naturaleza en la que les van sucediendo las cosas, y les van sucediendo con esta naturaleza como un continente. No podrían ser quienes son en otro paisaje. Están completamente relacionados con el cielo, con el sol, con los animalitos pequeños y noctámbulos de la llanura. Y esta novela, que tiene algo de oda a la belleza de las pampas —en esto también me pasó un poco como decía Elvira recién, que no es que entré con este programa, sino que fue aconteciendo en la novela—, no deja de tener que ver con esto que a mí me preocupa tanto que es el envenenamiento y la erosión del suelo, y por supuesto de todo lo que vive en este suelo, sobre este suelo y bajo este suelo. Hacer una especie de oda a su belleza y a su vitalidad poderosa me pareció —y es lo que terminó sucediendo— una especie de denuncia al revés —en algún sentido y con algunas mediaciones—, hay algo de eso.

KAREN: ¿Elvira?

ELVIRA: En el caso de *La trabajadora* fue quizá la parte más consciente del libro, porque hay otras partes donde el libro se me fue a lugares insospechados para mí. Pero sí, el componente del paisaje urbano sí que fue la parte más consciente. Yo venía de escribir dos libritos, que uno se llamó *La ciudad de invierno*, otro *La ciudad feliz*, y ambos tenían la palabra *ciudad* no porque sí, sino porque mucha parte de mi escritura, o al menos lo primero que yo veo en forma casi de escritura, surge de paisajes urbanos. Ahí es donde —no sé por qué, no te puedo decir por qué— me surgen muchas ideas para historias. Cuando yo recuerdo determinado paisaje urbano sí que se me quedan muy fuertemente grabados determinados espacios que son recurrentes en mi memoria y que acaban transformándose en historias. En el año 2010 —bueno, fue en 2009, cuando ya casi estaba muriendo la época de los blogs— abrí un pequeño blog que se llamaba *Periferia.* Recuerdo que mucho antes de que existieran las redes sociales cuando empezaron los blogs fue al principio un auténtico *boom* y todo el mundo tenía su blog. Aquí había determinados blogs donde entraba mucha gente a debatir y tal, y como yo nunca había probado la escritura del blog decidí mezclar dos cosas. Una era abrir un camino para explorar esa escritura que no sabía muy bien de qué iba, y esta cosa de la respuesta inmediata, y la cosa esta que tienen los blogs. Y luego pensé que no tenía ningunas ganas de abrir un blog sobre literatura, porque me aburría hacer de crítica, a mí esas cosas me aburren mogollón. Pero también me ha gustado siempre mucho pasear por la ciudad y he ido viviendo en distintos barrios, por eso me apetecía escribir directamente de lo que estaba viendo. Así que empecé a escribir en ese blog sobre paseos que me daba, o sobre gente que me hablaba de sus barrios, etcétera. Así, cuando yo empiezo, cuando retomo *La trabajadora* y ya veo que va a ser una novela, ahí sí que ya tengo una idea casi militante de meter paisaje urbano, porque además yo venía de un debate que no sé si se produjo en otros sitios, pero aquí en España fue un debate que estuvo bastante vivo. Cuando entre los años 2006 y 2008 se teorizó mucho sobre cómo debía ser la literatura del siglo XXI, y yo recuerdo que una cosa que se decía de manera muy habitual era que, puesto que ya había herramientas en internet para poder ver un montón de imágenes de cualquier espacio, o incluso como tenemos el muñequito este del Google Maps que nos lleva por las calles y tal, recuerdo que se llegaba a argumentar que ya no tenía sentido meter espacios urbanos en las novelas o en los cuentos, en la ficción, o en la no ficción, porque ya teníamos las imágenes y sus espacios. Con lo cual, el espacio quedaba reducido a un mero sitio donde los personajes están, como si los espacios no encarnaran significados. Los espacios en un libro están encarnando algo, de alguna manera funcionan como metáforas o como espejos de los personajes, y están, son portadores de un sentido. A mí eso me cabreaba tanto cuando lo escuchaba que yo quise que en *La trabajadora* hubiese mucho espacio urbano, mucho Madrid y, además, un Madrid que no suele salir en los libros, que es el

Madrid de los barrios. También aquí en España había ocurrido un fenómeno a finales de los 90 y principios de los 2000, y es que había muchos autores queriendo ser muy globales, negando los espacios, negando contar, ya no digo Madrid, sino nombrar, por ejemplo, un pueblecito de Castilla. Es decir, parece que toda la novela tenía que transcurrir en New York, en Lisboa, en estos lugares como globales, que son muy *cool*, y no sé qué. Desde mi punto de vista —bueno, no soy la única autora que os lo va a decir, y a lo mejor ya lo habéis oído— fue también porque como España estuvo cerrada cuarenta años por una dictadura, viene de un largo complejo de inferioridad cultural. Y ocurre aquí una cosa que no ocurre o que yo no he visto que ocurra en ningún otro país —seguro que ocurre en más países, pero yo en los que conozco más de cerca no he visto que ocurra—, que es una negación de la propia tradición y una vergüenza de nombrar los lugares propios porque son como lugares atrasados. En este sentido, si uno nombraba un espacio, tenía que ser Barcelona o Madrid, y ahí parar de contar. Y por supuesto nombrar esos sitios de Barcelona o Madrid que fueran hitos urbanos, que fueran reconocibles, que fueran globalizables, pero olvídate de nombrar un barrio o de nombrar cualquier otro sitio. Por eso yo me puse muy militante con eso y me puse a hablar de los barrios. Puse una protagonista que se pasea por paisajes que al mismo tiempo eran muy familiares para mí porque yo he vivido en bastantes barrios de Madrid, por lo que también eran mis espacios, eran los espacios donde yo salía a la calle y vivía. Y, bueno, esto es un poco la explicación de la presencia del espacio urbano.

KAREN: Cambiando ahora un poco de registro también quisiera que me hablaran, en el caso de Gabi, del humor, que en tu trabajo me parece fundamental, ya que a pesar de los temas que trabajas a veces, es innegable esa presencia ahí, ese papel subversivo que puede tener el humor. Y en el caso de Elvira, sería más como una ironía a la hora de escribir. ¿Cómo piensan ustedes eso? ¿Puede ser algo que surja inconscientemente? ¿Es algo trabajado?

GABRIELA: Me interesa retomar una cosa que dijo recién Elvira, respecto de esa cuestión, de ese debate que se había dado en España y que yo desconocía. Decía que porque en internet o en Google tenés imágenes del mundo ya no haría falta representarlas. Y me parece… ¡Qué criterio curioso! Porque una representación es una perspectiva. Digamos, un espacio, una foto, no significa lo mismo para cada mirada, y de hecho puede significar cosas opuestas. Y así que, bueno, nada. Me encanta tu militancia por representar igual los espacios urbanos y los barrios. ¿Cómo que no se va a poder porque hay imágenes? ¡A quién se le ocurre! Eso, por un lado. Y después, el humor, la ironía, y lo consciente y lo inconsciente. Se da esta cosa rara de que la autora, el autor, no necesariamente dispone completamente de aquello que hace: hay algo que te atraviesa y que no es del todo tuyo, sino que va aconteciendo. Entonces —en mi caso— hay algo que, de repente, estoy escribiendo y me empiezo a reír porque se me ocurrió una idea que me hace reír. En el *Romance de la negra rubia*, por ejemplo, en un momento la narradora de la novela va a recibir una herencia de una amante suya, que es un trasplante de cara. O sea, la cara de su amante. Y a mí eso me hizo reír. Así que hay algo con el absurdo, con la idea inesperada, con lo paradojal, que a mí me da risa y que disfruto mucho haciendo, y supongo que por eso termina estando presente en las novelas. Por otra parte, hay algo de dar la discusión llevando el humor a lo absurdo que a mí siempre me parece muy eficaz. Lo disfruto cuando escribo y lo disfruto cuando leo también.

KAREN: ¿Elvira?

ELVIRA: La verdad es que no estoy yo muy atenta de si estoy haciendo humor o no. Ni de ninguna otra cosa, en realidad, cuando escribo. Pero sí, las veces que más me he reído han sido cuando la escritura se disparata. La vez que yo me he reído escribiendo ha sido con la primera parte de *La trabajadora*, que me reí a carcajadas. Lo que pasa es que este humor que yo sí veo que hay en mis libros, son realmente muy pocas personas las que lo captan, lo cual no sé si eso significa que no lo hago del todo bien o que es un humor demasiado peculiar. Entiendo que es un humor bastante negro y siempre entrelazado con asuntos sórdidos, pero yo no tengo una conciencia de todas las partes. Sí que te puedo hablar con bastante fundamento del porqué del espacio urbano en mis libros. Hay elementos que para mí son misteriosos, y uno de ellos es ese. Es decir, no sé muchas veces de dónde sale ni qué finalidad tiene, y quizá tampoco quiero saberlo porque yo creo que también lo que te dirige a la hora de escribir un libro son pulsiones desconocidas. No hay una utilización consciente por mi parte, sino que sale con cierta rabia porque el humor está unido a cierta sordidez. Pero no sé qué más decirte.

KAREN: Sí. Quizá, Elvira, esto yo lo enlazaría nuevamente con ese modelo, con *La trabajadora*, donde hay como una relación entre centro, periferia y margen de la ciudad. Y me interesa el tema de la locura también. Leyendo que estudiaste Filosofía y que te habías interesado en particular por el libro *El Anti Edipo*, se me ocurría preguntarte si la filosofía —supongo que sí— tiene alguna relevancia cuando encaras el trabajo de escritura. Si esta visión tuya de la locura tiene algo que ver con tus estudios en Filosofía, porque es muy desestabilizador en la novela. Quisiera saber si —consciente o inconscientemente— eso juega algún papel.

ELVIRA: Yo te diría que tuve que alejarme mucho de la filosofía para poder escribir literatura, porque la filosofía busca un control del discurso. La filosofía, aunque esté analizando fenómenos muy oscuros o incluso aunque pueda ser muy opaca —a menudo lo es—, sin embargo, busca una tematización directa del asunto. Es decir, busca siempre arrojar luz sobre asuntos a veces muy complejos, y el proceder de la literatura es absolutamente distinto. No voy a decir que sean contrarios, porque no hay contradicción, pero el acercamiento a la literatura es un acercamiento que no es nunca directo, no hay una tematización, incluso en las novelas en que muchas veces los propios personajes hablan de los propios conflictos. Sin embargo, el argumento que constituye una novela es un argumento que tiene muchos elementos cuyas partes no están bajo el control de la persona que los está escribiendo, mientras que el proceso filosófico es muy controlado. Y, además, la filosofía te obliga a una explicación exhaustiva de todo, mientras que la literatura juega con los silencios. Es decir, el acercamiento a través del arte, y de la literatura en concreto, para mí tiene mucho que ver con esta noción de verdad que viene de Grecia, que es la noción de *alétheia*, la verdad como desvelamiento. No es una verdad conceptual. No es la verdad conceptual de la adecuación donde un fenómeno se adecua a un concepto que previamente tenemos sobre tal fenómeno, sino que hay una suerte de desvelamiento que acontece en poesía y también en la novela. Michael Edwards, en un libro que creo se llama *Outsider* —no estoy segura—, decía: «Las grandes novelas son también poemas». Es decir, es un tipo de verdad que no es directa, y en ese sentido es muy distinto de la filosofía. Por eso me tuve que alejar de la filosofía, porque estaba acostumbrada a explicarlo todo de manera exhaustiva, con lo cual, cada vez que escribía narrativa, me cargaba los libros con tanta explicación. Hoy a la hora de escribir literatura manejo mucho los silencios, aunque finalmente esa separación es mentira, porque mi cabeza muchas veces también funciona con una formación filosófica por más que a la filosofía ya la tenga totalmente olvidada. Y la locura no viene tanto de *El Anti Edipo*. Yo no tengo una tesis exacta, no tengo una tesis sobre la locura, sino que *La trabajadora* yo me la planteé de una manera mucho más quijotesca. Te diría que tiene mucho más que ver con *Don Quijote de La Mancha* que con lo que yo pudiera ver en Filosofía, porque el acercamiento a la locura es totalmente literario. Es totalmente literario porque yo, de momento, no me he vuelto loca. Igual me vuelvo loca y voy a hacer un acercamiento más realista, pero cogí un supuesto brote psicótico, no para intentar hacer lo que es un brote psicótico. Yo no tengo ni idea, porque no he sufrido ningún brote psicótico. He tenido gente cercana que sí lo ha sufrido, pero yo no estoy de la cabeza, y me han contado un poco cómo se desestructura. O he tenido gente cercana con esquizofrenia, donde he visto que incluso el lenguaje puede llegar a cambiar en sus estructuras. Pero yo no tengo esa experiencia, con lo cual, intentar llevar yo eso a un libro parecería totalmente deshonesto. Por eso, la utilización que yo hago en *La trabajadora* de la locura es como cuando don Quijote de La Mancha sale, se cree que es un caballero andante y va a luchar contra los «gigantes», que eran molinos de viento. Es decir, su saga tiene un brote psicótico que es totalmente literario. Bueno, yo ahí me lo pasé muy bien porque metía todo lo que me daba la gana, y me reí mucho. Pero no pretendía en ningún momento ser realista. En ningún momento. En la novela son dos chicas, y sí que puede haber un acercamiento más realista cuando una tiene un brote psicótico —que, como te digo, para mí es una cosa totalmente inventada, literaria— y un tratamiento de la ansiedad en el otro personaje, el personaje de Elisa. Eso sí viene de una propia experiencia mía porque yo sí he tenido ansiedad, y sí que he podido trasladar un poco a la literatura la sensación tan extraña que tú empiezas a tener con tu entorno. Porque cuando tienes un brote de estos de ansiedad, empiezas a percibir todo tu entorno de una manera muy extraña, que, por otra parte, también es un recurso literario, porque el extrañamiento está en todo buen libro; es decir, todo buen libro produce una sensación de extrañeza con respecto a lo real, siquiera porque te hace verlo de otra manera. Entonces, en este caso, aprovecho una experiencia mía para, al mismo tiempo, explorar un recurso literario como lo es el extrañamiento.

KAREN: Quizá sea inevitable hablar del contexto actual. Yo quisiera saber cómo han llevado el confinamiento. Sé que en Europa ya están abriendo cosas, pero en América Latina todavía no. Nosotros, en Costa Rica —que nos habíamos mantenido bastante bien hasta ahora que ha empezado a crecer la curva de contagios enormemente—, hemos tenido que volver a confinarnos. Creo que en Argentina pasa algo similar. ¿Cómo les ha afectado? ¿Pueden escribir? ¿No pueden escribir? Me gustaría, tal vez, que nos contaran algo de esta experiencia como personas y como escritoras.

GABRIELA: En Argentina el confinamiento ya está siendo muy largo; ya hace tres meses, un poco más de noventa días. Se están manejando los números, y ahora, aparentemente, se está llegando al pico de contagios. Por la cuestión de falta de infraestructura se fueron construyendo más hospitales y más camas de terapia intensiva, y se fueron consiguiendo y fabricando más respiradores. De todos modos, la pobreza es mucha y la infraestructura es insuficiente. Es una situación bastante trágica porque la economía de mi país es informal en un 40 % más o menos. Por eso las personas que no pueden salir a la calle a hacer sus trabajos están en situaciones muy desesperadas pese a las asistencias del Gobierno. Así que es bastante duro, pero, por suerte, no tuvimos que ver esas escenas dantescas que vimos en países del primer mundo como Italia, donde los médicos tenían que elegir a quién le daban tratamiento y a quién no, quién moría y quién vivía. Eso todavía no pasó y espero que no pase. En cuanto a poder escribir o no, a mí me sucedió que tuve mucha demanda de artículos de coyuntura que, es un trabajo también y por supuesto los hice. También tuve que organizar todas las clases *online,* que era una modalidad que la mayor parte de nosotros no frecuentaba. Fue muy trabajoso. Y eso perjudicó un poco la posibilidad de escribir ficción, pero algo voy haciendo. En eso estoy.

KAREN: Es un paisaje maravilloso el de tu casa. Un confinamiento con ese paisaje en tu casa no es cualquier confinamiento.

GABRIELA: Sí, esto es lindo. El paisaje es bonito, por suerte.

KAREN: ¿Elvira?

ELVIRA: Aquí, desde hace un día, ya no estamos en estado de alarma. Creo que desde el 14 o 13 de marzo hasta ayer estuvimos en estado de alarma. El desconfinamiento se empezó a principios de mayo. Aquí sí que ha habido una cosa muy trágica, que son las residencias de ancianos donde han muerto muchísimos ancianos, la cifra es terrorífica. Aquí en España lo que ha sucedido es que la sanidad se ha transferido a las comunidades. Entonces, además de que no había medios para todo el mundo porque no hubo suficientes ucis para la cantidad de gente que necesitó ser atendida, luego cada comunidad ha gestionado esto de maneras distintas; y lo más terrorífico se ha dado en Madrid, donde hubo una orden expresa para que a los ancianos que estuvieran ya muy graves no se les atendiera. A muchos se les ha dejado morir en residencias, una cosa absolutamente gravísima y vergonzosa. Ahora mismo ya no hay pico, ya, en teoría —digo «en teoría» porque yo no me creo nada, quizá tengo una mente demasiado conspiranoica— la curva está bajando. Ha sido también muy revelador porque —aquí retomo un poco lo que he dicho casi al principio— veníamos de casi veinte años de un discurso muy triunfalista, y una de las líneas de discurso triunfal era la gran sanidad que había aquí, que era una de las mejores sanidades del mundo, y se ha demostrado que no es así, porque en los últimos quince o veinte años —depende de comunidades, pero, por ejemplo, en Madrid que ha gobernado la derecha— se han dedicado a privatizar la sanidad. Así, esa sanidad maravillosa que parecía que teníamos ha resultado no ser tal. Ha sido un poco descorrer el velo de algo que ya se veía venir, pero que ahora se ha visto salvajemente. También va a salir muy perjudicado todo el pequeño comercio porque hay muchísima gente que ha perdido los trabajos, y las ayudas que ha dado del Gobierno no han llegado a todos los que tenían que haber llegado, porque no hay manera de gestionar tantos ERTE como se han hecho. En fin, ahora parece que estamos saliendo, pero han pasado cosas muy muy graves. Y de momento nadie ha dimitido.

KAREN: Y en el caso de tu escritura, ¿has podido trabajar?

ELVIRA: Sí, yo he podido trabajar. Fundamentalmente porque yo ya estaba metida en una novela, entonces tenía la cabeza en la novela y no me ha costado reconducirme. Es verdad que las dos primeras semanas no pude hacer nada más que leer prensa y estar yo misma histérica, hasta que me di cuenta de que no, que, en fin, estar histérica en casa no iba a servir de nada. Tuve que dejar de leer prensa, realmente. Porque estaba tan enfadada que no podía hacer nada. En un momento dado decidí que no iba a leer nada y que, bueno, en casa yo no podía hacer nada, así es que me puse a trabajar. Yo también doy clases de Escritura Creativa y hemos tenido que reorganizar todos los cursos *online,* aunque eso ha sido lo de menos.

KAREN: Sí. Yo también he tenido que dejar de leer prensa, que dejar de ver los noticieros. Y se ha discutido bastante el tema de este poder que ha pasado a un primer plano, que son los médicos hablando casi permanentemente en cualquier medio que uno elija, diciéndonos qué hacer, cómo comportarnos. Al tratar en esta mesa temas como la disidencia, me parece importante conocer cuál es la posición de ustedes respecto a esto. No me refiero a negar que haya pandemia o a no hacer caso, sino a cómo han vivido esa saturación del discurso biopolítico —como diría Foucault— que nos tiene ahogados o saturados.

GABRIELA: Pues con saturación, exactamente así. A veces se dan casualidades como, por ejemplo, que la palabra *medios* tenga las mismas letras que *miedos.* Me parece que hay un grado de incertidumbre muy grande y que a veces se trabaja para hacernos sentir miedo. Creo que lo más saludable es alejarse, poner distancia de los medios, poner toda la distancia que se pueda y hacer una lectura propia. En mi caso, yo elegí qué medios iba a leer y cuándo. Por eso leo medios que me parecen respetables y que me parece que incentivan menos el miedo que otros, y lo hago durante una cantidad de tiempo acotada por día. Porque si no es perder la cabeza, alienarla a la incertidumbre de otros que están todo el día hablando y tampoco saben.

KAREN: Sí, y es una saturación que, yo siento, no es solo de contenido, sino de lenguaje, más para nosotras que trabajamos en alguna medida con el lenguaje. Yo siento asfixia al escuchar permanentemente los mismos términos, también las frases hechas. Elvira, tú dijiste que allá tuviste que dejar de leer prensa, pero este asunto específico de ese lenguaje ya casi como lugares comunes que escucha uno permanentemente, ¿cómo lo has vivido?

ELVIRA: Sí, yo creo que esto no es nuevo ahora mismo, lo del lenguaje. Yo creo que todo lo que es el relato que generan estos medios —y es verdad que *medio* y *miedo* están muy cerca, estoy ahí muy de acuerdo con Gabriela— siempre es el lenguaje del lugar común, del cliché, y no es algo que venga de ahora, del coronavirus. Incluso se llenan de lugares comunes y de clichés causas muy justas, pero que al final se sobresaturan tanto de determinadas palabras que se usan, y usan, y usan, y usan, que al final detestas la palabra, aunque tú comulgues con esa causa, detestas profundamente ese lenguaje porque es un lenguaje que se vacía, es el lenguaje de la confrontación. También parece que estemos abocados a estar siempre confrontando con la postura, que el sistema te aboca a la polarización, y aunque tú quieras o no quieras, digas lo que digas, al final te van a meter en un sitio o en otro. Parece que todo lo antisistema sea parte del sistema finalmente, como si fuera un todo del que no es posible salir. Eso a mí me agota, y creo que si algún sentido tiene la literatura —la literatura, el arte, la gente que estamos trabajando con el lenguaje— es encontrar caminos para salirte efectivamente de ahí, por lo menos para salirte de esos clichés que yo digo que a veces sirven a causas muy nobles, pero que al final se llenan de todo ese sentido que tiene, que le está dando todo el enorme entramado semántico, que te aboca a luchar de una determinada manera, a posicionarte de una determinada manera. O sea, si no estás aquí, es que estás allá. Pues, a lo mejor, no estoy ni aquí ni allá, ni en ningún sitio. A lo mejor no quiero estar en ningún lado. Pero parece que no te puedes salir, y a mí eso me perturba.

GABRIELA: También es muy interesante lo que pasa con la sintaxis de las redes. El otro día hicimos unos ejercicios con unos talleristas que consistía en tomar la forma sintáctica de la denuncia y del comentario en Twitter. Y no importaba la ideología, no importaba la causa, no importaba nada, la forma es siempre la misma. Y todas las palabras son las mismas. Las mismas. Y no es solo eso. Es muy impactante, hay algo medio *performático* en las redes, en Twitter, por ejemplo, que obliga a la crispación, que obliga a la discusión sin matices, que lleva a cualquier persona a hacer una especie de estado fijo sin matices, sin capacidad de contradicción, sin paradojas. O sea, un plano, una chatura de pura pelea, de puro maniqueísmo. Eso es un espanto.

KAREN: Interesantísimo eso que contás, Gabriela.

GABRIELA: Y me parece que es la plataforma la que lleva a eso porque vos quisiste decir otra cosa, pero se lee de una manera sola. Entonces no hay manera de salir de esa matriz.

ELVIRA: Exactamente.

GABRIELA: Es algo muy espantoso.

KAREN: Nos quedan unos minutos. Yo querría preguntarles, si pueden hacerlo, que nos contaran de los proyectos en los que están ahora. Elvira mencionó que está trabajando en una novela. ¿Gabi? No sé. ¿En qué están trabajando ahora?

ELVIRA: Pues yo estoy trabajando en algo a lo que yo le digo «novela», pero igual no sé. Yo siempre digo «novela» para quitarme de explicaciones porque parece que todo el mundo te entiende cuando dices «novela», pero al mismo tiempo es una palabra que sirve para denominar cualquier cosa. En cualquier caso, es un libro de cuatro partes. No sé si es novela o no. Yo creo que sí, pero igual no. La protagonista es la misma, son distintas… Lo que pasa es que no suelo nunca hablar de lo que estoy escribiendo. No es exactamente superstición, pero muchas veces tengo la sensación de que cuando hablo de lo que escribo se me va la fuerza por las palabras. Por eso me vas a disculpar que sea tan poco específica, pero… Bueno, trata de cosas del mundo contemporáneo, que es como no decir nada. Y en realidad tengo un libro sobre Madrid también, pero ese es un proyecto a largo plazo. Yo siempre tengo como varios libros que los voy haciendo hasta que ya alguno se decanta. Y lo tengo que terminar, porque ya es el que más avanzado está. En ese caso ha sido la novela, pero también tengo un libro sobre Madrid. Es que tengo mucho material, pero mucho caos también porque no sé por dónde tirar. Pero también está por ahí el libro sobre Madrid.

KAREN: ¿Gabi?

GABRIELA: A mí me pasa lo mismo que a Elvira. Me parece que cuando uno habla sobre algo que todavía no escribió, o que está en proceso de escritura y que no sabe para dónde va a ir

—porque mientras estás escribiendo no sabés exactamente a dónde va, ni siquiera exactamente de dónde viene—, creo que pierde fuerza. Pero, así, a grandes rasgos, puedo decir que en principio sería también una novela —con toda la amplitud del término— que acontecería a principios del siglo XVII entre el País Vasco y Tucumán, que es una provincia del norte de mi país. Estoy tratando de hacerla, y para eso estoy leyendo mucho material que me tiene completamente enamorada, que es material acerca de las cosmogonías de los pueblos originarios americanos, que son maravillosos, de una lírica y una riqueza, pero… ¡maravillosa!, y son otra manera de ver el mundo. Estoy viendo si puedo hacer algo con esas otras perspectivas. Quisiera hacer, escribir algo, que pueda tener muchas perspectivas en un sentido muy muy amplio. No ya solo de personajes, sino de cosmovisiones: tratar de ver si una piedra no puede tener un punto de vista también, y cómo sería eso. Así que, ahí estoy, dando vueltas, pero qué sé yo qué va a salir.

KAREN: Bueno, pues, muchísimas gracias por esta conversación. Ha sido para mí un placer estar con ustedes en este espacio virtual. Ya nos despedimos, por si quieren decir algo más.

ELVIRA: Yo quiero daros las gracias. Para mí ha sido un placer hablar con vosotras, me ha encantado. Ojalá nos podamos ver y tocarnos. Y, en fin, que muchísimas gracias.

GABRIELA: Lo mismo tengo para decir yo. Muchas gracias. Realmente un placer charlar con ustedes. Y, sí, ojalá nos podamos ver y tomar una cerveza muy relajadamente en la misma mesa.

ELVIRA: ¡Sí!

KAREN: Pues, hasta luego.

ELVIRA: Vega, ¡hasta luego!

Los Campos Elíseos de la traducción

JEAN PORTANTE • ANA BECCIU

Conducido por **Carmen Expósito**
(Universidad de Córdoba, España)

Para que la pujante literatura hispanoamericana consiga adentrarse en el mercado francés, debe hacerlo siempre de la mano de un buen traductor o traductora; debe ser capaz de recrear toda la inteligencia, la música, la intuición y el universo creativo de origen en nuevos acentos. Dos de los mayores expertos en estas lides, con décadas de experiencia trasladando los grandes nombres de las letras hispánicas al francés, debatirán a continuación ante la profesora de la Universidad de Córdoba, Carmen Expósito, además, una traductora ella misma y ampliamente familiarizada con las trayectorias de ambos. Porque «París no se acaba nunca», visitamos ahora «Los Campos Elíseos de la traducción», junto a la argentina Ana Becciu y el luxemburgués Jean Portante, que nos revelarán qué debe comprender una versión para alcanzar el cielo de las traducciones.

CARMEN EXPÓSITO: Bienvenidos al festival «París no se acaba nunca». Ante todo, quiero agradecer a Yolanda Castaño y a Gonzalo Vázquez por la organización del festival y por la invitación que tengo el honor de recibir para compartir un diálogo hoy con dos grandes de la literatura. Los invito a buscar parisnefinitjamais.fr, tanto en Twitter, en Facebook como en Instagram. Como sabemos, nos encontramos hoy en París, transmitiendo en directo porque la situación sanitaria no nos ha permitido hacerlo más cerca de los tolosanos de París. Les voy a presentar a Jean Portante y Ana Becciu. Sé que no necesitan presentación porque son lo suficientemente reconocidos en todo el mundo, pero de todos modos haré una pequeña. Voy a comenzar con Ana Becciu. Ana Becciu nació en Buenos Aires en 1948. Es poeta, profesora y traductora argentina. En 1972, su libro *Como quien acecha* recibió el Premio de Poesía del Fondo Nacional de las Artes en Argentina. Tiene una larga trayectoria como traductora literaria. Ha compilado toda la obra de la célebre Alejandra Pizarnik y traducido obras de autores de la talla de Valerie Solanas, Sylvia Plath, Anne Carson, Pascal Quignard, Tennessee Williams, Sylvie Germain, y aquí me detengo porque es traductora de muchísimo más. En 2008 obtuvo el XI Premio de Traducción Literaria Ángel Crespo por la traducción del libro *Lecciones de Tinieblas,* de Patrizia Runfola. Asimismo, entre títulos extranjeros, este libro fue traducido al inglés y al francés. Actualmente reside en París, desde el año 2002. Bienvenida, Ana. Voy a aprovechar para presentar a Jean Portante y luego continuamos con nuestro diálogo. Jean Portante nació en Luxemburgo en 1950. Es hijo de padres italianos y reside ahora en París. Es poeta, novelista, periodista francófono y autor de unos cuarenta títulos traducidos a distintas lenguas. También es traductor de treinta libros, en su mayoría de literatura hispanohablante. Ha traducido la obra de Juan Gelman, de Gonzalo Rojas y de Luis García Montero, entre otros. Forma parte de la Academia Mallarmé y, en el año 2003, obtuvo el premio homónimo, así como el Premio de la Sociedad de las Personas de la Letras, por su obra completa. Previamente, su novela *Mrs Haroy ou la mémoire de la baleine* le ha valido en Luxemburgo el Premio Servais, premio al mejor libro del año. En 2011 fue coronado en Luxemburgo con la mayor distinción literaria, un premio nacional que se emite cada tres años. Solo voy a añadir una última cuestión que encuadra muy bien en el contexto de nuestro diálogo de hoy en torno a la traducción de literatura hispanohablante en francés, y es que Jean Portante fundó en 2009 la revista literaria *Transkrit*, consagrada a la traducción del par alemán-francés de la literatura contemporánea. Bienvenido, Jean. Ahora lo importante es pasar a escuchar a nuestros dos invitados, y pienso que el encuentro va a ser apasionante. Voy a comenzar con una cuestión simple, por el momento. Permítaseme preguntar a ambos, para empezar: ¿cuándo comenzaron a traducir? Parto de esta pregunta porque creo que son traductores mucho antes que escritores. Entonces, ¿cómo es que les surge la necesidad, el envión, de comenzar a traducir? ¿Surge al mismo tiempo que comienzan a escribir? ¿O tenían ya una larga experiencia en poesía y en prosa antes de comenzar a traducir? Les doy la palabra.

JEAN PORTANTE: ¿Ana?

ANA BECCIU: Gracias, Jean. Desde ya, muchísimas gracias por la presentación. Me siento muy honrada de poder participar, es un agrado poder estar hoy con ustedes. Esta es para mí una cuestión muy particular, y trae a mi memoria recuerdos muy lejanos, pero que me acompañan hasta hoy. Como ustedes saben, yo no escribo poesía, escribo poemas o versos que no sé si llegan a ser poesía. En todo caso, así es como escribo. Nunca intenté hacer narrativa ni novelas. Era muy joven y muy pequeña cuando comencé a escribir, y la traducción llegó cuando estaba en primer año de la universidad. Me había apasionado por completo por lo griego y los autores griegos, sobre todo poetas. En esa época llegué a traducir a la mayoría de mis amigos, lo que fue un gran ejercicio de traducción, magnífico para mí, y algo que me divertía un montón. Y en las clases éramos un pequeño grupo de jóvenes apasionados por la poesía y por la traducción. Amábamos tanto la poesía y la practicábamos en nuestra vida todo el tiempo, de manera cotidiana. Era —no sé si recordarán— una época en la que existía el correo, y recibíamos sobres escritos, con estampillas. Nuestra alegría estaba en recibir una carta y que el contenido de la carta fuera un poema traducido por alguien de nuestro grupo. Podía tratarse de un poeta griego, latino, francés o inglés. Yo hablaba más inglés que los demás. La cuestión es que fue así como se dio. Comenzamos a traducir para impresionar a nuestros amigos y para que se leyera lo que habíamos descubierto. Ahí estaba la dicha para nosotros. Luego vino una segunda fase, que fue la de traducir un libro por el cual se nos iba a pagar, y así fue que traduje mi primer libro para una casa editorial. Y fue también por una cuestión de azar. Estaba bastante molesta en la Argentina, ya que veía venir una situación política muy grave para nosotros, los jóvenes. De este modo, por si llegaba el día en que yo debiera partir de inmediato, me conseguí un boleto de avión que yo misma pagué en cuotas, también para hacer algo de economía, por si acaso. Un amigo mío, que era muy compañero y también tenía dieciocho años como yo

—un hombre muy reconocido ahora, estoy hablando de Alberto Manguel—, me dijo: «Escucha: me voy de la Argentina, parto hacia París. Voy a traducir una novela americana con mi tía. Te la voy a presentar y vas a traducir con ella». Pero yo le dije: «Nunca en mi vida trabajé así. Solo he trabajado para mí», pero me contestó: «No importa, vas a aprender a traducir». Esta mujer es Amalia Castro, una grandísima traductora. Recuerdo que había una enorme mesa de madera y ella se ponía a un lado de la mesa, yo enfrente. En el medio había un montón de diccionarios, y recuerdo que yo escribía a máquina. Nos leíamos una a la otra las páginas de la novela, y así analizábamos los textos. Me acuerdo de que estuvimos trabajando con una frase de Garcilaso y cosas así. Ella tenía una gran cultura y hablaba acerca de todo. Yo lo fui absorbiendo; yo era ante todo una aprendiz. Así comencé a traducir. Apasionadamente, porque Amalia traducía con pasión. Y no había un solo dogma. Entre todo lo que aprendí, lo fundamental fue que debía escuchar la frase al leerla. Y mucho más adelante comprendí que eso viene desde muy lejos. Es algo muy bello que se puede leer ya en un traductor español del siglo XVII, Francisco de la Torre, que había traducido los epigramas de Owen, y decía que para él la traducción era como calcar el aire.

CARMEN: ¡Qué hermosa la imagen del comienzo de tu experiencia en la traducción! Porque es una imagen en la que a lo lejos veo la mesa llena de diccionarios, mientras que ahora uno no usa mucho más que un papel. Y además la máquina, también. Eso ya no existe más para la traducción. Y has aprendido de una grande de la traducción, es un comienzo magnífico. No sé si para Jean fue la misma experiencia. Creería que no, ¿verdad, Jean?

JEAN: Es verdad, no fue una experiencia así. Digamos que comencé a escribir algo tarde, tenía 33 años cuando hice mi primer libro, y me pregunto si no era ya una traducción porque vengo de una lengua materna que es el italiano y que nunca me salió para la escritura, en ningún lado. Pero ahora que lo miro desde la perspectiva de hoy, tengo la impresión de que cuando me puse a escribir ya estaba detrás de la traducción, porque los libros pueden lograr eso, o al menos el mío hizo eso conmigo. En Luxemburgo, como ustedes saben, coexisten tres lenguas: se habla alemán, francés y luxemburgués. En la escuela se hablan como si fueran una sola lengua, la literatura alemana se trabaja en alemán, la literatura francesa en francés. Creo que ese proceso queda en la cabeza de uno, porque como todo el tiempo va y viene de una lengua a otra, entonces eso se instala en el espíritu. Desde el comienzo se está inmerso en un vaivén de lenguas, y más allá de que uno sea de tal o cual país, es como si se hablara una sola lengua. Yo de Europa me fui a vivir a La Habana (Cuba) y, a decir verdad, fue allí donde hice mi primera traducción, porque debía incorporar la lengua de otro, y realmente era la lengua de otro porque traduje para revistas cubanas. Traduje versos de poetas desde la lengua francesa, alemana, inglesa e italiana, a versos de un español que ya no era mi lengua. Bien, y todo eso también estaba hecho de un modo algo superficial. En realidad —y sobre todo en poesía— no se debe traducir la lengua, sino que se traduce a un poeta que usa una lengua. Lo mismo creo que sucede al hablar, uno ya no es consciente de ello y puede pasar rápidamente a un poeta de una lengua a otra. Creo que con Jules Kazca me convertí en traductor. Yo ahí veo a Gelman, y con Gelman sentí la necesidad de traducirlo a mi lengua. Fue así como hice mi primer libro de traducción. La verdadera traducción creo que intenta llegar al fondo de las cosas: así como hace el poeta, para la traducción también debe crearse una lengua. Y fue así como comencé, esa fue la primera etapa. Después, bueno, ya me veo como traductor. Aquí hay algo muy importante, y voy a tratar de aproximarme a ello de manera sencilla: creo que cuando me pongo a escribir es porque tengo ganas de leer, y cuando me pongo a leer un libro es porque me dieron ganas de escribir, pero la traducción es las dos cosas al mismo tiempo. Para mí lo que constituye la felicidad es poder al mismo tiempo leer, escribir y transformar, y traducir cumple con todo eso.

CARMEN: Qué bueno. Todo esto que dicen sobrepasa lo que yo me había imaginado para el encuentro. Bueno, veo que ambos han pasado por diferentes procesos y que en ambos casos más que algo que se prevea por adelantado es un poco la casualidad lo que los lleva a traducir, que pareciera ser el azar lo que los lleva a esta maravillosa actividad de traducir. Yo adoro la traducción. Y como ustedes han traducido a grandes autores, quisiera hablar ahora de una cuestión que va por ese lado, y que tiene que ver con lo que posibilita el hecho de que los autores estén vivos o ya no lo estén. En este sentido, mi segunda pregunta es si creen ustedes que para un traductor o una traductora la posibilidad de estar en contacto con el autor de la obra que traduce —un autor contemporáneo y vivo— es importante con respecto a la traducción, ya que si el autor está vivo uno puede plantearle preguntas y dudas, o pedirle consejos y recomendaciones. ¿Piensan que la presencia del autor es importante para la calidad y la fidelidad de la traducción?

ANA: Te cedo la palabra, Jean.

JEAN: Dicen que cuando el poeta está vivo es como un paracaídas. Es decir, que uno no sabe realmente cuándo tirar de él. En principio, uno puede escuchar, decir que hay un pasaje que no se comprende y consultar si se puede aclarar, pero cuando un poeta está muerto eso no es posible, y uno sabe que no cuenta con ese paracaídas que lo podría proteger. El poeta vivo protege la traducción —si es que uno va a recurrir a él, porque también puede no usar ese recurso—. Para la traducción que hice de mis libros hubo todo tipo de traductores que nunca usaron ese paracaídas y tradujeron las novelas. De todos, solo uno lo pidió. Así que es posible que suceda también como si uno estuviera muerto, o como si el poeta no estuviera ahí. Justamente ahí aparece otra cuestión: cuando uno va a producir una traducción primero debe preguntarse quién es el autor del libro que va a traducir. Si tomo a Tolstói en francés, no es Tolstói quien lo pone en esa lengua, lo pone el que lo ha escrito en esa lengua para mí, el que ha escrito en determinada lengua y en determinado autor. Es toda una cuestión. La intervención ida y vuelta con el autor vivo, pidiéndole cosas, también puede ser algo molesto. Para mí hay como una instancia de péndulo y, en ese vaivén, a veces uno se aleja un poco de ese autor que también está vivo. No se trata solo de que el autor esté o no esté vivo. A veces uno se aproxima también porque hay una cosa horrible respecto a la traducción que es la conocida «traición». Pero si uno cuando trabaja entiende que de un lado hay un poema y que el poema que hay del otro lado es otro, esto no sucede. Traducir poesía es eso. Y creo que es una de las cosas que sucede también cuando uno habla. ¿A qué se llama una traducción «fiel»? ¿Hacerla como tal como ya está hecha o bien hacer tantas otras cosas distintas y obtener también un poema? Ahí hay un montón de posibilidades. Para resumirlo en pocas palabras, diría que yo traduzco a los poetas muertos y que me siento bien en esa traducción, porque si no siempre hay quien mira por encima del hombro tu trabajo. Velarde, por ejemplo, ya no puede mirar mi trabajo por encima del hombro y decir: «Hay que cambiar tal cosa que no está bien». De todos modos, también traduzco a muchos autores vivos y sucede que a veces no hay preguntas que hacer, o sucede otras veces que sí llego a preguntarles algo. Ahora, si me preguntan por qué es así, no lo sé.

CARMEN: De acuerdo. Y ya que han traducido tu obra a una gran cantidad de lenguas diferentes, más allá de que uno no las comprenda todas, ¿te gustaría que los resultados fueran más bien fieles a tu versión original o podría cambiar un poco, alejarse, aunque el resultado siga siendo una obra adecuada?

JEAN: Es algo muy curioso. Ahora, más allá de que conozco muy muy bien la obra, me aseguro de que haya una revisión de la traducción. Me siento bien si no se pierde el contacto conmigo, si la obra se sigue sintiendo así. Porque entonces, con que yo conozca un poco la lengua, el destino del libro se encamina bien. Pero igual siempre me digo que no es mi libro, sino el libro del traductor.

CARMEN: Muy bien.

JEAN: Si alguno va a recurrir a mí, si alguien me dice: «Hice esta traducción, dígame qué piensa al respecto» y me comenta o me pregunta acerca de lo que no se siente tan seguro, en ese preciso momento me suelo sentir tentado de intervenir en el libro. Y a veces me vuelvo un poco cruel, porque es algo que de alguna manera me reduce. Yo prefiero el límite que enfrenta la traducción, como si yo ya no existiera, que un día ante ese libro y ante lo que supone traducirlo, alguien pueda hacerlo. Y si, en esa necesidad, el otro siente que el libro está bien traducido, también que pueda ser capaz de decidir eso. Aunque con la intervención del autor siento que puede resultar mejor, que la traducción puede parecerse más al original.

CARMEN: ¿Cuál es tu opinión, Ana?

ANA: De diferentes maneras, yo estoy absolutamente de acuerdo con lo que dice Jean. Lo que dice es totalmente cierto por el hecho de que en la traducción el autor muerto no puede acceder a uno, evidentemente. Es distinto con el autor que está vivo, y también hay una diferencia entre el poeta y el autor que hace narrativa. En el ámbito de la traducción literaria, yo traduje ensayos, narrativa, novelas y traduje también a poetas. Por lo tanto, mis experiencias se desarrollan en ese dominio. Con los poetas vivos existe la tendencia a escucharlos, en tanto que traductores, porque inconscientemente se está en pos de reescribir o de recomponer sus poemas. Y si Borges estaba en lo cierto, el traductor es una transición. Como dice él, la traducción es la fase avanzada del escrito original. Es extremadamente bello, esa obra de Borges es la puerta hacia el oficio de la traducción. En mi experiencia, es importante pensar que los poetas muertos tampoco podrían estar diciendo cualquier cosa, con más razón porque uno no tiene al poeta para que le diga: «No, no, no. No es así como lo veo yo» o «esto es confuso», etcétera. No, uno no cuenta con eso. Hace dos o tres años traduje un poema de Emily Dickinson —poeta que adoro— para un homenaje a Emily Dickinson hecho por jóvenes en Barcelona. Ese único poema de Dickinson presentó un montón de problemas de traducción —sumados a otros que yo encontré después—. Era necesario encontrar ese aire que uno copia o calca del autor. Uno en realidad escucha aquello que va a traducir, no se trata de la esencia palabra por palabra, sino que, como decía Aristóteles, el habla es aire plagado de sentido. Cuando traducimos a otra lengua debemos saber que nuestro aire es distinto del aire original. Entonces, uno va a tener que traducir con un aire otro. Es novedoso. Habiendo dicho esto, es muy interesante el caso de Jean, porque él está embebido en una lengua materna. En mi caso, el italiano no es mi lengua materna, lo es el castellano de Argentina. También podría pensar la cultura italiana como algo paternal, porque me suelo remitir al italiano, porque lo aprendí escuchando algo aquí y allá desde que era muy pequeña. Aprendí el italiano por mí misma, con la oreja, y lo aprendí rápidamente. Así que seguramente algo de eso habrá permanecido desde mi infancia. El caso de Jean sería el de aquel que utiliza su lengua materna, que es el italiano, y que traduce a un poeta argentino como Gelman que no utiliza el italiano, sino que es porteño en el original que se ha de trasladar. Así, habla y escribe en un castellano que relaciona la sonoridad, la sintaxis y la frase de la lengua de una manera particular, para el italiano y para el francés. Nuestra lengua argentina del Río de la Plata está formada por estas dos grandes lenguas: el francés y el italiano. Así, en el caso de Jean, para comprender la música de Gelman, para poder traducirla cómodamente, debe estar familiarizado con ella en su inconsciente. Por ejemplo, yo tuve la experiencia de traducir a una autora francesa que adoro, a Nathalie Sarraute, y preparé una antología de varias páginas suyas que traduje —hace algunos años ya— y que evidentemente acabó siendo algo particular, porque la lengua del original era el ruso, su lengua materna era el ruso que se convirtió en francés. Yo me tomé muchas libertades con ello. Hay que tomarse libertades con una autora como Sarraute porque si uno intenta traducirla palabra por palabra, resulta un desastre. Esos son los autores que me gustan más. Subrayo la cuestión de que es una autora a la que no podría haber molestado jamás, simplemente no podría haberlo hecho. La consideraba muerta y la considero muerta hasta hoy en día, así que me hacía a mí misma las preguntas mentalmente. Fue así también con un escrito italiano que he hecho, *Leçons de ténèbres* de Patrizia Runfola. Es un libro que amé traducir, porque me habría gustado escribirlo. Es una belleza de texto. Ella ha muerto ya, pero esto acaba siendo no tan grave porque yo la comprendía. Yo sabía mucho de ella, la había reseñado en todas partes y la había oído, había navegado en todas sus problemáticas —que eran bastante complejas— y pasé por todos sus libros, que si bien son cortos, resultan largos para traducir. Era un trabajo magnífico para mí, un trabajo al que casi llamaría espiritual, aunque no sé si usar esa palabra porque no estoy tan segura, pero podría ser algo así. Mencioné a Allen Ginsberg a Jean hace un rato porque él ha escrito una biografía muy personal acerca de Ginsberg. Yo traduje su último libro, uno que él escribió en el hospital, ya en estado de agonía. Siento que eso es algo aterrador, porque supongo que ya debía de estar en tal universo que no era más el mismo Ginsberg de los libros anteriores, era distinto. Hizo un registro muy diferente para cada poema, con un lenguaje obsceno muy de él, otro lenguaje, uno erótico y homosexual, muy particular para él y para todo su universo. Yo desesperaba, me decía a mí misma: «Nunca fui un hombre homosexual en la costa oeste americana». Era aterrador para mí. Durante un tiempo tuve que detenerme a hacer una búsqueda en mi entorno de Barcelona para encontrar las referencias precisas, y frecuenté a muchas personas y a jóvenes de diferentes nacionalidades. Gracias a que desde el ambiente del teatro de Barcelona me conectaron con todo este universo gay de Barcelona pude hablar con algunos de los jóvenes, y descubrí que para ellos todas estas palabras de ese universo sexual que yo veía en Ginsberg eran todas correctas. Entonces, puse todas las que quise. Ese era el aire de Ginsberg. Sin embargo, el editor me decía: «¡Esto no se puede decir así en España!». Pero yo le respondía que así se dice en Bogotá, en São Paulo, en Huesca, en Cádiz. Que podía ser que en su casa no hubiera escuchado que lo dijeran así, pero que entre los jóvenes se hablaba así. A pesar de todo, la traducción fue aceptada.

CARMEN: Bien, ahora veamos la tercera cuestión. Ya han hablado acerca de si el contacto entre el autor y el traductor tiene lugar, y Jean ha hablado acerca de quién sería el autor de la traducción final. Ana ha planteado los problemas que puede tener una traducción como la que comentó, y hay una tercera cuestión, similar a estas últimas. Me gustaría hacerles esta pregunta teniendo en cuenta la función del escritor-traductor porque, como es sabido, implementan las dos funciones: son traductores y son escritores, ambos a la vez. Por eso quisiera saber cómo se posiciona un escritor-traductor frente a la traducción, si es más como escritor o más como traductor. ¿Cómo se relaciona esto? En base a lo que comentaron ya, acerca de los elementos de los que hablaron, y pensando que se habló también de traición, de que se puede traicionar la traducción. Les propongo esta cuestión, pero al mismo tiempo quiero proponer otra, que la entiendo como separada, pero voy a plantear ambas al mismo tiempo. Entonces: ¿Cómo se posiciona el escritor-traductor frente a la traducción, más como escritor o más como traductor? Y ya que hablamos de cuestiones que son recurrentes en la traducción, ¿consideran que se convierten en traductores al traducir o es que al traducir literatura y poesía se es escritor? ¡Son muchas preguntas juntas!

ANA: Son necesarias. Son preguntas y cuestiones necesarias, sí.

CARMEN: ¿Me darían una respuesta? Ana, ¿te gustaría comenzar?

ANA: Una sola cosa puedo responder. Cuando yo abordo un texto no me separo entre traductora y escritora: soy ambas cosas de manera plena. Como ya se ha dicho antes, lo más importante es que cuando uno escribe también lee, y que cuando traduce, lee y escribe, hace ambas cosas. Traducir es primero un asunto de lectura, es una manera de leer primero, y después de toda esa lectura aparece el momento en que uno efectivamente traduce, en que una grafica sobre el papel con una lengua distinta a la suya y, por lo tanto, es también un trabajo de escritura. Yo no creo que para la traducción literaria —y voy a ser muy crítica al decir esto— hagan falta colegios de traducción literaria, no creo en las academias, aunque sin duda hay lugares magníficos para aprender a traducir. Yo me formé en la experiencia, en un colegio de traductores creado por un escritor alemán, en Norwich, Inglaterra. Los trabajos que se hacen podían mejorarse mucho allí, como sucedió con mi trabajo debut con Amalia Castro. Éramos varios en un mismo grupo. La traducción es un esfuerzo continuo y perpetuado por la cultura, por el aprendizaje. En un autor uno descubre todo un universo, y eso es apasionante. Luego uno transmite ese descubrimiento a los demás. Entonces, como autores de la traducción, nosotros no decimos que seamos el autor del libro, el autor del libro debe ser siempre el autor original. En relación con la traducción, hay un poema muy breve y hermoso de Calderón de la Barca. Me voy a permitir citarlo, porque él es tan inmenso que yo no logro parafrasearlo, pero sí puedo leerlo en español. Es un elogio a la traducción, dice: «Tu docto traducir, pues, porque vuelva a vivir, no solo en ti considero todo lo que él dijo —el autor— pero lo que dejó de decir». Es magnífico: en la traducción está todo lo que el autor ha dicho, pero está sobre todo aquello que no ha dicho. Y si hay una traducción bella, es esa. Yo siempre me regocijo en esas traducciones bellas. Por ejemplo, pienso en todas las veces que leí Dostoievski después de mi infancia, y en cómo ahora puedo darme el gusto de leer maravillosas traducciones francesas publicadas por Markowicz, que es un traductor extraordinario. Él trabaja así, hay ciertas cosas que no siempre se dicen en Dostoievski y que, sin embargo, están en su traducción, que es la traducción principal francesa, esa de la que hemos hablado tanto, de la que no paramos de hablar. Ahí, uno se regocija. Por lo tanto, es así. Uno no es autor en el sentido de ser el autor del libro. Si se quiere, uno es el creador de una traducción. Pero en la traducción acabamos escribiendo una historia que también es un poco nuestra, así es como funciona. Uno puede traducir un montón de libros bajo pedido porque así lo requiere nuestra profesión, pero lo que se elige tomar del autor sale de nosotros. Puede ser que me haya extendido mucho, que haya excedido la cuestión.

CARMEN: No, está muy bien. Seguramente Jean va a completar el resto de la cuestión. Respecto a esto que vienes diciendo acerca de la traducción, Ana, la traducción se encuentra rodeada de toda una serie de elementos como el contexto, la finalidad, la persona, el autor que la escribe, el destinatario, y todo eso influye. Entonces, un mismo texto no puede ser traducido de la misma manera por dos personas diferentes, en momentos diferentes y con fines diferentes. Por lo tanto, es algo más bien complejo.

ANA: Los italianos, por ejemplo, traducen las treinta o cuarenta toneladas de los grandes clásicos.

CARMEN: Exactamente.

JEAN: Así es, eso es lo que hay que hacer. Mostrar en la traducción aquello que ha dicho el autor y que no está completo, porque, si no, no existiría la necesidad. Eso plantea la cuestión de qué es una buena traducción. Bueno, no sé si voy a llegar a responder ahora, porque seguramente vuelva a lo que ya se planteó. Pero estoy muy de acuerdo con lo que ha dicho Ana, y lo que yo voy a decir también se vincula. Yo soy escritor y, en un punto, eso es todo. ¿Qué hace un escritor? Escribe. ¿Qué escribe? Pues puede escribir poesía, escribe cartas, escribe novelas, ensayos, artículos de diarios y también escribe traducciones. Para mí es una misma persona, que lo que hace es escribir. Me refiero a que en el mismo día puedo comenzar leyendo una novela y luego hago una pequeña pausa, paso a una traducción, hago otra pequeña pausa, y voy a un libro de poemas, como si lo que estoy escribiendo fuera todo un mismo libro. A mí eso no me trae ningún problema. Sin embargo, algo que siento —y aquí me uno a lo que dijo Ana— es que ya hay un autor cuando traduzco, no soy yo el que está en el original, lo que hay ahí es otra cosa y sobre esa otra cosa yo trabajo, de tal manera que cualquiera que hable mi lengua pueda comprenderlo al leer. Me gusta pensarlo como una especie de juego de migración. Tomo a un escritor de tal lugar y lo hago atravesar una frontera. Yo soy el pasador, ese es quien firma. Sí, como aquellos contrabandistas que uno cruza en la frontera y sanciona. Cuando vemos pasar a los migrantes por el Mediterráneo, en vez de sancionarlos deberíamos darles los buenos días y decirles que hacen bien al realizar esos pasajes. Eso es lo que yo hago, y sé bien que cuando un libro ha pasado la frontera ya nunca más va a ser la misma cosa, porque la frontera lo va a transformar, y soy yo quien ha logrado que esa transformación suceda. Como contrabandista, yo lo pongo en un sitio y luego va a darse una transformación. Aquí voy a recurrir a una metáfora —que tú, Carmen, conoces muy bien— que me ha servido cuando partí y también me ha servido para la escritura, y es la metáfora de la ballena. Hasta el día de hoy digo que escribo como la ballena. Cuando se me pregunta en qué lengua escribo o en qué lengua traduzco, respondo que escribo y traduzco en lengua ballena. Bien, pero… ¿cómo es eso? Simplemente es como yo llamo al todo. Yo, en mi interior, tengo una lengua materna, y la ballena también tiene algo en su interior. Frente a ella, uno es un animal terrestre que en determinado momento hace un viaje por el mar y se convierte en un animal acuático. Todo esto lo guarda en el interior de su memoria. Aunque por fuera —que es donde está lo que se ve— sea otro, por dentro tiene guardado un pulmón, pulmón que es el órgano de la tierra firme. El resto está en el agua. La tierra firme sería la obra original y el agua sería la traducción. O la tierra firme sería la lengua italiana que yo llevo en mi interior, y el agua sería el francés en el que esa lengua se convierte. Es decir, que mi lengua, cuando yo escribo en francés, evoluciona como un pulmón en mi interior, tal y como le sucede a la ballena. Para mí, la lengua de mi escritura viene de la tierra de enfrente o del agua de enfrente, y se transforma en mi interior. Ana decía recién que Gelman usaba esta lengua, y que después está el francés, y que también está el italiano, y por qué no el ucraniano. A uno se lo entiende incluso cuando todavía es un bebé y es autor de cierta manera particular de hablar. Hay un montón de cuestiones como esta, y todas constituyen ese pulmón que se encuentra en el interior de uno, y que transforma la lengua al momento de escribir. Es un proceso muy complejo que no sé muy bien cómo funciona, pero que es cierto para mí. Yo después lo teorizo porque algo tengo que hacer con mi lengua materna. ¿Saben qué hago? Ahora juego conscientemente con el pulmón del interior de una lengua, y al pasarlo del otro lado en la traducción, resulta exactamente el mismo. Es indispensable que exista un pulmón original en el libro que debo traducir. Si ese pulmón original del autor no está ahí, entonces estará el pulmón que nos diga acerca de toda la vida y el contexto del autor, del aire que respira, del tono de su voz. Siempre hay un pulmón que ya está ahí y ese pulmón va a respirar también en mi libro, pero quien lo pone en escritura soy yo, no es él mismo. Ahí, en ese momento preciso, yo soy el escritor del libro, y no lo es el del interior del libro, no es el pulmón quien escribe. Por lo tanto, yo diría que la traducción ya no es el escrito original, pero tampoco es algo totalmente mío. Es como la ballena, que ya no es un animal de la tierra, pero tampoco es un animal del agua.

CARMEN: Muy bien, Jean. Me encanta esa metáfora, que cada vez comprendo un poco más. Les voy a proponer otra cuestión que se vincula con todo lo que venimos diciendo. Ambos viven en Francia, aunque Ana tiene más bien el español como lengua materna, y diría que Jean tiene como lengua materna la del trabajo, el francés. Han respondido a lo que pregunté a partir de sus experiencias tanto personales como culturales, porque, de hecho, así se lo había pedido. Y en relación con esto, me gustaría saber —tanto para escritura de poesía como de prosa— si creen que existe alguna marca cultural que diferencie el español que proviene de América Latina, hispanohablante, del español de España. Y les hago esta pregunta porque sé que ustedes trabajan y traducen precisamente autores americanos y autores españoles. Entonces, ¿creen que hay una marca diferencial y cultural entre estos dos tipos de español? Y justamente quisiera conocer su punto de vista porque en los dos casos hay una —entre comillas, sin duda— «trasplantación» que desde un sitio como Francia ustedes tienen el placer de distinguir. No sé si soy clara, si han comprendido mi pregunta.

JEAN: Más o menos. ¿Comienzo yo?

ANA: Sí, Jean. Te cedo la palabra.

JEAN: Gracias, Ana. Yo diría que uno no puede generalizar, no puede decir «poeta español», y después decir «poeta latinoamericano» o «poeta argentino». El poeta es una vía de acceso, y cada poeta es un idioma, una cultura, un universo. Uno no traduce a un poeta argentino, uno traduce a un poeta que escribe en esa lengua. Ahí está lo que los psicoanalistas llaman confusión de lengua. Cada uno tiene una mixtura de lenguas, y esa es su lengua. Hay quienes escriben así, como Gelman que no escribe en castellano, sino que escribe en Gelman. Ahí uno encuentra todo acerca de Gelman: el aire que respira, la cultura que respira, todo eso. Cada poeta tiene su especificidad. Ahora, si hablamos de vocabulario, ahí sí ya se refiere a otra cosa decir o no «un poema cubano». Hay ciertas palabras que uno absorbe y que no pueden ser palabras del español de Madrid, que uno no podría comprender porque son demasiado locales. Esa es otra cuestión para tener en cuenta. Yo, por ejemplo, sé que muchos de mis poemas están traducidos por distintos traductores de diferentes países de América Latina. Y, por ejemplo, hay una expresión —esto hoy me hace reír—, *le robinet*, que en Argentina se dice *la canilla.* Uno puede encontrar: la canilla, el grifo, la pila. Cada traductor pone una palabra diferente en el mismo poema porque cada uno es local en su traducción. Y yo puse la palabra *robinet*, que es sencillamente una palabra interesante, y hoy me hace reír porque me recuerda a una canción infantil acerca del uso de los basureros donde hay un Señor Basurero y bien podría haber una canción sobre el Señor Canilla. Bueno, en fin, cuando uno traduce no es que haga falta conocer el universo de un país o de una lengua estándar como el español o el alemán, no. Se debe conocer el universo de esa persona a la que uno traduce; uno debe acceder ahí adentro. Recuerdo cuando se me pidió que hiciera una antología de la poesía mexicana y me dijeron que había una decena de poetas. Era un trabajo bestial, porque cada uno de esos diez poetas era otra lengua, otro universo, y debía hacerlo pero realmente no tenía suficiente tiempo para hacer semejante cosa. Me decían que debía hacerlo para diciembre, pero es lamentable hacerlo en tan solo treinta días. Tal vez hubiera sido diferente si me hubieran avisado del pedido con antelación, como lo hacíamos nosotros cuando traducíamos por nuestra cuenta. Cuando te hacen un pedido hay que presentarlo, no es como cuando uno traduce simplemente porque tiene el interés de pasar a tal o cual poeta a la lengua que hablan los suyos. Eso sí que vale la pena. Por lo tanto, traducir lleva su tiempo. Tengo que adentrarme en el mundo del poeta, ver cómo funciona, cómo funciona su música, cómo voy a trasladar luego su música hacia el otro lado, ver si es más importante la musicalidad o el sentido, todo eso. Hay un millón de cosas que se deben equilibrar. Como bien dice Valéry: «La traducción de la poesía es una vacilación entre el sonido y el sentido». Es como si fuera un péndulo y nosotros tenemos que movernos entre un lugar y otro, oscilando en ese péndulo que va del sonido al sentido. Si no, uno no estaría traduciendo a ese poeta que tiene ahí, en particular. Uno puede poner un montón de palabras, puede usar un montón de cosas, pero lo importante es que una vez que la traducción pasa al otro lado, digamos lo que para ese poeta y en esa lengua es lo importante. Bueno, algo de eso es de lo que se trata. ¡Uno se pone muy locuaz!

CARMEN: ¡Es un placer escucharte!

JEAN: Uno se apasiona al adentrarse en un discurso así. Resumiendo, creo que no debería suceder eso de generalizar y decir algo así como «la poesía alemana». Con decir «la poesía», y aproximarse a ella por esa única vía que es su propio lenguaje, es suficiente.

CARMEN: Gracias.

ANA: Yo estoy muy de acuerdo con Jean. Mi lengua materna es el español y yo hablo castellano. Tal vez hiera un poco la sensibilidad española cuando digo «castellano», pero lo he incorporado así desde el colegio, en Argentina se enseña así. En Uruguay, sin embargo, no se aprende español, se aprende castellano. Voy a decir algo acerca de Gelman, retomando lo que dijo Jean. Gelman no es un hombre de mundo, sino un hombre de ciudad, es un ciudadano que con frecuencia homenajea en sus poemas a una lengua castellana de raíces profundamente argentinas. ¿Y qué hace a ese lenguaje tan particular? Uno allí encuentra a san Juan de la Cruz, a santa Teresa, encuentra a fray Luis. O también podría decir que lo que se erige es un paisano de la pampa, como si dijéramos «naides», como santa Teresa. Los porteños de la ciudad dirán que no lo hablan, pero sí. De hecho, cualquiera que hable esa lengua sabe que es un privilegio el castellano. Gelman a menudo la reinstaura en sus poemas. Para mí, como traductora, este privilegio del castellano es muy importante, porque yo traduzco versos en lengua castellana. Claro que en mi experiencia de traducción lo que sucede es que no me limito a la lengua que se desenvuelve donde vivo, ni a la de la editorial que vaya a publicar el libro, porque eso nada tiene que ver. Yo estimo que el lector de una obra traducida en lengua española o castellana es, digamos, variopinto —no sé cuál será el equivalente en francés—, porque esta se habla en México, en Colombia, en Puerto Rico, en Guayaquil, en Buenos Aires, en Santiago, en Valparaíso, en Montevideo, en todas partes. Se habla en Madrid, en Cádiz, en Huelva, en Barcelona, en Girona, en todas partes. Y en todos esos lugares se habla un castellano que tiene mucha variación. No tiene sentido hacer la distinción. Yo siempre me encontré con editores en Barcelona que... —que me disculpen, no diré los nombres, pero...—. Traduje la mayoría de las veces para editoriales con domicilio en Barcelona y siempre había una frase que allí no se decía así. Tal vez no se dice, pero se puede decir, porque luego ese libro se va a exportar. ¿Qué les hace suponer que alguien en México va a comprender la pequeña lengua de La Rambla de Catalunya? Sinceramente lo digo. Bien. Yo me he desarrollado en un medio universitario e intelectual de Buenos Aires para el cual la traducción resultaba muy importante, porque vengo de una generación que ha leído toda literatura traducida. En Buenos Aires se traducía todo. Y dado que la historia de la traducción del Río de la Plata tiene una gran carga temporal, resulta una experiencia extraordinaria. Yo me acuerdo de que en la librería uno encontraba novedades en francés, en inglés, etc., y ante lo primero que encontraba en lo que se fijaba era en quién lo había traducido: «¡Ah, lo tradujo tal!», y entonces lo compraba. Había 35 traductores que estaban en la cima de la traducción y nosotros nos los recomendábamos, nos comentábamos los nombres, y era así como nos enterábamos. Pero esa lengua en la que esta gente traducía en esa época no se pensaba como «de México», «de Colombia», «de España»; era igual para todos estos lugares. Por ejemplo —y cosa que yo no traduje en su momento porque me sentía incapaz—, para traducir las novelas americanas de hoy día, que son extremadamente coloquiales, uno debe conocer profundamente cada lengua coloquial americana, y eso es muy difícil. Luego es en esa lengua coloquial que uno traduce, y así lo manda al editor, o lo distribuye. Es algo que se puede traducir. Me abstengo de decir que existan esas divisiones en literatura. Hay que decir que el español es una lengua extremadamente rica, y que lo es gracias a todas estas culturas diferentes, gracias a cada una de ellas. En España es muy rico, y el servicio de estos editores, ya sean de Madrid o de Barcelona, está obligado a incorporar las expresiones de Huelva, de Santiago de Compostela, de una pequeña ciudad del Alto Ampurdán o de Granada. Si es algo rico, alguien de Barcelona va a comprender la frase, aunque esta sea de Granada. Es algo extraordinario. Por ejemplo, si uno se encuentra con la expresión: «¡Cómo pega el rubio hoy!», ese «rubio», ¿uno debe traducirlo literalmente y decir *le blond*? Puede hacerlo, pero no se va a entender. Eso no podría entenderlo alguien de la costa mediterránea porque no utilizan esas metáforas y metonimias, ellos no hablan así, literal, entonces las traducciones no deben ser literales. En una ciudad de Madrid, por ejemplo, se usan un montón de dialectos cuando se habla español. Yo me pregunto siempre cómo harían con James Joyce, ¡no podrían poner nada! El lenguaje es algo que se impone. Es magnífico. Yo dejo que eso se refleje en la traducción, y funciona, funciona muy bien.

CARMEN: Todo esto amerita a que hagamos una nueva reunión, porque todo lo que dicen es muy interesante. También es muy interesante todo lo que cuentan de las editoriales, pero vamos a dejarlo ahí porque no nos queda tanto tiempo y prefiero finalizar con una cuestión vinculada a algo que ha dicho Ana. Tú has contado que en Argentina ustedes abrían un libro para saber quién lo había traducido, y lo nombraban. A esto me gustaría unir la última pregunta, que tiene que ver, precisamente, con la visibilización del traductor, la visibilización del trabajo hecho. Es decir, la visibilización real, donde se muestra el nombre del traductor o de la traductora, en la obra traducida. Es una cuestión de la que podríamos hablar durante horas, pero vamos a incorporar una respuesta real y sencilla por parte de ustedes, para concluir. Yo no sé cómo es en Argentina, pienso que tal vez hay más conciencia acerca de la traducción de la que hay en España.

ANA: Sí, en Argentina hay mucha conciencia. Aunque ignoro cómo es ahora, de eso ya no puedo estar tan segura. En España habíamos comenzado una especie de combate como traductores. Yo me fui de Argentina y llegué a Barcelona en un momento de golpe de Estado militar. Llegué a Barcelona en el mes de mayo de 1976 y participé de todos estos movimientos que eran magníficos. Ahí se crearon los feminismos, se crearon un montón de cosas allí. Ha sido algo magnífico. También había esta cuestión de plantearnos realizar una traducción, y tener que pensar cómo la haríamos. Desde un principio, los editores nos incitaban bastante a querer hacer estos trabajos de traducción, y como nosotros éramos pobres, lo hacíamos. Así que había editores que nos llenaban de confianza, porque todos estaban impregnados de la solidaridad catalana que había en esa época para con toda la gente que venía de sufrir este estado atroz de dictadura. A nosotros nos ha ayudado enormemente. Fue así como se instauró en Barcelona este debate —que era muy muy fértil y que dio muy buenos resultados— entre traductores de gran nivel como Carlos Manzano, alguien muy respetado, muy considerado. Había todo un colectivo de traducción que buscaba hacer valer este derecho. Finalmente, en el año 1992, se logró que apareciera el nombre del traductor en la primera página de los libros. Y también se logró que existiesen los derechos del autor de la traducción. A partir de 2008 con la crisis de Lehman Brothers, las editoriales de los más ricos —como la editorial Planeta, que era muy rica— se declararon pobres. Por lo tanto, se decide que como eran pobres y estaban en crisis financiera, los traductores no aparecerían más en la primera página reservada para el traductor y, encima de todo, nuestras tarifas debían bajar de manera radical. De hecho, habían bajado en un 75 %. Ese era nuestro caso, como traductores de lengua española, tanto en América Latina como en España hoy día, porque todos esos grupos de edición son tentaculares, están en todas partes y aplican la misma política en todos lados. Nuestra situación era muy diferente de aquella en que se encontraban los traductores franceses, donde había un gran respeto por el trabajo del traductor, ya que se les pagaba bien, y se los consideraba bien, donde no se los disminuía. Así es como la crisis financiera o la crisis económica arrasa con el trabajo de traducción del traductor. En esa época incluso llegó a haber en Francia una traducción acerca de estudios de la traducción, una reflexión muy formidable acerca de los estudios de traducción. Es una cultura que —ya, evidentemente, desde Montaigne— reflexiona en torno a la traducción. Aunque, de hecho, en todo el mundo se reflexiona acerca de la traducción. Yo envidiaba mucho a los traductores franceses porque podían vivir de su trabajo, que podían pagar la electricidad. Fue algo terrible, de mal en peor.

JEAN: Bien. ¿Continúo?

CARMEN: Sí. Solo quiero decir que es claro que no sea comparable, ya que en Francia ha habido una gran lucha por parte de los traductores para resistir por aquello que debía aparecer. Bueno, Jean podría hablar más acerca de esta cuestión, acerca de que en Francia figuren los nombres de los traductores en los libros.

JEAN: Por un lado está la realidad y, por otro, aquello que creo que debería ser la realidad. Son dos cosas diferentes. Es cierto que ahora aparecen los nombres en lo que incluso podríamos llamar la portada. Es algo raro, pero para la poesía suele suceder que en la cubierta figura en gran tamaño el poeta al que se ha traducido, y luego aparece el nombre del traductor. La cuestión es que, en cualquier caso, aunque figure en el interior, en la primera página, en el título del interior o allí donde dice «traducido por», todo eso se logró, sí, pero creo que la cuestión va un poco más allá. Para dar un ejemplo análogo, si se habla del hecho de que la traducción es una interpretación —como hemos dicho y con lo que estoy de acuerdo, al traducir uno interpreta, porque si no sería la misma cosa, el traductor no haría más que repetir lo mismo—, alguien interpreta de tal manera. Si uno hiciera traducir un libro por cinco personas, habría cinco libros diferentes. Esto tiene que ver con la interpretación y también con la adaptación. Cuando hablo de la adaptación, lo pienso como si habláramos del cine. Por ejemplo, si uno ve *Macbeth* en el cine, esto quiere decir que ya ha visto los afiches, y eso no lo tenía Shakespeare. Uno sabe cuál es el título de *Macbeth*, sabe quiénes son los actores, sabe cuál es la puesta en escena. Lo único que podría no saber es quién es realmente el autor, quien a fin de cuentas ha puesto ahí todo el material, quien ha creado la base de todo. Puede ser que en un rincón del afiche figure «Shakespeare», que genéricamente se ponga que es de Shakespeare, pero puede también que de toda esa información haya algo que se pierda. Yo no me pongo a pensar quién produjo todo eso, yo traduzco a Ungaretti y después ponen «Jean Portante» en la primera página, y puede que «Ungaretti» figure en el interior, por ejemplo. Puede suceder así. Hay que poner en práctica la historia de la ballena. A mi modo de ver, deberían ser ambas cosas, y desde un comienzo. Porque si una traducción ya no es el libro que era antes, pero tampoco es ese libro del autor, aquel que se busca traducir, y se pone en la cubierta: «León Tolstói, traducido por "tal"» más el título, puede haber cualquier cosa en ese libro. Porque si no hay un poco de verdad, uno puede creer, como le sucede a mucha gente —a nosotros que estamos en los medios puede que no, que no creamos eso— que ve: *Le savoir des polars americains,* y que tiene la intención de leer en francés, puede ocurrirle que sabe bien que es una traducción pero hace caso omiso de que sea una traducción, y piensa que lo que el autor ha escrito es exactamente igual a lo que puso aquel que ha intervenido en la traducción.

CARMEN: Exactamente.

JEAN: Creo que se debe hacer visible al traductor. Yo ya no digo que soy traductor porque también soy autor de mis propios libros, pero no estoy en contra de que en la cubierta figure el nombre del traductor, porque se trata de su escritura también.

CARMEN: Sí.

ANA: Y su escritura es esencial.

JEAN: Es su escritura, con todo lo que ello significa. Porque como venimos diciendo, va a introducir todo ese universo del autor. Pero sucede que, al mismo tiempo, cuando uno escribe también hace el propio universo, el aire propio en el que respira. Y todo eso acaba en el libro. Es cierto que es muy rico, y está muy bien lo que dice Borges acerca de todo aquello que habrá de ser el libro finalmente, porque es un libro que va más allá de su horizonte. Incluso está el prólogo también; podríamos hablar de sus muchas partes. Bien, es así como veo esta cuestión. Solo me gustaría añadir algo muy breve, que tal vez no tenga nada que ver, pero se vincula a algo que dijo Ana. Ella contó que tradujo los últimos poemas de Ginsberg, y figúrense que yo traduje todos los primeros y eso no aparece en ninguno de sus libros. El día que él llegó a París por primera vez, cuando todavía nadie lo conocía, había ido a vivir al famoso Beat Hotel en la calle Gît-le-Cœur con el cuento chino de que no tenía dinero ni nada. La primera noche tuvo que dormir en la estación del Este y la segunda noche, en el mercado —todavía había mercados en París—. Ahí escribió dos poemas que hablan de eso. Somos antípodas nosotros: yo traduje los primeros poemas, que puse en mi libro sobre Ginsberg, y tú hiciste los últimos. Habrá que ver si no son un millón, eso ya no lo sé, pero sí creo que de seguro estarán bien hechos.

ANA: No es como lo de otros escritores, Jean, lo que tú tradujiste. Como estos amigos de los que hablas cuando cuentas que hiciste la traducción, con quienes te enfadas por esa reacción que tienen de «no me importa», de hacer cualquier cosa, lo que se convierte en un horror porque acaban ateniéndose solo a lo escrito, a lo que está en el texto, basado en el conocido: «acá escribió tal cosa». La traducción está hecha de todo eso también. Yo tuve una experiencia muy bella que quiero comentarles, porque resulta muy simpático. Entre los años 1966 y 1967 yo estaba en Barcelona, cuando luego de una larga dictadura surgió el comienzo de un período nuevo en España. Estaba haciendo el primer trabajo que me habían encargado, que era ocuparme bien de todo lo relacionado con la traducción y los textos que venían en inglés o en francés para una revista que había entonces. Se llamaba *Vindicación Feminista.* Muy radical, hasta diría que era terrible. Había dos grandes periodistas a la cabeza de todo: Lidia Falcón y Carmen

Alcalde. Se nos llamó «las vindicadoras». Y me acuerdo que un día se decidió publicar un libro, que se llamó *Vindicación feminista,* para una casa editorial. Para ellas traduje *SCUM,* de Valerie Solanas, lo que me trajo un montón de problemas en ese momento —*Vindicación feminista* era el primer libro de esa casa editorial—, a tal punto que la revista, que tenía una suerte de aire de época, muy avanzado, decidió hacerme una entrevista a mí, a lo que respondí que yo no era la autora, sino la traductora, y que eso era todo. Yo había hecho un prólogo para ese libro. Se me había hecho la entrevista, y estaban todos furiosos, porque tenían también a Francisco Umbral en Madrid, quien había escrito una entrada en el diario *El País,* como una invitación, pero que se dirigía a mí, donde ponía: «Invito a quien lo haya escrito para enseñarle lo que es una obra». Así, cosas de ese nivel. Y cuando me hicieron la entrevista me preguntaban insistentemente por qué había traducido eso. Lo hice porque hubiera traducido cualquier cosa. Era como una herejía, por lo que escuchaba decir. Bueno, yo desde un principio trabajé como traductora, me ganaba la vida con eso. Después se me pidió que tradujera este libro —lo acordábamos de palabra, charlándolo, así—, pero resulta que era una enorme foto mía la que aparecía en el diario, no era una foto de Valerie Solanas, sino mía. Y con un pie de foto que decía: «Todo esto lo hice por dinero». Yo me preocupé, porque tuvo una repercusión enorme. Estaba muy apenada por la editorial y por mí misma como traductora. Esa fue mi primera experiencia. Muchos años después, comprendí que lo que debe entender un traductor —que por una cosa así bien podría ser asesinado como ocurrió con *Los versos satánicos* de Salman Rushdie cuyo traductor acabó no sé dónde, asesinado— es que se trata de un asunto bien complejo. Porque si el libro acaba siendo detestado, también al traductor se lo detesta, acaba siendo el enemigo público.

JEAN: Voy a agregar algo. Cuando el traductor hace bien su trabajo ninguna persona habla de él. Pero donde sea que haya algo raro, van a decir que fue culpa del traductor.

CARMEN: Exactamente.

JEAN: Es como el corrector de un diario. Cuando el corrector hace bien su trabajo, se lo olvida, pero donde sea que cometa un pequeño error, enseguida hay quien se lo marque, y expresamente —en vez de hacer como yo, que simplemente hablo de ello—.

ANA: No está nada mal.

CARMEN: Pues muy bien. Terminamos con lo inverso a lo que habíamos comenzado. Propuse finalizar con la cuestión de la visibilidad del traductor porque es uno de los problemas que aparecen habitualmente, y porque el traductor todavía hoy no es del todo visible. Pero teniendo en cuenta el caso que acaba de contar Ana, vemos que también puede no ser visible el autor. Me gustaría concluir con esta bella imagen que Jean ha traído, acerca de la traducción de los primeros y de los últimos versos de un mismo autor. Muchas gracias por este diálogo que han compartido aquí conmigo. Fue un placer y un gran honor.

JEAN: Muchas gracias.

ANA: Gracias a ti, Carmen.

El arco sobre la estrella: cultura cinematográfica desde París

ISABEL COIXET • ÓLIVER LAXE

Conducido por **Marta Álvarez**
(Universidad de Franche-Comté)

Avanzando por este plano simbólico de París, encontramos la estampa de un arco sobre una estrella. El arco de nuestra emoción se tensa también aquí y apunta con sus flechas a dos auténticas estrellas de la cinematografía española. Siempre inquietos, eternos viajeros a la búsqueda de lo que es esencial para ellos. Epicentro de nuestro festival, París ha sido para ambos también mucho más que un punto de partida, que una estación de paso. De todo ello hablarán, ante nuestros ojos, y en especial ante los de la profesora de la Universidad de Franche-Comté, Marta Álvarez, que tanto se ha emocionado con sus escenas filmadas. Y aunque se contará con subtítulos una vez superado el streaming, *hablarán, además, en francés, una lengua que de algún modo también construye sus caminos. Cruces de caminos, eso son seguramente las equis presentes en sus apellidos y el encuentro que aquí les proponemos: son Isabel Coixet junto a Óliver Laxe.*

MARTA ÁLVAREZ: Buenas tardes a todos y a todas. Les doy la bienvenida al festival «Paris ne finit jamais», «París no se acaba nunca», y les recuerdo que pueden consultar el programa del festival en la página web: parisnefinitjamais.fr, y que el encuentro se transmitirá en paralelo en Facebook, Twitter, Instagram y, por supuesto, en la página web del festival. Voy a comenzar dando las gracias a Isabel Coixet y a Óliver Laxe, que también están aquí con nosotros para compartir este diálogo. Me gustaría dar las gracias también al equipo del festival, particularmente a Gonzalo Vázquez y a Yolanda Castaño, por permitirme participar en este encuentro. Muchas gracias a ambos.

ÓLIVER LAXE: Gracias.

MARTA: Es muy difícil presentarlos porque ustedes ya son figuras tanto conocidas como reconocidas del cine español. Isabel Coixet ha realizado estudios de Historia, y hoy es la joya de los estudios de las artes y las letras francesas. También es la fundadora de CIMA, la Asociación de Mujeres Cineastas y de Medios Audiovisuales. Es escritora, escenógrafa, traductora, y ha realizado una quincena de largometrajes de ficción y de documentales, ha participado en diversos films colaborativos, tanto documentales como de ficción, entre los que se encuentra *Paris, je t'aime*, en films que se reprodujeron en Estados Unidos, en Canadá, en Japón y también en España. Una carrera bastante larga. También ha recibido una cantidad de premios, en el debut de su carrera —de su historia de amor con los Goya, premio equivalente al César francés— obtuvo una nominación por su primer largometraje y cinco premios Goya, entre otros premios españoles e internacionales. Óliver comenzó en 2010, con su film *Todos vosotros sois capitanes*, que se presentó en Cannes durante la semana de realizadores, con el cual obtuvo un premio. No sorprende que hable francés, ya que sus padres son de Galicia, pero emigraron a Francia y luego volvieron a España. Estudió Comunicación Audiovisual en la Universidad Pompeu Fabra. Una parte de la crítica dijo que la nueva Escuela de Cine de Barcelona es *galicienne.* Óliver luego parte a Tánger, donde reprodujo su primer film, así como *Mimosas* que también fue presentada y premiada en Cannes durante la semana de la crítica. También en Cannes se presentó el tercer film, *O que arde*, film por el cual volvió a Galicia, a la tierra de sus abuelos. El cine que ambos hacen es muy distinto. Lo sabremos ahora cuando tengamos la ocasión de hablar, pero me da la impresión de que ustedes tienen concepciones muy diferentes acerca del cine o, al menos, que el cine que hacen es muy diferente uno de otro, pero también hay similitudes entre los dos. Ambos han nacido en el mes de abril, ambos han fundado y cofundado sociedades de producción, y también me da la impresión de que ustedes han creado familia en el cine, ya que, por ejemplo, a veces incorporan los mismos actores en sus películas. Otro vínculo, es trabajar fuera de España. Tienen además una relación particular con París y con Francia, podríamos empezar por ahí, que nos cuenten un poco sobre esto último.

ISABEL COIXET: Hablaré de aquello que me resulta más evidente. Para comenzar, mi abuelo es francés, nacido en Perpiñán. Yo nunca encontré a mi abuelo, al punto en que creí que estaba muerto. Él era judío y estaba en Perpiñán con su familia, y de Perpiñán se fueron a un pequeño pueblo al norte de Catalunya y después a Barcelona. Y mi llegada a Francia fue bastante normal, con la familia, donde pasábamos juntos las vacaciones, donde yo encontraba literatura francesa por todas partes. Estudié en la Sorbona, y dentro de la carrera de Historia estudié las tres revoluciones del siglo XIX. Tengo una casita en Francia, en una pequeña población que se llama Montolieu. Tiene dieciocho librerías, y la última vez que estuve ahí fue ya hace seis meses, porque luego viajé a Benidorm para hacer una película, y luego ya vino la pandemia, el fin del mundo, y todo eso. También hice muchísima publicidad en París, para compañías francesas. Me encontré con mis amigas y conocí a Olivier Assayas en ese viaje. Para mí el cine también es Francia, aunque también viví en los Estados Unidos, por el film *noir,* y todas esas influencias americanas. Para mí, lo que es Francia como capital en mi formación son las películas y los libros en francés, y también la música. Y hoy regresé porque nuestro país es un país vecino. Es normal hablar la lengua de otro país, es normal volver y tener como esta especie de comunión, de intercambio de ideas y de proyectos. Yo me entiendo muy bien con todos, tengo un montón de amistades en Francia y, después de trabajar como veinte o veinticinco años en otras capitales, vuelvo y vemos films con ellos. Bueno, eso. ¿Y tú, Óliver? Viniste a París cuando eras muy pequeño.

ÓLIVER: Así es. De hecho, llegué a los dieciséis años a un barrio —un buen barrio, de hecho—. Y mis padres, aunque son humildes, en los años 60 y 70, se hicieron conocidos en la sala Bataclan, donde hubo un reencuentro de emigrantes gallegos, portugueses, etc. Yo hice el preescolar en ese barrio, donde nací, y cuando tenía siete años volví a España. Pasé un tiempo en Catalunya, y luego ya me quedé en Galicia. Hoy tenemos como una especie de nostalgia con respecto a Francia, para mí por mi infancia, y para mis padres también. Pensaban que Galicia había cambiado, pero estaba Fraga como presidente de la región —bueno, ministro, en la época de Franco—. Incluso hoy está el deseo de volver a Francia, ya que, de hecho, tengo una formación catalana, aunque hice todo un viaje por Francia. Y, sí, mi amor por el cine también está construido en Francia, que es como un espejo. También como lo dice Isabel. Y yo, personalmente, creo que me hice una familia en el cine, con la gente que hace las fotos, las personas con las que escribo, mis productores, que son muy cinéfilos, muy doctos respecto al cine, muy cultos y que entienden a Francia como un faro, en todos los niveles. Para el tipo de cine que hago, trabajo con actores no profesionales. Hice dos películas en Marruecos con una temática que, digamos, es del gusto que se maneja en televisión en España. Si no tuviese el apoyo de la televisión de España, solo me quedaría hacer una coproducción. Me obligaría a coproducir y, en ese sentido, evidentemente, Francia es muy importante. Unos años después de que comencé a hacer largometrajes, me vi obligado también a ir a París para hacer la posproducción del montaje, para ver al productor, y la verdad es que me sentí como en casa, sí.

MARTA: Voy a insistir un poco en sus historias familiares, porque en los dos casos son los abuelos los que vuelven. Y tanto en la historia de Isabel como en la historia de Galicia que nos cuenta Óliver, en ambos casos hay un vínculo con el cine que se da a través de los abuelos.

ISABEL: Sí, porque mi abuela trabajaba en el cine, y yo también trabajé allí. Yo era como un gran adorno de mi abuela, instalado en esa especie de… Ahora cuando me acuerdo de mi abuela la veo como si estuviera en un lienzo de Hopper, yo la veo ahí en la ventanilla, en la oscuridad. Podría decirse que en la obscuridad también porque se trata del pasado, pero para mí es la paleta de Hopper. También mis padres me hablaban del cine como si fuera una de las cosas más importantes. Esto es algo que han olvidado los dos, pero había libros y mucha cultura del cine, eso siento. Y nuestras historias son distintas porque, bueno, para la época del franquismo, tú aún no habías nacido, pero yo era una niña, aunque entendía todo muy bien. Entendía bien que mi padre estaba en un sindicato comunista, la lucha, los silencios, las dos vías: la oficial de Franco, que inaugura toda esta cuestión miserable, y la vía del diálogo, de la conversación, que era la que había en mi casa. Todo el tiempo aparecían estas dos vías: la vía oficial que era la tele y la otra vía. No sé bien cuánto tiempo fue, mi padre había comprado una botella de champán francés, y eso fue todo un hito en mi casa. Hay algo en lo que no sé si estarás de acuerdo, Óliver, algo que todavía encuentro en Francia, que son estas ideas de la resistencia contra el franquismo, de esta España dividida, y hay una especie extraña de nostalgia, que para mí es un poco sorprendente, porque yo hablo de mi padre y todo eso, pero yo creo que en mi vida, en el cine y las cosas que hago, las amistades que tengo, para mí son cosas que pasan, es normal, pero puede ser porque yo estudié Historia. Y para mí los 2000 son mi siglo; en el XX no pasaba algo así.

ÓLIVER: Yo no sé, creo que también es un poco nuestra responsabilidad, que no solo surge en la actualidad. Hablo de que deberíamos posicionarnos en la eternidad donde suceden estos sistemas que se repiten, que son cíclicos, y que forman parte de la naturaleza humana, que nacen de la geometría del alma humana. Pienso que se trata de eso, que es nuestra responsabilidad desligarnos de la historia. Y paralelo a esto, diría que recae en la división, en el uso de un lenguaje demasiado político, y no diría que uno tenga que impostar otro lenguaje, pero sí buscar uno que sea más poético, cuestión que es política también. Y para añadir algo a lo que vienes diciendo, no me interesa tanto la historia de la política de España, sino que puedan reforzarse las otras regiones de España que no son la mía y también a los otros que son distintos a mí.

ISABEL: Sí, porque es algo capital, es muy importante. Si no, uno vive y cree en las cosas de la actualidad, y al final eso no es lo más importante.

ÓLIVER: Uno debe poner distancia. Y con respecto al hecho de viajar, Marta, que tú lo has mencionado antes, que hemos viajado bastante al exterior, creo que es evidente que para un artista los países, las culturas… Que, por otro lado, si voy a nombrar un lugar sería Marruecos, donde me sentí como en casa, o Portugal, donde también fui en mi viaje. Sería una lástima para un español no conocerlo, es un país muy conocido en España que sin embargo hoy no se conoce tanto en otros países, que solo los marroquíes conocen bien. Creo que debería haber una materia en la escuela donde se estudie durante un trimestre acerca de Francia, otro trimestre acerca de Portugal, otro acerca de Marruecos. Gracias a toda esa herencia, uno puede tener esta cultura.

ISABEL: Es cierto. A mí una pregunta que me suelen hacer es por qué filmo en Japón, por qué filmo en los Estados Unidos. Bueno, la vida me llevó por ahí, y para mí es algo muy natural, escribir historias que suceden en Oregon o en Vancouver, para mí es algo normal, natural. Japón también, yo me siento muy bien en Japón. La primera vez que fui no comprendía nada, pero amé estar allí. Y es un sentimiento que —como con otros viajes que hice— sigue ahí. Yo me siento muy bien. Hice dos films allí. Al mismo tiempo, estos proyectos, yo no sé, *Paris je t'aime*, que fue —no hablo del film como resultado, eso lo podríamos discutir—, toda la construcción de ese proyecto, fue algo mágico. Me acuerdo que estábamos en un estudio de posproducción y que había diez personas que hacían el montaje al mismo tiempo, de estas pequeñas historias acerca de París, donde estaban Olivier Assayas, Alexander Payne, Chris Doyle, y todo el mundo se sentía bien, nos escuchábamos. No hablo tanto del film, el film es magnífico, pero sí resalto el proceso, con tantas miradas diferentes acerca de una ciudad que uno ha fotografiado, filmado, y miles de cosas, todo eso fue una experiencia mágica. Siempre me digo que es un muy buen recuerdo en mi carrera. De todos modos, ya sé que es algo que se ha hecho ya, *New York, je t'aime*, Brasil, Río, todo eso, pero las cosas que se hacen mediante fórmulas son algo que a mí no me interesa. Pero ese momento en el que había catorce realizadores diferentes yendo de una sala a la otra, discutiendo, mostrándose las cosas: «¿Cómo vas?», «¡ah!, estas son las otras partes». Fue la primera vez en mi vida que sentí que formaba parte de una especie de hermandad. Yo siempre me sentí sola, un poco extranjera en mi propio planeta. Fue la primera vez que tuve conciencia de un compañerismo tan estimulante, creativo y vivaz.

ÓLIVER: Y todo esto se provoca en Francia. Es curioso, porque después en España se escucha hablar de Francia como un país —no sé cómo decirlo— chauvinista.

MARTA: Sí, chauvinista.

ÓLIVER: Chauvinista, claro. Francia está ensimismada, demasiado preocupada por su propia imagen de lo «bueno». Pero, paralelamente, con que miremos un poco el cine que se hace en este país, veremos que realmente se invierte dinero en cinematografía que no es precisamente la de ellos. Y eso me parece que es algo muy bondadoso, porque esa misma inversión produce mucho más dinero, y de hecho te da confianza para hacer cierto cine, de autor o como quieran llamarlo. Es suficiente con decir que sale del Ministerio de Cultura del país en sí. Lo que, evidentemente, también tiene un lado negativo porque homogeneiza la mirada e instrumentaliza esos sistemas simbólicos tan diversos. En lo mío, en el fondo, hay todo un gesto que es muy francés, de la curiosidad, de la inocencia. Y ahora, cuando estuve en Cannes, fue todo un logro, porque hubo realmente un contrato. Para mí, realmente es como volver a la infancia, con encontrarte en un espacio hermoso, a la inocencia. No se puede negar que es algo bello.

ISABEL: Tienes razón. Yo creo que incluso hay un montón de cineastas en Senegal u otros lugares donde la inversión francesa no existe. Y es cierto que en España esto quedó olvidado. Es la misma situación de la puesta en escena española, cuando intentas decir: «¿Yo? Sí, yo… Mi película se desarrolla en Tokio y…». «No, señorita. Se pospone. O que lo hagan en…». Es una especie de… De hecho, algo que veo hasta hoy día, es que creo que en Francia, claro, esto es muy natural. Cuando quieres mostrar tu primer film en Marruecos, lo natural es que te digan que sí. Hay quienes discuten todas estas cuestiones.

ÓLIVER: Yo tuve muchos problemas con mi segundo largometraje. Además de la financiación, porque es una historia en

Marruecos y en árabe. Y realmente es complejo, porque con ese mismo dinero debía llevarlo a Cannes.

ISABEL: Aunque, Óliver… Eso es la misma historia para todos los cineastas. ¡Nunca se pone fácil!

ÓLIVER: Eso lo sé. Ya sé que no es fácil. Siempre hay soluciones. Yo soy de los que creen que si uno realmente quiere hacer una película, la va a hacer, y si no vas a hacerla es porque no tiene razón de ser. Realmente hay medios para que sea más larga, más corta, más bella, más fea, más roja, más verde.

ISABEL: Así es.

ÓLIVER: De hecho, el hecho de filmar para Cannes fue idea mía, y resultó muy bien en España. Para este festival hice mi primer largometraje, lo que realmente no estaba programado para la película. No lo sé.

ISABEL: Bueno. «Disculpe mi chauvinismo español».

ÓLIVER: Sin duda hablar así lo es un poco, pero si es así como son las cosas, es justo incluso para el jurado.

ISABEL: Creo que no escuché bien, ¿has dicho que estás en Galicia? ¿Y estás con algún proyecto?

ÓLIVER: De hecho, la película me llevó a venir a casa con el fin de hacerla aquí, así que estoy por trabajar acá en la casa, cerca de un centro de desarrollo callejero. No sé si se trata de la fatiga que da el terminar una película, presentarla y todo, pero mi cuerpo me demanda que no escriba, sino estar más bien haciendo cosas de agricultura, de desarrollo rural. Hay un vecino que me trajo diez cabras, por ejemplo. Y yo estoy muy emocionado. La verdad es que estoy muy tranquilo, tratando de poner un poco de distancia, y así también pongo algo de distancia para mí mismo.

ISABEL: Todo eso de las diez cabras, para un analista o un terapeuta sería…

ÓLIVER: Es difícil. Es difícil.

MARTA: Isabel, tú hablaste de una manera natural de abordar el regreso para el extranjero. Al mismo tiempo, me gustaría saber si te haces la pregunta de la legitimidad o de la mirada exotizante, tal vez de no mostrar lo que un turista mostraría, los clichés, etc. ¿Te harías preguntas como esas o, por el contrario, a cada instante encuentras la legitimidad en ese mostrar?

ISABEL: Hoy se habla mucho de apropiación cultural. Yo digo que el arte es apropiación cultural constantemente.

ÓLIVER: Nosotros somos los ladrones.

ISABEL: Claro, nosotros somos los ladrones. Y yo soy de gustos caros, me fijo en las conversaciones, en los gestos que se hacen. Yo diría que nunca me opuse a todas estas cuestiones, excepto cuando usé testigos mujeres que encontré en Sarajevo justo después de la guerra de los Balcanes. Hice un comentario acerca de las mujeres que fueron violadas, y que tenían hijos. Hice un comentario acerca del proceso que habían sufrido estas mujeres que habían sido violadas y que habían tenido hijos, y acerca del hecho de que estas mujeres debían aprender a amar a sus hijos. Estuve ahí, entonces hice un documental sobre ellas. Luego, cuando volví a España, hice una película en la que no eran el tema de la película, pero había cierta influencia de estas mujeres. Después pedí los permisos, dije lo que iba a utilizar y me los dieron. Después mostré la película. Es una película que se llama *La vida secreta de las palabras* (*The Secret Life of Words)*, con Sarah Polley y Tim Robbins. Yo viajé con Sarah para que hablásemos. Fue la única vez que me sentí…, que pensé: «Si esta mujer que fotografié no quiere que utilice su historia, no lo haré». Pero, bueno, eso solamente respecto al film. Si fuera por mí, sería la cosa más bella que me pasó con algún film. Pero, para mí no. Todas las preguntas que me hago sobre el escenario, el film o el punto de vista no son acerca de la legitimidad. No, yo creo que un artista puede hacer lo que quiera. Para mí la legitimidad es un límite, y eso es todo. Como artista, me pregunto qué voy a mostrar y qué no voy a mostrar. Hoy digo que hice un film en Japón, y que es mi Japón, es mi versión, de una historia que yo escribí en Japón, que escribí entre Osaka y Tokio. Para mí es eso, algo muy natural.

ÓLIVER: En mi caso, la cuestión de la legitimidad sí es importante porque la dialéctica entre el norte y el sur, entre Oriente y Occidente, realmente ya no existe, diría que todo es la modernidad. De todos modos, yo veo y observo cómo el cine puede ser también como una excavadora que aplasta todo a su paso, y donde nada crece luego. Sobre todo en mi caso, ya que viví allí y realmente tenía la intención de hacer un gran viaje. Siempre hay una diferencia entre alguien que viaja y un turista. Un turista es alguien que no viaja más, en el fondo, porque tiene la idea de volver a casa. Creo que fue Paul Bowles quien habló acerca de ese tema. El que viaja no tiene casa. En mi caso, en mi primer film, yo juego con la película en sí. Soy un artista neocolonialista, de hecho.

ISABEL: Y siempre muy bien, debo decir.

ÓLIVER: ¡Gracias! Bueno, pienso lo mismo, que conozco mi rol. Y, bien, la cuestión de la legitimidad está muy bien. Yo me acepto, me muestro como un explorador neocolonialista. Evidentemente está el amor por detrás, y no está nada mal, ése es mi rol. Bastante amor y odio. Pero, pensaba, es un querer que te da vida después, mucha más vida. Y pienso que es eso lo que legitima el hecho de que el artista —y creo que esto lo sabes bien, Isabel—, el artista hace aquello que siente dentro de su corazón, y esto es bien evidente. Él va a devolver a la vida aquello a lo que haya querido darle más mérito en la vida, aunque ese no sea siempre el caso. En fin, creo que yo mismo, si yo no trabajo más, si no veo bien a distancia cuando observo, podría suceder que simplemente me aleje y no devuelva nada a la vida. Por lo tanto, para *Mimosas* tuve que ahondar en no destruirme a mí mismo, en no romper con la dialéctica ni con el vínculo cultural y tal. Ha sido un proceso creativo muy fértil, muy fecundo, donde realmente aparecen los sufismos, aparece el corazón del proyecto. Por ende, regresé a la copiosa errancia entre los países, los monasterios, las prácticas. Y que esto fuera realmente el corazón de ese mirar el mundo con otra mirada. Personalmente, eso es algo que a mí me nutrió un montón. Realmente no soy muy del ego, pero tenía que hacer el film perfecto, genial y tal, pero también, en paralelo…

ISABEL: ¡Dímelo a mí!: «No hay nada de ego».

ÓLIVER: No, pero al mismo tiempo traté de equilibrar eso. Me decían: «Bueno, haz el film en el que puedas ajustar y alargar tu mirada, tienes que mirar el mundo desde un costado». Japón, por ejemplo, es verdaderamente fascinante, el intentar ponerte en el lugar del otro, de observar desde el lugar del otro.

ISABEL: Puede ser la mirada de la diferencia, también.

ÓLIVER: Efectivamente.

ISABEL: Sí. Nosotros al hacer el film, de hecho, no sabíamos si era filosófico, aunque hay filosofía, pero no hay dogma, es así. Yo no me dije: «El Japón es esto», no. Me dije: «El Japón es esta visión mía del espacio, esta concepción del espacio». Este espacio que hay ahí, pero sin acaparar todo el espacio, dejar que también haya lugar para respirar. Eso me fascina demasiado.

ÓLIVER: Yo también me dije eso, me dije: «Puede ser que no esté siendo tan justo con Marruecos», pero los cineastas de Marruecos tampoco lo son, ellos también idealizan Marruecos.

ISABEL: Sí.

ÓLIVER: Y más si hablamos de los estudios acerca de Europa. Tiene que ver con lo que amas, es una cuestión de sinceridad, de gesto, a menudo de la necesidad de mostrar también. También puede tener que ver con el hecho de que yo viví en ese país. Por ejemplo, cuando tenía la intención de hacer cine en mi casa, en Galicia, en España, no tenía un lugar como el de las búsquedas que había hecho. Si bien había vivido en una parte del lugar y pude jugar con un poco más de inocencia —de inocencia, como tú sabes, Isabel—, de esa necesidad de mirar…

ISABEL: Es importante la inocencia, y la distancia también. Me imagino esto que nombras, pero en todas esas plataformas, las grandes cadenas, la tele, hay grandes proyectos acerca de la pandemia. Y yo me digo: «No, no. Nadie quiere ver contar eso». Eso ya existe mientras lo estamos viviendo. Yo soy incapaz de creer en una historia que está sucediendo en ese momento. Es cualquier cosa. A eso me refiero con la distancia, escribir algo relevante, relevante para mí. Con mis películas sucedió que las tres cadenas estaban como: «Tal cosa», «¡tantas casas!», «¿cómo hiciste para experimentar todo eso?», «¡la historia que cuenta!».

ÓLIVER: Es cierto, ahí habría que dejar que se estacionen un poco todos esos films acerca de la pandemia.

MARTA: Parece que para vosotros es el momento de España. Pienso en que ahora, Óliver, tú has vuelto a España, más precisamente a la Galicia rural; y tu último film, *Elisa y Marcela*, Isabel, sucede también en Galicia, y Benidorm. Iba a decir que era sobre España, pero es Benidorm. Lo siento, pero es cierto que hoy en día está un poco estigmatizado, y me imagino que comprenden lo que digo, el turismo masivo y todo eso. Quería decir que no es en España donde resulta más evidente.

ISABEL: No sé qué decir. Creo que los films de Óliver y míos no son tan evidentes. Y mi registro de Benidorm es nulo, fui una vez, pero esa semana allí resultó en algo, en una historia muy muy bella que yo ya tenía un poco en la cabeza, una búsqueda de la belleza y de la pureza de la noche, el pulmón del mundo. Y, bueno, hice el film, lo terminé una semana después del estado de alarma, y tengo la intención de hacer el montaje. Pero es increíble porque estoy en la casa, leo, estoy en mi jardín, en la cocina. Descubrí eso en el film cuando lo edité, durante dos o tres semanas, y sigo con la intención de seguir descubriendo la película que hice —puede ser que lo haya olvidado—. Es un proceso muy interesante. Y, sí, es un film que sucede por completo allí, como: «Plantémonos en los Ancares». Es muy difícil estar ahí, muy difícil de respirar. Es un lugar que ha perdido la dimensión humana, aunque la humanidad siga estando allí. ¡Uf, tener que buscar la humanidad allí! Ha sido un buen rodaje, una experiencia muy bella. No sé, es como un bebé que se ha lanzado a andar, pero que todavía no camina.

ÓLIVER: En mi caso, tenía un escenario que ya había escrito cuando estaba en Marruecos porque vivía en un palmeral hacia el sur, y había muchos punks europeos que hacían fiestas, *rave parties* en el desierto. Y al mismo tiempo tenía unos amigos musulmanes sufíes, y el encuentro entre los sufíes y los punks es maravilloso siempre. Es digno de ver. Escribí en ese escenario, en un mundo preapocalíptico; era, de hecho, gente que buscaba en el desierto. Por lo tanto lo preapocalíptico era como una especie de pandemia, y había militares que llegaban a la fiesta, que bordeaban la fiesta para repatriar a la gente. Ahí estuve con Santiago Fillol, mi coguionista, con quien estaba a punto de entrar en pánico. Era todo muy caro y los productores estaban a punto de decir que todo eso no daba para más. Es preapocalíptico y diría que costumbrista, naturalista. De todos modos no me inquieta, porque sé que hay una pulsión generacional en nuestro mundo, en nuestro tiempo, pero ahí me sucedió que atravesé un proceso de reflexión como para desligarme totalmente de la actualidad. Aunque, de hecho, me siento muy tranquilo, no hay presiones, y él tiene la intención de hacer un film ahora. A veces me pregunto si el cine no es inútil para mi liberación y para mi emancipación. Cuando pienso en toda la búsqueda que se debe hacer para conseguir el financiamiento, todo el trabajo que se debe hacer, de pronto se me ocurre reconciliar un poco lo cultural del proyecto. Al final, espero poder llegar al pie de la letra, para hacerlo valer para mí y para mi familia, para el lugar donde vivo.

ISABEL: Bueno, en mi caso eso es importante.

MARTA: Óliver no va a perder su pasión por el cine, el tiempo lo dirá.

ÓLIVER: No. De hecho, con el ego, prefiero hacerlo suavemente; puedes hacer cambios más radicales, cambiar la vida tal como es, y no. Yo al mismo tiempo hago una identificación con mi trabajo, me proyecto también egocéntricamente con mi trabajo, pero puedo afirmar mínimamente que lo que intento es hablar de mi propio camino, de cómo me siento, y después no sé. En ese momento me siento muy tranquilo. Además, me encuentro finalizando un film y tengo la oportunidad, y soy realmente muy afortunado porque hice la película, tuve la suerte de hacer la película antes de la pandemia, de terminar el rodaje antes. Eso es algo muy bueno y, desde mi punto de vista, es una historia muy bella. Hice la película que quería hacer y a través de la película sentí mucho cariño por parte de la gente. Ahora podría decir que tengo un ego más calmado. Porque es así, hubo demasiado, demasiado amor en esta película. Igual por ahora me gustaría no añadir nada más.

MARTA: Los dos habéis hablado de algo que no aparece tanto en los medios, lo agotadora que resulta la lógica del proyecto.

ISABEL: Yo amo la escritura, adoro a los actores, las locaciones, amo el rodaje. Todo lo que está antes de la escritura y todo lo que está después… Yo amo estar ahí, el proceso, las palabras que has escrito, como si fuera todo nuevo. Soy una especie de mapache cuando estoy en el rodaje, con los ojos bien abiertos, viendo todo lo que sucede allí, cada detalle que sucede en las diez horas de cámara, lo que se añade, lo que se encuentra en el rodaje. Ahí estoy en un estado de alerta total. Y es un estado de alerta que también tengo cuando escribo. Sería como un momento de la cultura, pero un momento que también se da incluso cuando uno utiliza un bus para ir a su casa. Para mí ese estado de alerta es como una droga. Yo comencé un poco tarde, comencé a mostrar mis películas a los veintisiete años, pero para mí es como una droga ese estado de alerta para con la realidad, cómo lo real, que es el autor de todo, se fusiona con tu cabeza y con el sentimiento personal que tienes acerca de las cosas, de los libros, de la coreografía, de todo eso. Yo soy una especie de yonqui de todo eso, y ahí encuentro mi razón de ser, es como la respiración para mí. Y ahora no sé con qué voy a continuar, pero ya lo encontraré. Eso espero.

MARTA: Justamente pensaba en la posibilidad de poder instalarse en ese estado, diría, de llegar a la realización del proyecto. ¿Eso no es muy pesado? ¿O simplemente se hace a distancia y el productor se ocupa del financiamiento de la película, por ejemplo, para que ustedes se concentren en la fase creativa? ¿O es el montaje lo que viene a ser más pesado?

ÓLIVER: En mi caso, yo debo tener un pie dentro de la producción, debo estar en la producción. También mis dos productores trabajan hasta en español, así que no hay mucho que hacer antes. Con el tiempo me siento cada vez mejor rodeado, y eso es mucho, para que puedas concentrarte en la creación. Pero siempre hay mucho ruido, mucha dialéctica, mucha plata, muchas responsabilidades. Yo soy de los que piensan que madurar, crecer en la vida, tiene que ver con tener control en las situaciones más extremas. Y un rodaje es eso. Un rodaje es una situación muy extrema, hay un nivel de fatiga física y psicológica extrema, casi delirante. Y en el rodaje de esa película aprendí a controlarme, a controlar a mis pares, a controlar cuestiones legales —uno no puede ser un tirano—. Con respecto a eso quería preguntarte, Isabel, porque tú tienes un montón de experiencia, has realizado muchos rodajes. Yo no tengo tantos rodajes hechos. Yo amo esto, pero al mismo tiempo es muy intenso. No sé si es porque me falta experiencia o si tal vez soy un poco precario, por ejemplo, ya que estoy en los inicios de mi carrera también. Pero tú puede que hayas llegado a tener este control, este control de uno mismo. Yo no me amo a mí mismo en el rodaje, no amo mi sentir.

ISABEL: Yo creo que con la edad llegué a dominar la falta de control. Creo que ahora estoy muy cómoda, antes quería controlar todo y ahora estoy muy cómoda con el descontrol. Entiendo que hay un momento en que al control lo tienes, lo tienes porque eres tú quien ha decidido la locación, cómo van a lucir las luces, los actores, la cámara, todo eso. Pero hay un momento en el que…, no sé, yo no puedo perderme un solo rodaje. Me he perdido alguno, pero ahora ya no. También sé cómo utilizar las cosas que son completamente lo opuesto a lo que yo tenía en mente, y me siento bien con eso.

ÓLIVER: Y, de hecho, eso siempre, o la mayoría de las veces, mejora nuestros films.

ISABEL: Sí.

ÓLIVER: Cuando estás ahí, evaluando, desventurado, lo estás haciendo a la vez con todo lo que la vida ya te ha dado. Y lo ofreces, como un regalo. Cuando estás en la sala de montaje piensas: «¿Cómo puedo estar frustrado con lo que la vida me da si en realidad es un regalo?». Es maravilloso.

ISABEL: También yo he aprendido de esa frustración. Ahora amo eso. Encontrarme allí mismo con el plan, como: «¡No, eso está vacío!», «¡no, no está enfocado!». *Ok, let's do it! Let 's go!* Yo antes decía «¡corte!» demasiado temprano. Decía «¡corte!» en el momento en que los actores estaban en pleno diálogo, dejaba la cámara a un lado. Ahora me siento muy cómoda respecto a cosas que antes no. Ahora está bien. Sobre todo para mí. Todo eso es un gran placer ahora. Es un placer estar ahí, ver todas las cosas que hay que ensamblar y hacerlo con setenta personas en un departamento pequeño. Organizar todo eso que se hizo en apartados como París, Barcelona, Toulouse, Osaka, Washington. Es esta especie de estructura que funciona tanto con un equipo pequeño como con uno grande. Yo grabé, hice documentales con dos personas o con miles, con todo un ejército. Y ambas cosas están bien, con ambas me siento bien. Y si la comida está buena, me siento todavía mejor.

ÓLIVER: ¿Si qué cosa está buena? ¡Ah!, la comida. Deberían filmar también en Galicia. Todavía no han filmado en Galicia.

ISABEL: Filmé dos películas en Galicia.

ÓLIVER: Entonces sabes de lo que hablo.

ISABEL: ¡Oh, sé de lo que hablas! Esas empanadas de berberechos, ¡por favor!

MARTA: Yo quisiera hablar del documental porque hay algo en tus películas que aparece de una manera muy diferente. Por ejemplo, la primera película de Óliver se presenta como un documental, si bien tiene un montón de ficción, hay mucho de documental de ficción. Por el contrario, en Isabel veo más una separación. Ciertamente, sus películas de ficción están muy noveladas, pero también muy en conexión con la realidad. Yo veo ese lado más novelado, muy construido desde la narrativa, y después ese otro lado documental, muy documental. ¿Cómo conciben ustedes este aspecto documental o al género documental?

ÓLIVER: Respondo yo primero, mientras Isabel piensa. Yo no comprendo tanto esa noción de documental y ficción. De hecho, mi primer film es una ficción, lo que hago es jugar, provocar la vida. Como suele decirse, es realmente muy difícil conocer al otro, es un misterio, y tampoco hay una noción exacta acerca de qué es el otro. Me refiero a lo que es real u objetivo, nociones que afortunadamente luego estallan. Para responder, yo amo las cosas, amo la vida, amo la empanada de berberechos, amo los gestos y sus desembocaduras, les sigo el curso. En fin, amo todo eso: las texturas, los gestos, las maneras de hablar, los acentos y todo eso. Entiendo que eso siempre aparece en el cine que hago, creo que en sí ya contiene una historia, desde los rostros, las luces, todo eso. Al mismo tiempo, en paralelo al trabajo hay otra dimensión que es la invitación al viaje, al sueño. Amo demasiado la ficción. No es que ame o no ame, sino que evoco a la marea social también, para que la gente se conecte con algo más bien tangible, que sienta las cosas, que si uno filma una empanada de berberechos, la sientan. Quiero hacer que el espectador sienta el calor del hogar donde se cocina esa empanada. Y al mismo tiempo, como decía, intento evocar eso, hacer que la audiencia viaje al interior o al exterior de sí misma. No sé, eso es un poco lo que pienso. También, después de todo, a veces llego a preguntarme: «¿Por qué hacer una película? ¡Si está ahí, tan cerca!». Yo vivo en ese lugar, vivo en esa belleza. ¿Por qué poner una cámara entre uno y la belleza?

MARTA: Antes de darle la palabra a Isabel, creo que Óliver ha respondido ya porque ha dicho que se trata precisamente de compartir.

ÓLIVER: Es una de las responsabilidades del servicio, sí. Efectivamente. Gracias, Marta. Es ella quien ha dicho eso, no yo.

ISABEL: Yo he hecho documental, sí. Si hay algo que creo que he hecho son películas, piezas, de raíces muy profundas en lo real. Eso lo respeto. No sé todavía, pero espero haberlo hecho así. Digamos, tenía esa huelga del mar de Aral, y recuerdo que cuando era pequeña una tenía el mapa, y en clase había una especie de tarea que era sobre el mar de Aral. Yo tenía veinte años y el mar de Aral había desaparecido. Yo me decía: «¿Cómo es posible? Un mar así de grande que es como la mitad de España... ¿Qué fue lo que pasó?». Entonces convoqué a mi equipo y, unos años más tarde, fuimos a preguntar por qué, qué sucedió, cómo es que toda una población que vive allí, que pesca, que tiene decenas de fábricas de sardina... Qué sucedió con la gente que hacía eso, con el mar, y qué sucedió después con el mar que desapareció. Fui a preguntar qué había sucedido. Y los otros documentales, la película que hice en la península balcánica fue más bien un servicio que hice para una ONG, así como hice unas piezas para Médicos Sin Fronteras. Cosas muy muy particulares. Pero debo hacer un documental. Todavía no sé cómo ni acerca de qué, pero espero rodarlo.

MARTA: Sobre todo, se diría que ustedes son directores de cine y que, como siempre sucede en el cine, también son escenógrafos, escritores, actores… Como Óliver…

ISABEL: No, no, yo no. Él es muy buen actor.

MARTA: Me refiero precisamente a todo aquello que no tiene que ver directamente con la puesta en escena, pero que, sin embargo, está en relación con el cine. Podría ser, por ejemplo, la publicidad, o como Óliver, que también ha hecho teatro. ¿Qué es lo que ustedes aportan luego, más allá de la puesta en escena?

ISABEL: Esto es algo que se destaca más en Óliver, ya que él es actor. Para mí, la escritura. Yo escribo siempre, desde que soy niña, y a veces también escribo acerca de cosas que no tienen nada que ver con el cine. Pero, además de la puesta en escena, hay un montón de cosas que se hacen, como ocuparse de la cocina, de…

ÓLIVER: Eso iba a decir: la cocina.

ISABEL: Hay que ocuparse de la cocina, de las cabras, de todo lo que haya en la puesta en escena. El otro día, hace unas semanas, me invitaron a una *performance* que realmente me tocó el corazón. Era un artista que hace teatro de ópera en Barcelona, y había hecho un concierto para las plantas. Un amigo se encargó de ubicar las plantas, que eran más de 2000, y estaba lleno de músicos que *performaban* para las plantas. Y… estar ahí… Yo creo que fui la única persona humana que estuvo allí, perturbando a las plantas. Eso fue… No sé, quedé plagada de una energía muy loca. Pensaba cosas, no sabía qué decir, ¿qué somos? Por un día cambié un poco ese pensamiento de: «No, todo es un desastre, una catástrofe. *The world is fucked up*», todo eso. Como cineastas como quienes se ocupan de todo lo que está alrededor, de todo lo que se siente, de todo.

ÓLIVER: Hoy día yo diría que un artista es una especie de membrana sensible, una especie de sismógrafo del mundo, como una extensión o una extremidad del mundo, de una sociedad, de un tiempo o de un momento. Entonces uno vibra con el mundo, con aquello que es realmente duro, es muy plástico. Es muy difícil ser energéticamente estable cuando estás filmando, porque todo está rodeado de cierta energía. A través de nosotros hay algo que se exprime, que se filtra. Uno inevitablemente vibra con el mundo, y así es como vive también. De hecho, todo vibra, y tú lo trabajas. A mí todos me preguntan cómo me las arreglo para hacer películas, que es el mejor momento de mi carrera y debo disfrutar, que tenga el presente en la cabeza. Pero yo lo que hago es trabajar, tengo la intención de trabajar mi mirada, de conectarme conmigo mismo. No puedes conectar con el corazón de un espectador si no has conectado antes con el tuyo. Puedes seducirlo, emocionarlo, ya que lo fundamental del cine es emocionar al espectador, pero para conectar primero tienes que saber por qué vives, por qué viajas, por qué cocinas. Y lo haces para la gente. Y, en mi caso, para finalizar, yo de hecho no soy actor, hago puntualmente lo que me pida que trabaje alguna de mis amistades, como la pieza con Angélica

Liddell. También porque quería conocer el teatro por dentro, ver cómo hablan los actores. Y es como todo lo demás: estar el día entero entre ochocientas personas, lo que te exige tener un control de ti mismo, distanciarte. Como dice Isabel, tener confianza en aquello que la vida te regala, que en fin es grandioso estar vivo. Para mí es divertido. Interpretar es divertido porque estás bajo el mando de algún director y si tienes confianza, puedes decirle que haga contigo lo que le parezca mejor.

MARTA: Ustedes también son espectador y espectadora. Y con respecto a eso, ¿cómo ven ustedes mismos su cine? ¿Qué buscan ver en una película?

ÓLIVER: Yo ahora solo miro festivales. En casa me tuve que mover porque no tengo internet, pero mientras estudiaba vi mucho cine, aunque ahora no tanto. En el centro había una especie de videoclub para los vecinos donde veíamos películas juntos, pero había poca gente, bastante aislado, despoblado. Yo les preguntaba si podía hacer la programación, hablaba con los obreros que trabajaban en la casa. Proyecté *Braveheart*, *Le Dernier des Mohicans*. Es genial. El otro día vimos la trilogía de *Back to the Future*. En fin, hacemos una mezcla de películas para proyectar. Lo que nos interesa es estar juntos, compartir un momento. Las películas que encontramos son muy buenas. Como espectador, algo así sería la cinemateca de Os Ancares. Por supuesto que también vemos documentales acerca de las cabras.

MARTA: ¡Eso espero!

ISABEL: Yo vi *Back to the Future* cuando se presentó, fue genial. Hay que hacer una programación doble: Bresson–*Braveheart*. Por mi parte, yo miro de todo. Vivo en un barrio de Barcelona que se llama Gràcia donde hay tres cines. Cada cinco, siete, tres minutos, hay programación. Veo muchísimo cine y también en los festivales veo un montón de cosas, cosas interesantes que no llegan al cine, y en televisión también. Descubrí que hay una película de un cineasta, Malcolm Winterbottom, que no había llegado a la sala, sino que lo pasaban en un canal de *streaming*. Es una película acerca de la avaricia, *Greed*, y me parece un tema muy interesante porque habla de la codicia, de este concepto, esta idea que está a punto de tomarlo todo, y también hay una historia de refugiados en una playa de Grecia. Es una mezcla interesante. La vi ayer, pero todavía no la digiero, todavía necesita reposo. Yo también necesito reposo, no dejo de ver cine y de hablar acerca del cine, porque lo siento. A cada película hay que darle lugar, que dejarle hacer.

ÓLIVER: Yo tengo una pregunta, Isabel, porque pienso igual que tú, tengo la misma sensación. Tampoco paro de hablar de cine. Te deja en un estado de percepción diferente, distinto. Tomas un film, lo pones, y lo ves a nivel de rodaje o con una percepción más racional y lógica en que intelectualizas las cosas. ¿Cómo ves los debates antes de ver una película? Porque ahora es algo bonito la proximidad del espectador, es bonito escucharlos. Creo que es un poco dañino hablar de la película después, como se hace en los festivales, o como se hace en los clubs. ¿Cómo se resuelve eso?

ISABEL: No hay solución porque al momento en que la gente discute eso, da lugar a pulsiones personales. La gente se pone a discutir cómo debería ser, y se discuten cosas banales. Y tú haces el esfuerzo de responder. Todo eso es… Yo tengo problemas con eso. Lo hago porque en los festivales si dices que no, siempre hay algún problema.

ÓLIVER: Pero ¿lo haces todavía? Porque en mi caso, sucede que mi cine tiene algo de frágil, en el sentido de que hago algo de ruido, como una promoción…

ISABEL: ¿Qué es lo frágil que dices?

ÓLIVER: No, me refiero a la publicidad de Netflix que, por ejemplo, cuando haces una película con Netflix eso te permite un debate de espectador a espectador. Y digo que eso es genial. Pero mi pregunta tiene que ver con que si continúo haciendo películas, en un momento no va a haber nadie cerca […].

ISABEL: Yo intento no poner excusas. Al final lo importante es hacer. De hecho, está bueno, es genial, pero todo eso… Para mí lo mejor fue tener un pueblo de Francia, un pequeño pueblo que cada año hacía una puesta en escena. No era exactamente un cine, sino como una especie de local social, donde luego se hacía una especie de merienda entre todos los miembros. Para mí eso fue genial porque todo era una inocencia total, de gente que no conocía nada de nada, y era muy bello. Porque en los festivales, la gente que va te habla de todas esas cosas que tú ya has hecho, y tal. Lo mismo que ahora en Zoom y todas esas cosas… Bueno, es importante estar ahí. Para mí tiene que ver con mostrar respeto por el espectador también. Hay que hacerlo. *Sorry*.

ÓLIVER: No, yo adoro un montón todo eso. Adoro a la gente, que siempre evoca algo genial. Y es necesario para mí, para comprender lo que hago también. Es indispensable.

ISABEL: Sí, hay gente así. Es muy bello. Es cierto. Y también es el lazo que creas con gente que no conoces, que viene de otra generación, de otro mundo, de otro universo. Un lazo que creas entre tú, la película y los sentires.

ÓLIVER: Y muchas veces uno hace una película por eso. «Mendigamos amor», ¿cómo se dice eso en francés? Bueno, en fin, para mí es algo de eso. Es como el erotismo: «Mira esto que he creado: ámame». Claro que no es exactamente así, pero está bien, es algo noble.

ISABEL: Es algo así. El ego se entremezcla con la fragilidad total: «Ámame».

MARTA: Como ya casi llegamos al final, querría animarles a decir algo que les parezca importante, que no pueda quedarse sin ser dicho.

ISABEL: Yo acabo de publicar un libro con todos los artículos que escribí el año pasado. El libro se llama *No te va a querer todo el mundo*. Eso es lo que quiero decir. No todo el mundo te va a amar. Y es algo que hice como cineasta. Trabajé con una actriz que se llama Lili Taylor, que está a punto de hacer una película con Robert Downey, *Short Cuts*. Y en un rodaje ella me había hablado de Robert Altman, que es como una especie de figura mítica. Y, bueno, que en los rodajes hay algo horrible que sucede a veces, y es que yo detesto la gente que va a visitar un rodaje, porque para mí el rodaje es como algo sagrado. Él me había preguntado si soy cineasta, y yo le había dicho que sí. La única cosa que diría es que jamás intenten complacer a todo el mundo. Tengo la certeza de que es imposible ser querido por todo el mundo, y eso es algo que ahora comprendo muy bien. Si alguien no me comprende, todo lo que le explique acerca de mis películas sería un desastre. Los críticos son algo… Pero, bueno, da lo mismo.

ÓLIVER: Agradezco ese consejo que nos regalas, será útil para lo que sea en lo que trabaje. En mi caso, yo me digo a mí mismo: «Intenta encontrar las maneras más simples de demandar amor».

ISABEL: Con las cabras.

ÓLIVER: Con las cabras, en la cocina.

ISABEL: En la cocina también, la cocina es superfácil.

ÓLIVER: Es realmente muy fácil hacer chantaje emocional a través de la cocina. Y, bueno, eso es lo que diría.

ISABEL: Te amamos.

ÓLIVER: Gracias, gracias. Yo te quiero también. De hecho, debo decir —y esto es una respuesta— que vine a esta casa porque hay internet, y también porque en este pueblo hay tiendas, y van a cerrar las tiendas, y debo conseguir el alimento para la semana. Es que todavía no hago una huerta. Desde mañana tendré cabras, pero no tengo huerta todavía. Bueno, es una forma indirecta de decir que me gustan las palabras amorosas. Es un buen cierre.

MARTA: Lo es, lo es. Muchísimas gracias a los dos. Te liberamos, Óliver, para que vayas a la tienda porque ya vimos que eres buen moderador. Muchas gracias a ambos, de nuevo, y que sigan bien.

ISABEL: Ok. ¡Gracias!

ÓLIVER: Gracias, Isabel, un placer enorme.

ISABEL: Un gran placer también para mí. Adiós.

ÓLIVER: Seguimos.

ISABEL: Seguimos.

MARTA: Muchas gracias.

París: capital literaria

ANTONIO MUÑOZ MOLINA • JUAN GABRIEL VÁSQUEZ

Conducido por **Teresa González Arce**
(Universidad de Guadalajara, México)

«París: capital literaria» es el título que hemos dado a la conversación entre dos autores, no menos capitales, dentro de la narrativa contemporánea en lengua española. Ambos nos relatarán su personal relación con la ciudad de las luces y, sobre todo, la que mantienen con la escritura literaria. Hilará la conversación entre el colombiano Juan Gabriel Vásquez y el español Antonio Muñoz Molina, la doctora, investigadora y ensayista Teresa González Arce, profesora del Departamento de Estudios Literarios de Guadalajara (México), donde analiza las estrategias del discurso literario y se especializa en Literatura Española Contemporánea. Colombia, México y España, reúnen las luces de sus discursos en este París virtual.

TERESA GONZÁLEZ ARCE: Hola a todo el mundo. A todos los que estamos aquí, por lo pronto, y nos encontramos en este festival que se llama «Paris ne finit jamais», «París no termina nunca». La sesión en la que estamos habla de París y el título es: «La importancia de París como territorio literario», que es un título muy bonito y muy evocador. ¡No supiera uno por dónde comenzar! Pero yo tengo que saberlo porque estoy coordinando la mesa. Lo primero que voy a hacer es presentarlos, para que la gente que está siguiendo este programa sepa quiénes son. Aunque creo que ya la mayoría lo va a saber. Estamos muy contentos todos los miembros de la organización, y yo misma, de recibir en este momento a dos grandes escritores, a dos grandes voces de la literatura en español. Por un lado, está Antonio Muñoz Molina, quien nació en Úbeda en 1956 y es académico numerario de la Real Academia Española y uno de los escritores españoles de mayor renombre y número de lectores. Es premio príncipe de Asturias de las letras y premio nacional de narrativa en dos ocasiones; premio de la crítica española y premio planeta, además de doctor *honoris causa* por la Universidad de Jaén. Hola, Antonio.

ANTONIO MUÑOZ MOLINA: Hola.

TERESA: Gracias por estar aquí. Por el otro lado, tenemos a Juan Gabriel Vásquez, quien nació en Bogotá en 1973. Es escritor, periodista y traductor, y ha vivido en París. Está considerado como uno de los novelistas latinoamericanos más importantes de su generación. Hizo estudios universitarios en la Sorbona y ha obtenido el Premio Alfaguara, el Premio IMPAC de Dublín, el Premio Roger Caillois, recibió la cruz de la Orden de Isabel la Católica y es caballero de la Orden de las Artes y las Letras. Muchas gracias por estar aquí, Juan Gabriel.

JUAN GABRIEL VÁSQUEZ: Muchas gracias por la invitación.

TERESA: Empezamos hablando de París como territorio literario. Y lo primero que pienso en preguntarles es: ¿por qué será que todos los escritores sueñan con ir algún día a París? Esa es una pregunta muy muy obvia. Y tal vez podría ampliarse a una generalidad que abarque a todo el mundo: ¿por qué todos soñamos con ir algún día a París? Específicamente, creo que los escritores tienen referentes, que hay imágenes que están ya en la literatura, que están en la sociedad, que París forma parte del imaginario social. Entonces, ¿por qué dirían ustedes que un escritor sueña con ir algún día a París? ¿Antonio?

ANTONIO: Hola, Teresa.

TERESA: Hola.

ANTONIO: Yo creo que es un sueño heredado. Incluso un sueño un poco anacrónico. Yo recuerdo, cuando tenía quince o dieciséis años, esa idea de que uno quería irse a París a la bohemia, a vivir una vida bohemia. Claro, tú imagínate, si estuvieses en una pequeña ciudad como la mía —que tú has nombrado— y en esos años, al principio de los años 70. Eso tiene algo de un anacronismo gigantesco. Claro, es un sueño del siglo XIX, pero era un sueño, un sueño poderoso que estaba alimentado sobre todo por la literatura y, en mi caso, también por el cine. Yo había empezado a ver películas francesas de la *nouvelle vague* que llegaban a mi ciudad natal. Esas películas tenían un atractivo muy misterioso, era muy distinto de cualquier otro tipo de películas. Por supuesto, muy distinto de las películas españolas, pero también de las películas americanas. Las películas francesas tenían una cosa muy tentadora. Yo recuerdo que hace poco volví a ver una película de Truffaut, *La sirena del Mississippi*: es una película tan rara, tan perturbadora, tan sensual. En el cine francés había una sensualidad que no había en el cine ni americano ni, por supuesto, español por razones obvias. Entonces, para mí eso era la tentación principal, una tentación que competía mucho con otra, que era la tentación americana. La gente de mi generación por un lado tenía esa nostalgia heredada de París, pero por otro lado tenía otra que también era fantasiosa, que era el sueño de ir a Nueva York, el sueño de San Francisco, el sueño de la música pop. Entonces —ahora que lo pienso—, esos dos sueños distintos marcaban como dos vocaciones que uno tanteaba. Por una parte, la vocación literaria y «arcaizante», digamos, en ese momento. Y, por otra parte, la vocación de la música pop y de la lengua inglesa, también. En mi época en el bachillerato español se estudiaba francés, era la lengua obligatoria. Entonces, el francés estaba asociado a la escuela, y estaban las fábulas de La Fontaine, que nos aprendíamos de memoria. Pero el inglés estaba asociado a la rebeldía, estaba asociado a la música pop, a las letras que aprendíamos. Ahí había un conflicto que a lo largo de la vida se ha ido desarrollando de manera interesante.

TERESA: Y tú, Juan Gabriel, ¿qué podrías decir?

JUAN GABRIEL: Mucho, creo. Mi relación con París es larga. Yo puedo hablar como latinoamericano, por supuesto, porque la relación de Latinoamérica con París ha sido —en términos de literatura— siempre muy muy intensa. París ha sido tradicionalmente una aspiración para la literatura latinoamericana por razones misteriosas, muchas que tienen que ver más bien con supersticiones o con nuestras mitologías. El siglo XIX latinoamericano es muy francófilo, y a principios del XX, en 1900, Rubén Darío —que era probablemente el gran poeta latinoamericano de su momento y uno de los grandes poetas de la lengua— siente que tiene que ir a París para que los franceses le digan: «Sí, señor, usted es un poeta». O para que le reconozcan, para que le den su carnet; Rubén Darío tiene que ir a París porque siente que son los críticos de París los que lo validan. Hay un momento en el que Valery Larbaud, por ejemplo, le dice a Rubén Darío o escribe sobre Rubén Darío criticándolo amablemente por hacer poemas sobre los bulevares y sobre la vida de los cafés y la vida bohemia, y le dice: «Nosotros queremos que usted nos hable de La Pampa y de la selva». Todo ese imaginario del exotismo, del lector europeo que les pide a los latinoamericanos que sean latinoamericanos profesionales. Esto, esta relación, siempre existió. Cuando empecé a leer literatura en serio —quiero decir, con la vocación de la escritura ya metida en la cabeza, sospechando que ese era mi destino— los libros que me marcaron de la literatura latinoamericana fueron los que me revelaron esa relación con París. Evidentemente pienso en *Rayuela*, de Cortázar. *El pez en el agua,* de Mario Vargas Llosa, para mí fue un libro importante porque es un libro autobiográfico en el que Vargas Llosa cuenta sus primeras aspiraciones como escritor, y pasaban todas por el mito de París. Así, cuando yo decidí que me tenía que ir para alguna parte a ser escritor fue para París por el mito latinoamericano. Que ya en ese momento, además, estaba alimentado por otro mito que para mí siempre ha sido muy importante: la generación de entreguerras que escribió en inglés. James Joyce escribió el *Ulises* en París.

Hemingway escribió sus primeras novelas en París. Fitzgerald —que para mí fue importante en algún momento— escribió en París cuentos magníficos, páginas de novelas. Y esas dos generaciones, la generación anglófona de entreguerras y el *boom* latinoamericano, eran mis dos polos. Eso era todo para mí. Y eso quería decir que yo tenía que irme a París y que tenía que pasar por París si quería ser el escritor que tenía en mente. Era un cliché con patas, ¿no? Era un cliché andante. Pero esa fue mi relación con París. Y luego se enriqueció con otras literaturas, con otras tradiciones, que todas han pasado por ahí. Y esa es la relación que tenemos los latinoamericanos —y que tengo yo mismo— con la ciudad, y es muy intensa.

TERESA: Muy bien. Fíjense cómo coinciden ambos en decir que esa aspiración, ese sueño, de alguna manera es anacrónico. Es anacrónica la aspiración y es anacrónico el sueño. Y que nos remite a una historia que todos conocemos más o menos, y que habla de la importancia que en algún momento de la historia —o en muchos momentos de la historia— París tuvo para mucha gente, y sobre todo para los artistas y para los escritores. Esa importancia se ha modificado, se ha actualizado. Ha empezado a convivir con la importancia que tienen otros polos en el mundo, otros centros culturales. Y también el viajero latinoamericano, así como el viajero español, han dejado de ser vistos en París como españoles y latinoamericanos profesionales. No siempre, pero, bueno, ya de eso se podrá hablar en otra ocasión. Y se referían ambos al siglo XIX, un momento en que muchas cosas surgieron, en que la literatura se desarrolló y desarrolló también varias facetas de su historia. Yo quisiera evocar un poco a gente que ha visto París, que ha hablado de París y que ahora tiene voces de las que nosotros hablamos y que nos alimentan, como Walter Benjamin, por ejemplo, que vio ese París del siglo XIX y vio todo lo que pasaba en términos económicos, pero también habló de Baudelaire. Fue muy importante en Latinoamérica, pero también en todo el mundo, para la literatura en español, que nos ha alimentado, y hemos podido conversar con sus poemas, con sus poemas en prosa, con sus ideas, y escribir también algunas veces sobre él y sobre Benjamin, en esa colaboración que nosotros imaginamos, o que nosotros constatamos a través de los libros. Esa intervención de Benjamin, esa visión, esa mirada, nos hace pensar en algo que decían ustedes, que es el París de la Revolución, el París de la Revolución Industrial, por ejemplo, y la literatura del siglo XIX. Y también en autores muy famosos y muy importantes del siglo XIX como fueron Victor Hugo o Balzac, Nerval, Baudelaire mismo, Flaubert, Alexandre Dumas. Todos esos autores que simplemente evocándolos ya nos podrían hacer hablar muchísimo de París y de cómo retrataron ellos esa ciudad que fuimos creando en nuestra imaginación a través de sus palabras y de sus experiencias. ¿Qué me podrían decir cuando digo esto que acabo de decir? De la figura de Benjamin y la figura de Baudelaire, por ejemplo. ¿Juan Gabriel?

JUAN GABRIEL: Para empezar, lo que Benjamin y Baudelaire tienen en común —o esa es una de las lecturas que hace Benjamin de París, y que también está en los poemas de *Las flores del mal*, sobre todo— es una lectura de París como ese espacio nuevamente mítico por donde se camina, principalmente. La figura del *flâneur*, del que recorre a pie una ciudad y descubre sus misterios, los pasajes. Los pasajes parisinos de Benjamin, que también están en un cuento de Cortázar, son explorados como ese territorio mágico donde cosas mágicas pueden pasar. A mí eso me interesa y me toca emocionalmente porque es, en buena medida, la relación que yo tuve con París también, llegando como joven latinoamericano que quiere ser escritor, descubrir una ciudad a pie, descubrirla en sus calles y en el contenido mitológico de sus calles para mí. Esto es lo que Vargas Llosa ha llamado «fetichismo literario», que es esa pasión que tenemos —yo la tenía de joven y la sigo teniendo— por recorrer los espacios de la literatura que nos gusta. Buscar las casas de los escritores, buscar las placas de los escritores. Yo sé que Antonio comparte, en alguna medida, esto. Recuerdo una visita que te hice, Antonio, en tu casa de Madrid, hace muchos años ya, tal vez lo hayas olvidado tú, en que me mostraste una hoja de un árbol, de la casa de William Faulkner en…

ANTONIO: Dos hojas.

JUAN GABRIEL: ¡Dos hojas!

ANTONIO: Están en un cuadrito que tengo ahí. Sí, sí.

JUAN GABRIEL: Yo he descubierto, con sorpresa, que no todos los escritores son así, pero yo soy así. Y la relación que tengo con París pasa por ese recorrido por los espacios físicos, por los fetichismos, por las mitologías de una ciudad donde eso está a cada paso. Sentarse en el café donde escribió Simone de Beauvoir o buscar la calle, como hice yo, donde estaba la librería Shakespeare & Company que publicó el *Ulises* en 1922. Yo he recopilado las placas de la casa donde Flaubert escribía *La educación sentimental*. Y mi felicidad no tuvo límites cuando vi el cuarto, reproducido en el Museo Carnavalet, donde Proust escribió *En busca del tiempo perdido*. Esta relación que uno tiene con la ciudad, que es literaria, que no es real, que es mitológica, es una invención, es una fabricación, para mí es muy valiosa, muy intensa, y forma parte de mi formación como joven escritor que buscaba orientarse en ese mundo. Esto pasa también por la relación de *flâneur* que, de alguna manera, alimentaron Baudelaire, primero, y luego Benjamin, con mucha inteligencia.

ANTONIO: Cuando hablabais de Baudelaire, de Benjamin y todo eso, había dos cosas que pensaba. Una, el hecho de que cuando leemos las cosas de Benjamin sobre París y todo eso, tenemos que pensar —es muy importante pensar esto— que es la escritura de un fugitivo. Es decir, es un refugiado, ¿no?

TERESA: Sí.

ANTONIO: La vida de Benjamin en París, el largo período final, es una vida de perseguido, es la vida de una persona que no tiene nada, que no tiene papeles. El único documento serio que tiene es su carnet de la Biblioteca Nacional de Francia en París. Es apasionante ver cómo en el momento en que Francia se está derrumbando, Benjamin, que tenía que haberse ya ido a Estados Unidos, sigue y sigue en París, no se va, no se mueve. Y ve cómo se va acercando el peligro de la guerra y de la invasión alemana. También había otra cosa: cuando hablaba Juan Gabriel de estas mitologías, de estas fantasías, fíjate, yo estaba pensando que nosotros tenemos a Baudelaire como el creador de París como ciudad literaria, y de la ciudad como espacio de la literatura. Pero fíjate la paradoja de que la creación de Baudelaire se inspira mucho en Poe.

TERESA: ¡En Poe!

ANTONIO: Claro, que Baudelaire tradujo y llevó a la lengua francesa y a la literatura europea, cambiando su estatus de Estados Unidos. Poe tiene un lugar muy secundario, muy inferior al que tiene en Francia, en Europa o incluso en América Latina. Entonces, lo curioso es que Poe en Nueva York inventa a Chevalier Dupin, que es el primer detective, el de *Los crímenes de la rue Morgue*, y escribe la historia de *El hombre de la multitud*. Entonces, que Poe creó París es completamente falso, porque Poe no había estado en París. Así que ese París inventado por Poe, Baudelaire lo hace suyo. Es decir, todos formamos parte de esa fantasía periférica. Es —como habéis dicho— la fantasía de Rubén. La fantasía de todos los periféricos imaginando un sitio que es donde está la literatura. Esa cosa adolescente de que donde tú estás no es literario, que hay otro sitio, que la vida está como en otro lado. ¡Es una cosa! Yo recuerdo que eso llegó a un extremo. El extremo máximo que yo vi de esa vida que está en otro sitio fue entrevistando a Don DeLillo hace unos años en Nueva York. Él me decía que era hijo de una familia inmigrante italiana en el Bronx. Y él hablaba de Manhattan como si Manhattan hubiera estado a la misma distancia que estaba de Bogotá o de Madrid, o de Úbeda. Porque para él, que vivía en el Bronx, Manhattan estaba a veinte minutos en metro. Era un mundo completamente imaginario. Era como París para Juan Gabriel en Bogotá, o para mí en Úbeda: es el sitio en el que está la literatura. Yo recuerdo que cuando tenía catorce años, la primera vez que fui a Madrid, una de las primeras cosas que hice fue ir a la Biblioteca Nacional, a los escalones —¿te acuerdas esos escalones, esas escalinatas que hay en la Biblioteca Nacional?—. Yo imaginaba que los escritores estarían en la Biblioteca Nacional. Lo había pensado así: «Si voy allí, si rondo por allí, yo veré escritores y de algún modo se les notará que lo son». Es una fantasía tan tan rica, que fíjate cuánta literatura extraordinaria ha dado. Ha dado también literatura mala, pero yo creo que es el secreto ese de que París es como la depuración química de eso. Cuando Juan Gabriel hablaba de la emoción de ver el dormitorio, que es un dormitorio de verdad, y dices: «¡Hombre, llevo toda mi vida leyéndolo!». Cuando pasas por la rue Hamelin y dices: «¡Estaba aquí!». O yendo por la rue des Beaux-Arts o al hotel donde murió Oscar Wilde, hay como una vibración, muy cerca de donde Balzac hizo *La piel de zapa*, y donde Picasso pintó el *Guernica*. Y yo decía: «¡Hay un grado de concentración aquí, que es explosivo!». No sabes si quedarte para siempre o si salir huyendo porque eso te puede llevar a una cosa, que es muy francesa, que es la sobrecarga de cultura. A los latinoamericanos y a los españoles generalmente nos falta cultura. Somos países muy desorganizados, por lo que no tenemos tradiciones, todo es manga por hombro, y Francia es lo contrario. Recuerdo un libro que a mí me gustaba mucho de Alejo Carpentier, *El recurso del método*, que es de un dictador latinoamericano muy afrancesado. Es muy francófilo. Entonces, el dictador está en el metro y lee un letrero que dice: *«Le train ne peut partir que les portes fermées»*, y dice: «Este es un país en que las indicaciones del metro están hechas en alejandrinos». Yo siempre me río. Y es verdad, dice: *«Le train ne peut partir que les portes fermées»*. Y me sigue pasando: me atrae y al mismo tiempo debo confesar que me repele.

JUAN GABRIEL: Sí, es verdad. Es verdad que es útil de vez en cuando recordar también a los que han hablado mal de París, a los que han tenido una relación difícil con París, para que se nos baje un poco la mitomanía, en el sentido latinoamericano del término. A mí me ha servido mucho García Márquez para eso, después de haber leído *Rayuela* que es un canto a la ciudad, un canto a la historia, a la literatura de París, a toda la mitología cultural, y después de leer los libros en que Vargas Llosa miraba a París como el gran horizonte donde sería por fin escritor. La evocación que García Márquez hace de París es profundamente oscura, sombría y triste. Y nos cuenta cómo él llegó a París como corresponsal de un periódico colombiano, *El Espectador*, poco antes de que la dictadura de Gustavo Rojas Pinilla —la única dictadura militar que tuvo Colombia en el siglo XX— cerrara el periódico. En ese momento García Márquez se encuentra desamparado, sin dinero, en una ciudad extraña que no le gusta porque tiene cara de argelino, por lo que la policía lo persigue, lo matonea y lo mete a la cárcel a pasar la noche. Eso García Márquez lo cuenta muy bien. Y cuenta cómo en ese momento en que está todos los días viviendo en una buhardilla, bajando desesperadamente dos o tres veces al día para ver si por fin le ha llegado una comunicación, un cheque que le ayude a sobrevivir de las últimas pagas del periódico o lo que fuera, en esos días empieza a escribir *El coronel no tiene quien le escriba*, que es la historia de un hombre que espera una carta —que espera una carta como él estaba esperando sus cheques salvadores—. Y habla mucho de París, habla muy bien de París como ese lugar que puede ser hostil, que puede ser difícil, en el que se pasa hambre, en el que las cosas no te salen bien, en el que estás solo. Y eso a mí me sirve mucho, también como lector fetichista de París. Ese antídoto, esa otra cara de una ciudad que puede ser muy amable con quien triunfa, pero que puede ser también muy muy hostil con quien fracasa. Ese es a menudo el destino de esas grandes ciudades a las que aspiramos desde la periferia, un lugar que puede ser también muy hostil. Y en eso también hay algo de fascinante.

ANTONIO: Pero tenemos que pensar en otros grandes testimonios latinoamericanos de París también, como el de Julio Ramón Ribeyro, por ejemplo.

TERESA: Sí.

JUAN GABRIEL: ¡Claro!

ANTONIO: En el diario de Ramón Ribeyro, porque a Ribeyro le pasa todo lo que tú estás diciendo, Juan Gabriel: mira la ciudad con unos ojos muy muy limpios y la ve también, a la ciudad, con una penuria, con esta cosa que tiene el periférico, de que en su vida no hay estabilidad. Tú ves esa solemnidad de los edificios, la erre y la efe de la *République française*, y eso. Y, claro, luego tú ves que todo eso también es una fantasía, porque todo eso se murió sin resistencia ninguna en junio de 1940. Es decir, eso también tenemos que verlo. Y está Ribeyro que me parece un testimonio maravilloso, y está también —para mí, el primer gran antídoto del París oficial de *Rayuela*, y todo esto— *Martín Romaña* [*La vida exagerada de Martín Romaña* (N. del E.)] de Bryce Echenique. Bryce es un escritor ahora muy tristemente dejado de lado, pero esa novela es como una celebración y una refutación de las mitologías de París y de las mitologías de Mayo del 68. Tampoco está mal el testimonio. Martín Romaña atravesando Mayo del 68 es como Fabricio del Dongo en la Batalla de Waterloo, ¡es una cosa! Es tan tan humorístico, tan cómico, tan irreverente. A mí estos dos escritores me han influido mucho en esa mirada.

TERESA: Me llama la atención que, por una parte, le debemos a la literatura la idealización de París, la creación del mito, pero también le debemos la «desmitologización», que nos enseñe a ver la realidad que hay detrás o al lado de esas imágenes que han atravesado la historia, que nos han influido. Y recuerdo algo que dice Juan Gabriel, que una novela es un viaje con un mapa en blanco. Se me hace muy bonito porque en esa idea tenemos la imagen del viaje, del deseo de querer partir, de querer adentrarse a un territorio que uno supone conocer, pero que solo lo que tiene al final de describir una novela. En el caso de los escritores es un mapa en blanco, y eso significa que podemos trazar todas las rutas que queramos. El escritor puede hacerlo, y los lectores, a su vez, pueden descubrir cosas que no se imaginaban del tema, en este caso, de París. Y veo que hay muchos autores que ustedes aprecian y a los cuales se refieren cuando se trata de hablar de esta contraimagen de París, no de este amor, sino de esta desilusión, de esta frustración que pueden tener algunos aspectos poco publicitados de esta ciudad, como son la exclusión —que ya han mencionado— y otros tantos. ¿Cuáles serían las novelas que habría que leer para tener otra imagen de París? Han mencionado cuentos, han mencionado también algunas obras, pero ¿cuáles serían esas obras? Por un lado estarían las novelas de París, y después están las otras, las novelas que no aman tanto a París como uno pensaría. ¿Qué podrían decir sobre esto?

JUAN GABRIEL: Esa idea de la novela como un viaje con un mapa en blanco para mí es una extensión metafórica de la manera como yo entiendo que funcionan las novelas. Yo recuerdo la lectura de la autobiografía de Joseph Conrad, que se llama *A Personal Record,* y es donde Conrad cuenta cómo él a los ocho años vio un mapa de África y el mapa estaba completamente en blanco, entonces puso el dedo en la mitad y dijo: «Cuando yo sea mayor iré allí». Eso se vincula con el viaje en el que se basó *El corazón de las tinieblas. El corazón de las tinieblas,* que es la historia del capitán Marlow en que él cuenta exactamente el mismo episodio autobiográfico de Conrad —y luego Marlow se lo roba a Conrad o Conrad se lo asigna a Marlow—, es esa idea del viaje a un lugar que no ha sido cartografiado todavía. Desde luego que el África del siglo XIX no estaba cartografiada solamente para los europeos, es una visión europeísta, eurocentrista, del continente, pero a mí me sirvió. Es eso como metáfora de lo que para mí es en las novelas. Es ir a un lugar que no ha sido cartografiado o ir a un lugar del que no sabemos nada, del que sabemos poco, y luego volver con las noticias de lo que sucede allí. Para mí eso es lo que pasa con el pasado en Proust, por ejemplo. El pasado es un lugar que Proust cartografía de nuevo como si lo estuviéramos descubriendo. El presente en el *Ulises* de Joyce es un territorio misterioso, desconocido, lleno de minas antipersonales a cada rato. Y lo que hace el *Ulises* es —como decía Kundera— poner un micrófono en la cabeza de los personajes para eso, para cartografiar el momento presente de una forma que nunca antes lo había sido. De manera que eso para mí es una metáfora de lo que las novelas hacen: ir a territorios desconocidos, por los que nadie ha pasado, con un mapa. Y, de alguna manera, las novelas dibujan ese mapa. Hay toda una lectura de París como un espacio en blanco, un espacio desconocido, que nos parece redescubrir cada vez con determinadas novelas. Más que novelas, quizá hablaría de páginas. Páginas de *La educación sentimental*, por ejemplo, que descubren un París político, intenso, que no estaba, por ejemplo, en *Madame Bovary*, en las pocas páginas que *Madame Bovary* dedica a París. Y, luego, el París de Proust, que es completamente distinto, por ejemplo, del que viene después cuando uno se encuentra en algunas páginas de Céline. Pero los grandes escritores franceses, los grandes escritores de esta familia que estoy nombrando, de este inventario, han tenido siempre una relación muy tensa con la ciudad. La ciudad es un escenario al que se llega desde otra parte; Balzac, lo mismo. Se llega desde otra parte y se llega a pasarla mal, a tener relaciones de tensión social, de tensión política. El Alfred Dreyfus en *En busca del tiempo perdido*, por ejemplo. Las páginas de *La educación sentimental* que tienen que ver con las convulsiones políticas de 1848. De manera que es una especie de lugar eléctrico para esta gente, para estos personajes que, de alguna manera, son *outsiders.* Vienen de fuera ya sea literalmente, vienen de la provincia o sufren una especie de exilio interior en París. Y, como digo, hablaría más bien de páginas en las que personajes que están en otra parte literal o metafóricamente llegan a París y descubren la ciudad como una especie de espacio convulso, difícil, que refleja un lado oscuro del momento social o político. Y eso me parece fascinante. A ver qué dice, a ver qué libros nos recuerda Antonio por esto.

TERESA: A ver, Antonio.

ANTONIO: Yo estaba pensando en algo. En un libro que, como canónico en ese sentido, muestra la ciudad como el espacio que se sueña y como el lugar del desengaño. Eso lo hace siempre la literatura. Es decir, te muestra la belleza del sueño y al mismo tiempo la inevitabilidad del desengaño. Fíjate, Cervantes, en *Don Quijote* está celebrando. Cervantes no condena los libros de caballería; Cervantes celebra, él quiere que haya buenos libros de caballería. Celebra la belleza de la invención de los libros de caballería y al mismo tiempo muestra que la realidad era otra cosa distinta. Yo estaba pensando en *Illusions perdues* de Balzac, que en el mismo título ya contiene todo esto. Es decir, la ciudad es el sueño y también es el desengaño, inevitablemente. O pensaba en un escritor que a mí me gusta mucho cómo habla de París, Simenon, en las novelas del comisario Maigret, y las otras novelas de Hammond Dieur que decía él. Tú ahí ves eso: ves la ciudad, ves la belleza, ves el horror. Las novelas, por ejemplo, de Modiano. Una novela como *Dora Bruder*, en la que ves eso, ves la ciudad, pero ves la ciudad a la luz del excluido, ves la ciudad a la luz del perseguido, del que va a desaparecer. Es algo que tiene que ver con la ciudad casi como si la ciudad fuera una ciudad y al mismo tiempo fuera un símbolo de la ciudad, una construcción metafórica, una construcción simbólica. Entonces es el espacio de la ambición, de la ambición del que llega. Eso lo dice Balzac: «Un joven limpio de corazón, recién llegado de provincias». Como sucede en otras novelas, que las hay de París, de Nueva York, de Madrid, de todo eso. Y las hay del desengaño. Pero, claro, en esa ciudad todo está más marcado porque todo está más lleno de significados. Hablaba Juan Gabriel de pasajes, y yo recuerdo uno de mis pasajes favoritos de la literatura sobre París, que es el paseo nocturno que se da el narrador al final de *En busca del tiempo perdido*, en *Le Temps retrouvé*, que es cuando sale una noche durante la guerra, ahí hay una oscuridad absoluta; la única luz es la de la luna llena. Y a la luz de la luna llena ve a los soldados que van por la ciudad oscura. Y ve que hay muchísimos soldados que son de todas las colonias francesas. Hay soldados ingleses, hay soldados americanos. Y el narrador va a un prostíbulo de hombres. ¡Ese momento, ese pasaje, esa noche con la luna llena, con los zepelines! ¡El zepelín que pasa sobre París! A mí, eso… Cuando veo eso —que lo veo con cierta frecuencia—, digo: «No se puede ir más allá. Aquí hay que callarse. Aquí hay que asentir. Aquí hay que asentir y ya está. Y admirar». Porque estás viendo una ciudad, estás viendo un momento histórico, y estás viendo un ser humano, un ser humano que está viviendo ese proceso de desengaño. Ya cuando —muy poco después de eso, al final de la novela— el narrador ha vuelto a París después de una larga estancia en un sanatorio y encuentra a todos sus personajes en la fiesta final de la princesa, de la nueva princesa de Guermantes, ahí llega al mismo tiempo el desengaño absoluto y llega la iluminación para escribir. Eso es para mí una cima de París.

TERESA: ¡Qué bonito!

JUAN GABRIEL: Quería decir, hacer notar, cómo estamos hablando siempre de gente que llega, de gente de fuera; aunque sea Marcel, está llegando desde fuera. Y tú hablabas, Antonio, de Simenon. No hay que olvidar nunca —para entender esa relación que tiene Maigret con la ciudad, que tienen los personajes de las novelas duras— que Simenon era de Lieja. Se había educado en el mundo duro del periodismo y de los bajos fondos de Lieja, y llegar a París para él era también esa transformación, era también una manera de llegar a la metrópoli. Y cuando hablamos de París, siempre parece que estamos hablando de la mirada del que viene de fuera, del otro. Era el más parisino de los parisinos. Se vuelve parte de nuestra conversación literaria cuando llega de otra parte a París, como es el caso de Marcel. ¡Es muy interesante!

TERESA: ¿Y si decidiéramos enfocar un poco nuestras ideas a partir de esa imagen metafórica de la novela como un espacio y asumir que ese espacio es una ciudad? Ustedes, como escritores, ¿cómo se considerarían al llegar a una ciudad? ¿Como alguien que acaba de llegar o como alguien que ha vivido allí desde su nacimiento? O sea, ¿cuál es la perspectiva que a ustedes les gusta adoptar cuando escriben? ¿Antonio?

ANTONIO: Yo creo que es necesaria —o lo más conveniente, para mí— una perspectiva doble. Por una parte, tienes la perspectiva del recién llegado, que es la que te permite la sombra porque no das por supuesto las cosas. Entonces, insisto, eso de Balzac, del joven limpio de corazón recién llegado de provincia, necesitas ese asombro para poder fijarte. Pero solo con el asombro lo que vas a hacer probablemente es un retrato un poco bidimensional, el retrato que hace el viajero, del turista, del que ve la ciudad en dos dimensiones. La ve desde las fachadas y la ve desde su presente. Lo interesante es cuando el recién llegado va tomando una familiaridad suficiente como para conocer por dentro, pero, al mismo tiempo, sigue sabiendo qué hay afuera. Recuerdo que una vez, hace unos años, cuando llevaba ya mucho tiempo en Nueva York, yo iba por la calle y me para un señor para preguntarme una dirección de algo, y me dice: *«Are you a local?»*. Me preguntaba: '¿Es usted de aquí?'; no tanto: «¿Eres de aquí?», sino: «¿Formas parte de esto?». Y yo me quedé así, y digo: «Pues, sí». Y entonces me preguntó algo y se lo contesté. Y en ese momento tuve un: «¡Soy un *local!*». ¿No? Casi. Así tienes el que es muy de un sitio y tiene la mirada un poco miope porque sabe mucho, porque sabe mucho más que el recién llegado e intuye matices que el recién llegado no va a captar nunca, pero le falta el asombro. Por eso, se trata de encontrar un equilibrio. Aunque también, claro, puede ocurrir como el caso de Poe, como el caso de otros que escriban sobre una ciudad sin haber estado casi en ella. Eso es un privilegio del talento, que es una parte opaca porque puede convertirse en una especie de impostor, de falsificador. Porque falsifica una experiencia que no tiene; creo que también podríamos encontrar grandes ejemplos de eso. Recuerdo que en *Bajo el volcán* de Malcolm Lowry hay unas descripciones de Granada, ciudad en la que Lowry estuvo unos días nada más en una pensión cerca de la Alhambra, pero cuando tú lees *Bajo el volcán* hay momentos en los que describe la ciudad Cuauhnáhuac, y parece que está describiendo Granada, ¿sabes? A él lo conocíamos poco o lo conocíamos mal, pero en él hay esa agudeza, esa capacidad de percibir. Y eso es lo que yo creo: que hay, por un lado la posibilidad de ese equilibrio entre la extranjería y el conocimiento y, por otro, la prerrogativa de la literatura de inventar mundos.

TERESA: Juan Gabriel, ¿qué piensas cuando escuchas a Antonio?

JUAN GABRIEL: Antonio escribió muy bien sobre este descubrimiento de la ciudad nueva a la que llega el joven como la sombra que se va; hay páginas maravillosas sobre esto. Y yo leí esa novela también pensando en esa sensación que tenemos de que siempre, como en el título de Kundera, «la vida está en otra parte». Y yo me he pasado la vida llegando a ciudades con esa idea. Llegando a ciudades nuevas en una especie de descubrimiento de algo que es muy impreciso, de algo que no sé muy bien qué es, pero que tiene que ver con la literatura, con el ejercicio de la literatura y con la pasión de la literatura. Así llegué a París; así me fui de París también, peleado con la ciudad, tres años después, tratando de buscar otro sitio, y llegué a Barcelona finalmente. Y mis razones para llegar a Barcelona también tenían que ver con la idea de ser escritor y con la idea de que en Barcelona otros latinoamericanos habían sido escritores o se habían convertido en escritores. La ciudad te podía dar eso. Esa idea de que la ciudad te puede dar algo —que es un mito, que es una fabricación, que es una convención casi— es profundamente útil; puede ser el apoyo que necesita el joven escritor para empezar a moverse hacia adelante y para escribir sus primeras páginas. Pero tanto cuando llegué a París como cuando llegué a Barcelona, como cuando me fui de Barcelona para volver a mi ciudad que era Bogotá, siempre lo hice con la idea de que eran lugares que no entendía del todo, en los que no me sentía completamente de ahí, pero tampoco era completamente de otra parte, puesto que estaba ahí, puesto que había buscado esos lugares expresamente. De manera que esta idea de no estar del todo, de no tener raíces del todo, para mí ha sido siempre profundamente útil. Y yo, aseguro —esto lo he entendido con los años— que sí he podido escribir, sí pude escribir sobre mi país que era un lugar que yo no entendía cuando me fui de Colombia, cuando traté de escribir sobre Colombia en mis primeros intentos. Era un lugar que yo no entendía, no entendía su historia, no entendía su política, no entendía su espíritu, su *Zeitgeist,* no lo entendía. Y durante mucho tiempo pensé que eso era un impedimento, que eso me prohibía escribir sobre mi país, puesto que no lo entendía, no tenía autoridad moral para escribir sobre él. Y fue la vida de las lecturas, en París y en Barcelona, lo que me demostró o lo que me permitió descubrir que no entender algo, no entender tu país, no comprenderlo perfectamente, no conocerlo, de alguna manera no solo no es un impedimento, sino que es la mejor razón que uno puede tener para escribir sobre algo. Porque la literatura es una investigación sobre lo que no conocemos, la literatura es una serie de preguntas. La novela, en particular la ficción, son preguntas sobre lo que ignoramos, sobre lo que desconocemos, sobre las dudas que tenemos. Y la certidumbre, la sensación de que lo dominas todo, de que lo conoces todo, eso no produce. No produce novelas, para mí. No produce ficción. Esa fue la razón por la que yo sentí en algún momento que tenía la autoridad de escribir sobre mi país, desde Barcelona y desde París. Porque no lo entendía, porque estaba lejos, porque estaba distante. Y cuando volví a Bogotá en el año 2012, después de dieciséis años fuera, descubrí que había recuperado esa incertidumbre, que estaba en mi ciudad, que estaba en mi cultura, en mi lengua, entre los míos —con grandes comillas—, pero que la distancia y el tiempo habían convertido todo esto en un espacio extraño para mí, en el que sentía una nueva tensión: «No soy totalmente de aquí». Y esa es la razón por la que uno acaba escribiendo sobre los sitios. Yo siempre he creído que solemos pensar que la razón por la que Dostoievski escribe sobre San Petersburgo; Joyce, sobre Dublín; y Vargas Llosa, sobre Lima es porque son los espacios que conocen y que entienden, que dominan. Y he llegado a la conclusión de que la verdadera razón es la opuesta: escribimos sobre nuestros lugares porque son los lugares que nos sorprenden, porque creíamos conocerlos y luego pasa algo, descubrimos algo, y nos damos cuenta de que no los conocemos para nada. Y ese es el momento en que comienza la literatura, cuando nuestros lugares, que creíamos conocer, nos sorprenden.

TERESA: Es hermoso lo que tú dices. Yo he leído muchos pasajes en la obra de Antonio donde habla de ese recorrido que se ve en la literatura, del muchacho que sale como Odiseo, como Ulises, y después de mucho tiempo regresa a su patria. Y es entonces cuando sabe mirar el lugar desde donde partió. Y él lo ha entendido como algo que le ha pasado a él mismo, y ahora lo estás diciendo tú con una claridad muy impresionante. Y esa educación de la mirada tiene que ver con el desplazamiento, con el cambio, con un asombro que llega con esa experiencia y permite al que viaja —en este caso, al escritor— ver las cosas que antes no veía, y que son tal vez las cosas pequeñas, las cosas sin importancia. Son elementos de los cuales la literatura que nos gusta, y que les gusta a ustedes, está llena. En un momento los escritores tomaron la decisión que consiste en fijarse en esos pequeños personajes y hablar de ellos. Hicieron una literatura —me refiero a París, a la literatura francesa del siglo XIX— que nos da muestras de pequeñas vidas, de vidas sin importancia, que no son las vidas de los grandes hombres, y que, de todos modos, se convirtieron en un tema muy atractivo para los lectores y para los mismos escritores. Hoy les preguntaría: ¿qué podría hacer un novelista o qué hace un novelista para que esas vidas de personas comunes y corrientes que no hacen grandes viajes, que no hacen grandes obras, que son gente común y corriente, puedan ser interesantes para los lectores, puedan ser emocionantes para ellos y también para los escritores? El hecho de que puedan sentir asombro al escribir esas vidas insignificantes en apariencia, ¿cómo sucede eso?

ANTONIO: Yo creo que eso es lo que hace la literatura. Es decir, es poner al marginal en el centro y al que está abajo ponerlo arriba. Y fíjate que lo hace desde hace mucho tiempo. Piensa en la *Odisea*, cuando tienen protagonismo hasta el porquerizo Eumeo, donde el porquerizo es «el divinal porquerizo», y el perro que reconoce a su amo. Es decir, estamos hablando de esa celebración del inexistente. Eso ha sido siempre. Eso atraviesa la literatura —la literatura no épica, digamos; está la épica, por un lado, y está la antiépica por otro—. Hablaba antes de Cervantes, pero piensa en el modo en que el *Lazarillo de Tormes* de pronto se convierte. ¿Por qué el *Lazarillo de Tormes* está narrado en primera persona? Porque nadie iba a contar si no la vida de este personaje. Piensa el lugar de las mujeres en los relatos de las novelas de Jane Austen. Piensa el modo en que, por ejemplo, en Emily Dickinson estamos hablando de los seres humildes. Pero piensa en Emily Dickinson, en los gusanos, las hormigas, las mariposas, las abejas. Es decir, está dando carta de ciudadanía no solo ya a la vida doméstica de las mujeres, sino está dando carta de ciudadanía a los seres orgánicos considerados poco. Es decir, hay una especie de expansión de la empatía humana hacia los seres. Yo creo que eso es lo que hace. Eso es lo que justifica la literatura, la nobleza de *Moby Dick*, esos personajes de *Moby Dick*, que es una novela de marginales, es una novela en la que el protagonista en el segundo capítulo se acuesta con un nativo de Oceanía ¡y se abrazan al final! Es eso. En el caso de cualquiera de los grandes que tú veas, es eso, los personajes. ¡Es el Macario de Juan Rulfo! ¿Qué hay socialmente de Macario? Y Macario… Yo creo que en el fondo hay una cosa evangélica. Hay algo que está en el sermón de la montaña y todo eso. O en el mundo del budismo, del taoísmo, ya fuese de lo ínfimo o de lo mínimo. Piensa en los enanos de Velázquez, para no quedarnos solo en la literatura. Es decir, por lo menos los otros tienen quién los hace ver, ya tienen quién los pinte, ya tienen quién les levante estatuas ahora que esto es el mundo de las estatuas. Porque la literatura siempre ha tenido ese elemento subversivo de dar voz al que no tiene voz, de dar importancia al que carece de ella. Siempre hay. En *Frankenstein,* por ejemplo. No lo sé, es que ese era el monstruo. O el de agua, este último, también. El desgastado, el que no tiene. El «en paso» de Proust, claro. Todo ese mundo clandestino de la homosexualidad. O el mundo maravilloso de los criados. Proust, todos esos, ¡cada personaje tiene! Es como en Chéjov, en Dostoievski o en Galdós. En todos estos hay un personaje que sale un minuto, que solo sale un momento, pero que tiene un nombre. En el *Quijote,* cada personaje cuando sale al principio del *Quijote,* como las dos prostitutas, cada una de ellas tiene su nombre, tiene su origen, y su padre vive en tal sitio. Es decir, aquí nadie es anónimo, cada persona tiene una historia, tiene un lugar en el mundo. Eso es el gran tesoro de la literatura.

JUAN GABRIEL: Sí. Yo estoy muy muy de acuerdo con todo lo que dice Antonio. Me alegra mucho que hubiera mencionado el *Lazarillo de Tormes* porque, si yo tuviera que señalar un lugar de la historia literaria en donde nace la novela tal como yo la entiendo, eso tendría que ser el *Lazarillo de Tormes*. Todavía hay debate sobre el autor del *Lazarillo,* el autor anónimo que para mucha gente que sabe más que yo, ya no es anónimo, ya hay una idea más o menos certera de quién ha sido. Pero en todo caso, si algo sabemos del autor del *Lazarillo* es que no era una persona como el Lazarillo. Era un aristócrata que probablemente había tenido contacto con los grandes erasmistas de su época. Un hombre rodeado de libros, que aparece en las primeras autorreferencias a la literatura clásica que domina, que tiene en la punta de los dedos. Pero lo que esa voz nos cuenta es la historia de un descastado, de un huérfano, pobre como una rata, que trata de surgir en un mundo que es adverso, en un mundo donde los privilegios los tienen otros. Entonces, ¿qué es esto? Es un acto de imaginación moral: a través de la prosa literaria, ponerte en la vida de una persona que es el opuesto de lo que tú eres. Eso es lo que hace el autor del *Lazarillo*. Y ese acto de imaginación moral, ese acto, como decía Antonio, de empatía, para mí es el nacimiento de la novela realista. Es a partir de ahí que es posible todo lo demás. ¿Y cuál es la gran transformación, la gran metamorfosis de la ficción en prosa? Es de quién se ocupa, porque ficción en prosa ya había; en Grecia y en Roma ya había cosas que podemos llamar novelas. Estaba la saga de Arturo, de Thomas Malory, y había muchos muchos momentos en que la ficción en prosa era como una manera de explorar el mundo, pero era un mundo de héroes, de aristócratas, de dioses, de nobles. El *Lazarillo* llega y dice: «No. La persona con la que me cruzo todos los días en el mercado, este pobre sin educación, sin recursos… —¡ojo!, sin importancia social— él es el tema de mi libro, él es el personaje de mi libro, porque su vida es profundamente rica, profundamente interesante, y simplemente hay que meterse dentro y verlo desde dentro». Y esa es la maravilla de la novela. Es meterse dentro del punto de vista que tiene un descastado, una persona de la periferia, una persona que no saldrá en los libros de historia, una persona sobre la cual la épica nunca escribiría, pero la novela sí. La novela se interesa sobre esta persona y nos demuestra que tiene también un carácter épico en su vida privada. Eso es el *Ulises*, es la épica de las pequeñas cosas. Y esto, para mí, es lo que siempre ha hecho la novela. Que es un tema, un asunto, individual. La obsesión de la novela es el individuo, pero que tiene profundas implicaciones sociales. Milan Kundera dice en *Los testamentos traicionados* que la sociedad europea suele considerarse la fundadora, la inventora de los derechos humanos, pero —dice Kundera— para que la sociedad europea pudiera inventar los derechos humanos antes era necesario que inventara al individuo. Que reconociera al individuo como una criatura autónoma, con derechos que tiene solo por el hecho de nacer. Y Kundera dice que eso habría sido imposible sin el arte de la novela, que es el arte de la novela lo que nos enseña el valor inmenso que hay en las vidas pequeñas, y es lo que nos enseña ese acto de empatía e imaginación moral que lleva directamente a las mejores conquistas sociales. Para mí, esa es la grandeza de la ficción en prosa.

TERESA: Pues, tal vez vamos a tener que decir cuándo es la última pregunta, pero a mí me gustaría explorar un poco algo que dijo Juan Gabriel al mencionar el realismo, ya que nos permitiría volver un poco al lugar donde comenzamos esta conversación. Y pensar en lo que decían los escritores de ese siglo, particularmente Stendhal, quien pensaba que la novela era un espejo que uno paseaba por todo el camino. Pues, oyéndolos hablar, me pregunto si esa metáfora del espejo es realmente tan precisa. Porque decir «espejo» está dejando fuera muchos de los elementos que ustedes han puesto sobre la mesa, como la empatía, o el punto de vista preciso que cada quien tiene al mirar, y que no es un instrumento tal como se concebía en el siglo XIX. Si no es una máquina, tiene que ser una mirada humana, compasiva, empática, que sepa mirar —con todo lo que significa ese aprendizaje— a los seres sin importancia social, como dicen. Entonces, yo preguntaría: ¿qué hay de esa mirada en la literatura actual? En los escritores, en los novelistas contemporáneos, en los temas que se comentan en los suplementos. O sea, ¿cómo piensan que esté ese asunto actualmente? El de la mirada empática y la atención a las pequeñas cosas. ¿Antonio?

ANTONIO: Yo creo que ahora no es una época en la que eso esté muy celebrado. Yo creo que cuando Stendhal decía lo del espejo, el espejo devuelve todo porque es omnicomprensivo. Tú pones el espejo y todo lo que pase entra dentro del espejo. Y en ese sentido, así es la novela. Todo entra en la novela, nada queda fuera. Y, muchas veces, lo literario implica una excursión. Es decir, en el siglo XVI eran literarias ciertas cosas; no era literario el *Lazarillo*, no había un modelo literario que se pareciera al *Lazarillo*. Cuando escribió Cervantes no había un modelo literario porque había cosas que estaban fuera de la literatura. Cuando Joyce describe —en este primer capítulo maravilloso de Leopold Bloom— el desayuno, cuando Leopold Bloom va al baño y hace sus necesidades, ahí está rotulando... Juan Gabriel hablaba de un mapa y cuando hablas de mapas te parece que estás en el África efectivamente colonial... Pero esto es el cuarto de baño de una familia de clase media-baja en Dublín, y de pronto eso es un territorio alucinante, en el que además tiene tiempo de leer el periódico y de mil cosas más. No sé lo que pensará Juan Gabriel, pero yo creo que las artes en nuestra época son artes que, en general, tienden al ensimismamiento. Tú fíjate que cuando yo era muy joven, parecía que un escritor como Joyce era completamente incompatible con escritores como Galdós o como Flaubert porque se suponía que Joyce era un escritor de vanguardia y experimental, y que todos estos eran esa cosa que se llamaba «la novela decimonónica», una generalización de una grosería incalificable. En las ciencias físicas no se permitirían generalizaciones así. O que pase y que la humanidad después decida. Es decir, sí, este estilo de Joyce es muy experimental en muchas cosas, pero también es de un realismo fisiológico, digamos. Nunca mejor dicho. Es un realismo táctil, del olor, del habla, del habla cotidiana. Eso que decías —muy bien dicho, Juan Gabriel— de ponerle un micrófono al cerebro. Claro, ponerle un micrófono al cerebro de un charlatán irlandés. Por eso, yo creo que ahora tú ves el arte contemporáneo y es un arte muy ensimismado: trata del propio arte. Y la literatura a mí me parece muy bien, pero cada vez que veo más novelas sobre escritores y, sobre todo, esto me cansa. Sinceramente, ¡me cansa! Y en eso hay como en todo: hay gente que tiene talento y hay gente que no tiene talento, pero yo añoro ese compromiso de sentido profundo de la palabra, ese *engagement* de la literatura con el mundo, con el mundo real. Eso sigue existiendo mucho en la literatura de los Estados Unidos porque tiene esa tradición. Si aparece un escritor como Richard Ford, por ejemplo, o una escritora como Alice Monroe cuando todavía escribía. Es gente que tiene el mundo en su cabeza. Yo en nuestras literaturas veo como una especie de apocamiento, de ensimismamiento. Y hay excepciones extraordinarias, hay demasiado de lo que Onetti llamaba «literatosis». Hay demasiada «literatosis» en la literatura.

TERESA: ¿Y tú, Juan Gabriel?

JUAN GABRIEL: Tiendo a estar de acuerdo. Yo no he logrado nunca entender mi propia relación con el artefacto de la novela como separada de un cierto apetito por el mundo, de una cierta curiosidad por el mundo. Yo tengo una admiración profundísima por *En busca del tiempo perdido,* pero últimamente entiendo que lo que yo admiro no es lo que admiran otros. Yo no admiro el lado ensimismado, el lado ombliguista de *En busca del tiempo perdido*, sino un aspecto que es mucho más rico, que es el de la curiosidad por los otros, el de la novela cuando sale del cuarto, cuando sale de la habitación y va a buscar la vida de los otros, a ver qué tienen detrás. El otro día hablando con alguien me daba cuenta de que mis novelas —los escritores tenemos pocas ideas, me parece a mí— todas tienen la misma estructura, que es una estructura de investigación. Son narradores que siempre van hacia otra persona, hacia otro momento histórico, para averiguar lo que pasa allí. La novela como vehículo para ir a otra parte, para ir a descubrir territorios desconocidos, eso es lo que me interesa. Y lo contrario cada vez me interesa menos, cada vez leo menos a Beckett, por ejemplo. Esto puede ser un sacrilegio para muchos, pero cada vez me interesa menos *El innombrable* o *Molloy*, o estos personajes que en su momento seguramente nos descubrieron un territorio, que era el territorio de mirar hacia adentro completamente, pero cada vez descubro que el espacio que me interesa habitar como lector es otro muy distinto. Es el de las novelas del XIX, por ejemplo, el de las novelas donde las dos cosas se conjugan, donde se conjuga la mirada hacia afuera, el interés en lo que podemos llamar ese espectro de la historia de la política, de los fantasmas y los demonios de la historia y la política, pero, al mismo tiempo, también el efecto profundo que tienen en nuestras emociones, en nuestra moralidad. Y esto es lo que hace, por ejemplo, Dostoievski. Y estoy volviendo a Dostoievski con una pasión, ¡como si no lo hubiera leído nunca! Y ceder un poco, yo creo, a eso. Así entiendo yo la ficción en prosa, como un aparato muy bien diseñado para iluminar el cruce de caminos entre la vida íntima y la vida pública. Y si falta el otro, el segundo aspecto, si falta la vida pública, si falta el papel monstruoso que tiene la historia de nuestras vidas, si faltan los conflictos políticos que nos ensucian las manos y que nos incomodan, y que rompen la armonía de una vida privada, si falta eso, ya no me interesa la novela. Ese es un problema que estoy teniendo como lector y seguramente también como novelista. Eso es lo que me hace entusiasmarme como lector y como novelista, una exploración de los destinos individuales, íntimos, en el mundo de afuera. Si no está el mundo de afuera, pierdo interés.

ANTONIO: Precisamente, esa es la lección de *La educación sentimental*, por ejemplo. Del propio Proust en la presencia del caso Dreyfus o de la guerra en el último tomo de *En busca del tiempo perdido*. Es decir, Proust es mucho menos ensimismado de lo que la gente piensa, creo yo. Es que esa novela está llena de humor, está llena de gente, hay muchas referencias científicas. Proust es un escritor que era hijo y hermano de científicos. Así, cuando él hace, hace comparaciones científicas, mecánicas o relacionadas con la tecnología. Una vez pensé hacer un ensayo sobre todos los inventos modernos que salen en *En busca del tiempo perdido*, porque tú te piensas que es una cosa como con piel, de telas, de tejidos así suntuosos, y tú dices: «*En busca del tiempo perdido* solo tiene una importancia como levantar el teléfono», por ejemplo, y en realidad es una importancia como de adelantar el automóvil. Hay un momento en que el narrador celebra el olor de la gasolina. El automóvil. ¡El avión! O el aeroplano. El microscopio. Tú ves eso y ¡la realidad es tan apasionante! Yo creo que es una lección extraordinaria. Yo descubrí hace poco a este novelista alemán, Hahn, al que no había leído nunca. Esas novelas que tiene sobre el final de la Segunda Guerra Mundial en Berlín. ¡Eso es una cosa prodigiosa! Y ves gente a la que le pasan cosas, gente que habla, que discute de política, pero sin que el novelista esté tratando de darte un mensaje ideológico. Es decir, la gente habla, igual que en

La educación sentimental, está llena de política, completamente atravesada de política, pero Flaubert no es un ideólogo ni mucho menos, es lo contrario. El amor por el mundo tengo que verlo en la novela. Si no reconozco en ella ese mundo —y eso no quiere decir, como dice Juan Gabriel, que no esté presente la intimidad ni mucho menos; son completamente compatibles, y no solo compatibles, sino que son complementarios—, si no hay eso, yo me aburro enseguida. Y como hay tantos libros extraordinarios que no me va a dar tiempo a leer, entonces no tengo tiempo de entrenarme en cosas que no me apasionan.

TERESA: Pues, creo que es una manera muy bonita de concluir esta charla, porque nos deja en un punto en el que la novela aparece como un instrumento maravilloso que nos permite ver la vida desde muchos ángulos, ver desde nuestra intimidad, pero que también se interesa por lo que está afuera de nosotros, que muestra una intersección entre la mirada de fuera y la de la gente que está en el lugar que se narra. La novela como un instrumento de exploración, de búsqueda, de viaje, lo que es estupendo. Y siento que ustedes dos han coincidido mucho en sus observaciones, y que no por nada la gente, los lectores, los aprecian, los apreciamos, tanto. Así pues, solo me quedaría agradecerles a ambos el haber participado en este festival. Es un festival que, como saben, se transmite en muchas plataformas: está en Facebook, en su página de internet, en Twitter y se puede encontrar tanto el día de hoy como cuando el público quiera volver a escuchar lo que se está diciendo en este festival. En nombre de todo el equipo de organización, y en mi propio nombre, por supuesto, les agradezco infinitamente que estén aquí en este espacio virtual que hemos creado. Muchas gracias.

ANTONIO: Gracias a ti, Teresa. Juan Gabriel, un abrazo.

TERESA: Un abrazo a los dos.

JUAN GABRIEL: Un abrazo, Antonio. Un placer estar con ustedes.

La mirada del *flâneur*: filmar la verdad, literaturizar lo cierto

DAVID TRUEBA • JAYRO BUSTAMANTE

Conducido por **Sergi Ramos Alquezar**
(Universidad de la Sorbona – CRIMIC, Francia)

Han agasajado con creces a la cinematografía española y guatemalteca; siempre una sensibilidad social profundamente humana en sus personales miradas, tan capaces de ficcionalizar lo cierto como de filmar la verdad. El profesor titular de la Universidad de la Sorbona-París 4 y especialista en cine, Sergi Ramos, conduce una charla desde ciudad de Guatemala, París y Madrid, a cargo de los cineastas Jayro Bustamante y David Trueba. La hemos titulado: «La mirada del flâneur*».*

SERGI RAMOS: Hola a todo el mundo. A los espectadores, me gustaría daros la bienvenida y agradeceros la participación a David y Jayro. David a mi izquierda y Jayro a mi derecha, por lo menos en mi manera de visualizar la sesión de hoy del festival «Paris ne finit jamais», un festival basado en París y que en esta primera edición, por cuestiones evidentemente sanitarias, ha tenido lugar digitalmente, en línea, en multiplataforma, y que es un festival cuya base es más bien una base literaria, pero que ha tenido el honor de dedicar dos sesiones al cine, entre las cuales está esta que tengo el placer de moderar. En esta ocasión, con una sesión titulada: «La mirada del *flâneur:* filmar la verdad, literaturizar lo cierto». Espero que tengamos la ocasión de hablar de ese tema y de poder darle cierta libertad a la charla, y que esto sea una deriva más que otra cosa. Contamos con los directores David Trueba y Jayro Bustamante. Voy a empezar por David Trueba, porque lo tengo a mi izquierda y por ser, quizá, más veterano, con el respeto que eso merece. Nació en Madrid, España. Es autor polifacético que ha llevado en paralelo su trabajo como escritor y como cineasta, aunque también escribe en *El País*. Empezó escribiendo, en particular, guiones y novelas, antes de pasar a la primera realización *Abierto toda la noche,* en 1995, y creo que ha realizado cinco más como *Tierra de campos,* en 2017, y otra —creo que en formato más juvenil— que sacó después. En 1996, dirige su primera película, *La buena vida,* a la que siguieron otros títulos —no vamos a enumerarlas todas— como *Soldados de Salamina* en 2003, como *Madrid, 1987* en 2011 o *Casi 40* en 2018. Y su último título es *A este lado del mundo*, que iba a estrenar a principios de este año, imagino que justo antes de que…

DAVID: Sí, se iba a estrenar en el Festival de Málaga que iba a ser el 19 de marzo, y justo se canceló el festival por el confinamiento aquí en España. Así que, en teoría, ahora la estrenamos el 27 de agosto en el mismo Festival de Málaga que se ha pospuesto. Si todo sale o todo va normal, si no hay ninguna vuelta atrás y tal, en agosto se retomará el festival y se estrenará allí la película, y será la primera vez que se vea.

SERGI: Decía que ha realizado toda esta serie de películas de largometrajes de ficción, pero que también se ha dedicado a realizar en televisión y tiene también una serie de documentales como *La silla de Fernando*, sobre Fernando Fernán Gómez, por ejemplo, o *Si me borrara el viento lo que yo canto*, sobre Chicho Sánchez Ferlosio. Y para darle un punto más biográfico, diré que yo entré en contacto con su obra a través de *La buena vida*. Yo en ese momento estaba estudiando en Francia, había empezado a estudiar allí mi carrera, y cuando subía a ese lugar de los Pirineos donde vivía, y tenía la televisión… Creo que fue en una de esas sesiones —quizá de versión española, podría ser— cuando pude ver la película y, bueno, me convenció de que en el cine español en ese momento estaba habiendo como una especie de aire nuevo que venía a renovar un poco, quizá a hablarle a un público más joven, con un discurso un poco gamberro, con el cual enseguida me sentí identificado. Y de alguna manera creo que con tus películas, David, hemos ido creciendo juntos, y sobre temas, creo, importantes para ti como son el amor, la pareja, pero también la propia historia de lo que es España. Paso ahora a presentar a Jayro Bustamante. Es un director nacido en Guatemala, pero que se ha formado cinematográficamente en París en el Conservatorio Libre de Cine Francés, y en Roma también. Así, su primer trabajo fue *Ixcanul* (o *Volcán*) en 2015, un largometraje de ficción situado en el contexto de la zona maya de Guatemala que creo que para ti, Jayro, es una zona cultural importante. Fue premiada en la Berlinale, tras lo cual realizaste tu segunda película, *Temblores*, en 2017, que es un retrato de lo que sería la homosexualidad en el contexto muy cerrado de la sociedad conservadora en Guatemala. Y, más recientemente, *La Llorona:* una incursión a la vez continuando un poco lo que es el retrato de Guatemala, pero desde una perspectiva quizá novedosa en tu filmografía, que es la inclusión de lo fantástico. Quizá luego podríamos hablar de eso. Y, bueno, me gustaría decir que Jayro también ha puesto en marcha una serie de iniciativas para la difusión del cine en Guatemala, como «Una pantalla independiente», para poder difundir el cine de autor en Guatemala. Lógicamente, la obra de Jayro me llegó de más mayor que la de David, y mi primer contacto con ella fue toparme con el cartel de *Ixcanul* mientras estaba haciendo una serie de búsquedas en internet. Fue algo que me llamó mucho la atención, que me picó mucho la curiosidad, y tuve la suerte de poder ver la película después, lo que me confirmó que ahí había una mirada muy interesante —que luego las siguientes películas han ido confirmando— dentro de este retrato de la sociedad guatemalteca en toda su diversidad. Bien. No sé si me he equivocado —casi siempre me equivoco cuando hago estas presentaciones—, por si queréis corregir alguna cosa.

JAYRO: A mí me gusta cuando se equivocan porque siento que mi historia se cuenta de otra manera.

DAVID: Yo solo quiero añadir una cosa: yo hace unos años rodé una serie de televisión que luego —seguramente, por el título que le has dado a la charla— tendrá que ver. Era una serie que aquí en España ha sido muy imitada y muy seguida, aparte de que tuvo mucha relevancia en un momento en que la tele en España era demasiado, a lo mejor, cuadriculada. No existía todavía Netflix, ni HBO se veía en España, por lo cual las series españolas —como pasaba, yo creo, en todo el mundo— eran más para el gran público, intentando captar más. Y esta era una serie más minoritaria que se llamaba: *¿Qué fue de Jorge Sanz?*, un juego con la figura de este actor, tan conocido en España desde niño hasta adolescente. Uno de los episodios que rodamos de esa serie se rodó en Guatemala, la única vez que he estado en Guatemala.

JAYRO: ¡Ah, mira!

DAVID: Y tengo un recuerdo tan bueno de los días que pasamos allí y de la gente que conocimos, porque la excusa era que Jorge se fue a hacer un papel muy pequeño en una película guatemalteca que le habían ofrecido —bueno, era un período en el que trabajaba menos—, y la gente fue estupenda, y el país es verdaderamente una joya, una maravilla. Siempre he tenido ganas de volver. Lo cuento simplemente como anécdota, para decirle a Jayro que tengo una deuda con ese país y con las ganas de volver y de conocerlo mucho mejor porque es un país al que hay que dedicarle tiempo —seguramente como a todos, pero más a un país que tiene esas riquezas escondidas—, que hay que viajar y adentrarse para conocer cosas. Realmente es un sitio estupendo y tengo un recuerdo maravilloso.

JAYRO: Genial. ¿En qué años fue?

DAVID: Pues, yo creo que fuimos en el año 2010.

JAYRO: Ah, ok. Claro, yo no estaba acá en ese período.

DAVID: Eras un niño, Jayro.

JAYRO: Pero bien. Voy a buscar el episodio para verlo.

DAVID: Qué bueno. La película en que trabajaba Jorge, de hecho, era con un director de allí de Ciudad de Guatemala que a lo mejor sí que conoces. Se llama Mendel Samayoa.

JAYRO: Claro. Sí, lo conozco.

DAVID: Maravilloso su equipo, su gente; todos estupendos.

JAYRO: Nos conocemos todos. La verdad es que superbien que se te haya ocurrido hacer una ficción sobre una película guatemalteca porque hacemos dos o tres películas por año.

DAVID: En el fondo fue un accidente laboral de Jorge, maravilloso. Y eso guiaba la serie porque en realidad era el sexto episodio de lo que fue la primera temporada, y es una serie tan particular que yo me negué a hacer segunda temporada. Por eso lo que decidí fue hacer un episodio especial de continuación de la serie cada cinco años. Así que digamos que la serie tiene los seis episodios que fueron la primera temporada, y luego dos más, que serían el episodio siete y el episodio ocho, que están hechos a cinco años o cuatro de la primera y a cuatro del segundo, con lo cual también el propio actor y los propios personajes van envejeciendo ante la cámara.

JAYRO: Claro, sí. Es un proceso muy raro. Hay como un anticuerpo al ver envejecer a los actores. O sea, uno está dispuesto a ver personajes más viejos de los mismos actores, pero al actor se le aplica esa regla totalmente autoritaria de que no puede envejecer. Y es una tristeza. Pero es bonito poder ver esos procesos de los actores madurando.

DAVID: Claro. Y, bueno, digamos que hay una cosa contradictoria porque el cine es la fijación de un instante para la eternidad o de un momento para la eternidad. Es decir, uno filma algo y ese algo permanece para siempre. Es realmente el único invento humano contra la muerte.

JAYRO: Exactamente.

DAVID: Porque es la única manera. Es decir, todos sabemos que Audrey Hepburn y Marilyn Monroe han muerto, pero sin embargo podemos recuperarlas en la película que más nos guste, y son siempre idénticas a la imagen que tenemos de ellas. Pero es lo que dices tú: al mismo tiempo, ahora nos damos cuenta de que también es muy bonito ver ese proceso, y no es algo nuevo, sino que ha sido siempre así, como cuando uno ve crecer ante la cámara a Jean-Pierre Léaud en una serie de películas. Unos años después de que hiciéramos la serie, sale una película que fue muy exitosa, *Boyhood*. Y es precioso.

JAYRO: Hay otra dicotomía que me gusta mucho, y es cómo el cine fija el presente o fija un tiempo particular, pero yo creo que no fija la palabra. Durante un tiempo, cuando empecé a querer contar historias, busqué en la literatura y me encontraba muy poco cómodo con las palabras escritas. También con la palabra de la imagen hay esa ventaja de que cada generación puede reinterpretarla. Entonces, de alguna manera, aunque un momento y una historia estén fijados, y visualmente tengamos esas imágenes, la palabra puede ser reinterpretada por cada generación, y eso me parece una de las grandes fuerzas del cine.

DAVID: Sí. Tengo un amigo que dice que todo el cine es documental.

JAYRO: ¡Exacto!

DAVID: Y, a veces, cuando me quedo mirando una película antigua —española sobre todo—, que te puede ya no interesar por el argumento y tal, pero, sin embargo, te quedas mirando fijo en el fondo de una calle, en los taxis que pasan, en la gente cómo va vestida, en el fondo de la imagen, y es maravilloso. Y dices: «¡Dios mío!». Porque ya donde el cine coloca la cámara hace un documental. Aunque sea en una casa, no nos damos cuenta de la trascendencia que tiene cualquier imagen para los que vienen detrás y para los años que van pasando y se van posando encima. Es muy bonito. Claro, de tus películas, de las que habéis hablado, yo solo he visto la intermedia, solo he visto *Temblores*. Y también es una película que, de alguna manera, incluso por su temática, cuando pasen los años tendrá mucho interés porque nos resultará —o seguramente a la sociedad guatemalteca le resultará— sorprendente. Esperemos que sea traumática dentro de unos años. Que digan: «Pero… ¡¿esto era así?!». Como puede pasar ahora cuando vemos las películas españolas de los 60 y vemos la imagen que se da de la mujer o de la homosexualidad o de tal, y en el fondo era ayer.

JAYRO: Espero que la película sea entendida. Realmente quise escribir esa película pensando en el machismo y la misoginia más que en la homosexualidad pura. La homosexualidad y la Iglesia son como el anzuelo. Y espero que con el paso del tiempo las nuevas generaciones puedan entenderlo también desde ese punto y no solo desde el punto de la homofobia.

DAVID: Sí, claro. Porque tu película, yo creo que realmente habla mucho de la presión sobre el qué dirán. Es decir, que al final es un tema que trasciende a la homosexualidad, el divorcio, a la ruina económica, a todo eso. Es la preocupación constante, que eso no solo no va a reducirse, sino que se va a aumentar. La presión que sufren las personas ante el daño a su reputación o el daño a su imagen, o el qué dirán. Y esto que creíamos que lo habíamos vencido al trasladarnos de los pueblos a las ciudades donde la gente logra una especie de anonimato o de una vida un poco más libre, porque ya no hay unos vecinos que lo saben todo de ti, y que te juzgan, como a la chica que se ha liado una noche con no sé quién y ya es juzgada de por vida y tiene que abandonar el pueblo. Pero, curiosamente, la aldea va dentro de nosotros, y aunque ahora tengamos estas redes sociales que son tan potentes y que hacen aparentar al mundo como si fuera una ciudad inmensa donde uno puede perderse, realmente se ha creado un mecanismo de presión sobre la gente, sobre tu reputación, sobre lo que pueden pensar, sobre el castigo que puedes recibir si dices o haces algo inconveniente o algo que en ese momento no cae bien a un grupo de gente que inmediatamente provoca un linchamiento virtual o un boicot o una ola de opinión tremenda. Así, curiosamente, es como si el ser humano viajara con la aldea o con el concepto de aldea encima.

JAYRO: Claro, no es que no haya habido una evolución en las aldeas. Yo creo que hay sociedades como la mía en que la aldea sigue siendo mucho más básica. Este miedo al qué dirán por el respeto a la falocracia es una cosa que me preocupa muchísimo porque en el tema de la homosexualidad seguimos teniendo ese concepto de que un hombre homosexual se feminiza, y feminizándose se rebaja. Así que hay todo un concepto de misoginia que hace que al final estas sociedades se pierdan el 52 o el 54 % del poder de sus habitantes porque los consideran inferiores. Y, aparte de eso, en Guatemala, le sumas el 71 % —que yo creo que esa es la verdadera cifra— de los indígenas a quienes se les considera aún más inferiores. Y, de pronto, te quedas con el 9 % que es la clase criolla-blanca que domina el país. Por eso, yo creo que las aldeas sí evolucionan. Yo creo mucho en la evolución del ser humano y, aunque las redes sociales nos demuestren que no, creo que hay cambios ante los derechos humanos y ante las libertades que sí se van conquistando en algunos lugares.

SERGI: Hombre, sí que lo que se ve en tus películas es la capacidad de interiorización que uno puede tener de esos discursos y cómo, a pesar de lo que es o de lo que le gustaría hacer, tiende a interiorizarlos. Y lo difícil que es desprenderse de esos discursos que nos vienen a reprimir o que nos vienen a poner una especie de corsé moral.

JAYRO: Sí. Aquí lo que pasa es que son movimientos. Creo que hay sociedades, sobre todo en América Latina, que sufrimos mucho de una posconquista que no estuvo bien hecha. Y esto sobre una pérdida del orgullo de quiénes somos y una gana de ser algo más, una gana de ser europeos y de ser blancos, y de sentir vergüenza por nuestro mestizaje o por nuestras raíces indígenas. Desde ese punto es muy peligroso porque perdés mucho tiempo de tu vida hasta encontrarte. Yo creo que —para volver al tema de *Temblores* que ustedes vieron— también hay una pérdida de tiempo en la homosexualidad del homosexual buscando su propia identidad; esa pérdida de tiempo los heterosexuales no la viven. Incluso aquellos que tienen alguna experiencia homosexual, pasan y siguen su vida. Entonces, el homosexual tiene que durar muchísimo tiempo en la sociedad reafirmándose hasta que encuentra una fuerza interna y, aunque la sociedad no lo acepte, se logra. Eso también pasa acá con las mujeres, eso también pasa acá con los indígenas. Todavía estamos en un proceso mucho más primario de sentirnos orgullosos de nosotros porque también se ha distorsionado mucho —por culpa de la guerra— el orgullo de nuestros orígenes con un disfraz que es el «orgullo patrio» que al final no tiene nada que ver con tu identidad. Y hay quienes ya lo superaron.

SERGI: Me parece que en vuestras películas suele haber una especie de núcleo que es muy importante, que es el de la familia o el de la pareja, en el cual se puede llegar a expresar esta serie de contradicciones.

DAVID: Bueno, sí. La familia es —artísticamente, yo creo— una expresión de la vida metafórica, y de una potencia increíble. O sea, la familia es como si fuera un pequeño universo, y ese universo no hace más que reproducir prácticamente los roles familiares y la ubicación familiar. Sobre todo antes, que las familias eran tan potentes, tan grandes, tan conectadas constantemente. Es verdad que la familia se va reduciendo; a medida que los países van desarrollándose económicamente, la familia va perdiendo número y va perdiendo presencia, frente a los vínculos laborales o profesionales que se van haciendo más importantes. Pero antes, si tú querías contar algo, la familia era —o para mí siempre lo ha sido, desde mi primera novela— como un mundo, donde podías encontrar todos los elementos del mundo y sacudirlos, ponerlos en situación, situar a la gente. Yo creo que la gente sale de la familia ya, como me gusta a mí decir, tarada, y al mismo tiempo sale con las alas para vivir en el mundo real. Y, claro, la familia es potentísima narrativamente.

JAYRO: Sí, tiene todos los arquetipos que se necesitan y sigue estando tan arraigada en nuestra manera de entender las historias que poco importa si vos venís de un país nórdico donde la familia se ha reducido a la mínima expresión. Seguís entendiendo la importancia de una familia si viene contada de un pueblo latinoamericano, donde para nosotros sigue siendo importantísimo. Yo creo que esa importancia de la familia acá ha sido uno de los dramas más grandes ahora con el COVID y el confinamiento que estamos viviendo.

SERGI: Volviendo un poco a lo que es el tema de la sesión, filmar la verdad, creo que algo que está muy presente en vuestra obra cinematográfica es esa presencia muy fuerte de tenerse que referir a la historia, como un marco en el cual luego vais a poder introducir personajes, una trama quizá más narrativa. Pero, ya sea contigo, David, que has hecho películas en el marco de la Guerra Civil donde el contexto era muy importante —el franquismo—; en *Madrid, 1987* hay también una voluntad de inscripción muy histórica. A Jayro creo yo que le ocurre un poco lo mismo con la referencia también a lo que fue la represión militar, por ejemplo. A vosotros como cineastas, ¿qué os aporta este marco histórico? O, en todo caso, ¿por qué es tan necesario marcarlo en vuestras películas?

DAVID: Quizá te diría que las dos grandes corrientes del cine, y podrían ser también de la literatura, no son muchas veces las que aparentan ser por las escuelas estilísticas, por el acabado o por la forma donde suelen inscribirse habitualmente las escuelas, por el concepto de forma. Para mí la más importante división suele estar entre los cineastas o narradores a los que les gusta contextualizar sus historias y sus personajes, y los que huyen de esa contextualización. Es decir, los que pretenden que lo que cuentan ha podido suceder en cualquier momento, y además les molesta toda referencia a la realidad particular sociopolítica, el calendario, incluso te diría las características físicas de un periodo o de un tiempo, todo eso les perturba, pretenden como hacerlo desaparecer. Y luego están los que no, los que no les molesta que la película quede enganchada siempre, o los personajes, por hablar de lo que va dentro de una película, queden enganchados a su tiempo. A mí particularmente esta segunda forma es la que más me interesa. Yo creo que soy incapaz —lo intento a veces, pero soy incapaz— de crear personajes, y muy rápido, en el momento en que va creciendo, ese personaje tiene que incorporarse a un momento social, a un momento histórico, contemporáneo o lo que sea, pero formando parte de él como cualquier particularidad de la descripción. Es decir, de la misma manera en que decides que tiene 45 años y no 22, también decides que la historia transcurre en 1987 o en el tiempo actual, o en los años 60, y empiezas a elaborar cómo son las personas en ese periodo, y cómo es o qué puede significar ese personaje en ese tiempo del que estás hablando, siempre teniendo en cuenta que todos los tiempos son ficticios y solo responden al tiempo contemporáneo de la persona que está haciendo y contando el cuento. Es decir, por ponerlo en un ejemplo muy fácil, el cine donde se ve mejor es en el cine de ciencia ficción. El cine futurista la gente cree que es un cine que proyecta una imagen del futuro. Esto es, empieza una película, por llamarla así, «de ciencia ficción del futuro», e inmediatamente suele empezar con un letrero que dice: «Año 2732», o como empezaba *Blade Runner*: «Año 2019». Y entonces decíamos todos: «Guau, ¡año 2019! ¡Qué horror!», «¡eso debe de ser increíble!». Pero, en realidad, de lo que habla y está retratando es del tiempo en que se está haciendo. Es decir, si estamos en el 2020 y yo hago ahora una película que comienza y dice: «Año 2100», en realidad lo que estoy retratando es la visión del futuro que teníamos en el 2020. Y eso es muy interesante, porque es la mayor de las contextualizaciones posibles. Uno contextualiza lo real; es decir, yo cojo *Vivir es fácil*, por poner un ejemplo, 1966, la visita de John Lennon a España para rodar una película. Bueno, todos los elementos de esos dos meses ya te van llevando hacia un tipo de personaje, hacia un tipo de actividad, un tipo de país. Pero si hubiera hecho lo mismo en el 2066 lo que estaría diciendo es algo todavía más contextualizado, es cómo imagino yo en el tiempo presente que va a ser el mundo en el año 2066, cuáles son nuestros miedos. Y uno lo mira, va mirando atrás, y ve que hay películas en los años 50 donde hay una amenaza nuclear. Las películas de los años 50 tratan sobre la destrucción del mundo, sobre el miedo que tiene la gente a que el mundo sea destruido. Curiosamente, las películas actuales futuristas vuelven a tener en común con ese periodo el miedo. Es decir, la gente tiene miedo de que el mundo haya desaparecido. En este caso, no tanto por la amenaza nuclear como por la amenaza ecológica, por el maltrato al planeta, etcétera. Así, ese miedo se transporta, contextualiza el futurismo y las películas del futuro. Y también pasa con el pasado. Tú ves las películas de época de hace cincuenta años y no tenían ninguna preocupación sobre el machismo, el desprecio a la mujer, por supuesto sobre la homosexualidad, las razas minoritarias. Sin embargo, lo ves, ves una película de ahora que transcurre en el siglo XVII, y de lo que suele tratar es de la importancia de la mujer, elegir por sí misma, y a veces incluso hay una manipulación histórica sorprendente. Y me gusta eso porque el contexto es un juego. De hecho, retomando lo que hablábamos de la serie de Jorge Sanz, la mayor contextualización posible es ponerle a un personaje un nombre real. Esto es, decir: «Esta persona es este que tú conoces». Ahora vivimos eso, es casi una moda el biopic. A la gente lo que le gusta es ir a ver una película donde sale Churchill o series donde sale la casa real británica, James Dean, o quien sea. El biopic es como el género más actual y tiene que ver con la importancia que se le da hoy en día al ser humano, a la persona, como marca, como si fuera también de hecho un producto de consumo. Es decir, Madonna como ícono, Audrey Hepburn como ícono, Marilyn Monroe, Kennedy como íconos. Y eso, claro, importa mucho en este tiempo y seguramente dentro de veinte años mirarán hacia atrás y dirán: «Uf, ¡qué pesados estaban con ese género! ¿Por qué les interesaba tanto eso?». Pues porque estábamos en el nacimiento de nuestra propia personalidad de ficción. Es decir, ponemos en las redes sociales un personaje que se llama como nosotros, que tiene nuestra apariencia física, pero que en realidad es una ficción que estamos vendiéndole a la sociedad: «Esto es lo que desayuno», «esto es lo que miro» y «así me siento en el mundo». Es muy curioso. A mí el contexto me gusta y me parece que es muy importante atar a tus personajes a un periodo.

JAYRO: Luego también existe el contexto como influencia del autor mismo. En mi caso, por ejemplo, después de una guerra interna que duró casi cuarenta años, en la que lo primero que se silenció fueron las artes y las voces de aquellos que querían contar una realidad que a los dirigentes no les convenía... Cuando firmamos la paz en Guatemala, se firmó apenas en el 96, y no empezó a tener resultados inmediatos. O sea, nosotros todavía seguimos viviendo bajo un régimen de miedo, de alguna manera. Entonces, para los comunicadores y artistas de mi generación sí que es extremadamente importante contar lo que no se contó, volver a esa historia silenciada, porque nosotros no tenemos una historia oficial. Nuestros dictadores acaban de morir o algunos siguen vivos, entonces, de alguna manera, no tenemos una historia que se haya contado desde otro punto que no sea el de quienes ganaron la guerra, por decirlo de alguna manera. Y luego hay otra cosa, que a mí me gusta mucho en el retrato de la realidad y que a veces olvidamos como espectadores, y es que nosotros, como seres humanos, estamos atrapados en un cuerpo, solo tenemos una visión, y por más que queramos ser empáticos y queramos ponernos en los zapatos de alguien más, no podemos ver más allá que con nuestros propios ojos. Así, de alguna manera, el poder ver la realidad a través del filtro de otra persona es un placer enorme. Yo muchas de las películas que admiro y que sigo, las sigo más porque admiro la visión del director que por la película en sí misma; la sigo más porque ese director me permitió hacer un viaje desde unos ojos que no son los míos. Creo que eso también es muy importante, el retrato de la realidad desde ojos de otras personas. Y eso nos alimenta un montón y nos da otros puntos de cámara que nosotros no hubiésemos escogido o somos simplemente incapaces de escoger.

SERGI: Sí. Se trata de contextualizar, como decía David, a partir de nuestro propio presente, o de volver a observar nuestro presente a través de la mirada de otro.

JAYRO: Y de ir formando tu propia historia también porque —como lo han dicho otros, pero García Márquez fue el último que lo dijo de esta manera tan bonita— tu vida no es lo que viviste, tu vida es cómo la recuerdas. Y, luego, cada vez que vas adquiriendo recuerdos de los demás a través de algunas obras, tu vida también se va transformando. Y a mí ese proceso me parece fantástico, cómo tu propia historia se transforma de generación en generación. Incluso a las familias que mantienen estos árboles genealógicos y la historia de la familia supercuidada, cada nueva generación le impone una nueva capa de pintura y las historias se vuelven más interesantes. Esto es lo lindo de las narraciones, que siempre se van modernizando. Y por eso muchas narraciones han sobrevivido desde lo oral, porque te permite transformarlas más fácilmente.

DAVID: Sí, yo hice una película, *Soldados de Salamina*, basada en la novela de Javier Cercas, y una de las condiciones que me impuse para hacer esa adaptación —ya que se nombraban personajes reales y lugares reales donde había transcurrido una parte importante de la historia, en los días finales de la guerra civil española de 1939 en el norte de Catalunya—, mi reto, era que esas personas se interpretaran a sí mismas de ancianos, y que esos lugares fueran los mismos lugares donde sucedió. Me parecía que ahí, de alguna manera, salías de la adaptación clásica de una novela al cine —que suele ser como una ilustración en imágenes— e ibas entrando en un territorio todavía más interesante, que era el de la mezcla del documental y la ficción —lo que la propia novela ya planteaba implicando personajes ficticios en una historia real—. De este modo, al aparecer esta gente que en este caso eran unos supervivientes que habían ayudado o que habían quedado escondidos en el bosque, que habían sido condenados a las filas, no querían arruinar su vida porque sabían que la guerra ya estaba perdida —casi como esos adolescentes alemanes a los que Hitler incorporó al ejército hacia el final de la guerra—. La España republicana, prácticamente con todo perdido, hace una última llamada a filas. Y, claro, los que van, van realmente al matadero o al exilio, porque les va a costar mucho. Acá muchos desertaban y se escondían. Estos tres personajes se esconden, y aquellos hombres y una mujer quedaban vivos y ya eran gente muy mayor. Y al filmarlos era muy curioso porque ellos confundían la realidad con la ficción. Es decir, de alguna manera habían adaptado la historia, según se iba contando, a su propio recuerdo. Y la otra, muy interesante también, era que eran personas que me comentaban la amargura de que durante muchos años su historia no le importara a nadie, ni a sus familiares más cercanos, hijos o nietos. En realidad, lo describían con una expresión que usamos mucho aquí en España, que es «batallitas del abuelo». Es decir, esas anécdotas que se han repetido tanto y que ya nadie quiere oír otra Navidad o en otra reunión familiar: «No, ¡no vas a contar otra vez eso!», y tal. Y de pronto sentían una especie de reconciliación con el mundo porque alguien les preguntaba al final de sus vidas por esas historias y se las permitía contar. Y eso es interesante. Yo creo que hay que dar voz a la gente. Ahora lo hemos visto, por ejemplo, con la gran polémica que hay en los Estados Unidos sobre *Gone with the Wind*, sobre *Lo que el viento se llevó*. Es decir, porque es una película que es querida por todos, una película mítica y tal, y es hiriente para tanta gente porque es un retrato de alguna manera interesado sobre un bando de la guerra civil norteamericana y al mismo tiempo es una película que ha propulsado una romantización del esclavismo, de la explotación de los esclavos. Y viene una ola contraria a todo eso que dice: «Yo ya no estoy cómodo con ese retrato». Y, entonces, se produce un choque brutal en un conflicto increíble, que es: «Bueno, sí. Tú no estás contento con el cómo se cuenta el pasado, pero el pasado forma parte de mi novela, de mi visión romántica de los Estados Unidos». Entonces, ¿cómo vamos a hacer chocar una cosa tan potente? Antes Jayro hablaba del sentimiento patriótico que es exactamente lo mismo: si yo tengo un sentimiento patriótico y tengo que adorar el país donde he nacido porque me siento orgulloso, y cuando suena el himno, la bandera, o juega la selección de fútbol, me siento invadido de tal… ¿Cómo me pueden venir a decir que mi país ha tenido institucionalizada la tortura, el asesinato, la crueldad, de una manera natural en una parte de su población? Así pues, esas dos cosas chocan y provocan una gran incomodidad. Bueno, yo creo que esa incomodidad es la inteligencia del ser humano.

JAYRO: Claro. Luego también está la magia de que pueden existir esas narrativas de ciertas épocas e ir viendo cómo las narrativas van cambiando. Nosotros hicimos ese juego con mi última película: *La Llorona*. La Llorona hagan de cuenta que en Guatemala es tan importante como la Virgen, para todos, y en México también. Es una leyenda latinoamericana, pero realmente en Mesoamérica es donde tiene su mayor auge. Y la Llorona, en el fondo, es el personaje mítico que más queremos. Y es supermisógino y racista: es una mujer indígena que tiene un esposo español, o un hombre español, el hombre la abandona y ella de rabia se va al río y mata a sus hijos —o sea, es matricida— y Dios la castiga y la pone a llorar a la eternidad los hijos que ha matado. Entonces el juego era transformar esa Llorona y hacerla llorar por algo más relevante como los muertos de la guerra, como los desaparecidos de la guerra, y transformarla a ella, quitarla de ser una asesina y volverla una víctima de un conflicto. Al final la gente la aprecia, aprecia esas nuevas visiones con el pasar del tiempo. Y, luego, con los mismos personajes de esa película, los personajes históricos, yo lo primero que dije fue: «No quiero retratar a los personajes reales porque están muy frescos en la vida local, entonces todo el mundo va a atacar las imprecisiones para no ver la película». Así que nos fuimos por la construcción de un tirano, del arquetipo de un tirano, estudiando mucho más a los dictadores de América Latina en España que realmente a nuestro dictador. Y resulta que cuando terminas de construir un tirano así, todos son iguales. Así, al final esos arquetipos, la historia, terminan escribiéndose hacia el mismo embudo. Eso me pareció muy interesante de analizar.

DAVID: Es que eso es una cosa que uno puede empezar a tirar del hilo y resulta fascinante porque la construcción de los mitos religiosos y de los mitos y leyendas nacionales está hecha —sobre todo, hay algunos elementos que se escapan— mayoritariamente de la cultura griega, del mito griego. Es decir, casi toda la religión católica construye todos sus mitos copiándolos de la épica y de los dioses griegos. Así, uno lee ahora —recomendable absolutamente— la *Odisea* o la *Ilíada* y lo que se encuentra son elementos de una familiaridad increíble. Esto es, que uno encuentra elementos que están transportados a la figura de Cristo, elementos que están transportados a la figura de Adán y Eva, elementos que están transportados a la figura del rey David, elementos que están transportados al rey Arturo, que se reproducen y se van reproduciendo. Obviamente, tú has contado el mito de Medea, de alguna manera, llevado al mestizaje y la religiosidad de Guatemala. Eso es constante. Y una cosa muy divertida es que cuando uno estudia a los dictadores, por ejemplo, por poner el ejemplo que tú has puesto, se da cuenta de que hay una parte muy importante en la construcción de sus personajes que es imitativa. Es decir, son personajes que, de alguna manera, buscan referentes. Así, el referente, obviamente, de Napoleón, o el referente de

Alejandro Magno, o el referente de Aquiles, está presente en los dictadores hasta el punto de que casi algunos de ellos son grupis. Sé que suena un poco chusco llamarlo así, pero cuando uno ve y estudia a fondo, por ejemplo, la figura de Pinochet, se da cuenta de la importancia que tiene Franco en la construcción de Pinochet. Es decir, en qué medida hay absolutamente una imitación del elemento. Pero es que, al mismo tiempo, Franco también ha sido un personaje que ha copiado o va a copiar muchos elementos de dictadores anteriores que para él van a ser fundamentales. Incluso en tiempo contemporáneo de los dictadores como Mussolini y Hitler, los estudiosos que hay ahora y que están trabajando sobre ello se dan cuenta de la influencia increíble que tenían unos sobre otros. Nosotros ahora lo vemos muy claramente porque vemos que en todos los países del mundo salen políticos imitando a Donald Trump por el éxito electoral y por el éxito un poco de su discurso de un nuevo reaccionario libertario, por llamarlo de alguna manera. Nosotros no nos damos cuenta, pero eso viene sucediendo desde el origen de la historia: se copian unos a otros, y lo que copian no es tanto a la persona real como al mito, la leyenda que se cuenta. Es decir, el cuento que se hace de cómo era o cómo fueron las conquistas. Incluso en países democráticos nosotros tenemos una visión de Churchill o de Kennedy totalmente transformada por la mitología en torno a ellos: ya no sabemos lo que es real y lo que es mitológico, ya todo está confundido. Es sorprendente. Por eso es normal que llegue alguien imitando eso, como los niños cuentan los cuentos y los actores se imitan unos a otros, pues, también las personas reales. De ahí la importancia que tiene la ficción y la narración porque, de alguna manera, es la que propone el camino de por dónde va a venir la proyección de ese suceso. Y pasa con los sucesos históricos: los sucesos históricos son una mezcla de la versión de los ganadores y de la contra versión de los perdedores, en un relato que va luchando y tratando de dinamitar el relato de los ganadores todo el rato hasta que, finalmente, en la mucha distancia del tiempo, se va estableciendo como una leyenda fija que ya es invariable. Es decir, tú ya de la historia de Lanzarote y Ginebra y el rey Arturo prácticamente ya solo puedes tener una visión, que es la que ha quedado de la literatura. Pues, lo mismo va a pasar o pasa constantemente con la guerra civil norteamericana o con la guerra de Waterloo, y en su momento obviamente está pasando con la Shoah y con la destrucción de los judíos y los gitanos durante el nazismo. En cierto modo, va estableciéndose una fijación del relato y en eso la ficción y la narración forman parte absoluta, claro que sí. Es fundamental, son nutrientes del mismo río, son como afluentes del mismo río que va a quedar.

JAYRO: A mí me gusta mucho creer en esa teoría de una nube de ideas, como una nube que generacionalmente o contextualmente flota sobre el mundo. Y que por ahí vamos y bajamos ideas, y que podemos bajar en distintos puntos las mismas ideas. Recuerdo que cuando leí por primera vez el *Popol Vuh*, que es un poco de los libros que se consideran sagrados de los mayas k'iche', pensé que había sido escrito durante la conquista porque me parecía muy muy parecido a la Biblia. Y luego me enteré de que los estudios han demostrado que venía de una época precolombina. Pero realmente sí se leen cosas similares con la Biblia, y de la Biblia nos vamos a los romanos, y a los griegos, y a los egipcios. Es muy particular cómo nuestra mitología la vamos como bajando de esa especie de nube, y todos vamos teniendo las mismas ideas al mismo tiempo. Sobre todo en los tiempos donde no estábamos globalmente comunicados entre estos medios. Eso también puede estar generado por lo que éramos capaces de ver o de imaginar en esos momentos, y hoy seguramente nuestra nube es mucho más diversa porque somos capaces de ver y de imaginar otro montón de cosas y hemos olvidado otro montón de cosas, por eso ya no se nos ocurren ciertos personajes. Pero esa teoría me gusta mucho pensarla; pensar que por ahí muchos estamos teniendo la misma idea al mismo tiempo.

DAVID: ¿Sabes lo que pasa? Creo que en la narrativa —por llamarlo como algo que unifica la literatura y el cine— es una especie de posibilidad de otorgar un sentido a la existencia humana, en algunos capítulos de esa existencia, e incluso de la propia vida. Cuando tú hablas con una persona mayor, esa persona suele tener ya elaborada la narrativa de lo que ha sido su vida, y la narrativa tiene unas leyes que son las leyes del cuento. Lo que hace el ser humano en general es acoplar lo que le ha pasado, y que aparentemente no tiene sentido, puesto que el destino es caprichoso y los sucesos suceden sin ninguna concatenación lógica. Es decir, nosotros ahora apagamos esta conversación, nos vamos y nos sucede algo accidentalmente: alguien nos llama y dice que ha muerto no sé quién o que ha tenido un accidente tal, o salimos a la calle y nos enamoramos del cartero o de la señora que ha venido a vendernos un cupón. Y nuestras formas, nuestro cuento, sin nosotros entender cuál es la lógica. De ahí el lloro del ser humano, el dolor que siente, porque no entiende por qué alguien le roba un hijo, por qué alguien le termina un amor, por qué alguien le impide hacer lo que quiere hacer. Así, a medida que va pasando el tiempo, las leyes narrativas le ofrecen un consuelo a la gente, y le dicen: «Mira, esto es un planteamiento, un nudo, un desenlace», «esto es una lucha para conseguir esto», «esto ha sido este proceso». Y le dan un sentido, y con ese sentido nos morimos mucho más tranquilos que si no tuviéramos ese sentido establecido. Entonces, claro, eso lo hacen también con la historia lejana. Es decir, le dan un valor, la crean, le dan unos personajes, le dan un conflicto y le dan una resolución. Una solución lógica, para que creamos que la historia tiene un sentido y que va en una dirección, que no debemos desesperar porque todo tiene un sentido. Y el estamento que más trabaja en eso son las religiones. Las religiones trabajan para paliar el dolor de las personas, principalmente para darles un consuelo como dicen ellos, un abrigo. Ese abrigo es siempre ficticio y tiene las leyes de la ficción, que son: «todo tiene sentido» y «todo esto tendrá un final lógico por el desarrollo que ha tenido». Y con eso la gente se va a su casa, tan feliz y tan tranquila. Y sin eso seríamos una sociedad desesperada.

JAYRO: Y es tan verdadero incluso no solo para el desenlace de nuestras propias historias y nuestro destino, sino simplemente para seguir creyendo que toda acción tiene una reacción. ¡Eso es tan básico! Nosotros necesitamos pensar que muchas veces las reacciones no tienen acciones y las acciones no tienen reacciones en lo humano, en lo físico sí, pero no en lo humano. En lo humano muchas veces esas respuestas no son claras. Cuando empezaste a hablar de mi última película, hablando como de fantasía, yo más que de fantasía creo que lo veo como realismo mágico. Nosotros en América Latina hemos desarrollado ese otro lenguaje narrativo que es el realismo mágico, pero que no es solo un movimiento literario ni solo un movimiento cinematográfico, lo vivimos de verdad. O sea, sinceramente vivimos con un montón de ritos que acompañan esa necesidad de la que hablaba David, y sobre todo no vivimos solos, vivimos rodeados de un montón de espíritus de nuestros antepasados, de leyes que aparte tienen la magia del realismo mágico, que las podés ir transformando a tu situación. Y vivimos rodeados también de muchas de estas deidades que son neutras, que son deidades a las que en el fondo les podés pedir más o menos lo que quieras —que un poco las religiones también lo hacen— y luego pagas el precio de lo que se te sea concedido. Así, todo ese otro universo que tiene menos explicación también la narrativa lo ha sabido adoptar y lo ha sabido utilizar para contar la realidad y para retratar la realidad, por lo que la realidad se va volviendo cada vez mucho más extensa y rica y nuestros recuerdos se van transformando en cosas que yo creo que dan la verdadera historia.

DAVID: El peligro que tiene el realismo mágico es que ya se ha convertido de alguna manera en una exigencia narrativa latinoamericana. Tuve la suerte de conocer a García Márquez y tratarlo un poco, y no hay que olvidar un detalle muy importante: eran escritores muy cinéfilos. Y uno de los grandes propulsores del realismo mágico es Federico Fellini, cuyas películas —sobre todo las primeras películas, ya, digamos, hechas con una cierta libertad por él— son películas muy influyentes en el realismo mágico y además el realismo mágico tiene algo también cinematográfico, es una mezcla de discurso exótico y al mismo tiempo de discurso social, de discurso político. Y uno lo ve, y no hay que olvidar que ellos también estaban influidos, o todo forma parte de un proceso, donde el cuento es muy importante. Al final, si uno tira hacia atrás, el realismo mágico está en muchísima de la producción literaria, sobre todo épica, griega. Y esa especie de solvencia para ser capaces de que un personaje vuele en un momento determinado, pero en otro caiga y sea profundamente humano; que en un momento sea envuelto en una neblina que los dioses causan para poder pasar por las líneas enemigas, pero inmediatamente esa neblina se disipa y las espadas le hieren como a los demás, es esa constante presencia de lo mágico y lo real golpeando a la persona como un juguete también de este destino caprichoso en el que nos movemos. Es muy curioso eso.

JAYRO: Es curioso que lo veas como un peligro. O sea, que veas que el peligro del realismo mágico pueda ser como la institucionalidad del género en la narrativa latinoamericana. Yo creo que, más que institucionalizarse como género, vuelve a ser un reflejo de la realidad. Sinceramente, América Latina no vive la religión como la vive Europa: América Latina vive la religión con realismo mágico puro y duro. Todavía estamos en una fase de la religión en la que somos bien poco responsables de nuestros actos, y el responsable de nuestros malos actos es el diablo. Y el diablo casi que es más importante que Dios, como en toda buena película, si no tiene un buen enemigo, el personaje principal es menos fuerte. Entonces, mucho más allá de un estilo o un género sobre el realismo mágico, yo creo que hay un interés de retratar la verdadera manera en que vivimos, de verdad retratarnos entre todo este torbellino.

DAVID: Digamos que lo que más miedo me da son siempre las modas, cuando algo pasa a ser una marca, un establecimiento casi automático de un lenguaje. Además, en el cine pasa mucho porque el cine es siempre el norteamericano y el de algún país que es invitado durante algún tiempo —que suelen ser tres o cuatro años— a mostrar su particularidad. Entonces le dejan y luego se olvidan. En una época fue el cine cubano, en otra puede ser el cine colombiano, en otra época el japonés, en otra el coreano, y durante una época le dejan salir y tal. Pero cuando hablas de esa ambición de la religión, por ejemplo, en Latinoamérica, no es tan distinta —de verdad, y te va a sorprender, no sé si conoces esos países— de cuando viajas a Tailandia o a Filipinas o incluso a zonas del sur de España o del interior de Polonia. Encuentras una abrumadora presencia del realismo mágico implicado en la religión y en las tradiciones, y es increíble porque también lo tienen en su narrativa, está presente, y es muy curioso. Obviamente, cada uno, como tú bien dices, con su particularidad y con su sello local. Pero es verdaderamente más generalizado de lo que creemos.

SERGI: A ver si me dejáis intervenir un momento. Yo justamente no he utilizado las palabras *realismo mágico* porque le tengo un poco de miedo a esa idea de pegar una etiqueta. Y, entonces, cuando presentaba a Jayro al principio y decía que una de las cosas que me llamó la atención, el primer detalle, fue ese cartel de *Ixcanul*, era porque me estaba temiendo lo peor. Es decir, tenía ganas de ver la película, el cartel me llevaba a decir: «Bueno, tengo ganas de ver esta película», pero me temía algo que fuera una relectura muy codificada, como: «Bueno, voy a hablar de los mayas», y en cambio con lo que me encontré fue con una representación extremadamente fresca. Encontraba una relectura muy personal y que justamente salía un poco de los esquemas que, a veces, cuando un movimiento, por llamarlo así, una serie de escritores, les ha puesto una etiqueta como la de *realismo mágico,* luego puede dar como resultado una serie de obras un poco esclerotizadas. Y, en cambio, me parecía que en tu aproximación, como cuando hay, por ejemplo, un plano que es cuando la chica que hemos entendido que está ante dos opciones —que o la casan con el representante del propietario que está ahí o se tiene que fugar a Estados Unidos con el que podría ser su amante—, ella se dirige ahí hacia la selva y tiene una especie de relación sexual con un árbol, lo que me parecía salir de cualquier tipo de esquema que pudiera estar predefinido para ofrecer una visión muy innovadora. Esto es lo que en parte habéis estado diciendo, que la ficción lo que necesita frente a esta realidad, que es muy estructurada y que nosotros estructuramos a partir de nuestras percepciones y a partir de discursos que son discursos narrativos, la narrativa y la ficción lo que permite es que podamos hacer y aportar nuevas interpretaciones, nuevas relecturas, y crear nuevas maneras de ver el mundo. En ese sentido, por eso, quería evitar lo de las etiquetas. Y para manifestar esa especie de frescura que me había parecido percibir en esa manera de ofrecer una visión nueva que —por lo menos a nosotros o a mí como español— resulta algo relativamente extraño, pero que conozco por el cine, que conozco por la literatura, que conozco por el cómic, aunque muchas veces en formas que son reductoras o estereotipadas, por decirlo de algún modo.

JAYRO: Sí. Es cierto que las etiquetas tienen esa tendencia a reducir y catalogar porque para eso existen. Pero, bueno, luego le podés poner un montón de etiquetas y lo vas haciendo crecer. En lugar de pelear contra ellas, yo he optado por irlas sumando. Y si bien hubo muchas críticas desde ese punto de vista al inicio, yo recuerdo que estaba en un festival con varios cineastas que respeto mucho del cono sur, chilenos y argentinos, que me decían: «Claro, pero hiciste una película para que le guste a los festivales europeos. ¿Por qué no hablas de las verdaderas cosas que nos pasan en América Latina?». Y yo decía, de verdad que es supercomplejo ser un país que ha tenido tan poca representación en el mundo, porque piensan que si bien es un país que es un 75 % indígena, cuando saca una película indígena no está hablando de su realidad. La gente me preguntaba: «¿Cómo hiciste para meterte en esa tribu y que te contaran su vida?». Son el 75 %, o sea, no necesito irme a buscar una selva y una tribu, están acá, estamos todos mezclados, y hay gente menos mezclada, es una realidad. Y digamos que una gran parte de mi trabajo también es darle visibilidad a esta mayoría. Yo siempre he dicho que en Guatemala nosotros no tenemos problemas de minorías, nuestras minorías van muy bien.

Solo nuestra minoría LGBT no, pero el resto de las minorías están geniales. Son las mayorías las que necesitan de la narrativa para tener una nueva luz y una nueva voz.

DAVID: No, y aparte sería estúpido quedarse en la crítica de esa etiqueta. Es mucho más hiriente, digamos, la nueva etiqueta que puede imponer *Narcos*. Es decir, Latinoamérica solo nos importa en el retrato del narcotráfico y de la violencia más desatada y tal, porque ese es el relato que queremos recibir en todo el mundo occidental de Latinoamérica. Y, una vez tras otra, se va haciendo eso, y al ser posible con el marchamo: cuanto más parecido a lo norteamericano, a la narrativa norteamericana, más les gusta y más les encanta. Y, al final, evidentemente, a lo que se ha llegado es a que todo eso sea un pastiche.

JAYRO: ¡Pero cuánto ha servido para la producción latinoamericana *Narcos*! La industria la potenció. Yo estoy de acuerdo contigo sobre la narrativa y el mensaje que vehicula, pero como industria abrió un montón de puertas.

SERGI: Esa es una cosa que también os quería preguntar.

DAVID: Bueno, como en España el wéstern en los años 60. Cuando vinieron a Almería a rodar wéstern a nosotros nos vino muy bien porque una generación entera aprendió los rudimentos del cine, se compraron cámaras, se compraron aparatos que luego se podrían usar en la industria. O sea, que eso bienvenido sea siempre.

JAYRO: Sí, sí. ¿Tenía un nombre ese wéstern de los italianos?

DAVID: Sí, el que hacían los italianos en el sur se llamaba *spaghetti western*.

JAYRO: ¿Y el de los españoles?

DAVID: El de los españoles nunca llegó a tener relevancia, porque era cine casi un poco de consumo, era como un wéstern así muy local, no llegó a ser popularizado.

JAYRO: Buen nombre para un platillo español.

DAVID: Hubiera sido la «paella wéstern». Pero el *spaghetti western* fue fundamental, sobre todo porque pretendía ser americano. Entonces, claro, para los americanos era muy importante diferenciarlo del que hacían ellos.

SERGI: Pero, de hecho, como los italianos iban a filmar a España, para los españoles que luego hicieron wésterns —que hubo unos cuantos luego— como que se asimiló. Porque eran coproducciones, lo que algunos llaman ahora el *europudding,* como con otro componente.

DAVID: Sí, lo más habitual era que se buscaran actores que aparentaran aspecto físico norteamericano y, si no lo eran, se podían traer actores entonces desconocidos como era Clint Eastwood, para protagonizar. Muchos actores secundarios españoles que yo he conocido tenían dos nombres. Por ponerte un ejemplo, Juan Luis Galiardo, que era un actor muy conocido y popular en España, había hecho *spaghetti westerns* bajo el nombre de John Gally. Teníamos otro muy habitual en nuestros wésterns que se llamaba Frank Brian. Y, luego, te digo por ejemplo, Terence

Hill, que era un actor italiano para hacer las películas de Terence Hill y Bud Spencer, al que ellos le llamaban Trinidad, que fue tan popular. Le pusieron un nombre como Terence Hill, imagínate. Que, bueno, es ese intento de americanizarlo todo. Y al final es curioso, porque eso, de alguna manera, tiñó tanto el wéstern contemporáneo que ahora es prácticamente imposible que los americanos sean capaces de hacer un wéstern que no sea heredero del *spaghetti western.* Es una gran venganza. Existe incluso una obra como *Sin perdón,* de Clint Eastwood, y tiene una herencia de Sergio Leone mayor que de John Ford.

SERGI: Ocurrió un poco lo mismo con el cine negro también. Hubo la influencia europea porque algunos directores se fueron allí o porque se inspiraron en películas francesas como las películas de Melville. En realidad hay una circulación donde —como decías tú antes— el cine norteamericano sigue mandando, pero de vez en cuando les hemos también echado un cable.

DAVID: Como pasa con la música, y es algo siempre muy bonito de observar. La música latina, por llamarlo de alguna manera con una etiqueta que ahora se usa, ha entrado en los Estados Unidos vía sus propios artistas tratando de imitar un sonido que identifican con el sonido latino. Entonces, la increíble mezcla que se produce es que gente que no tiene ninguna relación con el baile latino o con la música latina hace música latina, y la construyen con una serie de ritmos o de rítmicas que tienen que ver con la música colombiana o con la música centroamericana. Van desarrollando y se convierte —o se va a convertir— en la música norteamericana. Esto, que ahora sorprende tanto, en los años 30 pasó exactamente con el *blues.* Es decir, la música espiritual de los esclavos negros fue creciendo, expandiéndose por los estados del sur norteamericano y mezclándose con su instrumentación, con lo que se llama el *bluegrass,* con la guitarra, el bajo, etc., y se va transformando y, de pronto, es una música negra norteamericana con una temática muy particular. Y, sin embargo, es ya tradición de la música norteamericana, y eso luego vuelve a pasar con el *jazz*. Así que el arte tiene esa especie de hibridez también, que, yo creo, es tan interesante y tan maravillosa. Es decir, si no hay un haitiano que llega de África y se pone a tocar unos bongós en un momento determinado, no llegas a Miles Davis. Y eso es fantástico porque forma parte de la evolución y de la mezcla, por más que queramos constantemente negarla.

JAYRO: Sí. Yo también soy superadmirativo de ese tipo de movimientos y últimamente he visto con cierta tristeza estos movimientos de apropiación cultural. Por ejemplo, pensar que si la marimba es maya, tiene que ser maya y no se puede utilizar en nada más porque tenemos que respetar las culturas, sin saber que la marimba es africana también. Y estos movimientos de defensa de lo local no se dan cuenta de la cantidad de puertas que se abren para esta mezcla y lo importante que esta mezcla es en el arte porque el arte no debería tener ese tipo de fronteras ni creativas ni representativas.

DAVID: Claro. Y ahí hay un caso que es paradigmático, que no existe ahora en España ningún artista flamenco que no incorpore el cajón como una instrumentación de percusión añadida al flamenco incluso más tradicional, pero, sobre todo, a lo que podría ser el flamenco moderno. Y todo eso parte de un accidente maravilloso que es cuando Paco de Lucía está de gira por Perú y escucha a alguien tocar el cajón, y dice: «Esto hay que meterlo». Y lo introduce en los años 70 y pocos —no hace falta remontarse a un tiempo—. Introduce el cajón y al principio es contestado y luego es incorporado. Y ahora ya tú vas incluso a barriadas gitanas donde les gusta la música o la practican, e inmediatamente verás niños tocando el cajón como si fuera un instrumento tradicional de la cultura gitana en España, y no tiene nada que ver, viene de Perú o por lo menos Paco de Lucía lo encontró en Perú y lo incorporó al flamenco nacional.

JAYRO: Y pasamos a lo culinario también, todas esas cosas que hacemos y que enriquecen nuestra cultura culinaria y que se vuelven símbolos de naciones.

DAVID: Sí. Al final, un poco también este conflicto —como antes hemos hablado— de *Lo que el viento se llevó*, que se expande también hacia Cristóbal Colón incluso. Y es entendible porque lo que quieren los humillados es reivindicar su sitio en la historia. Pero seguramente cuanto más escarben en el sitio, más se darán cuenta de que es imposible cercenarlo ya de lo propio, porque todo se imbrica a lo largo de tantos años. Así que, claro, el hecho de que hay un viaje de ida y vuelta hace que las cosas sean mucho más complicadas. Y lo que uno nunca debe hacer es agredirse a sí mismo. Es decir, somos lo que somos, ya sabemos que nuestro pasado tiene tantas cosas de las que enorgullecernos como de las que avergonzarnos. Y simplemente se trata de que seamos capaces de mirar hacia adelante conociendo lo que hemos tenido detrás. No lo podemos revertir, no lo podemos reescribir, no podemos hacer de otra manera: lo que fue, fue. Y, por lo tanto, nos conforma. En España, por ejemplo, es muy tradicional celebrar derrotas como el día de una ciudad o de una región, o de lo que llamamos nosotros una comunidad autónoma; incluso en su reivindicación esa derrota le da un significado a tu propia historia.

Reescribirla y convertirla en una victoria sería un error. Fue una derrota, pero de esa derrota has salido tú.

JAYRO: Claro. Luego hay movimientos de reinterpretación de esa historia y a mí me gusta estudiarlos. Hablabas de Cristóbal Colón, y nosotros durante mucho tiempo crecimos con la idea de que alguien nos descubrió: como que antes no existíamos, y de pronto vino alguien y nos descubrió, y ahí empezamos a existir. Eso me parece como uno de esos movimientos válidos, el decir: «No, llegaron». O sea, alguien llegó acá y se empezó a crear una mezcla, pero no nos descubrió.

DAVID: Realmente, el descubrimiento fue inverso.

JAYRO: O de ambos. O sea, fue como un descubrimiento de las dos partes. Y luego nos vamos a movimientos un poco más… No radicales, pero… Bueno, sí, radicales, pero en los que tenemos que hablar de una invasión. Entonces, llegaron los invasores. Tampoco están mintiendo con ese descubrimiento; nosotros entre los mesoamericanos ya nos invadíamos también. Así pues, es todo ese juego de cómo entramos en nuestra narrativa hoy en día. Para utilizar las palabras correctas, esa necesidad de que el *storytelling* se haya vuelto completamente accesible a todos, me parece fascinante. Y que todos estén envueltos en eso, y que todo el mundo esté como pensando cómo va a contar su propia historia con sus propias palabras, y qué imágenes está transmitiendo a través.

DAVID: Sí. De ahí esa disputa en el relato de que se haga de manera tan dramática, porque mucha gente lo entiende como que tiene la necesidad de imponer o variar el relato porque es muy importante para las generaciones futuras, y por ahí creo que no hay nada que objetar. Yo creo que el relato tiene que estar determinado por el estudio, por la complejidad, cada vez más complejo al final. De los puertos de los que zarparon las carabelas de Colón, que son fruto de ochocientos años de invasión musulmana, de la convivencia con el pueblo judío, de, por supuesto, la influencia griega, latina y romana. Al final uno intenta desenmascarar lo que hay detrás y lo que se va encontrando, y en vez de una cosa más sencilla es una cosa más compleja. Eso es también interesante.

SERGI: Nos quedan creo que unos diez minutos. Quizá, me gustaría preguntaros una cosa sobre la manera de hacer películas o de poder hacer películas. Tú, David, empiezas antes. Empiezas a mediados de los años 90 cuando en España hay una serie de leyes de cine que permite que empiece a hacer películas gente que no había dirigido, como tú. Están las televisiones, hay una especie de industria. Y todo esto, creo yo que, después de una serie de crisis económicas —y ahora sanitarias—, como que se ha ido desmontando. Este tipo de hacer películas como que está muy fragilizado. Por otro lado, Jayro, tú llegas en un momento en el que en Latinoamérica se está volviendo un poco al sistema de coproducciones del que hablábamos antes de los años 70, pero de otra manera mucho más distinta, con programas de ayuda, fondos de ayuda institucionales, festivales. Tú, David, saliendo de ese modo inicial de hacer películas que se está fragilizando a nivel de producción, ¿cómo vives esa situación como creador? Y tú, Jayro, ¿cómo te adaptas a esa idea de que lo que tú quieres contar sobre Guatemala tenga que pasar por Holanda, tenga que pasar por España, tenga que recibir ayudas de fondos noruegos u otro tipo de cosas? ¿Cómo os adaptáis a eso?

DAVID: En general, yo creo que —y esto también pasa en el cine norteamericano— hay un conflicto de base en la propia estructura del cine. Que es un conflicto entre la expresión personal y el deseo de contar algo. Hemos venido hablando mucho a lo largo de la conversación sobre la visión que tenemos de un periodo, la visión que tenemos sobre un conflicto, etc., entonces si tú lo que quieres es dar esa visión, tienes que tener libertad y tienes que tener la capacidad de expresarte por ti mismo, y de contarlo según tú lo quieres contar para no ser absorbido precisamente por las etiquetas o por las ideas impuestas que tienes que repetir una y otra vez. Y, al mismo tiempo, la industria del cine es tradicionalmente una industria de repetición, es una industria que lo que quiere es volver a hacer la película que acaba de tener éxito y volverla a repetir y volverla a repetir. Y en ese conflicto trabajamos habitualmente. Por eso, para resolver ese conflicto hay muchos elementos. Uno es la habilidad personal de cada uno para encontrar la financiación y el público con el cual sobrevivir y poder seguir trabajando con cierta libertad, puesto que eres un cineasta «rentable», entre comillas. La otra es inyectar al cine más industrial o comercial una visión propia que contamina ese discurso que aparentemente puede ser el más convencional; lo contamina de una visión personal. Y la tercera sería la entrega rendida y entregada a ese otro cine que lo único que pretende simplemente es contribuir al beneficio industrial, y que pueden salir de ahí maravillosas películas y películas que han sido importantes en la historia de todos los cines. Pero ese conflicto que nosotros vivimos de una manera tan dramática porque en muchas ocasiones significa o se traduce en «este proyecto que quieres hacer no lo puedes hacer porque no encuentras financiación para hacerlo», ese conflicto, es la base del cine. Y es lo que convierte nuestro lenguaje del cine en un lenguaje tan interesante porque cualquier película que se hace, que llega a hacerse, ha resuelto el conflicto de alguna manera. Ha resuelto el conflicto de cómo encontrar una financiación para una visión personal. ¿Qué ocurre? Que en cada momento de un país, en cada momento de un desarrollo económico, la resolución de ese conflicto cambia. Efectivamente las leyes españolas en la transición y hasta los años 90 favorecieron mucho ese tipo de cine porque se copió el modelo francés. Lo que se perseguía era tratar de hacer un cine autóctono, pero que tuviera el valor que tiene el cine francés de una potencia industrial importantísima, de una presencia mundial. ¿Qué ocurrió? Que España no tenía ni los recursos ni el interés político en que el cine fuera una de sus plataformas. Entonces eso quedó un poco cojo, y sobre eso se impusieron los canales de televisión con una visión, de nuevo, mucho más utilitarista y comercial del cine. Y a lo mejor en los últimos años esa cultura es la que ha invadido algunos Gobiernos latinoamericanos, en el sentido de decir: «No es posible que no desarrollemos la cultura, que no desarrollemos el cine nacional y no tratemos —en la medida en que se pueda, seguramente con pocos títulos y con las dificultades añadidas de llevar esos títulos a la propia población— de hacer un cine nacional, de hacer un cine que pueda ser representativo, que pueda enseñar». Fíjate en Guatemala: Guatemala es un país en que uno de los problemas —decía Jayro— viene de la poca potencia audiovisual que ha tenido Guatemala para transmitir al mundo. Es decir, si tú preguntas por las calles de Francia o por las calles de España o de Alemania qué imagen tienen de Guatemala, les es muy complicado decírtelo. Quizá solo puedan decirte algo basado en los noticiarios, las dictaduras, los desaparecidos, pero muy poca imagen cinematográfica, salvo en los últimos años. Por eso, es muy importante tener cinematografía en los países para que estos existan en la cabeza de los ajenos, de los extraños. Esa es una pelea constante. Y ahora están las plataformas digitales que durante la pandemia se han hecho prácticamente dueñas de la ausencia de salas. Y, por lo tanto, es como digo yo: son el dueño del gallinero, siendo la gallina el consumidor, que está metido en un corral y que cree que ese corral es la libertad absoluta aunque en realidad está dentro de un corral y solo le dejan salir o asomarse a lo que el granjero quiere. Eso son las plataformas digitales; con ellas tenemos que trabajar y con ellas tenemos que conseguir solucionar ese conflicto del que hablaba al principio, que no es más que decir: «¿Y cómo leches hago yo una película?». Por este motivo, en ocasiones te encuentras haciéndola con unos medios que no son los que necesitarías, sino unos muy precarios, pero tienes que escribir y acoplarte a lo que tienes y tratar de hacer, porque al final nadie te va a devolver el tiempo, nadie te va a decir: «Bueno, por todo lo que no pudiste hacer en tu trayectoria cinematográfica, aquí te entregamos cincuenta años más de vida para que ahora lo cumplas». Eso no va a pasar, lo que no hagas se va a quedar sin hacer.

SERGI: Jayro, ¿cómo llevas tú ese conflicto del que hablaba David?

JAYRO: David hablaba de la importancia del cine para que los países existan, y concuerdo absolutamente con eso, pero no es solo para que existan en el extranjero. Yo creo que una de las grandes tristezas es no tener material producido en tu propio país para poder verte reflejado y para poder compararte contigo mismo. Eso es una cosa muy muy dura. No sé si ustedes logran entenderla. Nosotros ni siquiera producimos televisión, lo que llegamos a producir son noticieros, pero no producimos nada más. Todo lo compramos, y eso quiere decir que un maya que ve la televisión para compararse se compara con neoyorkinos. Por eso, toda esa falta de referentes locales y de vehículos locales es de verdad muy dura y muy trastornadora para una sociedad, sobre todo cuando hablamos de una sociedad como la mía en la que no estamos orgullosos de nosotros. Así, la publicidad es reina, con blancos rubios, y nosotros solo vemos televisión y cine que viene de otros lugares y nunca nos vemos a nosotros mismos. Y eso es una gran catástrofe. Nosotros, cuando yo regresé a Guatemala de Francia para trabajar, después de *Ixcanul* abrimos una fundación que es la Fundación Ixcanul donde tenemos varios programas. Uno de ellos es la sala de cine, que es esta pantalla del cine independiente en el que queríamos traer cine de autor —*cine de contenido*, como lo llamamos— para utilizar el cine como herramienta de aprendizaje. Porque en Guatemala, de primera, solo el 9 % tiene acceso a las salas de cine; y, de segunda, todo lo que vemos se compra por año. O sea, compran a los grandes medios los paquetes y ya saben qué van a poner durante dos años. Entonces, si hay alguna producción guatemalteca, por ahí los operadores de las salas, porque conocen, te dicen: «Esta película no va a funcionar muy bien y seguramente me va a quedar una semana, por ahí te puedo poner», pero no hay un real espacio y una real curaduría para nuestro cine. Y esto realmente afecta porque lo único que consumimos es cine de entretenimiento, y el cine no es solo entretenimiento, puede serlo y tiene que serlo, pero no es simplemente eso. Por este motivo estamos tratando de trabajar hacia eso, de hacer ese paso. Es muy difícil porque vivimos en un país que no tiene ningún incentivo estatal para ningún arte y la industria privada todavía no cree en nosotros, cineastas, como para invertir. Tenemos que hacer nosotros mismos, como cineastas, un trabajo enorme para educar a nuestra audiencia y que nuestra audiencia quiera verse reflejada. Porque eso también es un trabajo, toda la cultura adquirida es adquirida, y hay que pasar un proceso para llegar a tenerlo. Yo de verdad que he podido hacer mis películas gracias a Francia y a otros países que se han pegado, pero si Francia no existiera yo… Y hay un montón de gente que es talentosa que no tiene ni voz ni oportunidad, y no es solo que no va a poder hacer una película de las que quisiera hacer, sino que nunca vamos a saber de ellos. Y, luego, los que ya tenemos como una carrera y ya tenemos como ese camino —que por suerte o por otro montón de factores hemos logrado— en algún momento estamos confrontados a pensar cuándo se va a dar el paso para el financiamiento americano. Porque financiar con fondos estatales siempre es un periodo muy largo, y siempre hay muchas chances de que no lo tengas. Así que cuando das el salto hacia la industria americana y empezás a tener una facilidad de financiamientos privados, llega el otro miedo que es: «¿Cuánto voy a poder mantener yo de mi proyecto la esencia?». Yo creo que Europa por lo menos es muy respetuosa con ese sentido, pero en Estados Unidos ahorita todos los que nos llaman *latinex* que somos estos 'directores latinos con talento', estamos enfrentados a eso. Suelto este proyecto a esos estudios o a estas plataformas y prefiero hacerlo y ver cómo me sale con esta influencia. Por ahí también hay ciertos movimientos de nuevos productores —yo digo *gringos*, pero es con cariño— gringos que tratan de respetar la visión del autor. Por eso creo que estamos en este momento en que está un poco balanceándose, y a mí me gustaría llegar a un punto en el que podamos hacer ambas cosas: que la inversión privada y la inversión estatal puedan unirse. Porque hay otra cosa en la que nosotros en Europa también nos hemos acostumbrado mucho, sobre todo los productores, y es que los productores cogen el dinero del Estado que consiguieron con lo que vos escribiste como director, y luego lo ponen en la mesa como si fuera dinero de ellos. Y, en ese sentido, una coproducción con

Guatemala, por ejemplo, que no tiene dinero del Estado, y nosotros el dinero que sí ponemos de nuestra bolsa es nuestro dinero, se vuelve muy desbalanceado. Porque la otra persona simplemente está usando tu talento y un recurso del Estado para conseguir plata. Y vos sí estás usando tu talento y la casa de tu mamá para conseguir plata. Entonces hay un desbalance muy fuerte en el mar en el que yo me manejo.

SERGI: Espero que pueda desarrollarse ese cine respetuoso con más apoyo y dentro del marco incluso americano. Bueno, chicos, muchas gracias por todo. Creo que hemos podido intercambiar. Ha sido interesante, pero desgraciadamente se nos ha acabado el tiempo. Me gustaría volver a daros las gracias por vuestra participación.

JAYRO: A ustedes, y un placer verlos.

DAVID: Igualmente. Un gusto. Y cuidaos mucho.

Ver lo invisible: las ineludibles torres-faro de la poesía

BERNARDO ATXAGA • RAÚL ZURITA

Conducido por **Isaac Xubín**
(Universidad de Sheffield, Reino Unido)

¿Cómo eludir en París esa torre que es además un faro? Su luz es capaz de orientarnos como lo hace el fulgor de la poesía. La charla y lectura de poemas a la que asistiremos a continuación estará, de hecho, moderada por otro poeta, el gallego Isaac Xubín, a la vez, profesor en la Universidad inglesa de Sheffield y traductor literario de referencia del euskera al gallego. No vamos a ocultar nuestra debilidad por ellos: son dos torres-faro de las literaturas nacionales de las que provienen la chilena y la vasca; dos poetas que han conocido tiempos bien hostiles para sus líricas y que han respondido con ternura, con brutal coraje, con cruda honestidad, con inocencia, con belleza. Hemos titulado «Ver lo invisible» al diálogo y lectura poética entre Bernardo Atxaga y Raúl Zurita.

ISAAC: Bienvenidas, bienvenidos, a este espacio que es «Paris ne finit jamais». Bienvenidos y bienvenidas a esta sesión: «Torres-faro de la poesía». Recordad que esta sesión se emite en multiplataforma: Facebook, Twitter, Instagram y a través de la página web del festival donde podréis encontrar y asistir a todas las sesiones. «París no se acaba nunca», «Paris ez da inoizbukatzen». «Las ineludibles torres-faro de la poesía». Me gustaría decir que los autores que me acompañan no necesitan presentación, es un poco un lugar común. Pero hay ciertas situaciones, como en la que me encuentro, en las que no se puede hacer otra cosa que no sea ser fiel a la realidad. Estoy acompañado de dos torres-faro, y hasta hace unas horas en que se me ocurrió el motivo de la razón de mi presencia, no sabía muy bien qué hacía yo, qué haría yo a vuestro lado. Y me siento satisfecho con el descubrimiento. Quizá fui escogido porque nací en A Coruña, al pie del mismo faro, del faro más antiguo del mundo en funcionamiento: la Torre de Hércules. O mejor incluso: la torre de Breogán, el faro Brigantium, desde el cual el héroe vio la isla Esmeralda (Irlanda) reflejada en un espejo y se lanzó a su conquista. Y este impulso quizá es similar al que sentisteis vosotros, torres-faro que me acompañáis, y me gustaría hablar sobre todo esto con vosotros. Raúl Zurita estudió Ingeniería en Valparaíso, y un día en que se dirigía a desayunar a la universidad fue detenido. Todos conocemos las fechas y los lugares de la ignominia. Conocemos la herida y percibimos la belleza en la obra que nace de la lucha por devolver esa herida. Conocemos de sobra los títulos, los premios y los reconocimientos internacionales. Es doctor *honoris causa* y ha recibido el Premio Nacional de

Literatura, el Premio Iberoamericano de Poesía Pablo Neruda y el Premio José Donoso. Y, por supuesto, escuchó la llamada de su pueblo cuando fue requerido trabajar, por ejemplo, como agregado cultural en Roma. Su última obra dada la imprenta es la que se titula: La *vida nueva: versión final*. Pero creo que a todos los que estamos compartiendo este momento nos gustaría mirar, aunque fuese durante unos segundos a través del tiempo, para verlo al lado de su abuela Josefina y comprobar cómo las historias del conde Ugolino iban depositando una simiente destinada a trascender. Bernardo Atxaga estudió Económicas en Bilbao y, podemos decir, sin dudar, que conoce también el tacto de la violencia a su alrededor. Atxaga es uno de los máximos exponentes de la literatura vasca y su nombre aparece en cualquier campo de la literatura al que nos aproximemos: novela, relato, poesía, literatura infantil y juvenil. Fue galardonado con el Premio de Poesía de la Ciudad de Irun, con el Premio de la Crítica Española y con el Premio Nacional de las Letras Españolas. También acude a la llamada de su Euskal Herria, y es miembro de la Euskaltzaindia. Su último trabajo publicado es *Etxeak eta hilobiak*, *Casas y tumbas*. Su madre, Izaskun, recitaba monólogos en vasco en los interludios de las representaciones teatrales. A él nos gustaría observarlo el día en que, con quince años más o menos, decidió escribir en la lengua del pueblo un relato y comprobar después su pulso al escuchar: «Es muy importante que sigas escribiendo en vasco». Muchas gracias por estar aquí, Bernardo. Raúl, es un placer compartir este momento contigo. Y ojalá mis ojos vean alguna vez Valparaíso.

RAÚL ZURITA: Muchas gracias, Isaac.

ISAAC: La primera idea que os ofrezco es esto que os comentaba a raíz de la leyenda de ese héroe que ve Irlanda en un espejo y, en vez de quedarse en casa, se lanza a conquistarlo. Por eso quería preguntaros cuándo fue ese momento en que el instinto por escribir se transforma en una vocación, en una dedicación consciente, cuándo sabéis de alguna forma que la literatura será parte de vuestra vida o que, cuando menos, queréis poner todo lo necesario para que eso sea así.

BERNARDO: ¿Quién empieza? ¿Empiezo yo?

ISAAC: Empieza cualquiera.

BERNARDO: Mi respuesta tiene una ventaja: va a ser muy breve. Y creo que cierta, con mucha verdad. Yo realmente no buscaba la luz. Es decir, no iba hacia un lugar concreto. Me gustaba escribir, me gustaba mucho leer, pero no iba a un lugar concreto, no pensaba en ser escritor. Pero está la segunda parte: estaba la oscuridad que empujaba. Es decir, no iba hacia la luz, pero la oscuridad me empujaba. Y, para mí, la oscuridad —aparte de la situación política y demás que, efectivamente, era muy oscura; más que oscura, violenta— era personal, en el sentido de que me veía trabajando en un banco todos los días y lo odiaba profundamente. Y, además, me sentía obligado. O sea, estaba un poco preso por una razón también familiar y política: mis dos hermanos estaban ambos en la cárcel, de forma que en casa alguien tenía que trabajar, alguien tenía que hacer algo normal. Pues en cuanto uno de los dos hermanos salió de la cárcel, yo dejé el banco. A partir de ese momento, al día siguiente, dije: «Bueno, ¿y qué hago yo para sobrevivir?». «Bueno» —pensé—, «voy a empezar a escribir cuentos infantiles». Y así fue como empecé profesionalmente, a partir de la oscuridad aquella que me empujaba. Yo no puedo soportar una vida que no me guste. Tengo ese defecto, si quieres.

Hay gente que se acomoda; yo no puedo vivir de una forma que me disguste. Y así fue, por eso empecé a escribir.

RAÚL: ¡Qué bello! Lo mío no es tan tan distinto. Porque yo empecé estudiando Ingeniería, de hecho. Nunca tuve nada que ver con letras. Y cuando estaba en el liceo, en el colegio, me gustaba escribir. Pero… ¡me gustaba! Sentía un placer en hacerlo. Después, cuando estuve en la universidad… En las carreras de ingeniería suele suceder algo. Suele suceder que siempre hay un grupo que está muy disconforme con lo que está estudiando y lo está haciendo por obligación o porque está aburrido. Entonces, se vuelcan hacia la cosa humanista con mucha fuerza. Y yo conocí uno de esos grupos. Yo nunca he leído más en mi vida que cuando estuve en esa universidad, que mientras estuve ahí. Ahí ya se está poco a poco transformando casi en una pasión esto de leer y escribir. Pero cuando vino el golpe de Estado en Chile, el golpe de Pinochet, y me dieron ganas, después me di cuenta de que yo estaba escribiendo por desesperación. Y era desesperado el asunto. Porque no tenía. No podía hacer. Lo único que yo quería era conseguirme un trabajo, precisamente. Siempre se habla en las dictaduras de todas estas cosas, se habla de la violencia, el miedo, el pavor, pero no se habla de la pobreza. Por eso entiendo también lo que decía Bernardo, porque yo lo único que necesitaba, que quería, era conseguir un trabajo. No quería escribir, ¡para nada! Mientras menos me conseguía ese trabajo… Yo habría sido cualquier cosa —habría sido en ese momento incluso traficante—, lo que me hubieran puesto lo habría hecho. Pero como no me conseguía nada, escribía y escribía. Hasta que, de repente, me vi que… ¡eso es lo que estaba haciendo! Entonces, nunca he creído que haya sido un tipo como ese: «¡Pero qué bonito! ¡Qué romántico! Tú dejaste la ingeniería por hacerte escritor». ¡No! Si yo no quería dejar la ingeniería, solo eran las circunstancias. Recuerdo que me encontré una vez con un poeta, que ya no existe, que me dijo: «¿Y tú qué quieres hacer?». Y yo: «Lo único que quiero es conseguirme un trabajo», le dije así. «O sea, estoy desesperado.» La vida se me había adelantado: tenía familia, tenía hijos, estaba separado. Era todo pésimo lo mío. En ese momento, él me dijo lo siguiente, una frase que nunca voy a olvidar. Me dijo: «¿¡Trabajar!? ¿¡Un poeta, trabajar!?». Me lo dijo con una mirada de escándalo terrible. «¡Hay que ser pobre, hay que ser solitario!» Sí que hay muchas cosas problemáticas en un poeta porque precisamente esta dureza de la vida es terrible. O sea, hacer cosas que tú no puedes hacer, que no quieres hacer y de todos modos las haces, en un momento las tienes que hacer. Así que, cuando tú trabajabas en el banco, con esa desesperación, yo trabajaba vendiendo máquinas de contabilidad. Fue un período muy duro. Había un tipo que se me ponía al lado y me decía: «Me tinca que tú eres rojo». ¡Y yo no me callaba! Tenía que explicar todas esas cosas. Entonces, es eso, para mí fue así. Claro, está mi abuela, toda una serie de detalles. Mi abuela era una inmigrante italiana que llegó a Chile y que nunca se acostumbró, que no aprendió nunca a hablar castellano. La forma que tenía ella de salvar su nostalgia —creo— era hablarnos a mí y a mi hermana de los cuentos de la *Divina comedia* —que nos gustaba el *Infierno*— de los cuales salíamos aterrorizados porque los contaba como cuento. Y no era que quisiera «culturizarnos», por así decirlo, sino que después me di cuenta de que era la forma que tenía de hablar consigo misma a través de nosotros.

ISAAC: Muy bien. La verdad es que ese es un aspecto del bilingüismo que también nos conecta por diferentes razones. A Raúl por esto que comenta, este aspecto personal de la historia de su familia, de la abuela italiana. Y a Bernardo Atxaga, por la situación sociolingüística del País Vasco. Está relacionado también con algo que habéis comentado, que primero uno es lector, como decía Joxean Artze Agirre, el poeta vasco: «Yo bien me conformaría con ser lector, pero hay cosas que si no las digo yo no las va a contar nadie porque las he visto yo». Así, esta relación con otra lengua, o eso que Eliot decía: «El estudio de la poesía de otro pueblo es particularmente instructivo». Pues, ¿cuál es vuestra relación con esa otra lengua o con otras lenguas, otras culturas, de las que os habéis alimentado? ¿Bernardo?

BERNARDO: Yo —no es una confesión— quisiera añadir énfasis a lo que en mi vida, mi vida real, ha tenido mucha importancia, que es el hecho de haber nacido hablando —bueno, desde los dos años—, de haber tenido en casa y de haberme formado en una lengua como la vasca, una lengua que se dice *minoritaria* —esto es decir muy poco—, una lengua marginada, una lengua despreciada, una lengua que cualquier clasista que pasaba por allí podía insultar; eso ha marcado mi vida. No solamente mi vida de escritor, sino también mi vida en general. No sabría resumir qué importancia ha tenido para mí la lengua. Lo que sí sé es que es como si uno en la vida... Voy a hacer una reflexión muy simple: es como si una persona nace con una característica fuerte, nace ciego, por ejemplo. Pues esa marca le va a influir toda la vida, toda su vida va a girar en torno a la ceguera o al menos una gran parte de su vida va a girar en torno a la ceguera. Hablo de la ceguera no solamente por los cuadros de Castelao —de los *Cegos,* que me gustan tanto—, sino también porque he tenido mucha relación con ciegos y sé lo que es la ceguera para las personas. Me refiero a un fenómeno, una circunstancia, realmente radical. De tal modo que si hablara yo de la lengua, tengo que contarte mi vida paso a paso porque toda mi vida ha estado relacionada con la lengua. Y casi todas las reflexiones se han cruzado con las reflexiones sobre la lengua, pero no es porque sean dos lenguas, sino sencillamente porque una de ellas ocupa un lugar marginal. El hecho de odiar yo tanto como odio a los clasistas tiene mucho que ver con la lengua porque yo sé que ha sido siempre la piedra que han lanzado contra mí o contra los que formamos parte de una minoría. Podría hablar mucho, pero quizá no añadiría nada de valor. Solamente diré que ha sido para mí como… Bueno, ¡voy a decirlo! ¿Os acordáis de aquel cuento del condotiero que llevaba una marca, que era una cicatriz, que le cruzaba toda la cara, todo el rostro? Eso es dramático. La lengua no siempre es una cicatriz, no siempre es algo dramático, pero es tan importante como una cicatriz que le cruza a uno el rostro.

ISAAC: Así es. ¿Raúl?

RAÚL: Para mí hay una relación con el italiano, aunque no sé qué fue lo que escuché primero, si fue el italiano, el genovés o el castellano. Genovés, seguramente. Tiene que ver con sonidos. Cuando empecé a escribir tuve como una imagen, que era mi abuela contándome sus cuentos. Es como si el italiano fuese una lengua de mi afecto porque es una señora que yo quise tanto. Mi madre se había quedado viuda, por lo que solamente tenía a esta abuela que nos acompañaba todo el día mientras mi madre salía a trabajar. A veces llegaba temprano y era porque la habían echado porque era socialista o la habían echado porque había participado de una huelga. Mientras que mi abuela era una fascista impresionante, pero tenía esa cosa, esa fuerza, que he aprendido a respetar en algún sentido. Tenía una fuerza como cuando dicen: «Mi fe es una torre que no tiembla». Yo empecé a ser comunista y eso fue algo que no me perdonó nunca. Pero, volviendo a lo que iba, yo creo en un monolingüismo feroz. Yo he padecido la lengua; no es que la haya disfrutado, la he padecido también. Y entiendo tan bien ese estar y no entender nada de nada. Por eso creo que el castellano ha sido por necesidad mi pasión. Mi pasión en el sentido de que no tengo otra, y, entonces, como no tengo otra, a esa tengo que buscarle todos todos los ángulos, todos los matices que pueda tener, dentro de mis humildes capacidades. Pero al mismo tiempo que tu pasión, al no tener otra, esa lengua se transforma en tu verdugo. No hay otra, no existe otra: hablo muy mal inglés, hablo muy mal francés, entonces esa es. ¡Esa es! Y para mí a través de eso tendría que pasar todo. Es un poco eso. La lengua —el castellano como mi lengua— es también una relación. Uno escribe algo y no escribe otra cosa. Yo siempre he creído que al escribir se juntan como dos voluntades: una es lo que el poeta o el escritor cree decir usando la lengua y otra es la voluntad de lo que la lengua quiere decir usando al poeta, cómo la memoria de esa lengua quiere hablar y te ocupa y te habla. Es una lucha feroz entre lo que tú quieres decir y lo que la lengua quiere decir a través de ti. Además, cuando nosotros hablamos una lengua, también en Hispanoamérica, hablamos una lengua que tiene una fecha, que se impuso en tal y tales condiciones, en tal año. También es una lengua que guarda en cada una sus partes, en cada una de sus sílabas, en la coma, en el punto, las condiciones en que esa lengua se impuso. Creo que el gran acontecimiento no fue ni siquiera el cristianismo, el gran acontecimiento fue la imposición del castellano sobre América.

BERNARDO: ¿Isaac? Yo quisiera añadir algo.

ISAAC: Añade, añade.

BERNARDO: No sé por qué, ha surgido primero una imagen dramática, la de la ceguera, y luego la de la cicatriz. Y entonces yo debo añadir que también la lengua —aparte de esa marca y de todo lo dramático que a veces pudo ser— ha sido siempre para mí, en el sentido estricto de la palabra, una casa. Yo he entendido muy fácilmente cuando se dice que uno habita en una lengua, yo eso lo he sentido incluso físicamente, geográficamente. Es decir, es una casa o un paisaje, y la lengua para mí ha sido realmente un paisaje y una casa; o sea, que también ha servido de defensa. En un diccionario una de las características de la casa dice: «Defiende a los humanos del ataque de las fieras salvajes». Por eso yo creo que también para mí la lengua sí ha sido en cierto modo un *babes,* como se dice en euskera. Bueno, ya sabes: *babes, babesa:* 'un refugio', 'un albergue', 'una protección', 'un entorno grato'.

ISAAC: Sí. La verdad es que lo que comentáis —quizá un poco desde diferentes ópticas— me recuerda a algo que Carlos Álvarez comentó en una sesión anterior. En el sentido de concebir la novela, en su caso, como algo que gira más en torno al lenguaje que al argumento o a la trama de la novela. Quizá si hablamos desde la perspectiva de la poesía sea más fácil comprender eso: que en el poema, el lenguaje, o la lengua, tiene más importancia que la anécdota o que lo que se quiere contar. Siempre lo que creo es que es una sola cosa.

RAÚL: La lengua, y lo que se quiere contar, y lo que no se quiere contar, lo que se quiere callar, todo eso es muy difícil de separar. La anécdota de la lengua y la lengua de la anécdota. Porque hablamos lenguas concretas, también, lenguas que nombran cosas. Por eso a mí me gusta mucho la definición de Bernardo, esta de la casa. Pero también es una casa que de pronto tú quieres romper, con la que chocas: estás ciego y chocas porque no puedes avanzar más. Yo muchas veces, al escribir, he sentido la sensación de que no puedo más, que no puedo romper más, que no puedo llegar más allá, y eso es desesperante. Yo no creo —nunca he creído— en la autocensura, por ejemplo. Creo en la censura, por supuesto. La censura es algo feroz. Pero creo que lo que se llama la «autocensura» son tus propias limitaciones, cuando ves que hay algo más y no puedes, que está allí y no logra llegar. Por eso la lengua es un refugio, pero también es un terreno muy dinamitado, muy peligroso. Es el intento también por dar la vuelta, por romperla. Y cómo cuando uno escucha otra lengua, el habla, el otro sonido, el aimara, el quechua, el mapudungún, las lenguas vernáculas, por así decirlo, eso también se va impregnando en esas condiciones, en las condiciones que yo he vivido. Es una casa. Es una casa en la cual yo tengo la sensación de que, de repente, me gustaría romper también.

BERNARDO: Yo creo que, efectivamente, en la novela puede darse esa disociación entre anécdota y lenguaje. Y, de hecho, en este encierro, además —hacía muchísimos años que no leía novelas de misterio, ni policíacas— pensé: «Voy a dar una vuelta por ese género, a ver qué tal va». Entonces, ¿qué observas ahí? Pues, efectivamente, ahí va el esquema: sería la anécdota y luego eso más o menos se rellena y tal. Me parece que eso ocurre en la novela un poco de género. Y, además, por eso son todas casi iguales. O sea, que es como ir por autopistas que son todas más o menos parecidas. O como aeropuertos, que también se parecen todos un poco. En la novela de autor, la novela que al menos yo procuro escribir, no parto de una anécdota, no. Yo empiezo a escribir y entonces voy observando a ver qué aparece. Un poco pienso a veces como lo hacen los pintores, que los ves pintar y, de pronto, dan un paso atrás y miran al cuadro, y vuelven a él. Yo así lo hago. No creo que haya diferencia entre la anécdota y el lenguaje en la mayoría de las novelas de autor. Claro, lo que ha comentado Raúl es interesante. O sea, por una parte, tu casa es el lenguaje, incluso el poema sea tu casa, y que al mismo tiempo sea algo extraño; que de repente tengas o sientas una extrañeza de estar ahí. Y solamente quiero, para recordar —igual a lo mejor lo habéis leído— que escribió sus memorias hace poco Antonio Gamoneda, el poeta. Él cuenta su afán de aprender a leer a partir de un libro que había escrito su padre, un libro de poemas, y que no lo podía entender porque aún no sabía leer. Entonces estaba en ese esfuerzo de alcanzar algo que era suyo, que era de su padre, un lenguaje que él hablaba y, sin embargo, no acabar de entenderlo porque era muy niño todavía y todavía no sabía leer bien. Yo creo que esa sensación de familiaridad y extrañeza va siempre con la poesía. Yo la asocio con el latín de... Hemos hablado antes, Isaac, de la influencia de la Iglesia como edificio y tal. La sensación que yo tenía cuando escuchaba el latín era: «Hay otros mundos». Era familiar y al mismo tiempo extraño. Y ahí es donde yo creo que tuve el germen de lo poético, sinceramente. Bueno, no sé si lo digo bien.

ISAAC: Sí. Quizá podría parecer contradictorio, pero entiendo que tiene sentido. O sea, por un lado está la lucha de los significados por las palabras, sobre todo en la actualidad, y, al mismo tiempo, la búsqueda por aprovechar hasta el máximo posible todas las posibilidades de la lengua e incluso aprovecharse de algo de fuera o innovar. Sobre este aspecto de innovar o de robar algo de otras lenguas: ¿os habéis encontrado en esta situación alguna vez? Quizá por el italiano o por otras lenguas, y tú, Bernardo, alguna aparte del español o del francés. ¿Qué medios tenéis para ir incorporando cosas ajenas? ¿Qué métodos para aprovechar hasta el máximo las propiedades de la lengua os gusta utilizar o os sentís cómodos? El guitarrista de Rage Against the Machine dijo: «Son mis ideas y mi inspiración las que realmente crean el arte, más allá de mis habilidades técnicas». No sé si es cierto. ¿Qué pensáis? Quiero hablar de las habilidades técnicas que, en vuestro caso, como poetas, sería la lengua. ¿Cuál es vuestra conciencia de vuestras habilidades técnicas cuando intentáis darle siempre una vuelta de tuerca más a la lengua, a vuestro código? ¿Dónde buscáis nuevos recursos? ¿Y cómo vivís este hecho de la conciencia de las habilidades técnicas con la lengua?

RAÚL: Yo lo veo así —voy a hacer una analogía a propósito de lo que estuve diciendo—: si tú eres un concertista en piano, tienes que saber tocar piano. Sabes tocar el piano, pero si sabes solamente tocar el piano, no sabes nada. Incluso esa es la base, pero solamente con saber tocar las notas del piano… Hay uno que se llamaba Érard, otro que se llamaba Rothstein. No puedo hacer la diferencia porque la técnica —en ese sentido, si tengo que interpretar por lo que acaba de decir quien tú decías— es una construcción contigo, con todo. Es una sola cosa, de nuevo. O sea, yo no puedo decir qué es lo técnico, qué es lo no técnico. No, porque el del poema es un gran artificio también. Es un artificio increíble, pero es un artificio. Yo pensaba y me acordaba del libro de Gamoneda, de los dos tomos de sus memorias que me fascinan. Y tengo la sensación de que el libro que más me ha influenciado en la vida es uno que no podré leer jamás. Mucho más que todos los libros que he leído: es el *Finnegans Wake,* de James Joyce. Una obra donde mezcla lengua, sonido, sueño. Todo te aflige. De este modo, esa experiencia del lenguaje, que no es contar el sueño, sino que es el lenguaje de la noche, es duermevela, es cuando tú te despiertas y en ese despertar se te vienen millones de cosas encima. Y, al mismo tiempo, ese final del *Ulises* de James Joyce donde la noche entra en: «Sí, sí quiero. Sí». Es como una cosa casi carnal, en el sentido de que técnica y expresión para mí son lo mismo, y cada texto tiene que inventarse o crearse su propia técnica, tiene que crear su propia habilidad o fracasar. Y el fracaso es algo muy noble. O fracasar en ello. Y ojalá que ese fracaso no te duela y no te sientas mal porque no te resultó lo que estabas haciendo en ese minuto, porque no resulta, te rompes la cabeza y no resulta. Ojalá que eso no te haga sentir, como decía Baudelaire, «el peor de los hombres, peor incluso que aquellos que desprecio», cuando no le salía un poema. En una parte dice esa frase: «Cuando no me sale, me siento morir». Ojalá que lo tomemos con más ligereza. Pero para mí es un poco eso, es una lucha casi agónica con una lengua y en esa lucha agónica tú tienes que crear las herramientas, tienes que crear la técnica y todo. Ahora, de nuevo, vuelvo a la analogía del piano: tienes que tocar el piano. Sabes tocarlo. Si quieres tocar la negra, no puedes tocar la blanca que le quedó al lado. ¿Te fijas? O sea, eso.

BERNARDO: Bien. El tema es realmente difícil. Yo lo primero que querría decir es que… Bueno, ¡qué decir! ¿Cómo aprendimos a escribir? No a escribir en general, sino a escribir, digamos, materialmente. Pues, con la pluma, en la escuela, a partir de la caligrafía: imitando la *a*. ¿Y cómo se hace la *a*? Pues, con un círculo, un rabo, y esto y lo otro. Lo primero es la caligrafía. Cuando uno ve sus escritos en los cuadernos escolares, primero es una letra cualquiera, es una letra que se parece a aquella que estaba en los libros de enseñanza. Y poco a poco esa letra se va haciendo personal. De forma que al cabo de un tiempo no solamente es que sea personal, de uno, como una personalidad única, sino que es personal y al mismo tiempo circunstancial. Es decir, dependiendo de la edad que tengas, dependiendo del humor que tengas, dependiendo de muchas circunstancias, resulta que esa letra se va haciendo tuya en el sentido de que te representa. Eso es lo que quiero decir. Y a mí la poesía me ha parecido un poco lo mismo. Yo en vez de cuadernos de caligrafía he leído libros de poemas. Y he leído a Bertolt Brecht, y luego he leído a Dylan Thomas, y luego he leído a Gabriel Aresti, por ejemplo —en mi caso, un poeta en euskera—. Y digamos que para mí esos han sido los cuadernos de caligrafía. Yo he ido, digamos, imitándolos. Y, luego, en un segundo momento, en un tercer momento, todo eso se va mezclando con mi propia vida, con mi propia personalidad y, en cierto modo, me representa. Ese proceso yo creo que dura muchos años. Así, uno llega al día en que se reconoce en lo que escribe. A partir de ahí el gran problema es que el lenguaje que uno utiliza no lo tiene en propiedad privada, sino que, como dijo Montaigne, es la lengua del mercado, la utiliza todo el mundo. Y no solamente lo utilizan las vendedoras de lechugas, sino que también lo utilizan los comerciales de las grandes corporaciones. Entonces, resulta que el lenguaje tiene muy malos usos, y que a la hora de escribir y representarse uno debe escapar de esos malos usos. No sé si lo digo bien. ¿Un apunte puedo hacer sobre las lecturas que dices en otras…?

ISAAC: Sí, sí.

BERNARDO: … otras lenguas. Por ejemplo, Bertolt Brecht: poeta que admiro y poeta de quien he recibido una gran influencia. Yo me preguntaba cómo era posible que Bertolt Brecht hiciera esos poemas en esa época, comparado con los poemas que se hacían en español que eran mucho más retóricos, más enfáticos. Cuando se habían hecho las primeras traducciones de los poemas chinos de Li

Bai y compañía, recuerdo que se habían hecho las primeras traducciones al alemán, y yo al verlas pensé: «¡Ah, Bertolt Brecht leyó esto!». No tengo ningún dato biográfico ni enciclopédico, pero solamente confrontando las fechas y viendo cómo escribió luego Bertolt Brecht, y lo extraordinariamente raro que resultaba en España leerlo con los poetas que te rodeaban, yo pensé que Bertolt Brecht había leído a los poetas chinos y adaptado esa forma de escribir de los poetas chinos a su propia poesía. Es decir, que las lecturas son decisivas no solamente a la hora de aprender, sino además a la hora de encontrarte a través de los demás. O sea, te encuentras a través de los demás. Bueno, podría explicarlo mejor, pero…

ISAAC: No, está muy bien. Después podremos comentar algo sobre el tema de la evolución poética y qué factores influyen aparte de otras lecturas. Ahora que ya hemos hablado de la lengua, quería mencionar algo. Perdón que cite tanto —parezco un diccionario de autoridades—, pero soy muy pequeño y tengo que subirme sobre alguien. David Lynch, el director de cine, suele comentar la necesidad que tiene el creador de encontrar momentos para sí mismo y para soñar despierto. Quería preguntaros si son estos momentos en los que encontráis más inspiración para crear el poema, para que surja quizá el motivo del poema, o son otras situaciones, o también si hay más reflexión sobre algo de lo que queréis hablar, sobre lo que habéis pensado. ¿Hasta qué punto es importante soñar despierto?

BERNARDO: Es decir, la inspiración quizá, ¿no?

ISAAC: Sí.

BERNARDO: Yo estoy totalmente de acuerdo con Lynch. Estoy totalmente de acuerdo. Hubo una época en que decía tonterías —ahora también digo tonterías, pero distintas— y una de las tonterías que decía hace años era: «Yo de once a una de la mañana no estoy dispuesto a salir con nadie porque es la hora en que me visita la musa». Era una sensación que yo tenía. O sea, que después de todo un día en que no se te había ocurrido nada especial, había una tranquilidad, seguías vivo, más o menos la familia estaba en orden, había una cierta tranquilidad, había viento, no sé. Era en ese momento cuando hacías casi siempre los primeros bocetos de los poemas que ibas a escribir. Luego hay que trabajarlo, sí, pero el germen está. Directamente lo relaciono con la inspiración, lo creo firmemente.

ISAAC: ¿Raúl?

RAÚL: Claro. Es que hay tantas formas, me imagino. Para mí *inspiración* es una palabra rara, una palabra extraña porque no es que tenga momentos, sino que es más bien una disposición. Lo que pasa es que yo no he trabajado tanto el poema individual, sino más bien una idea, una cierta totalidad, por así decirlo. Con lo cual, cómo van esos poemas, cómo se ubican uno al lado del otro, es tan importante como el poema mismo. Y al mismo tiempo, el sueño: según donde tú pongas el dedo es su función. Por ejemplo, cuando tú pones el dedo en sus juegos surrealistas y haces que así sea emocionante, pero al mismo tiempo es una idea de la arquitectura, para mí. Yo creo que he tenido muy pocas ideas en mi vida, no he tenido más de dos ideas, pero esas —porque son pocas— las he tratado de explotar al máximo. Pero porque son muy poquitas, dos, dos y media, ideas. Y en eso me he pasado la vida. Dos, tres ideas. No más.

ISAAC: Muy bien.

BERNARDO: Es que, probablemente, uno tiene que tener, efectivamente, una disposición o tiene que estar un poco a la espera, a ver qué ocurre. Yo puedo decir, puedo contar algo que me ocurrió de verdad, y quizá fue la primera vez en la vida que sentí esa presencia de la musa. No quiero parecer demasiado metafísico, pero, bueno, es una forma de hablar. Yo había escrito un libro titulado *Etiopía*, como sabes. ¡Y de una manera! Estaba escribiendo esos libros y esos poemas de una manera... Me había convertido en una especie de máquina para hacer poemas y no me resultaba nada satisfactorio, así que dejé de escribir poemas. Pasó el tiempo y en una librería vi un libro que estaba en una estantería, era de la editorial Vox. Era un libro —que luego lo vi— de Cecil Moura, era poesía y canto africano. Pero yo lo vi, cogí ese libro, lo abrí, vi uno de los poemas africanos... y a partir de ahí cambió completamente mi forma de escribir poemas. Empecé a escribir de otra manera. Por ejemplo, empecé a escribir, pues, como leo luego un poema, con... ¿Cómo se dice ahora? ¿*Leloak* cómo se dice en castellano? ¿*Leloa*? ¿Canta, vate, en *leloa*?

ISAAC: ¿Locos?

BERNARDO: Lo que se repite. A ver... Bueno, es igual.

RAÚL: Estribillo.

BERNARDO: Lo que repiten en un poema, en una canción.

RAÚL: Estribillo.

BERNARDO: ¡Estribillo! *Leloa.* Pues eso. A partir de ahí, por ejemplo, empecé a escribir cosas, poemas, con estribillos y todo. O sea que, por ejemplo, yo creo que fue la musa la que me llevó a esa librería y me indicó ese libro de Moura, y, a partir de ahí, pues, al menos tuve otra oportunidad.

ISAAC: Bien. Algo de lo que tenemos que hablar y de lo que los dos habéis hablado en otros momentos —aunque igual no se presentó de una forma muy amplia y vosotros podéis canalizarlo o explicarlo como más os apetezca— es sobre el tabú, sobre la herida del pasado que gestionar, ya sea una herida personal o una herida de la comunidad, los fantasmas que llevamos dentro. Cómo —dependiendo de cómo lo gestionemos— a veces puede salir algo bello como creadores o puede ser algo que nos consume como personas. Y el compromiso con la sociedad, con la lengua. ¿Cómo veis estas ideas? En vuestra obra, reflejadas en vuestra obra.

RAÚL: Yo creo que el hecho de que a mí me pilla un golpe de Estado a los veintidós años… tuvo algunas cosas. Y una de las cosas era que los militares llegaban con su lenguaje militar, entonces todo era la patria. Todo era el típico lenguaje militar: «Cantemos la gloria del triunfo marcial que el pueblo chileno obtuvo en Yungay». Entonces, me pregunté, en un momento dado… Fue tremendo eso, porque… Es como si a ti te roban un abrigo que nunca te ha importado y, de repente, el que te lo roba empieza a pasearse por delante de tu ventana. Pues resulta que esta canción nacional también es mía. Y esas cordilleras también son mías. Fue una lucha feroz por los significados. No por los significantes, por los significados. O sea, ¿cuáles eran los significados? Los que había a partir de Alonso de Ercilla y habían construido Pablo Neruda, Pablo de Rokha, Nicanor Parra, Violeta Parra, Víctor Jara. He construido la poesía chilena con los significados que nos ha querido imponer el fascismo. Fue una lucha casi agónica. Y creo que porque no lograron la victoria total en esa lucha por los significados, hubo una esperanza de que eso pasara y cambiara. Fue como el humo, por así decir, la tierra. De lo cual yo —con mucha humildad, con toda humildad— he tratado de hacer y he tratado de hacer. Entonces ahí se me pegan otros lenguajes, se me pegan las jergas. La jerga, la jerga… ¡La jerga! Al lado de lo hímnico, en el sentido de que son lenguajes que se contraponen, que son fuerzas como magmas y empiezan a aparecer y a mezclarse, y se me mezclan palabras de otras lenguas. Y yo, curiosamente, he tenido una conversión hacia la poesía española, que la estoy teniendo ya mucho mayor. Antes no me gustaba. La encontraba demasiado retórica y bien peinada. Decía: «Es una poesía bien peinada. Muy educadita». Y ¡Dios mío! He tenido una verdadera conversión. Cada vez me gusta más. Así que es también esto de los gustos, cómo se van construyendo. Que es una opción por lo que te gusta, y es también un cambio en ti mismo. Y una nueva opción por algo que no te gustaba y que te empieza a gustar. Para mí ha sido una verdadera revelación volver a leer a Gamoneda. Pero no solamente a él, sino también a Joan Margarit. Finalmente he entendido lo que significa una corriente —cosa que me costó—. Diríamos, casi una especie de corriente andaluza en la poesía española, con todas las limitaciones, pero esa misma poesía que en un momento me parecía una poesía demasiado educada, demasiado formal, que no se chasconeaba por así decirlo, que no hacía esto. De pronto allí está la brecha con la vida. Yo creo que la misión no era construir poemas, no era escribir poemas ni pintar cuadros. La misión era hacer del mundo algo decente. Y todo lo que hacíamos nosotros era una ruina de ese empeño que era una terrible derrota. El mundo no es algo decente, el mundo es bastante pavoroso. En ese sentido, creo que todo artista, creo, alguien que ha querido que ese mundo sea otra cosa, que ese mundo sea mejor —y no ha sido mejor—, y el arte, poseen sus derrotas. Una derrota donde uno trata de acumular, acumular y acumular, y lo sigue haciendo. Pero también es el testimonio de una gran lucha. Una lucha permanente que los seres humanos tienen por convertirse en seres humanos, y por seguir siéndolo. Así que es eso, un poco. No sé. Disculpen las confusiones, pero es más o menos eso.

ISAAC: No, por favor.

BERNARDO: Temas difíciles. Bien, yo recuerdo cuando fue mi primer amor a los catorce, pongamos, o quince años. Pues, el sentimiento era genuino, era auténtico, era fuerte, influía muchísimo en mi vida. Cuando lo quise expresar y hacer un poema —no sé cómo era todo el poema, afortunadamente—. Desgraciadamente, me acuerdo del comienzo, y aquí lo digo para vergüenza mía.

RAÚL: Y mía también.

BERNARDO: Empezaba diciendo…

RAÚL: Me gustaría. ¡Cuidado! Yo me acuerdo de eso.

BERNARDO: Decía: «Tu pelo es como el ónix y tus ojos como los de una morena de Guadix». Claro, esto era una versión del *Soneto en Ix,* que luego más tarde leería, de Mallarmé. Pero, bueno, quiero decir que había tal distancia entre la fuerza del sentimiento, lo que me influía y, claro, el texto. Que era, por decirlo suavemente, ridículo. Yo vagamente percibí que había un problema de traslación, si bien es un problema de traducción. Entonces —pensando como pienso además, desde siempre, y además ideológicamente así lo siento—, para mí la escritura no puede concebirse sin un cable a tierra, sin un cable a tu comunidad, a tu sociedad. A mí me parece que si eres, quizá, músico, tú lo puedes hacer efectivamente, porque no es un lenguaje, digamos popular, no es un lenguaje de la sociedad. Y puede ocurrir con la pintura quizá también. Son lenguajes un poco más alejados. Pero, claro —como he dicho antes y dijo Montaigne—, nosotros utilizamos el lenguaje del mercado, el lenguaje de la gente. Y no solo es el lenguaje de la gente, es el lenguaje del poder cuando oprime a la gente, por ejemplo, cuando engaña a la gente, cuando manipula a la gente. Bueno. Quiero decir, tú tienes esa materia que es el lenguaje. Por eso, para mí, aun existiendo ese cable a tierra y sabiendo que tu campo de batalla, por decirlo rápidamente, es el lenguaje en este caso, y las mentes. Yo estuve en Escocia cuando el referéndum, y decían los carteles: «El verdadero campo de batalla es la mente». Bueno, tú estás ahí, pero… —y ahora voy al *pero* de la traslación, de la conversión, de la traducción— ¿y eso cómo se hace? ¿Cómo se le pone el cascabel al gato? No quiero señalar a nadie, ni mucho menos, pero aquí en España, cuando el franquismo, pasó que muchos con ese cable a tierra, con esa relación con la sociedad, escribieron poemas, pero el lenguaje que utilizaban era un lenguaje muerto y que solo tenía sentido cuando había una gran opresión alrededor, etc. Pero ha pasado esa situación y resulta —¡vamos!— que todos los poemas han desaparecido como el humo. Por eso, para mí el gran reto de todo poeta, de todo escritor en este caso, es mantenerse en, estar en la sociedad, estar en la comunidad y, luego, encontrar un lenguaje para convertir todo eso que ocurre a tu alrededor y te ocurre a ti mismo, ver cómo trasladarlo al lenguaje. Contar, sin que se convierta en un anuncio, por ejemplo. Que ahora lo vemos, ahora vemos los bancos, vemos poetas colaboracionistas, que colaboran con lo que llamaríamos la «poesía bancaria»: hablan de los bancos y hablan en lenguaje poético. Ideal. Bueno, ¡cuidado! No te confundas. O sea, tus intenciones son buenísimas. Te haces eco de los problemas que hay alrededor. Aquí en Euskadi, ahora mismo, lo que ha ocurrido con los chicos de Alsasua. Bueno, ¡por favor! ¿Cómo no vas a ser sensible a eso? Claro, el reto del escritor es cómo trasladarlo al lenguaje. Eso es para mí lo básico.

RAÚL: Hay otra cosa que es interesante, el lenguaje que yo llamaría —lo mismo que el lenguaje del mercado— el *lenguaje del capital*, cuya máxima expresión es la publicidad: oro, gas, calor humano, calor natural. No es humano. No es natural. Ninguna palabra dice lo que dice. Ninguna imagen muestra lo que muestra ni ninguna frase menciona lo que menciona. Y ese lenguaje, cuando se dice, por ejemplo, que los jóvenes hablan pocas palabras y que, por lo tanto, están empobreciendo la lengua. Típico. Típico eso de decir: «No, están empobreciendo la lengua, porque…». Cuando en realidad las palabras importantes que conozco son dos nada más, y con eso basta: «Te amo», «Te quiero». Pero ese lenguaje, ese lenguaje del capital, ese es el que está realmente horadándose. Y está ese que crea la distancia infinita entre significado y significante. Porque si yo digo: «Nike», «do it», no es hacerlo nomás. Ni los «colores unidos» de Benetton. A veces alcanzan casi lo poético, por así decirlo. Pero lo alcanzan también en su mentira y en su falsedad. Por eso creo que la lucha es, y es feroz porque realmente esa lengua, las lenguas, se están perdiendo. Se están transformando en una sola cosa. En una cosa oleaginosa en que lo que importa es el capital, el lenguaje profundo del capitalismo, la publicidad —tengo buenos amigos publicistas, así que no tiene nada de personal el asunto de la publicidad—. Entonces: «Que va sobre…», «que rompe…», «¿le rompe?», «le roba el árbol al árbol». Para que el árbol sea árbol tú tienes que amar la palabra *árbol* y amar al árbol. Y la palabra *árbol* ama al árbol. Con el lenguaje capital nada ama a nadie. Solamente ama su interés. Eso, más o menos. Es una lucha la poesía. En ese sentido es feroz, porque además toda esta pérdida te va creando una gran nostalgia. ¡Lo que lucha la poesía, y la poesía es el arte más frágil! Porque depende de esas palabras que se van rompiendo. Que al mismo tiempo es el arte más fuerte, porque lo único que puede darte es una tremenda nostalgia de una palabra verdadera, de un abrazo verdadero.

BERNARDO: Quizá haya que añadir, hablando de los lenguajes, de los lenguajes que ya están hechos y estereotipados, y los lenguajes incluso publicitarios —claro, me ha incitado el «te quiero», y el odio, en fin, corazones rotos y tal—, todo ese tipo de expresiones, esa poesía un poco fosilizada, hay que decir que puede haber gente que ahora mismo esté escribiendo una carta de amor. Y todos de repente le estamos diciendo: «¡No faenas!». Porque a lo mejor no se atreve a poner ya eso de: «Te quiero, María» o «Te quiero, Pablo». Bueno, solo hay que apuntar que cualquier frase, cualquier poesía, puede tener sentido; por ejemplo, dentro de una carta porque el contexto lo dice todo. Así que si tú escribes una carta a tu novia o a tu novio y tú dices: «Querido Pablo», «querida María» o «te quiero muchísimo», «mi corazón», todo eso tiene sentido, pero es la carta lo que tiene sentido, no el lenguaje que hay dentro. Por eso nosotros que escribimos textos que luego se publican y son públicos y objetivos no podemos, digamos, caer en ese lenguaje que llamaremos «publicitario», «bancario», etcétera.

ISAAC: Bien. Y para acabar antes del recital, hay una cuestión que roza un poco lo personal, pero que me gustaría plantearos. Hace unos años compartí un momento con la poeta gallega Chus Pato, quien me habló sobre el hecho de la maternidad, cómo le había influido a ella la maternidad como persona, como creadora. Aquel discurso me impactó mucho y siempre que hablo con poetas, con creadores, no pierdo la oportunidad de plantearles. Pues, ¿qué ha significado la paternidad para vosotros? Si veis que ha influido algo en vuestra creación, si ha cambiado el prisma, o quizá no lo ha hecho.

BERNARDO: Yo respondo rápidamente mi caso. Ha influido mucho. Y mi impresión es que después de tener familia, después de tener dos niñas como tuvimos, es como si yo hubiese visto mi propia vida de nuevo y, además, la hubiera visto desde un ángulo perfecto. Incluso en el sentido de traumas que yo había olvidado, sencillamente —*traumas,* me refiero a disgustos, complejos— al tener niñas y al vivir con ellas año a año, me he vuelto a ver. Y eso realmente influye mucho en todo el mundo, o al menos en mi caso. Me acuerdo que Kureishi decía: «Yo desde que tengo un niño sé lo que es el miedo», por ejemplo. Bueno, es evidente para mí la percepción del miedo; muy diferente antes y después. Digamos, la persecución política, los riesgos, todo eso cambia radicalmente. Yo solía decir a mis amigos en cenas —más o menos de antiguos combatientes—: «Yo desde que tengo niños soy un reaccionario». Porque, claro, ese miedo lo ves desde otro mundo. Ves la fragilidad. Supongo que para bien. Pero, bueno, la respuesta es: sí, efectivamente. Y me da más conciencia del mundo. Yo entiendo mejor el mundo a partir de haber tenido niños porque también me entiendo mejor a mí mismo.

ISAAC: ¿Raúl?

RAÚL: Tengo cuatro hijos con los que me llevo muy bien. Los quiero mucho. Entiendo su opinión. Entiendo cuando un niño se atrasa una hora y te vuelves loco de desesperación. Entiendo eso del miedo. Pero no. Mi padre [...] cuando tenía dos años. Estoy buscando a mi propio padre entonces no sé muy bien lo que es ser padre ni lo que es ser hijo. Pero... conscientemente, no. No ha sido uno de mis motivos de creación. Eso.

ISAAC: Muy bien. Ahora podríamos pasar a la parte del recital, si os parece.

BERNARDO: Vale. Pues, primero leo en euskera, así Raúl también escucha euskera. Y, luego, leo la versión en castellano. ¿De acuerdo?

ISAAC: Perfecto.

BERNARDO: El poema se llama: ***La vida según Adán, Adán eta bizitza***. También por otro nombre: ***La primera gripe de Adán***.

Gaixotu zen Adan
paradisuautzi eta aurrenekoneguan,
eta eztulka,
burukominez,
hogeitahemeretzikosukarraz,
negarrariemanzionMagdalenak
geroraemangobezala,
eta Evaganazuzenduz

"hilegingonaiz"esanzionoihuka,
"gaizkinago, maite,
hilurren, ezdakitzergertatzenzaidan".
Harrituegin zen
Eva hitzhaiekin, hil,
hilurren, gaizki, maite,
eta berriakiruditzuzitzaizkion, hizkuntza
arrotzbatekoak,
eta ezpainarteanibilizituenmaiz,
hil, hilurren, gaizki, maite,
harik eta zehazkiulertzenzituela
iruditzuzitzaionunerarte.
OrdurakosendatuazegoenAdan,
eta pozpozikzebilen.
Paradisuazgerokolehengertaera
harksegidaluzea izan zuen,
eta lehengoezgain, hil, hilurren, gaizki, maite,
AdanzeinEvak
hitzberriakikasibehar izan zituzten,
min, lan, bakardade, poz
eta bestehamaika,
denbora, neke, algara, eder, ikara, kemen;
hiztegiahaztenzenarekein batera,
zimurtuzjoanzitzaienazala.
Zahartu zen erabatAdan, sentituzuen
hurbilheriotzarenordua,
eta Evarekinelkarrizketasakon bat
izatekogogoasortuzitzaion;
"Eva", esanzion, "ez zen ezbehar bat
izan paradisuarengaltzea;
oinazeakoinaze, minak min,

gureAbelenzoritxarrahalakozoritxar,
bizi izan duguna izan da, zentzurik
nobleeneanesanda, bizitza".
Adanenhilobiatarianmalko
arruntakixuriziren,
gatz eta urezkoak, lurreraerortzerakoan
hiazintoedoarrosaalerikemanezzutenak,
eta Kain izan zen, paradoxaz,
negarrezbortitzenpuskatuzena;
GeroEvak
irribarrexamurrezgogoratu
zuenAdanemlehengripea
eta halaxe, lasai, etxerajoan
eta salda beroahartuzuten,
eta txokolatea.

BERNARDO: Y en castellano, en español, la versión se titula: ***La vida según Adán, La primera gripe de Adán***. Lo he elegido sin darme cuenta de que estamos en una pandemia gripal. Pero, bueno, así funciona a veces la cabeza. Bueno, pues:

La primera gripe de Adán, La vida según Adán:

Enfermó Adán el primer invierno
después de su salida del paraíso
y asustado con los síntomas,
la tos, la fiebre, el dolor de cabeza,
se echó a llorar igual que años más tarde
lo haría María Magdalena,
y dirigiéndose a Eva, "no sé
qué me ocurre" gritó, "tengo miedo"

"amor mío, ven aquí, creo que
ha llegado la hora de mi muerte".
Eva se sorprendió mucho al oír
aquellas palabras, amor, miedo, muerte
y le pareció que pertenecían a una
lengua extraña, ajena al paradisiaqués,
y anduvo con ellas en la boca, masticándolas
como pepitas, como raíces,
hasta que creyó, amor, miedo, muerte,
comprender enteramente su sentido.
Para entonces, Adán ya se había repuesto,
y volvía a sentirse feliz, o casi.
Fue solo, aquel hecho extraparadisíaco,
el primero de una larga serie,
de modo que Adán y Eva siguieron,
por así decir,
recibiendo clases intensivas
de la lengua que decía amor, miedo, muerte,
aprendiendo palabras como cansancio,
sudor, carcajada, canción, caricia o cárcel;
a medida que crecía su vocabulario,
las arrugas de su piel aumentaban.
La hora de la muerte, la verdadera,
le llegó a Adán siendo ya muy viejo,
y quiso entonces transmitir a Eva
lo que había aprendido, su última verdad.
"¿Sabes, Eva?", le dijo,
"la pérdida del paraíso
no fue en realidad una desgracia".
A pesar de los trabajos, a pesar
de lo del pobre Abel y todos los demás conflictos,

hemos conocido lo único que, noblemente
hablando, puede llamarse vida.
Sobre la tumba de Adán se derramaron
lágrimas corrientes de agua y sal,
que cayeron la tierra y no criaron jacintos,
ni rosas, ni flores de ninguna clase,
y de todos ellos fue Caín el que,
paradójicamente, con más desgarro lloró;
luego Eva recordó con cariño
el susto de Adán cuando su primera gripe,
y todos se calmaron, y se fueron,
y tomaron algo, y comieron un bollo.

RAÚL: Yo voy a leer —a propósito de estas cosas que hablábamos de las lenguas, del castellano y de las lenguas— un poema que se llama *América.* Yo no creo que los poemas tengan que explicarse, pero voy a hacer la mínima explicación. Este es un poema que es muy simple, pero utiliza palabras de las lenguas aimara, quechua y mapuche. Y la anécdota es muy simple: es alguien que le pregunta a otro si logrará pasar la noche, si logrará llegar al alba al otro día.

América

Pasarai chaman kumpa ko ñi peuma flor
si por cielito runrrun del riñai aguacero
si en barca o pura lunita la pasarai
kumpa
Antoño ¿la noche?
Pasarai peñi kumpa la parka ruma y
peña
ñusta virgencita ña mamay rezo lafquen

si en vaporcito o en vela la pasarai kumpa
Antoño ¿la noche?
Pasarai kumpa el risco chau peñita ñi veli
mamayeska huasca leufu del zorro río
si en bote o en llorito la pasarai kumpa
Antoño ¿la noche? ¿la noche? ¿la noche?

RAÚL: Y este es otro:

Carta a los mandantes

A los témpanos del dolor y a los presidentes,
a los ríos del dolor y a los presidentes,
a los mares del dolor y a los presidentes,
a los que sufren,
a los que lloran,
a los que caen.
Presidentes.
Países; paisajes que mandan.
Así fue la llegada de las montañas.
De los lagos congelados que fueron el cielo.
Los ríos y el mar espumeando arriba.
Podrían ustedes, paisas presidentes,
tocar juntos la abertura de los países,
podrían interpretar el vuelo los desiertos
subiendo desde los arenales hasta el horizonte,
el desierto de los humanos rostros,
cuando irrumpieron en tropel todas las notas subiendo,
y oyeron cómo la tierra nueva se ponía sobre la vieja,
y los hermanos destruidos
gritaban pidiendo una nueva vida.

Ese fue el final primero.
Después, cuando desde la tierra
vieron el cielo ponerse,
las constelaciones que dibujaban los búfalos
y las estrellas de la noche,
sonaron tambaleando las lenguas,
hombres y países que venían
mientras que se olvidaba abajo, paisa,
el pasto indio que pisaba,
pero porque es uno solo el sueño,
Paisas-paisajes,
llanuras que mandan y desiertos,
igual subieron nadando en el infinito mar sonoro,
y los grandes movimientos se abrieron arrasándolas,
de sinfónicas, orquesta total se tocaron
los desiertos en la movida primera,
y surcaron los arenales,
el océano tocó la segunda
y surgieron las rompientes,
pero la gran abertura,
esa la rumiaron todos, paisas presidentes,
si hermanos que mandan
llanuras y montañas que mandan
aguas y lagos y ríos que mandan
las notas abarcan los países que se sueñan y escuchan
la libertad que se sueña y escucha,
o si países, paisanos, presidentes,
de este mundo que ha muerto
no de la vida renacen las cosas
sino del torrente de las notas
ahí vibran desde el hondor de los arenales

los países borrados
y cuando solo de arena sea el firmamento
quizás veamos entonces
tal vez podremos ser changos, fraternos,
Así yo hice escuchar a la filarmónica los desiertos
la clarinada del cielo saliendo del polvo
y los viejos arenales que guardan a los borrados
y los dividen en países, paisanos, paisas, presidentes,
como la sinfónica vienen sonando bajo la tierra
y serán del color de sus caras las nuevas ciudades
así brillarán en la música los países cayendo
y tu ahogo canta, venga, y vive
canta, sueña, y habla,
la voz de un destruido tendrá
ese será el homenaje, camaradas,
como luz del pan
se irá pariendo el estallido los acordes
sobre las nuevas estrellas que mandan
sobre las nubes del Cusco,
serranías y alturas que mandan
sobre las nuevas arenas y desiertos
que gobiernan y mandan
todos si todos se lavan tocando la gran sinfónica
de los países
y el sonido más puros y paisanos
que las lagrimosas aguas de estos ríos fraternos.

Todo eso está en ti

El cielo, el fuego, la tierra, el sol,

los planetas, el agua, el aire.
O somos todo eso,
o todos un espejismo.
El fresco de la mañana y el rocío,
la luz de la tempestad y el temor
del pequeño escarabajo escurriéndose en la arena,
el graznido del viento en los pivotes de los muelles,
las ondas del océano.
Mira así mis piernas prestadas,
mis arqueados brazos,
el nudo de mis manos torciéndose sobre los remos.
Son todos los hombres bogando con nosotros,
todos los amaneceres,
la locura de los cielos entrevistos,
el rumor que ya había antes alojado nuestra vida
cuando se ha desprendido
el primer filamento de las estrellas.
O somos todo eso o todo es un sueño.
Las corrientes henchidas de ciudades, de flotas,
de gentes que nuestras mejillas
pegadas fueron surcando,
que nuestros hombros,
que nuestras inseparables bocas fueron surcando,
adheridas como el mar,
como el aire,
como dos rompientes que nacieron juntas.
O somos todas las voces.
O solo el aire, el que habla,
en un huracán que enloquece la superficie de los lagos,
y el crujido de las quillas en la marejada,
el fulgor de tus ojos cruzados con los míos,

el relámpago, la lluvia,
los ríos que se desbordan,
el amor que se desborda,
la luz,
los grandes mitos en que fuimos tejidos,
entrampados,
tejidos como una bufanda que nos estrangula.
Mira entonces la turba de mi espalda,
la urdiembre negra que
se va entramando hasta las yemas,
hasta los dedos crispados contra las cuerdas.
Somos nosotros la saga entonces, una historia,
la herida de vena que los ríos
provocaron en la carne del universo.
Sí, mi voz que es todas las voces y tu continente,
la salvaje migración de los pájaros,
y el celeste de la flora abriéndose en su capullo,
el instantáneo silencio de la araña en sus redes,
el aleteo rojo de los peces,
y ese puente tumultuoso que cruzamos juntos.
O somos todo eso o nada.
El copo helado sobre la hierba,
las hojas movidas por el viento,
países,
marchas forzadas,
edificios destruidos,
ciudades que ya no existen,
sorgos que pasan silbando entre las hojas,
el aliento,
el fuego que hay en mi pecho inclinándose
hacia los territorios indomables que canto,

el Pacífico.
Estudio entonces el canto de las Furias,
de los témpanos desconocidos,
de la muchedumbre de primeros
hombres que se llamaron Adán,
y de primeras mujeres que se llamaron Eva,
cuando el barro,
cuando el amor inmovilizado
en la piedra respondió a la voz camina,
y de modo que los paisajes se levantaron del barro,
como verán iban caminando con nosotros.
Escucha entonces el rumor
de los torrentes abriéndose en el viento,
son imágenes que te pertenecen,
encarnaciones que nacieron contigo,
sonidos,
ruidos del sueño que es mío
y que tú soñaste en un cielo como este,
en un día como este,
en que termino este poema hablándote,
hace dieciocho años comenzó el milenio,
afuera es de noche,
y las nubes recortan algunas estrellas.

BERNARDO: Raúl es un gran lector de la *Divina Comedia* —según he podido leer— y el tema del paraíso, en su caso del anteparaíso, y el purgatorio. ¡Bueno! También son temas gratos para mí. Pero estas son una canción, un poema un poco en broma, aunque no del todo en broma, y se llama: ***Poema sobre el paraíso, con trombón.*** Y dice:

Estamos hechos para el paraíso,
como los pájaros, popopopopopopó,
están hechos para el aire.
Por debajo del paraíso no queremos
pooooo, nada queremos.
Y a pesar de que toda regla tiene
popopopopopopopo, su excepción,
y podríamos, en teoría, aceptar
pooooo una décima de fiebre,
tampoco lo queremos ¡pó!
Porque un paraíso, como
debe ser, poopoopoo,
un paradis, un paradis comme il faut,
carece de excepciones.
Y nosotros, pooo,
estamos hechos para el paraíso,
como los pájaros, popopopopo
popopopó,
están hechos para el aire.

RAÚL: ¡Bravo!

ISAAC: ¡Muy bien, Bernardo!

BERNARDO: «Estamos hechos para el aire». Bueno, muy bien.

ISAAC: ¿Cómo lo veis?

BERNARDO: Fíjate cómo lo habré recitado, que mi perro, que se caracteriza por dormir unas diecinueve horas al día, se ha despertado. Está por aquí.

ISAAC: Se ha despertado para lo importante.

BERNARDO: Sí. Bueno, no lo sé. Por aquí anda ahora.

RAÚL: A ver, los viejos poemas de amor. ¡A mí me gustan tanto los poemas de amor! ¡No hay caso! ¿Te fijas? Siempre dicen lo mismo pero dicen lo mismo como si fuera la primera vez.

Guárdame en ti

Entonces guárdame en ti.
En los torrentes más secretos que tus ríos levantan.
Y cuando ya de nosotros
solo quede algo como una orilla,
tenme también en ti.
Guárdame en ti.
En la interrogación de las aguas que se marchan.
Y luego, cuando las grandes aves se derrumben,
y las nubes nos indiquen
que se nos fue la vida entre los dedos,
tenme todavía en ti.
Guárdame en ti,
en la brizna de aire que aún ocupa tu voz,
dura y remota,
como los cauces glaciares
en que la primavera desciende.

ISAAC: Muy bien. Muchas gracias.

BERNARDO: Gracias a ti.

ISAAC: Muchísimas gracias por vuestra compañía. Muchas gracias a la organización por contar conmigo. A los que nos habéis acompañado, me gustaría recordaros que podéis ver otras sesiones en la página web, en Facebook, Twitter. Bueno, espero que hayáis aprendido y observado tanto como lo he hecho yo. Muchas gracias, Raúl Zurita. *Eskerrikasko,* Bernardo Atxaga. Y nos encontramos en el camino.

BERNARDO: *Eskerrikasko a zeuek.* Muchas gracias, Isaac.

RAÚL: Igualmente. Muchas gracias, Isaac. Un gusto. Un abrazo.

BERNARDO: Un abrazo. Adiós, Raúl.

RAÚL: Adiós, Bernardo.

BERNARDO: Adiós, Isaac.

Agradecimientos

Nuestro más profundo agradecimiento a todas aquellas personas e instituciones que han contribuido a la realización de este festival, pues, sin ellas, no habría sido posible.

Un especial agradecimiento para Yolanda Castaño, Teresa Cuíñas y Álvaro Rebón, por su gran implicación en este festival.

Muchas gracias a todas las personas que han intervenido en todas y cada una de las sesiones que nos han acercado al goce y el placer de la literatura, que nos han mostrado la vinculación de esta con otras artes y que, desde París, nos han ayudado a descubrir nuevos horizontes para hacer de este mundo, un mundo mejor.